Umwelt

Mathematik im Alltag

Kleine Anteile - Promille

6ᴸ
Jeanettes Vater staunt über eine Zeitungsmeldung: „Da hat man doch bei einer Verkehrskontrolle einen Autofahrer mit einem Alkoholgehalt von 3,7 Promille geschnappt!" Jeanette überlegt: „Der menschliche Körper beinhaltet etwa 5 Liter Blut, das bedeutet ja, dass der Kraftfahrer ... Milliliter Alkohol im Blut hatte."
Zu welchem Ergebnis kommt sie?

7
a) Familie Schütze hat ihren Hausrat mit 55 000 € versichert. Der jährlich zu bezahlende Versicherungsbeitrag beträgt 1,6‰ der Versicherungssumme. Welchen Jahresbeitrag zahlt Familie Schütze für die Hausratsversicherung?
b) Der Besitzer eines Einfamilienhauses zahlt im Jahr für sein Haus 350 € Versicherungsprämie, das sind 2‰ der Versicherungssumme für eine Hausratsversicherung. Ermittle die Höhe der Versicherungssumme.

WUSSTEST DU SCHON?
Bereits bei 0,5‰ Alkoholgehalt im Blut sind manche Personen fahruntüchtig.
Bei Werten über 0,5‰ ist Fahren unter Alkohol in Deutschland strafbar.
Bei einem Unfall bewirkt jeder nachweisbare Alkoholgehalt eine Mitschuld.

INFORMATION
Für extrem kleine Anteile verwendet man in Wissenschaft und Technik folgende Abkürzungen, die sich aus dem Amerikanischen ableiten:
1 ppm = $\frac{1}{1000000}$ = 0,000 001   für 1 pro Million   (part per million)
1 ppb = 0,000 000 001   für 1 pro Milliarde (part per billion)
1 ppt = 0,000 000 000 001   für 1 pro Billion   (part per trillion)
1 ppq = 0,000 000 000 000 001   für 1 pro Billiarde (part per quadrillion)

Beispielsweise sind 0,4 mg von 200 kg
$\frac{0,4 \text{ mg}}{2 \text{ kg}} = \frac{0,4 \text{ mg}}{2 000 000 \text{ mg}}$ = 0,000 000 2 = 0,000 2‰ = 0,2 ppm = 200 ppb.

BEISPIELE
zur Veranschaulichung extrem kleiner Anteile
1 ppm
Eine Stecknadel in 1 t Heu
1 ppb
5 Personen unter der Weltbevölkerung
1 ppt
Ein Abschnitt von 0,4 mm Länge auf der Strecke Erde - Mond
1 ppq
1 Roggenkorn in einem 20 000 km langen Güterzug voller Weizen

8ᴸ
Berechne bei Aufgabe 5 die Anteile in part per million (ppm).

AUFGABEN ZUR WIEDERHOLUNG
1. a) Das Bild zeigt ein regelmäßiges Neuneck. Wie groß ist der Winkel in der Mitte?
   b) Zeichne ein regelmäßiges Fünfeck.

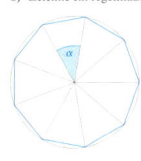

2. Gib die Größe der eingezeichneten Winkel an.

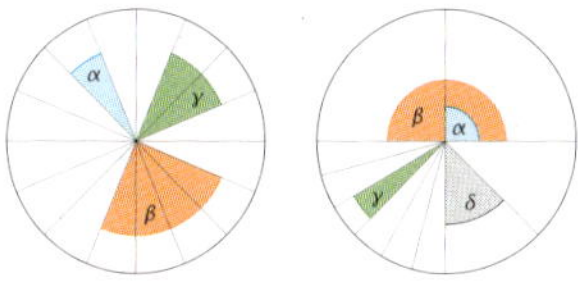

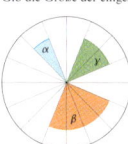

3. Zeichne nach Augenmaß Winkel der Größe:
   a) 37°   b) 72°   c) 130°   d) 310°
   Miss die Größe der Winkel und gib den Betrag der Abweichung von der vorgegebenen Größe an.

c) Zeichne mithilfe eines Kreises einen sechszackigen Stern.

L: Hinweis auf Lösungsteil
Du findest die Lösung dieser Aufgabe oder eines Aufgabenteils im Anhang des Buches.

Fächerübergreifende Themenseite

Mathematische Themenseite

ter Balken:
wierige Aufgabe

Aufgaben zur Wiederholung
Die Aufgaben unter dieser Überschrift gehören nicht zum gerade behandelten Stoff. Hier kannst du früher Gelerntes wiederholen und üben.

Mathematik *plus*

Gymnasium Klasse 7
Nordrhein-Westfalen

Herausgegeben von StD Dietrich Pohlmann
und Prof. Dr. Werner Stoye

Volk und Wissen Verlag

Autoren:
Susanne Bluhm, StD Karl Udo Bromm, OStR Robert Domine, Angela Eggers, Prof. Dr. Marianne Grassmann, Gerd Heintze, Erika Hellwig, Dr. Gerhard Koenig, OStR Peter Krull, StD Jochen Leßmann, StD Dietrich Pohlmann, StD Dieter Rüthing, Dr. Uwe Sonnemann, Prof. Dr. Werner Stoye

Herausgeber:
StD Dietrich Pohlmann,
Prof. Dr. Werner Stoye

Redaktion:
Dr. Peter Birnbaum

Dieses Werk ist in allen seinen Teilen urheberrechtlich geschützt.
Jegliche Verwendung außerhalb der engen Grenzen des Urheberrechts bedarf der schriftlichen Zustimmung des Verlages. Dies gilt insbesondere für Vervielfältigungen, Mikroverfilmungen, Einspeicherung und Verarbeitung in elektronischen Medien sowie für Übersetzungen.

Dieses Werk folgt der reformierten Rechtschreibung und Zeichensetzung.
Währungsangaben erfolgen in Euro.

ISBN 3-06-000760-8

1. Auflage
5 4 3 2 1 / 05 04 03 02 01
Alle Drucke dieser Auflage sind im Unterricht parallel nutzbar.
Die letzte Zahl bedeutet das Jahr dieses Druckes.
© Volk und Wissen Verlag GmbH & Co.,
Berlin 2001
Printed in Germany
Gesamtherstellung: Universitätsdruckerei H. Stürtz AG, Würzburg
Technische Zeichnungen: Rita Schüler
Illustrationen: Roland Beier
Layout: Karl-Heinz Bergmann
Typographie: Manfred Behrendt, Wolfgang Lorenz
Einband: Wolfgang Lorenz

Inhalt

Rationale Zahlen   5

Positive und negative Zahlen   6
Betrag rationaler Zahlen   12
Die Ordnung rationaler Zahlen   14
Mathematik und Technik:
Längen und Winkel als Koordinaten   16
Addition und Subtraktion rationaler Zahlen   18
Multiplikation und Division rationaler Zahlen   26
Monotoniegesetze   32
Nacheinanderausführen verschiedener Rechenoperationen   34
Zusammenfassung   38

Winkelsätze und Eigenschaften von Vielecken   39

Scheitel- und Nebenwinkel   40
Stufen- und Wechselwinkel   46
Zusammenfassung Winkelsätze   50
Winkelsätze für Dreiecke   51
Winkel und Seitenlängen in Dreiecken   57
Gesundheit:
Geometrie und Wohnen   60
Besondere Linien im Dreieck   62
Zusammenfassung besondere Linien   69
Achsensymmetrische Vierecke   70
Viereckformen und ihre Ordnung   74
Zusammenfassung Vierecke   78

Zuordnungen   79

Beispiele für Zuordnungen   80
Proportionale Zuordnungen   85
Grafische Darstellung von proportionalen Zuordnungen   88
Dreisatz bei proportionalen Zuordnungen   90
Mathematik und Technik:
Die Fahrrad-Kettenschaltung   94

Antiproportionale Zuordnungen   96
Grafische Darstellung von antiproportionalen Zuordnungen   99
Dreisatz bei antiproportionalen Zuordnungen   102
Verhältnisgleichung und Produktgleichung   104
Sachaufgaben   107
Zusammenfassung   112

Prozentrechnung   113

Größen Vergleichen – absolut und relativ   114
Grundaufgaben der Prozentrechnung   118
Grafische Darstellungen   126
Prozentuale Zu- und Abnahme   128
Überall Prozente – Anwendungen zur Prozentrechnung   134
Kleine Anteile – Promille   140
Umwelt:
Regenwälder – vernichteter Reichtum   142
Zinsrechnung   144
Zusammenfassung   152

Stochastik   153

Ereignisse   154
Wahrscheinlichkeiten   159
Analogiebetrachtungen zur Berechnung von Zinseszinsen   168
Simulation von Zufallsexperimenten   170
Zusammenfassung   174

Kongruenz   175

Zueinander kongruente Figuren   176
Kongruenzsätze für Dreiecke   180
Anwenden der Kongruenzsätze   186
Zusammenfassung   194

Inhalt

Übungen und Anwendungen 195

Aus der Zahlenkiste 196
Spielereien 198
Rätselhaftes 200
Legen, Schneiden, Zeichnen und Messen 201
Auto und Reisen 202
Gesundheit:
Die zwei Probleme der Welternährung 204
Rund ums Haus 206
Wie wär's mit einem Klassenfest? 208
Das Wetter heute: Vorwiegend freundlich 210

Ausgewählte Lösungen 212

Register 215

Rationale Zahlen

Vorstoß zum Meeresgrund

Forscher vieler Nationen beteiligen sich an der Erkundung der Tiefsee. Als Taucher, mit unbemannten Robotern und in Tauchbooten sind sie unterwegs, um die Materialien und die Lebewesen unter der Meeresoberfläche kennen zu lernen.

Sogar die tiefste Stelle der Erde, die „Challenger-Tiefe" im pazifischen Marianengraben, wurde bereits 1960 von dem Schweizer Jacques Piccard und dem Amerikaner Don Walsh mit ihrem Tauchboot „Trieste" und erneut 1995 vom japanischen Tauchroboter „Kaiko" erreicht. Während Walsh und Piccard an ihren Messinstrumenten −10 912 m abgelesen hatten, zeigten die von Kaiko −10 911,4 m.

Was solche Zahlenangaben bedeuten, weißt du sicher schon, und du erkennst auch, wer einen etwas tieferen Punkt erreicht hat (falls beide Messungen gleich genau waren).

Bekommst du aber auch heraus, um wie viel Zentimeter beide Tiefen sich unterscheiden?

Positive und negative Zahlen

1

a) Was kannst du der nebenstehenden Darstellung entnehmen?
b) Suche in einem Atlas die folgenden Berge und lies ihre Höhe ab:
Aconcagua, Brocken, Fudschijama, Mont Blanc, Mount Everest, Zugspitze.
c) Zeichne eine Skala, in die du sowohl die Höhe des Mount Everest als auch die größte Meerestiefe eintragen kannst. Trage die Namen von Bergen und Lebewesen an den entsprechenden Stellen deiner Skala an.
d) Welcher Höhenunterschied besteht zwischen der höchsten Erhebung der Erde und dem tiefsten Punkt am Meeresboden?

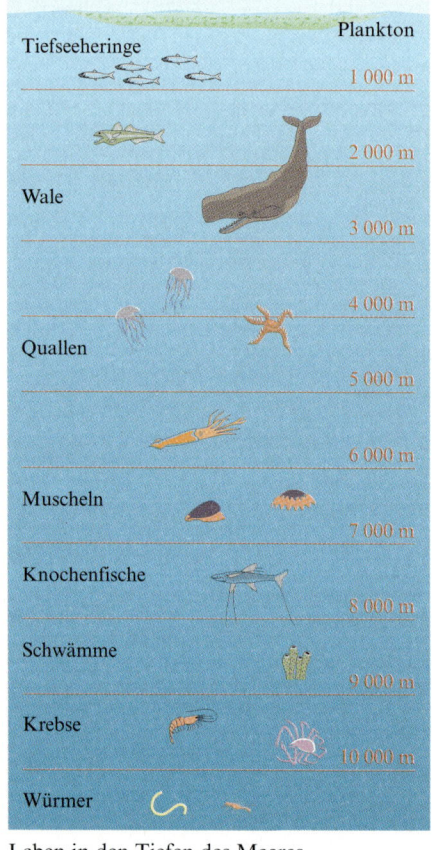

Leben in den Tiefen des Meeres

INFORMATION
Die Meeresoberfläche ist die natürliche Grenze zwischen den Abgründen der Tiefsee und den Erhebungen an Land.
Die Wissenschaftler setzen deshalb den Meeresspiegel als Nullpunkt ihrer Höhenskalen fest, als „Normalnull" (NN). Dementsprechend hat der Meeresspiegel die Höhe 0 m.
Statt der Angabe „300 m Tiefe" oder „300 m unter dem Meeresspiegel" schreibt man manchmal kurz „– 300 m".
Höhen über dem Meeresspiegel werden dagegen ohne Vorzeichen oder mit einem Pluszeichen angegeben (z. B. 300 m oder +300 m).

2

Justus und Hanna haben sich ein einfaches Würfelspiel ausgedacht. Sie würfeln abwechselnd 10-mal und zählen ihre Punkte zusammen. Damit es nicht langweilig wird, zählen die 4 und die 5 jeweils als Minuspunkte.
Wer gewinnt bei den folgenden Würfelserien?
Hanna: 3 –4 –5 –4   2   2   6   3   2   3
Justus: 1   6   1   2 –4   3 –4   1   6 –4

ANREGUNG
Probiert das Spiel aus Aufgabe 2 aus.

3

Erläutere die folgenden Angaben. Nenne weitere Beispiele, die dazu passen.

Pegelstände des Rheins : (gestern)
Konstanz 336 (+1), Mannheim 192 (– 7), Mainz 208 (+1), Bingen 132 (+1), Koblenz 113 (–2), Andernach 132 (0), Bonn 172 (+4), Köln 169 (+1), Düsseldorf 133 (–6), Duisburg 260 (–7), Emmerich 120 (–3)

aus einer Tageszeitung

Text	Betrag in EUR
GEHALT	1.679,50 H
MIETE	420,75 S

aus einem Kontoauszug

Im Sauerland mit – 22 °C bisher kälteste Nacht des Winters

Zeitungsüberschrift

Kaiser Augustus lebte von 63 v. Chr. bis 14 n. Chr.

aus einem Geschichtsbuch

Positive und negative Zahlen

Bei vielen Sachverhalten in Alltag, Wissenschaft und Technik ist es sinnvoll, ausgehend von einem Nullpunkt zwei „Richtungen" zu unterscheiden. Beispielsweise werden unterschieden: Temperaturen über und unter null Grad, Höhen über und Tiefen unter dem Meeresspiegel, Guthaben („Haben") und Schulden („Soll"), Zeitpunkte nach und vor Christus, Plus- und Minuspunkte bei Spielen.

> Zur Angabe, wie weit etwas unter bzw. vor dem Nullpunkt liegt, verwendet man häufig **negative Zahlen**. Sie erhalten das **Vorzeichen „–"** (z. B. –3,7).
>
> Zur Angabe, wie weit etwas über bzw. nach dem Nullpunkt liegt, nutzt man dagegen **positive Zahlen**.
>
> Die natürlichen Zahlen und die Bruchzahlen (jeweils außer der Null) sind positive Zahlen.
> Manchmal schreibt man die positiven Zahlen zur besseren Unterscheidung von den negativen mit dem Vorzeichen „+" (z. B. +3,7 statt 3,7).
>
> Positive und negative Zahlen kann man an einer **Zahlengeraden** veranschaulichen:
>
> ```
> –6  –5  –4  –3  –2  –1   0  +1  +2  +3  +4  +5  +6
>                         Null
>        negative Zahlen           positive Zahlen
> ```
>
> Die Zahlengerade kann man sich auf folgende Weise entstanden denken: Der Zahlenstrahl wird am Nullpunkt gespiegelt. Die Spiegelbilder der positiven Zahlen werden durch „–" gekennzeichnet. Die Null bleibt dabei fest, sie stimmt mit ihrem Spiegelbild überein.

INFORMATION
Zur Angabe von Zeitpunkten aus der Geschichte ist es i. Allg. nicht üblich, negative Zahlen zu verwenden. Man schreibt z. B. „300 v. Chr." und nicht „–300".
In der Technik werden dagegen auch zur Angabe von Zeitpunkten negative Zahlen verwendet. Wird der Zeitpunkt des Zündens der Triebwerke einer Rakete mit –5 s angegeben, so bedeutet das: 5 s vor dem Abheben.

4
Welche positiven bzw. negativen Zahlen sind durch die Buchstaben markiert? Achte auf die unterschiedliche Einteilung der Zahlengeraden.

a)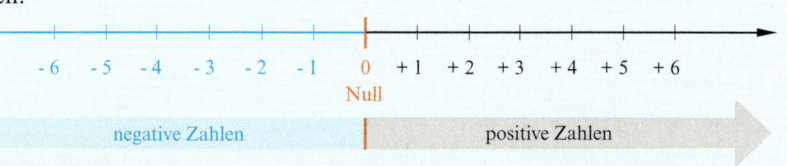

b)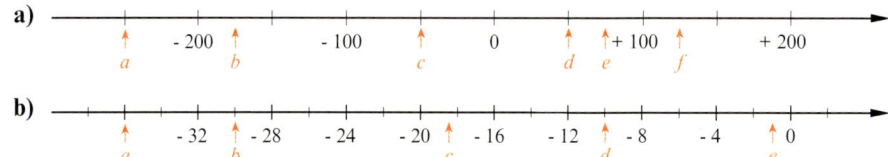

5
Zeichne eine Zahlengerade und trage folgende Zahlen ein.
a) –13; +8; –21; +5   b) –2550; +450; –1000   c) +0,1; +1,4; –$\frac{1}{4}$
d) 0; +4; –4; +15   e) +3100; +200; –550   f) –0,35; –0,5; +0,2

TIPP
Wähle jeweils einen geeigneten Maßstab.

6
Im Folgenden wird die Lage von Zahlen auf der Zahlengeraden beschrieben. 1 Teilstrich entspricht dabei 1. Welche Zahl ist gemeint?
a) zwei Teilstriche links von der 0
b) 10 Teilstriche rechts von der –3
c) 1 Teilstrich rechts von der –1
d) 3 Teilstriche rechts von der –15
e) 4 Teilstriche links von der 1
f) 6 Teilstriche links von der –11

7

Setze die Zahlenfolgen um jeweils vier Zahlen fort.
a) $+10; +8; +6; +4; +2; \ldots$
b) $-100; -70; -40; -10; +20; \ldots$
c) $-0,15; -0,08; -0,01; +0,06; \ldots$
d) $+4; +3; +1; -2; -6; \ldots$

TIPP
zur Aufgabe 7
Vielleicht hilft es dir, wenn du dir die Zahlenfolgen als „Sprünge" auf der Zahlengerade vorstellst.

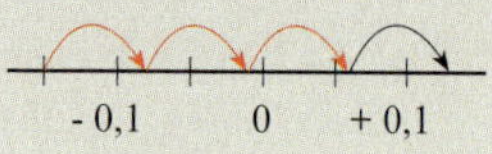

(Aufgabenteil c)

8

Welche Zahl liegt in der Mitte zwischen den beiden gegebenen Zahlen?
a) 0 und +4
b) −2 und −5
c) +3 und −3
d) −14 und −9
e) 7 und −3
f) −5 und 3

9

Gib vier Zahlenpaare an, die auf der Zahlengeraden symmetrisch zur Null liegen.

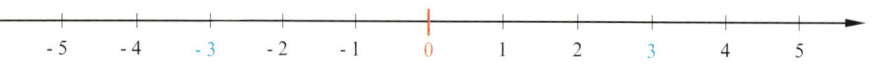

Zahlenpaare, die auf der Zahlengeraden symmetrisch zur Null liegen, heißen **zueinander entgegengesetzte Zahlen** oder **Gegenzahlen**.

Man sagt zum Beispiel:
−3 ist die Gegenzahl zu 3 (oder zu +3).
11 (oder +11) ist die Gegenzahl zu −11.

Für alle Zahlen m gilt: $-m$ ist die Gegenzahl zu m.

BEACHTE
Die Null ist zu sich selbst entgegengesetzte Zahl.
Wenn m positiv ist, dann ist $-m$ negativ.
Wenn m negativ ist, dann ist $-m$ positiv.

10

Zeichne eine Zahlengerade. Trage die folgenden Zahlen und die zugehörigen Gegenzahlen ein. Wähle für jedes Zahlenpaar eine andere Farbe.
$4,3; -6; 0,5; 0; -\frac{10}{4}; \frac{38}{10}$

NACHGEDACHT
Warum ist $-(-m) = m$?

11

Finde die Paare von zueinander entgegengesetzten Zahlen heraus.
a) $-2; +\frac{8}{2}; +6; -4; -6; +2$
b) $+3; -0,5; -3; +1,6; \frac{1}{2}; -\frac{8}{5}$

12

Schreibe die Zahlen mit dem richtigen Vorzeichen auf. Überlege, was jeweils die Gegenzahl bedeuten würde.
a) 21 °C unter Null
b) 1260 m unter dem Meeresspiegel
c) 1300 € Schulden
d) 15 € Guthaben
e) um 25 % gesunkene Produktion
f) in 1868 m Höhe
g) 1 h Vorsprung
h) um 1 km gekürzte Wanderung
i) 2. Untergeschoss

13

Mittags hört Steffi im Radio, dass am nächsten Tag die Mittagstemperaturen 8 Grad unter der Mittagstemperaturen von heute liegen werden. Sie blickt aufs Thermometer. Welche Mittagstemperatur ist am nächsten Tag zu erwarten, wenn Steffi den folgenden Wert abliest?
a) 23 °C
b) 17 °C
c) 0 °C
d) 7 °C
e) −3 °C

Positive und negative Zahlen

BEISPIEL zur Aufgabe 13

Abgelesen: 9 °C   Rechnung: 9 – 8 = 1   Antwort: 1 °C

Abgelesen: 3 °C   Rechnung: 3 – 8 = ?
3 – 8 ist im Bereich der Bruchzahlen nicht lösbar. Offensichtlich muss die Antwort aber –5 °C sein.
Wir wollen den Zahlenbereich so erweitern, dass auch Aufgaben wie 3 – 8 eine Lösung haben (3 – 8 = –5).

Mithilfe von negativen Zahlen kann man einen Zahlenbereich bilden, in dem auch die Subtraktionsaufgaben lösbar sind, die im Bereich der natürlichen Zahlen bzw. der Bruchzahlen keine Lösung haben.

Die Bruchzahlen und die zu ihnen entgegengesetzten Zahlen bilden zusammen den Bereich der **rationalen Zahlen**.
Für den Bereich der rationalen Zahlen verwenden wir das Symbol $\mathbb{Q}$.
Die positiven (negativen) rationalen Zahlen kennzeichnen wir durch $\mathbb{Q}^+$ ($\mathbb{Q}^-$).

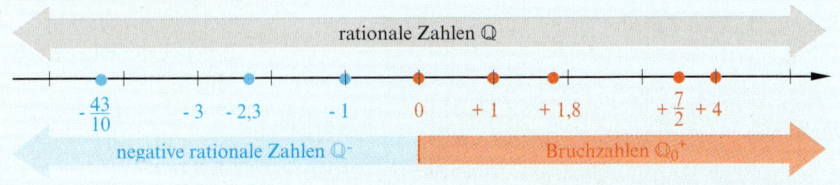

Die natürlichen Zahlen und die zu ihnen entgegengesetzten Zahlen bilden zusammen den Bereich der **ganzen Zahlen**.
Für den Bereich der ganzen Zahlen verwenden wir das Symbol $\mathbb{Z}$.

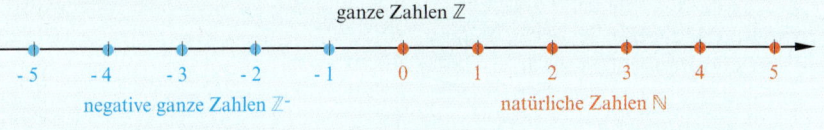

$\mathbb{Z} = \{0; 1; -1; 2; -2; 3; -3; ...\}$
Die ganzen Zahlen sind eine Teilmenge der rationalen Zahlen ($\mathbb{Z} \subset \mathbb{Q}$).
Das heißt: Jede ganze Zahl ist zugleich auch eine rationale Zahl. Es gibt aber rationale Zahlen, die keine ganzen Zahlen sind (z.B. $-\frac{43}{10}$, $-2{,}3$, $1{,}8$ oder $\frac{7}{2}$).

BEACHTE
Die Bruchzahlen bestehen aus den positiven rationalen Zahlen ($\mathbb{Q}^+$) zuzüglich der Null. Wir verwenden deshalb für die Bruchzahlen das Symbol $\mathbb{Q}_0^+$.

Für die natürlichen Zahlen verwenden wir das Symbol $\mathbb{N}$
und für die positiven ganzen Zahlen $\mathbb{Z}^+$.
Die natürlichen Zahlen bestehen aus den positiven ganzen Zahlen zuzüglich der Null.
Deshalb gilt: $\mathbb{N} = \mathbb{Z}_0^+$.

14^L

Entscheide jeweils, ob die Zahl zu $\mathbb{N}$, $\mathbb{Q}_0^+$, $\mathbb{Z}$ oder $\mathbb{Q}$ gehört. Schreibe die Ergebnisse wie im Beispiel auf.

a) $11{,}6$ b) -13 c) $-\frac{11}{3}$ d) $\frac{5}{7}$ e) $-0{,}\overline{3}$ f) 0 g) $\frac{12}{3}$ h) $-\frac{125}{5}$

BEISPIEL
$7 \in \mathbb{N}$, $7 \in \mathbb{Q}_0^+$,
$7 \in \mathbb{Z}$, $7 \in \mathbb{Q}$
$-1{,}3 \notin \mathbb{N}$, $-1{,}3 \notin \mathbb{Q}_0^+$,
$-1{,}3 \notin \mathbb{Z}$, $-1{,}3 \in \mathbb{Q}$

15^L

Gib – wenn möglich – jeweils drei Zahlen für x an, die alle Bedingungen erfüllen. Begründe, wenn es keine Zahl gibt, die alle Bedingungen erfüllt.

a) $x \notin \mathbb{N}$, $x \in \mathbb{Q}_0^+$, $x \notin \mathbb{Z}$, $x \in \mathbb{Q}$
b) $x \notin \mathbb{N}$, $x \notin \mathbb{Q}_0^+$, $x \in \mathbb{Z}$, $x \in \mathbb{Q}$
c) $x \in \mathbb{N}$, $x \in \mathbb{Q}_0^+$, $x \in \mathbb{Z}$, $x \in \mathbb{Q}$
d) $x \notin \mathbb{N}$, $x \notin \mathbb{Q}_0^+$, $x \notin \mathbb{Z}$, $x \in \mathbb{Q}$
e) $x \in \mathbb{N}$, $x \notin \mathbb{Q}_0^+$, $x \in \mathbb{Z}$, $x \in \mathbb{Q}$
f) $x \in \mathbb{N}$, $x \in \mathbb{Q}_0^+$, $x \notin \mathbb{Z}$, $x \in \mathbb{Q}$
g) $x \notin \mathbb{N}$, $x \notin \mathbb{Q}_0^+$, $x \in \mathbb{Z}$, $x \notin \mathbb{Q}$
h) $x \notin \mathbb{N}$, $x \in \mathbb{Q}_0^+$, $x \in \mathbb{Z}$, $x \in \mathbb{Q}$

16

a) Übertrage das Mengendiagramm aus der Randspalte ins Heft und kennzeichne darin den Bereich der natürlichen Zahlen ℕ farbig. Begründe.
b) Welche Teilmengenbeziehungen erkennst du in dem Diagramm?

Zusammenhang zwischen den Zahlenbereichen $\mathbb{Q}_0^+$, $\mathbb{Z}$ und $\mathbb{Q}$

17

Zeichne den Punkt $A(3|2)$ in ein Koordinatensystem.
a) Spiegele den Punkt A an der y-Achse. Suche nach einer Möglichkeit, die Lage des Bildpunktes A' auch durch Koordinaten zu beschreiben.
b) Spiegele den Punkt A an der x-Achse. Beschreibe entsprechend die Lage des entstehenden Bildpunktes A''.
c) Spiegele A' an der x-Achse und A'' an der y-Achse. Was stellst du fest?

So wie wir den Zahlenstrahl zu einer Zahlengeraden erweitert haben, können wir auch die x- und die y-Achse des Koordinatensystems zu Geraden erweitern. Mithilfe eines so erweiterten Koordinatensystems kann man jeden Punkt einer Ebene durch Koordinaten beschreiben.

INFORMATION

Die vier Teile, die durch die beiden Achsen eines Koordinatensystems gebildet werden, heißen **Quadranten**.
Man nummeriert sie in mathematisch positiven Drehsinn.
Zur Bezeichnung verwendet man oft römische Zahlzeichen.

18

Im Bild haben z. B. die Punkte F und J die Koordinaten $F(-1{,}5|0{,}5)$ und $J(-1|-2)$. Gib auch die Koordinaten aller übrigen Eckpunkte der Figuren an.

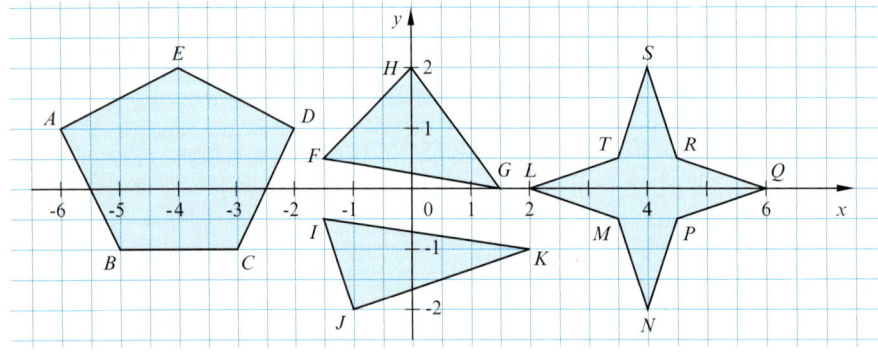

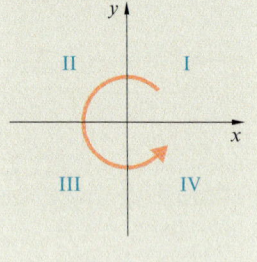

19

Gegeben sind $A(2|1)$, $B(-1|1)$, $C(-1|-2)$, $D(0|-1)$, $E(3|-4)$, $F(4|-3)$, $G(1|0)$.
Zeichne den geschlossenen Streckenzug $ABCDEFG$ in ein Koordinatensystem. Welche Figur ist entstanden?

20

Zur Partnerarbeit:
Schneidet jeder eine Figur aus Pappe oder Papier aus und legt sie auf ein Koordinatensystem. Teilt euch gegenseitig die Koordinaten markanter Randpunkte mit. Wer erkennt zuerst die Figur der/des anderen?

NACHGEDACHT

In welchem Teil des Koordinatensystems findet man alle Punkte mit Bruchzahlen als Koordinaten?
Wo findet man alle Punkte mit positiven Zahlen als Koordinaten?

21

Ein Kreis mit dem Radius von 5 cm habe seinen Mittelpunkt im Koordinatenursprung. In welchen Punkten schneidet er die Koordinatenachsen?

Positive und negative Zahlen

22

a) Welche Koordinaten haben die Eckpunkte des Vierecks *ABCD*?
b) Zeichne ein Koordinatensystem mit vier Quadranten und darin das Viereck *ABCD*.
Spiegele das Viereck *ABCD* an der *y*-Achse. Das Bild ist das Viereck *A'B'C'D'*.
Spiegele dann *A'B'C'D'* an der *x*-Achse. Du erhältst *A''B''C''D''*.
c) Gib die Koordinaten der gespiegelten Punkte an.

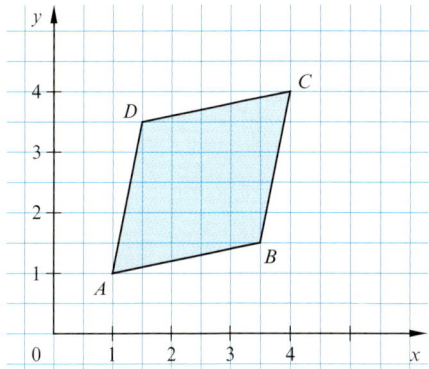

23

a) Zeichne die Dreiecke *ABC* und *DEF*, die durch ihre Eckpunktkoordinaten gegeben sind, in ein Koordinatensystem.
$A(-5|1)$, $B(1|1)$, $C(-3|5)$, $D(-1|-7)$, $E(3|-5)$, $F(-1|-1)$
b) Untersuche, ob es eine Bewegung gibt, die das Dreieck *ABC* auf das Dreieck *DEF* abbildet. (Die Bewegung könnte eine Spiegelung, eine Verschiebung, eine Drehung oder eine Hintereinanderausführung von ihnen sein.)
Falls du eine Bewegung findest: Beschreibe die Bewegung möglichst genau und gib an, welcher Punkt auf welchen Punkt abgebildet wird.

AUFGABEN ZUR WIEDERHOLUNG

1. Lies jeweils die Größe ab.

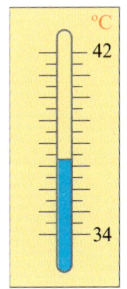  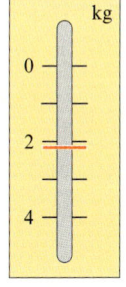

2. Ordne die folgenden Zahlen der Größe nach. Beginne mit der kleinsten.
   a) $6{,}7$; $7{,}05$; $6\frac{2}{3}$; $\frac{69}{100}$; $6{,}6$; $7{,}5$; $0{,}7$
   b) $\frac{1}{3}$; $\frac{3}{1}$; $0{,}03$; $0{,}33$; $\frac{13}{3}$
   c) $0{,}87$; $\frac{7}{8}$; 5; $0{,}08$; $8{,}79$; $6{,}3$

3. Setze für ▭ das richtige Zeichen (<, >, =).
   a) $2{,}5$ ▭ $5{,}2$ b) $7{,}04$ ▭ $7{,}040$
   c) $\frac{2}{3}$ ▭ $\frac{3}{2}$ d) $\frac{17}{5}$ ▭ $\frac{17}{5}$
   e) $0{,}06$ ▭ $0{,}007$ f) $56{,}89$ ▭ $56{,}98$

4. Gib jeweils drei Bruchzahlen an, die zwischen den gegebenen liegen.
   a) $0{,}5$; 1 b) $3{,}4$; $3{,}5$ c) $5{,}669$; $5{,}671$
   d) $0{,}\overline{6}$; $0{,}7$ e) $\frac{7}{24}$; $\frac{17}{24}$ f) $\frac{1}{4}$; $\frac{1}{3}$
   g) $0{,}3333$; $\frac{1}{3}$ h) $\frac{3}{4}$; $0{,}8$ i) $\frac{1}{8}$; $0{,}126$

5. Welche Bruchzahl liegt in der Mitte zwischen den beiden gegebenen Zahlen?
   a) $1{,}5$; $3{,}3$ b) $4{,}99$; 5 c) $0{,}73$; $11{,}05$
   d) $\frac{1}{3}$; $\frac{2}{3}$ e) $\frac{1}{5}$; $\frac{1}{3}$ f) $\frac{1}{2}$; $\frac{5}{7}$

6. Erläutere, was es heißt: Die Bruchzahlen liegen überall dicht.

7. Entscheide, ob die gegebenen Zahlen Elemente der genannten Teilermenge sind.
   Es gilt z. B. $3 \in T_6$ (denn $3|6$) und $4 \notin T_6$ ($4 \nmid 6$).
   a) $1, 2, 3, 5, 6$; T_{12} b) $2, 3, 5, 8, 11$; T_{72}
   c) $2, 3, 9, 13$; T_{117} d) $1, 3, 9, 13, 127$; T_{127}

8. Gegeben sind die Teilermengen T_3, T_4, T_5, T_6, T_8 und T_{12}. Welche dieser Teilermengen sind eine Teilmenge einer anderen gegebenen Teilermenge? Zum Beispiel gilt $T_3 \subset T_6$.

Betrag rationaler Zahlen

1

Die Schülerinnen und Schüler der 7 c schätzen die Länge des Rheins.
Die Werte der Schülerinnen und Schüler weichen von der wirklichen Länge des Rheins (1 320 km) ganz unterschiedlich ab (s. Tabelle). Dabei bedeutet z. B. + 20 km (– 20 km): Die Donau wurde um 20 km zu lang (zu kurz) geschätzt.
a) Wer weicht am meisten und wer am wenigsten von der wirklichen Länge ab?
b) Welche Abweichungen findest du noch „in Ordnung"?
c) Welche Längen wurden für den Rhein geschätzt?

Name	Abweichung
Anne	– 120 km
Jens	+ 180 km
Lisa	+ 680 km
Nele	– 20 km
Arne	+ 20 km
Max	+ 130 km
Eva	– 70 km
Sonja	+ 380 km

Oft interessieren nur die Abweichungen von einem festgelegten Wert (in Aufgabe 1 z. B. von der Länge des Rheins). Für die Genauigkeit der Schätzung ist es zum Beispiel egal, ob man 20 km zu wenig (– 20 km) oder zu viel (+ 20 km) schätzt.

Der **Betrag** $|a|$ einer rationalen Zahl a gibt ihren Abstand von null an.

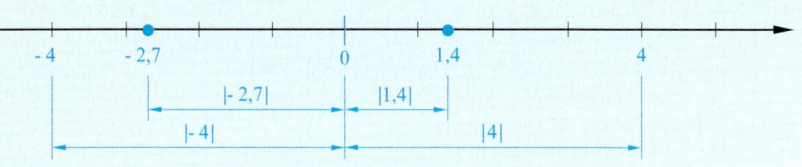

Zum Beispiel ist: $|-2{,}7| = 2{,}7$; $|1{,}4| = 1{,}4$; $|-4| = |4| = 4$; $|0| = 0$.

MERKE

Der Betrag einer Zahl ist nie negativ.

Jede Zahl hat denselben Betrag wie ihre Gegenzahl

BEACHTE
Für eine negative Zahl a gilt:
$|a| = -a$
Beispielsweise ist
$|-4| = -(-4)$.
$-(-4)$ ist die Gegenzahl zu -4, also 4.
Daraus folgt: $|-4| = 4$.

2

a) Gib den Betrag der folgenden Zahlen an: -1; -67; -19; $5{,}4$; -7; $0{,}6$; 2; 1000.
b) Gib alle Zahlen an, deren Betrag $\frac{1}{7}$; 8; $\frac{67}{8}$; 99; 0; $\frac{3}{2}$; $0{,}000\,5$ ist.

3

Zeichne einen Zahlenstrahl. Trage die folgende Zahlen und ihre Gegenzahlen ein.
Gib jeweils den Betrag der Zahlen an.
a) $2{,}7$; 7; -4; 0; $-0{,}8$ b) 65; 20; -35; -100; 10

4

Gib alle rationalen Zahlen a an, für die das Folgende gilt.
a) $|a| = 3$ b) $|a| = 0$ c) $|a| = -2$ d) $-|a| = -8$

5

Welchen Abstand haben die zueinander entgegengesetzten Zahlen?
a) -6 und 6 b) $+3{,}4$ und $-3{,}4$ c) $-\frac{1}{2}$ und $\frac{1}{2}$ d) -543 und 543
e) -13 und $+13$ f) $+4{,}6$ und $-4{,}6$ g) $0{,}87$ und $-0{,}87$ h) -15 und 15

Betrag rationaler Zahlen

6
Übertrage die Tabelle ins Heft und ergänze sie.

Zahl	5			$-\frac{1}{3}$		
Gegenzahl		+1,7			−0,8	
Betrag			3			0

7
a) Welche Zahlen haben einen doppelt so großen Betrag wie − 3?
b) Trage auf einer Zahlengeraden die ganzen Zahlen von − 10 bis +10 ein. Markiere die ganzen Zahlen mit einem Betrag größer als 5 rot und kleiner als 5 blau.

8

Stichpunktartig wurden 10 Mehltüten geprüft, ob sie wie aufgedruckt 1000 g Mehl enthalten. Geringe Abweichungen sind normal. Unzulässig sind Abweichungen nach unten oder oben von mehr als 20 g. Die Wägungen ergaben:
998 g; 1019 g; 1007 g; 978 g; 1024 g; 1057 g; 964 g; 999 g; 1000 g; 1001 g.
a) Welcher Anteil der kontrollierten Tüten war in Ordnung?
b) Welche größte Abweichung wurde festgestellt?

9
Arbeitet in Gruppen.
a) Ermittelt die Körpergrößen eurer Mitschüler/innen und errechnet die durchschnittliche Körpergröße.
b) Stellt in einer Tabelle die Abweichungen vom Durchschnittswert dar.
c) Welche Größen wichen am stärksten (wenigsten) vom Durchschnittswert ab?
d) Sucht weitere Beispiele bei denen es eigentlich um den Betrag einer Zahl und nicht um die Zahl selbst geht.

AUFGABEN ZUR WIEDERHOLUNG

1. a) Vergleiche die Streckenlängen ohne zu messen und ordne sie der Größe nach.
   b) Schätze die Längen der kürzesten und der längsten Strecke.
   c) Miss die Streckenlängen und überprüfe deine Ergebnisse von a) und b).

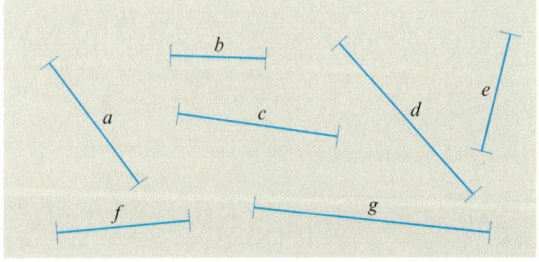

2. Welche Fläche hat den kleinsten Flächeninhalt? Ordne die Flächen nach ihrem Flächeninhalt.

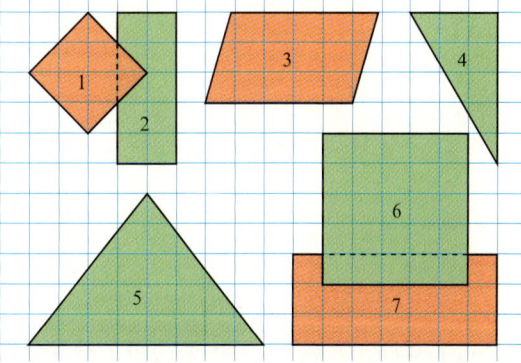

Die Ordnung rationaler Zahlen

1

Höhe in km	0	1	2	3	10	50	80	150
Temperatur in °C	+15	+8,6	+2,3	−4,6	−60	0	−90	+1000

Die Tabelle gibt die in verschiedenen Höhen gemessenen Temperaturen an.
a) In welcher Höhe herrschen die niedrigsten bzw. höchsten Temperaturen?
b) Ordne die Messwerte nach der Temperatur. Beginne mit der niedrigsten.

WUSSTEST DU SCHON?
Aus Erfahrungen im Gebirge oder beim Fliegen könnte man annehmen: Je höher man kommt, desto kälter wird es. Das gilt jedoch nur in bestimmten Schichten der Erdatmosphäre: etwa von 0 km bis 12 km und von 50 km bis 80 km. Zwischen 12 km und 50 km sowie ab 80 km wird es mit zunehmender Höhe immer wärmer.

2

Nachfolgend findest du einige historische Daten. Ordne sie in zeitlicher Reihenfolge. Beginne mit dem am weitesten zurückliegenden Ereignis.
Zeichne dazu eine Zeitgerade und trage die Ereignisse ein.

63 v. Chr.	Kaiser Augustus geboren	800 n. Chr.	Krönung Karls des Großen
753 v. Chr.	Gründung Roms	64 n. Chr.	Brand von Rom
50 n. Chr.	Köln gegründet	2530 v. Chr.	Bau der Cheopspyramide

> Von zwei rationalen Zahlen ist diejenige kleiner, die auf der Zahlengeraden weiter links liegt.
>
>
>
> So ist z. B.: $-4,5 < -\frac{3}{2}$; $-4,5 < 0$; $-4,5 < 2,7$; $-\frac{3}{2} < 0$; $-\frac{3}{2} < 2,7$; $0 < 2,7$
>
> Jede negative Zahl ist kleiner als jede positive Zahl.

3

Ordne die folgenden rationalen Zahlen der Größe nach. Beginne mit der kleinsten. Trage sie dann auf einer Zahlengeraden ein und überprüfe.

$+9$; -5; $-4,5$; 2; -2; $-\frac{9}{2}$; $+3,5$; $-5,3$

4

Setze das richtige Zeichen für ▢ ein (<; >).

a) -15 ▢ -9 | $2,3$ ▢ -3 | -7 ▢ $+1$ | $-8,6$ ▢ $-6,8$
b) 155 ▢ $15,5$ | $4,5$ ▢ $4,05$ | $-0,7$ ▢ $+0,1$ | -23 ▢ $-23,3$
c) $-\frac{2}{3}$ ▢ $-\frac{3}{2}$ | $0,5$ ▢ $+\frac{1}{2}$ | 12 ▢ $-\frac{45}{3}$ | $\frac{1}{2}$ ▢ $-0,49$
d) $-3,3$ ▢ $-3,33$ | $0,95$ ▢ $0,905$ | $-6,78$ ▢ $+6,87$ | 0 ▢ $-0,5$

NACHGEDACHT
Wenn man zwei negative Zahlen miteinander vergleicht, kann man an ihren Beträgen leicht erkennen, welche auf der Zahlengeraden weiter links liegt und damit kleiner ist.
Mache dir das am Beispiel der Zahlen $-3,41$ und $-7,86$ klar. Ihre Beträge sind $3,41$ und $7,86$.

5

Überlege gut.
a) Wie heißt die größte negative zweistellige ganze Zahl?
b) Nenne die kleinste negative dreistellige Zahl, deren Betrag kleiner als 200 ist.
c) Wie heißt der Vorgänger der kleinsten positiven ganzen Zahl?

Die Ordnung rationaler Zahlen

6

Ordne der Größe nach. Beginne mit der kleinsten Zahl.
a) $-5; -6{,}2; -9; -0{,}6; 7{,}5; 4; -3$
b) $-3{,}4; -4{,}3; -4{,}03; -3{,}04; -\frac{3}{4}; -\frac{4}{3}$
c) $-346; -564; -987; 56; -32; -324; 765$
d) $0{,}1; -0{,}54; -0{,}08; -0{,}006\,5; 0{,}78$
e) $\frac{4}{7}; -\frac{1}{5}; \frac{3}{4}; -\frac{2}{10}; \frac{6}{8}$
f) $-\frac{14}{3}; \frac{6}{36}; \frac{6}{42}; -\frac{7}{2}; -3$

ZUM KNOBELN

Wenn du die Zahlen richtig ordnest, ergeben die Buchstaben ein fernes Ferienparadies.

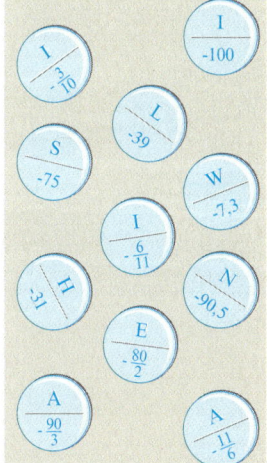

7

Kleiner oder größer, weniger oder mehr, niedriger oder höher?
Ordne der Größe nach. Beginne jeweils mit dem kleinsten Wert.
a) $-8\,°C, 19\,°C; -12\,°C; 0\,°C; -4{,}5\,°C, 100\,°C$
b) 34 m über NN, 345 m unter NN; 87 m unter NN, 56 m über NN
c) 10 € Schulden; 62 € Schulden, 15 € Schulden, 17 € Schulden, 56 432 € Schulden, 78 € Guthaben, 456 € Schulden; 67 890 € Schulden

8

Überprüfe mithilfe der Zahlengeraden.
a) Liegt $-4{,}5$ näher an $-4{,}7$ oder an -4?
b) Liegt $-7{,}8$ näher an -8 oder an -9?
c) Liegt $-2{,}6$ näher an -5 oder an 1?
d) Liegt 0 näher an 1 oder an $+0{,}1$?
e) Liegt $-5{,}3$ näher an -6 oder an -5?
f) Liegt $9{,}1$ näher an -18 oder an 28?

9

Suche jeweils 3 rationale Zahlen, die zwischen den beiden vorgegebenen liegen.
Findest du noch mehr Zahlen, die dazwischen liegen?
a) 15 und 19
b) 2 und 3
c) -2 und $-2{,}31$
d) -5 und $-4{,}9$
e) $-0{,}01$ und 0
f) -6 und 2
g) $-0{,}004$ und $-0{,}005$
h) $0{,}333\,3$ und $0{,}\overline{3}$
i) -1 und $-0{,}999\,999$

Zu zwei beliebigen voneinander verschiedenen rationalen Zahlen findet man immer eine, die dazwischen liegt (egal wie eng die Zahlen nebeneinander liegen).

Man sagt: **Die rationalen Zahlen liegen überall dicht.**

HINWEIS
Wenn die Zahlen eines Zahlenbereichs überall dicht liegen, dann findet man zwischen zwei Zahlen sogar beliebig viele weitere Zahlen.

AUFGABEN ZUR WIEDERHOLUNG

1. Rechne im Kopf.
   a) $\frac{1}{2} + \frac{4}{2} + \frac{8}{4} + \frac{1}{4}$
   b) $\frac{3}{7} + \frac{1}{14} + 1$
   c) $\frac{5}{6} - \frac{3}{2} + \frac{3}{4}$
   d) $\frac{1}{9} + \frac{2}{7}$
   e) $5 - \frac{5}{2} + \frac{1}{4}$
   f) $\frac{3}{8} + \frac{9}{4} - 3$

2. Rechne im Kopf.
   a) $0{,}75 + 2{,}1 - 3{,}8 + 0{,}01$
   b) $0{,}1 + 0{,}01 + 1{,}01$
   c) $4{,}7 + 4{,}07 - 3 + 0{,}4$
   d) $10{,}2 + 102 + 1{,}02$
   e) $6 - 3{,}2 - 2{,}1 + 5{,}6$
   f) $15{,}7 - 7{,}5 - 5{,}7$
   g) $99{,}9 + 0{,}2 - 30{,}5 + 1$
   h) $999 - 9{,}9 + 99{,}9$
   i) $14 - 2{,}2 + 3{,}003 - 5$
   j) $18 + 81 - 8{,}12$
   k) $101 - 3{,}7 - 4 - 0{,}8$
   l) $33 - 5{,}7 + 19$

3. Ein Spiel zu zweit: „Dominobrüche"
   Entfernt aus einem Dominospiel alle Steine, die nur eine Augenzahl enthalten. Die verbleibenden Steine könnt ihr als Brüche interpretieren.

   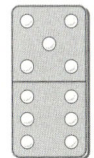 bedeutet z. B. $\frac{5}{6}$ und 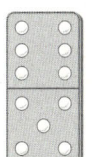 $\frac{6}{5}$

   Jeder zieht drei verdeckt liegende Dominosteine.
   Es gewinnt, wer die kleinere (größere) Summe legen kann.

16 Rationale Zahlen

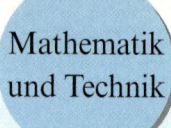
Mathematik und Technik

Längen und Winkel als Koordinaten

Schiff mit Radarantennen

Radarmast eines Schiffes

Radar: Schiffe haben Radaranlagen an Bord. Diese arbeiten mit elektromagnetischen Wellen. Die Wellen werden von einem Sender über eine sich drehende Antenne ausgestrahlt und von festen Gegenständen als Echo zurückgeworfen. Die zurückgeworfenen Wellen werden wieder über die Antenne empfangen.
Aus der vergangenen Zeit, bis das Echo empfangen wird, kann man die Entfernung zum Gegenstand ermitteln. Aus der Stellung der Antenne, bei der das Echo empfangen wird, weiß man die Richtung, in der sich der Gegenstand befindet.
Für den Ort des Gegenstandes erhält man also zwei Angaben: die Entfernung zwischen Messstelle und Gegenstand sowie einen Winkel (den jeweiligen Drehwinkel der Antenne).

Radar ist die Abkürzung von *Radio detecting and ranging* (engl.) und bedeutet Ermittlung und Messung per Funk.

Radaranlagen dienen im Verkehrswesen vor allem dem Kollisionsschutz. Beispielsweise soll eine Schiffsführung unabhängig von den Sichtbedingungen näherkommende Schiffe und andere Hindernisse so frühzeitig erkennen, dass sie ausweichen kann.

Polarkoordinaten: Auf dem Radarbildschirm ist nicht das dir bekannte Koordinatensystem zu sehen. Man verwendet so genannte Polarkoordinaten.

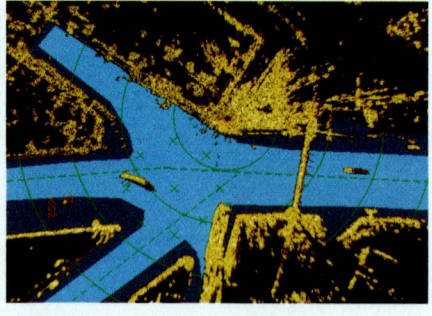

Radarbild des Hamburger Hafens

INFORMATION
Im Unterschied zum Radarbildschirm wird in der Mathematik der Winkel α mathematisch positiv, d. h. entgegen dem Uhrzeigersinn gemessen.

In der Mathematik werden Polarkoordinaten wie folgt festgelegt:
In einer Ebene wird ein Punkt O, der Pol, markiert. Von diesem Punkt aus wird ein Strahl $\overrightarrow{OS}$, die Polarachse, gezeichnet. Auf der Polarachse werden Längeneinheiten abgetragen.
Jetzt kann man einen beliebigen Punkt P der Ebene durch ein Zahlenpaar bestimmen: Länge der Strecke $r = \overline{OP}$ und Größe des Winkels $\alpha = \sphericalangle SOP$.
Man schreibt die Koordinaten des Punktes P in der Form $P(r|\alpha)$. Der Punkt P im Bild hat die Koordinaten $P(3|45°)$.

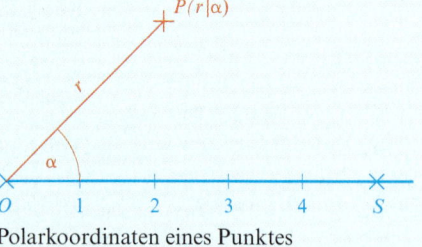

Pol und Polarachse

Polarkoordinaten eines Punktes

TIPP
Die Länge von r kann man auf der Polarachse ablesen, wenn man mit dem Zirkel einen Kreisbogen vom Punkt P auf die Polarachse schlägt.

Längen und Winkel als Koordinaten

1

Bestimme die Polarkoordinaten der im nebenstehenden Bild gezeichneten Punkte.

2

Zeichne das Viereck $ABCD$ mit den Eckpunkten $A(2,5|20°)$, $B(2|110°)$, $C(2,5|200°)$, $D(6|290°)$.
Um was für ein besonderes Viereck handelt es sich? Begründe deine Aussage.

3

Zeichne die Punkte
$P(3|140°)$, $Q(3|270°)$, $R(3|225°)$, $S(3|40°)$, $T(3|300°)$, $U(3|100°)$.
Wo liegen alle Punkte mit $r = 3$?

4

Wo liegen alle Punkte mit $\alpha = 135°$?

5

Zeichne ein beliebiges Quadrat. Verwende als Pol den Schnittpunkt der Diagonalen. Die Polarachse kann beliebig gewählt werden. Bestimme die Polarkoordinaten der Eckpunkte. Formuliere eine Gesetzmäßigkeit.

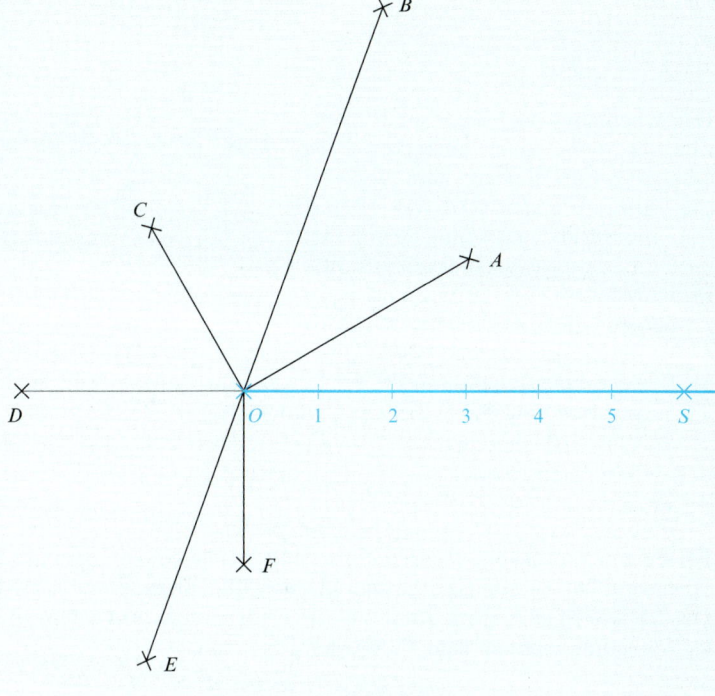

6

a) Lies die Polarkoordinaten der Eckpunkte des Dreiecks ABC ab.

b) Das Dreieck ABC wird um den Pol um 120° gedreht.
Gib die Polarkoordinaten der Eckpunkte des Bilddreiecks $A'B'C'$ an.

c) Das Dreieck ABC wird am Pol gespiegelt.
Gib die Polarkoordinaten der Eckpunkte des Bilddreicks $A''B''C''$ an.

d) Das Dreieck $A''B''C''$ wird um den Pol um 180° gedreht.
Gib die Koordinaten der Eckpunkte des Bilddreiecks an.
Was stellst du jetzt fest?

e) Ein wichtiges Wort wurde mit Polarkoordinaten und nebenstehender Figur verschlüsselt: $(4|210°)$, $(2|30°)$, $(4|240°)$, $(2|240°)$, $(3|90°)$.
Wie heißt es?

f) Verschlüssele den Namen deines Freundes bzw. deiner Freundin.

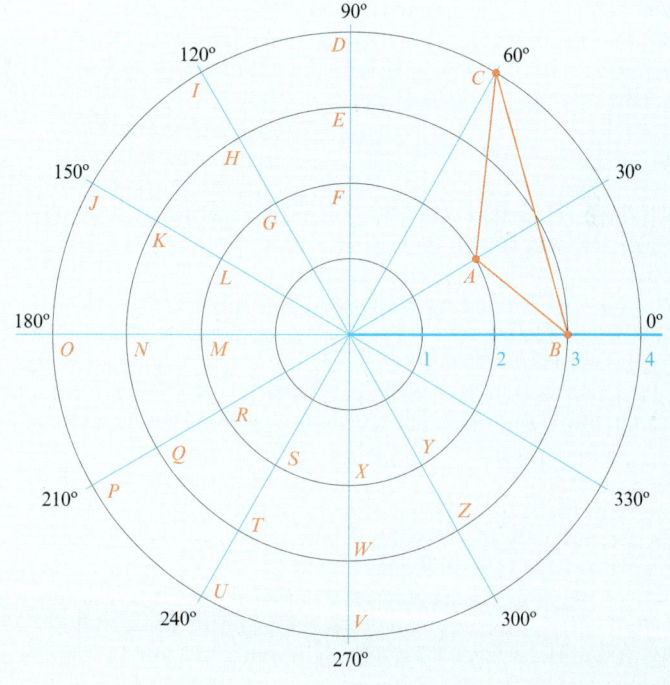

Addition und Subtraktion rationaler Zahlen

1

Den Übergang vom festen zum flüssigen Zustand nennt man Schmelzen, den Übergang vom flüssigen zum gasförmigen Zustand Sieden. Die drei Formen fest, flüssig und gasförmig nennt man auch die Aggregatzustände eines Stoffes.

	Schmelzpunkt	Siedepunkt
Wasser	0 °C	+100 °C
Quecksilber	−39 °C	+357 °C
Stickstoff	−210 °C	−196 °C
Alkohol	−114 °C	+78 °C
Benzol	+5,5 °C	+80 °C

a) In welchem Aggregatzustand befinden sich die in der Tabelle aufgeführten Stoffe bei −20 °C?
b) Berechne die Temperaturdifferenz zwischen Schmelz- und Siedepunkt bei den aufgeführten Stoffen in Kelvin (s. Information).
c) Warum wird statt Quecksilber in Thermometern häufig auch Alkohol benutzt?

INFORMATION

In der Physik ist es üblich, Temperaturdifferenzen mit der Einheit Kelvin (K) anzugeben. Beispielsweise wird die Temperaturdifferenz zwischen 25 °C und 32 °C mit 7 K angegeben.
Die Einheit der Temperaturänderung ist nach dem englischen Physiker Lord Kelvin (1824–1907) benannt.

2

Bei einem Kartenspiel werden Plus- und Minuspunkte verteilt. Beim aktuellen Spielstand haben Anita 40 Punkte, Brigitte −120 Punkte und Christel −20 Punkte. Das nächste Spiel verliert Anita und die beiden anderen erhalten jeweils +80 Punkte. Wie lautet dann der neue Punktestand?

3

Am 10. Oktober hatte Herr Königsfeld einen Kontostand von +500,00 € (Haben). Am 17. Oktober zeigte der Kontoauszug −200,00 € (Soll).
a) Welche Gesamtveränderung hat das Konto inzwischen erfahren?
b) Ein Kontoauszug vom 15. Oktober ist verloren gegangen. Er enthielt zwei Buchungen, eine davon war eine Gutschrift von +250,00 €.
Wie lautete dann die andere Buchung? Wie rechnest du?
c) Am 18. Oktober erhält Herr Königsfeld einen neuen Kontoauszug. Ihm wurde Geld überwiesen und sein Konto weist nun ein Guthaben von +170,00 € aus. Welchen Betrag hat er erhalten?

4

Beim Europäischen Fernwanderweg E 5 führt der Weg vom Pitztal über die Braunschweiger Hütte (2 759 m) und dem Pitztaler Jöchl (2 995 m) wieder runter ins Ötztal. Vergleiche die Skizze auf der Randspalte.
a) Das Pitztal (P) hat eine Höhe von 1740 m. Welchen Höhenunterschied muss man beim Aufstieg vom Tal zur Braunschweiger Hütte (B) bewältigen?
b) Wie hoch ist der Aufstieg von der Hütte zum Pitztaler Jöchl (J)?
c) Zum Ötztal (Ö) ist vom Jöchl ein Abstieg von 1545 m nötig. Welche Höhe hat das Ötztal? Wie groß ist der Höhenunterschied zwischen Ötztal und Pitztal?

5

Welche Gesamtänderung ergibt sich jeweils?
a) Ein Wasserstand (Staubecken) fällt um 15 cm, dann noch einmal um 12 cm.
b) Ein Aufzug fährt 6 Etagen hoch, dann wieder 3 Etagen runter.
c) Abbuchung von 500 Euro, dann eine Gutschrift von 230 Euro.
d) Aus einem Bus steigen 8 Personen aus und 12 Personen wieder ein.

Addition und Subtraktion rationaler Zahlen

Wir veranschaulichen uns rationale Zahlen durch Pfeile.

BEISPIEL

Der Null entspricht ein Pfeil der Länge 0.

BEACHTE

Die Länge des Pfeiles gibt den Betrag der rationalen Zahl an, die Richtung gibt das Vorzeichen an.

Der Addition rationaler Zahlen entspricht das Aneinanderlegen der Pfeile.

BEISPIEL: Addition zweier rationaler Zahlen mit gleichen Vorzeichen

Wie die Veranschaulichung zeigt ist:
$(+2) + (+3) = +(2+3) = +5$ $(-1) + (-3) = -(1+3) = -4$

MERKE
Bei der grafischen Addition gilt:
Anfang des 2. Pfeils an Spitze des 1. Pfeils.

Bei der Addition zweier rationaler Zahlen mit gleichen Vorzeichen gilt:
Die Summe hat dasselbe Vorzeichen wie die Zahlen.
Der Betrag der Summe ist die Summe der Beträge beider Zahlen.

6

Zeichne und berechne.
a) $(-1) + (-4)$ **b)** $(-3) + (-6)$ **c)** $(+2) + (+4)$ **d)** $(-6) + (-1)$
e) $(-4) + (-4)$ **f)** $(+6) + (+1,5)$ **g)** $(-1) + (-5,5)$ **h)** $(-2,5) + (-3,5)$

BEISPIEL: Addition zweier rationaler Zahlen mit verschiedenen Vorzeichen

Wie die Veranschaulichung zeigt ist:
$(+3) + (-5) = -(5-3) = -2$ $(-2) + (+4) = +(4-2) = +2$

Bei der Addition zweier rationaler Zahlen mit verschiedenen Vorzeichen gilt:
Die Summe hat dasselbe Vorzeichen wie die Zahl mit dem größeren Betrag.
Der Betrag der Summe ist die Differenz der Beträge beider Zahlen (größerer minus kleinerer Betrag).
Haben beide Zahlen denselben Betrag, so ist die Summe null.

MERKE
Für alle rationalen Zahlen a gilt:
$a + (-a) = (-a) + a = 0$
$0 + a = a + 0 = a$

7

Zeichne und berechne.
a) $(+4) + (-6)$ **b)** $(-1) + (+3)$ **c)** $(+6) + (-3)$ **d)** $(+4) + (-4)$
e) $(-3) + (+2)$ **f)** $(+5) + (-7)$ **g)** $(-4,2) + (+6,5)$ **h)** $(+10,5) + (-8,4)$

Im Weiteren werden die positiven Zahlen ohne das Vorzeichen „+" geschrieben. Steht die negative Zahl an erster Stelle, werden die Klammern weggelassen.

8^L

Berechne die Summe im Kopf.
a) $2 + (-5)$
b) $-4 + (-6)$
c) $-2 + 5$
d) $-2 + (-2)$
e) $-3 + 6$
f) $8 + (-10)$
g) $-6 + 6$
h) $7 + (-8)$
i) $1 + (-4)$
j) $-1 + (-3)$
k) $5 + (-5)$
l) $-10 + (-5)$

9

Berechne im Kopf.
a) $11 + (-13)$
b) $-10 + (-12)$
c) $19 + (-12)$
d) $-60 + 25$
e) $29 + (-28)$
f) $-33 + 22$
g) $-14 + (-58)$
h) $-99 + 90$
i) $-78 + 78$

10

a) Der Dichter Ovid wurde im Jahre 43 v. Chr. geboren und starb mit 60 Jahren. In welchem Jahr?
b) Der römische Staatsmann Cäsar wurde im Jahre 100 v. Chr. geboren und war bei seinem Tod 56 Jahre alt. In welchem Jahr wurde er ermordet?

11

Berechne.
a) $875 + (-225)$
b) $-1470 + 580$
c) $444 + (-545)$
d) $-124 + 670$
e) $-868 + 428$
f) $-190 + (-810)$
g) $-1250 + 1070$
h) $2500 + (-1865)$
i) $-1500 + (-1250)$

12

a) Das Death Valley (Kalifornien) hat eine geografische Höhe von -85 m. Ein Heißluftballon steigt vom Boden des Tales um 150 m hoch. Welche Höhe hat der Ballon dann über dem Meeresspiegel?
b) Der Meeresspiegel des Toten Meeres hat die geografische Höhe von -397 m. Die größte Wassertiefe beträgt 432 m. Auf welcher Höhe liegt der Meeresgrund?

13

Berechne.
a) $6{,}2 + (-2{,}4)$
b) $-11{,}5 + 2{,}5$
c) $-8{,}7 + (-2{,}3)$
d) $-40{,}9 + 81{,}8$
e) $20{,}4 + (-15{,}2)$
f) $30{,}1 + (-31{,}1)$
g) $0{,}05 + (-1{,}07)$
h) $-23{,}08 + (-45{,}97)$
i) $11{,}11 + (-22{,}12)$

14^L

Berechne.
a) $\frac{3}{4} + \left(-\frac{1}{4}\right)$
b) $-\frac{5}{8} + \frac{3}{8}$
c) $-\frac{6}{11} + \left(-\frac{4}{11}\right)$
d) $\frac{4}{7} + \left(-\frac{5}{7}\right)$
e) $\frac{7}{8} + \left(-\frac{3}{4}\right)$
f) $-\frac{4}{5} + \left(-\frac{7}{10}\right)$
g) $-\frac{5}{12} + \left(-\frac{2}{3}\right)$
h) $\frac{8}{15} + \left(-\frac{8}{5}\right)$
i) $3\frac{1}{2} + \left(-5\frac{1}{2}\right)$
j) $-2\frac{3}{4} + \left(-4\frac{1}{4}\right)$
k) $-4\frac{2}{9} + 7\frac{1}{3}$
l) $-12\frac{4}{5} + 4\frac{3}{10}$

ZUM KNOBELN

Die Summe in allen Waagerechten, Senkrechten und Diagonalen soll -3 sein.

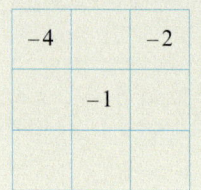

BEACHTE

Es gibt kein Jahr „null". Dem Jahr 1 v. Chr. folgt das Jahr 1 n. Chr. Die Zahlen auf der Zeitgeraden kennzeichnen den Anfang bzw. das Ende eines Jahres.

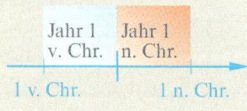

WUSSTEST DU SCHON?

Abflußlose Landsenken, die bis unter die Höhe des Meeresspiegel reichen, nennt man Depressionen. Das Tote Meer ist die tiefste Depression der Erde. Der Meeresspiegel senkt sich laufend wegen der Verdunstung.

ZUM KNOBELN

Ergänze den Additionsturm.

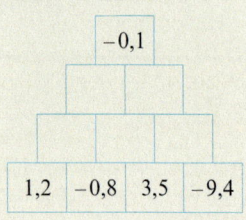

Addition und Subtraktion rationaler Zahlen

15

Der Wasserstand eines Flusses ist noch 13 cm unter der Höchstmarke 5,55 m, bei der die Altstadt überflutet wird. Über Nacht fällt das Wasser um 21 cm.
Am Morgen wird wieder Hochwasserwarnung gegeben und die Flut steigt wieder um 29 cm. Welchen Stand hat das Wasser? Wie viel darf es noch steigen, bis die Altstadt überflutet wird?

BEISPIEL für das Addieren mit dem Taschenrechner

a) $-734,5 + 183,7$
Ü: $-700 + 200 = -500$

734,5 [+/-] [+] 183,7 [=]

Ergebnis: $-550,8$

b) $0,035\,6 + (-0,209\,1)$
Ü: $0,04 + (-0,21) = -0,17$

0,035 6 [+] 0,209 1 [+/-] [=]

Ergebnis: $-0,1735$

BEACHTE bei der Eingabe negativer Zahlen:
Zuerst wird die Zahl ohne das Vorzeichen „–" eingegeben. **Anschließend** wird die Vorzeichenwechseltaste [+/-] gedrückt.
Aber aufgepasst:
Es gibt Rechner mit einer Vorzeichentaste [–].
Diese wird **vor** der Zahleneingabe betätigt.

16ᴸ

Berechne mithilfe eines Taschenrechners.
a) $17\,301 + (-111\,023)$
b) $-47\,825 + (-599)$
c) $-999\,003 + 100\,031$
d) $-35,47 + 12,26$
e) $135,11 + (-10,99)$
f) $-1,998\,7 + (-3,442\,1)$
g) $-12,48 + (-57,8)$
h) $-0,000\,023 + 0,009\,4$
i) $777,11 + (-111,77)$

17ᴸ

Überlege für welche Zahlen die Gleichung gilt. Nutze ggf. die Pfeildarstellung.
a) $-4 + x = 5$
b) $x + (-3) = -8$
c) $x + 4 = -6$
d) $-10 + x = -4$
e) $x + (-14) = 0$
f) $18 + x = 0$
g) $12 + x = 9$
h) $-25 + x = 25$
i) $x + (-10) = -5$
j) $x + 12 = 12$
k) $x + (-56) = -65$
l) $x + 198 = 99$

BEISPIEL
Für $-1 + x = 2$ erkennt man die Lösung $x = 3$.

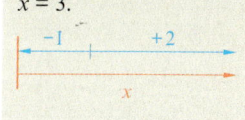

18

a) Das Thermometer steigt über Nacht von $-5\,°C$ auf $+4\,°C$. Wie groß ist die Temperaturdifferenz?
b) Abends zeigt das Thermometer $+3\,°C$ und am nächsten Morgen $-7\,°C$. Wie groß war der Temperatursturz?

19

Gib an, welche Änderung das Konto erfahren hat.

	a)	b)	c)	d)
Neuer Kontostand	+500 €	–800 €	0 €	–200 €
Alter Kontostand	–250 €	–250 €	+720 €	+700 €

INFORMATION
Die negativen Zahlen wurden (wie die Null), von den indischen Mathematikern eingeführt. Brahmagupta (geb. 598) verwendete die Begriffe Vermögen (positiv) und Schuld (negativ) und gab Regeln für das Rechnen mit diesen, wie wir heute sagen, rationalen Zahlen an.

Bei den Aufgaben 18 und 19 waren jeweils Differenzen zwischen zwei Zahlen zu berechnen. In den Differenzen traten auch negative Zahlen auf.
Wir wollen uns überlegen, wie man Differenzen rationaler Zahlen berechnet.
Wir wissen bereits: Die Subtraktion ist die Umkehrung der Addition.
Eine Subtraktion konnten wir bisher aber nur für positive Zahlen ausführen und auch nur dann, wenn der Minuend mindestens so groß ist wie der Subtrahend.
Beispielsweise lässt sich $2 - 5$ im Bereich der Bruchzahlen nicht berechnen.

BEISPIEL: Berechnen von $2-5$ und $-5-(-3)$ im Bereich der rationalen Zahlen

1. Möglichkeit
Wir wollen die nachfolgenden Gleichungen lösen.

$x = 2-5$ $\qquad\qquad\qquad\qquad x = -5-(-3)$

Wir nutzen, dass die Subtraktion die Umkehrung der Addition ist (und umgekehrt). Demnach muss gelten:

$x + 5 = 2$ $\qquad\qquad\qquad\qquad x + (-3) = -5$

Diese Gleichungen können wir im Bereich der rationalen Zahlen bereits lösen:

$x = -3$, denn $-3 + 5 = 2$ $\qquad\qquad x = -2$, denn $-2 + (-3) = -5$

Also ist im Bereich der rationalen Zahlen:

$2 - 5 = -3$ $\qquad\qquad\qquad\qquad -5 - (-3) = -2$

2. Möglichkeit
Veranschaulichen wir die Subtraktion mithilfe von Pfeilen, erhalten wir dieselben Ergebnisse:

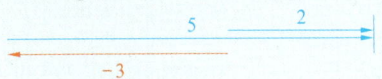 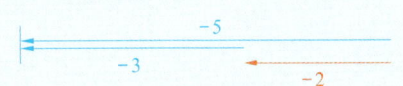

3. Möglichkeit
Aus der Veranschaulichung erkennt man:

Statt von 2 die 5 zu subtrahieren, kann man auch zu 2 die entgegengesetzte Zahl von 5, also -5, addieren.

$2 - 5 = 2 + (-5) = -3$.

Statt von -5 die -3 zu subtrahieren kann man auch zu -5 die entgegengesetzte Zahl von -3, also 3, addieren.

$-5 - (-3) = -5 + 3 = -2$

> **ERINNERE DICH**
> Die Gleichung
> $x = a - b$ ist gleichwertig zur Gleichung
> $x + b = a$.

> **MERKE**
> Bei der grafischen Subtraktion gilt:
> **Pfeile Spitze an Spitze.**
> Beispielsweise kann man sich $1 - (-2) = 3$ so veranschaulichen:
>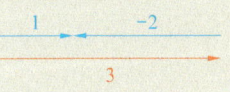

20ᴸ
Berechne.
a) $7 - 8$ b) $4 - 9$ c) $-5 - 1$ d) $2 - 3$
e) $3 - (-2)$ f) $5 - (-3)$ g) $6 - (-1)$ h) $-2 - (-3)$
i) $5 - 7$ j) $-4 - 6$ k) $-4 - (-2)$ l) $5 - (-5)$
m) $-3 - 1$ n) $-9 - (-7)$ o) $1 - 20$ p) $0 - (-4)$

> Im Bereich der rationalen Zahlen ist die Subtraktion immer ausführbar.
>
> Statt eine rationale Zahl zu subtrahieren, kann man die entgegengesetzte Zahl addieren.

> **MERKE**
> Sind a und b rationale Zahlen, so gilt:
> $a - b = a + (-b)$

21
Berechne im Kopf.
a) $3 - (-3)$ b) $6 - 8$ c) $-4 - 5$ d) $2 - (-5)$
e) $-9 - (-9)$ f) $12 - 11$ g) $-8 - 8$ h) $-1 - (-9)$
i) $5 - 8$ j) $-10 - (-20)$ k) $13 - (-13)$ l) $-30 - 30$

22
Schreibe wie im Beispiel als Summe und berechne.
a) $32 - 44$ b) $-24 - (-12)$ c) $11 - 23$
d) $-43 - (-14)$ e) $54 - (-45)$ f) $-100 - (-50)$
g) $125 - (-176)$ h) $-948 - 761$ i) $-556 - 122$

> **BEISPIEL**
> $26 - 30 = 26 + (-30)$
> $= -4$

Addition und Subtraktion rationaler Zahlen

23
a) Der größte See der Welt ist das Kaspische Meer. Die Oberfläche hat die geografische Höhe von –28 m, die tiefste Stelle hat die geografische Höhe von –1008 m. Welche größte Tiefe hat der See?
b) Der Obere See in Kanada hat eine Tiefe von 406 m. Die Wasseroberfläche liegt auf +183 m. Auf welcher geografischen Höhe befindet sich sein Grund?

24
Welche Höhe muß ein Hubschrauber überwinden, wenn er
a) vom Bodensee (+396 m) aufsteigt und zum Pfänder (+1064 m) fliegt;
b) vom See Genezareth (–212 m) nach Nazareth (+298 m) fliegt?

25
Berechne.
a) $6{,}1 - (-2{,}5)$
b) $-5{,}9 - 3{,}6$
c) $2{,}8 - 4{,}9$
d) $-11{,}9 - (-2{,}9)$
e) $23{,}5 - 14{,}5$
f) $-30{,}5 - (-31{,}6)$
g) $5{,}55 - (-4{,}44)$
h) $-2{,}78 - (-3{,}22)$
i) $-4{,}98 - 3{,}89$

26 L
Berechne mithilfe eines Taschenrechners. Kontrolliere durch einen Überschlag.
a) $735{,}2 - 1028{,}1$
b) $3208 - (-2999)$
c) $-4015 - 6731$
d) $-10344 - (-729)$
e) $-0{,}788 - (-0{,}93)$
f) $0{,}072 - 2{,}856$
g) $84{,}23 - (-44{,}85)$
h) $-111{,}1 - 2369{,}4$
i) $-23007 - 13629$
j) $7392 - (-4681)$
k) $-2{,}83 - (-18{,}96)$
l) $0{,}152 - 0{,}922$

HINWEIS
Denke daran, dass du das Vorzeichen „–" nicht mit der Operationstaste [–] eingeben kannst.

27
Berechne.
a) $\frac{1}{4} - \frac{3}{4}$
b) $-\frac{3}{8} - \left(-\frac{5}{8}\right)$
c) $\frac{5}{11} - \left(-\frac{3}{11}\right)$
d) $\frac{6}{7} - \frac{4}{7}$
e) $-\frac{3}{4} - \left(-\frac{5}{8}\right)$
f) $-\frac{3}{5} - \frac{7}{10}$
g) $-\frac{7}{12} - \left(-\frac{2}{3}\right)$
h) $-\frac{7}{15} - \left(-\frac{7}{5}\right)$
i) $-3\frac{1}{4} - 5\frac{3}{4}$
j) $-2\frac{3}{5} - \left(-4\frac{4}{5}\right)$
k) $-4\frac{3}{8} - 2\frac{5}{8}$
l) $2\frac{3}{4} - 5\frac{5}{8}$

ZUM KNOBELN
Die Differenz der nebeneinander stehenden Zahlen (linke minus rechte) ergibt jeweils die Zahl darunter.

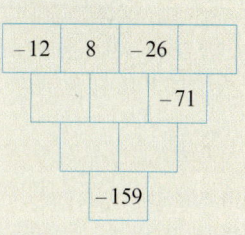

28
Übertrage ins Heft und ergänze die Tabelle.

Minuend	–14		18	26	–100			2,5	–4,1
Subtrahend	12	–16		–54		18	–87		8,7
Differenz		–9	–67		–50	–26	–12	6	

29 L
Löse die Gleichungen.
a) $x - (-12) = 25$
b) $-32 - x = 30$
c) $-75 - x = -10$
d) $x - 45 = -45$
e) $66 - x = 0$
f) $-99 - x = -99$
g) $-60 - x = -100$
h) $-12 - x = 24$
i) $x - (-45) = 20$

ERINNERE DICH
$x - a = b$ ist gleichwertig zu $x = a + b$.
$a - x = b$ ist gleichwertig zu $x + b = a$ und $x = a - b$.

24 Rationale Zahlen

30
a) Wie weit sind die folgenden Zahlen auf der Zahlengeraden voneinander entfernt: (1) −28,5 und 125,5 (2) −67 und −11,2 (3) 123,1 und −321,2?
b) Wie lauten die beiden Zahlen, die von 15,5 den Abstand 30 haben?
c) Welche positive Zahl ist von 55 genau so weit entfernt wie −10?

31
a) Um wie viel Grad müssen die Stoffe aus der Tabelle mindestens erhitzt werden, um vom festen in den gasförmigen Zustand gebracht zu werden?
b) Wolfram wird häufig als Glühfaden in Glühbirnen benutzt. Warum wohl?

Stoff	Schmelzpunkt	Siedepunkt
Chlor	−103 °C	−34 °C
Äther	−120 °C	+34,6 °C
Zinn	+232 °C	+2 680 °C
Wolfram	+3 390 °C	+5 500 °C

32
Übertrage die Tabellen ins Heft und fülle sie aus.

⊕	5		11	−31
			10	
3		−3		
				−36
31				

⊖	2,5	−6,9	15,7	−25
1,8				
−8,7				
15,1				
−2,5				

33
Es gibt 3 verschiedene Bedeutungen des Minuszeichens:
1. als Vorzeichen bei negativen Zahlen: −4; −2,5
2. als Rechenzeichen für die Subtraktion: 6 − 4; 3 − (−4)
3. als Zeichen für die entgegengesetzte Zahl: −2 zu +2; −(−4) zu (−4); −a zu a
Bei negativen Zahlen wie zum Beispiel −3 ist das Minuszeichen sowohl Vorzeichen als auch das Zeichen für die entgegengesetzte Zahl zu 3.
a) Erläutere die jeweilige Bedeutung der Minuszeichen und berechne.
(1 − 5) − (−2)   1 − (1 − (1 − (−1)))   5 − (−(−(−5)))
b) Welche Aussage ist wahr?
−a ist immer negativ.   −a − (−a) = 0 $|a| = -a$ für negative a

MERKE
dir die drei Bedeutungen des Minuszeichens.

34
Ein Bürogebäude hat ein Erdgeschoss, 12 Ober- und zwei Untergeschosse. Der Aufzug steht im 4. Obergeschoss. Er fährt 6 Etagen hoch, dann 5 Etagen abwärts, dann weiter 3 Stationen abwärts und wieder 7 Etagen hoch. Auf welcher Etage steht er jetzt? Wie viele Stationen sind es jetzt nach unten ins zweite Untergeschoss?

35
Herr Bousonville hat bei seiner Bank einen Dispositionskredit von 6 000,00 €. Er kann deshalb sein Konto bis zu diesem Betrag überziehen. Der letzte Kontostand war 2 487,00 € Soll. Danach wurden Rechnungen über 1 830,00 € und 1 119,00 € bezahlt. Wie viel darf er noch ohne Rücksprache mit der Bank abheben?

ZUM KNOBELN
Welches ist die magische Zahl im Quadrat? Übertrage ins Heft und vervollständige.

$-\frac{3}{2}$		$-\frac{7}{2}$
	−2	
$-\frac{1}{2}$		

Addition und Subtraktion rationaler Zahlen

36

Berechne und vergleiche jeweils **a)** $a + b$ mit $b + a$ sowie **b)** $a - b$ mit $b - a$.

a	3	−8	18	−35	45	155	−2,5	0,15
b	−12	−15	−25	54	−54	−266	4,9	−1,25

ERINNERE DICH
Für die Addition von Bruchzahlen gelten das Kommutativgesetz und das Assoziativgesetz. Mache dir die Aussagen dieser Gesetze noch einmal klar.

37

Berechne jeweils und vergleiche $(a + b) + c$ mit $a + (b + c)$.

a	−4	15	28	−6,5	19,7	0,001
b	−8	−7	19	4,3	−12,3	−0,002
c	10	9	−35	−2,1	−5,5	0,005

Unter Berücksichtigung des Vorzeichens darf man auch bei rationalen Zahlen die Summanden vertauschen und bei der Addition beliebig Klammern setzen.

Kommutativgesetz der Addition
Für alle rationalen Zahlen a, b gilt :
$a + b = b + a$

Assoziativgesetz der Addition
Für alle rationalen Zahlen a, b, c gilt:
$a + (b + c) = (a + b) + c$

38

Berechne möglichst geschickt.
a) $16 - 5 + 14$
b) $-28 - 22 + 25$
c) $-34 + 17 - 66$
d) $44 + 34 - 78$
e) $-11 - 89 + 43$
f) $-82 + 32 + 50$

TIPP
Benutze das Kommutativ- oder das Assoziativgesetz.

AUFGABEN ZUR WIEDERHOLUNG

1. Welche der dargestellten Bauteile gehören zusammen und bilden einen Würfel?

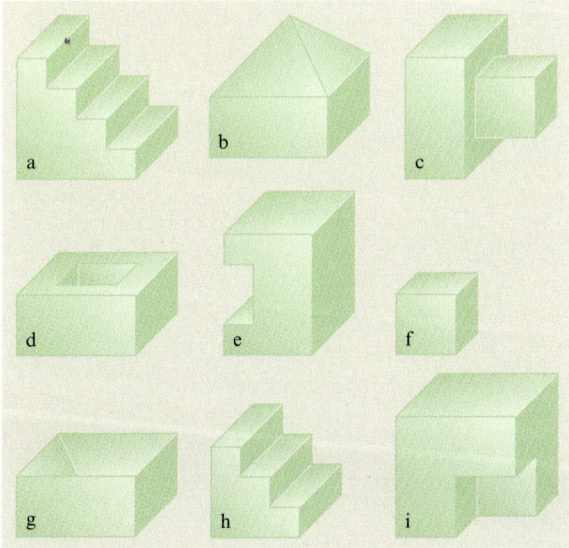

2. Ein hölzerner Würfel mit einer Kantenlänge von 3 cm ist außen rot angestrichen. Er soll in Würfel mit 1 cm Kantenlänge zerlegt werden. Überlege:
   a) Wie viele Schnitte sind dazu notwendig?
   b) Wie viele Würfel entstehen dabei?
   c) Wie viele haben vier rote Flächen?
   d) Wie viele haben drei rote Flächen?
   e) Wie viele haben zwei rote Flächen?
   f) Wie viele haben gar keine rote Fläche?

3. Welcher Quader gehört zu dem Netz?

Multiplikation und Division rationaler Zahlen

1

Jörn, Nicole und Yvonne diskutieren vor der Tafel, was $3 \cdot (-2)$ und was $(-2) \cdot 3$ ergeben könnte.
Sie kommen zu dem Schluss:
$3 \cdot (-2) = -6$
$(-2) \cdot 3 = -6$

a) Kannst du erkennen, was sie überlegt haben?
b) Was muss entsprechend diesen Überlegungen $(-4) \cdot 0$ ergeben?

Die Multiplikation rationaler Zahlen soll so festgelegt werden, dass die von den natürlichen und den Bruchzahlen bekannten Rechengesetze weiter gültig bleiben.

2

Ein Skatspieler spielt Herz mit „Dreien". Das bedeutet bei einem Gewinn des Spiels 40 Pluspunkte. Leider verliert er und bekommt jetzt doppelt so viele Minuspunkte („Miese"). Wie viele Punkte werden auf dem Spielblock notiert?

> Das Produkt einer positiven und einer negativen rationalen Zahl ist negativ.
> Der Betrag des Produkts ist das Produkt der beiden Beträge.
>
> Ist a eine rationale Zahl, so gilt
> $a \cdot 0 = 0 \cdot a = 0$ und $1 \cdot a = a \cdot 1 = a$.

BEISPIELE
$5 \cdot (-14) = -(5 \cdot 14) = -70$ $(-2{,}5) \cdot 8 = -(2{,}5 \cdot 8) = -20$ $(-7{,}5) \cdot 0 = 0$

ERINNERE DICH

Sind a, b und c natürliche Zahlen oder **Bruchzahlen**, so gilt:

$a \cdot b = b \cdot a$
(Kommutativgesetz der Multiplikation)

$a \cdot (b \cdot c) = (a \cdot b) \cdot c$
$= a \cdot b \cdot c$
(Assoziativgesetz der Multiplikation)

$a \cdot 0 = 0 \cdot a = 0$

$1 \cdot a = a \cdot 1 = a$

$a \cdot (b + c) = a \cdot b + a \cdot c$
(Distributivgesetz)

3

Was könnte $(-3) \cdot (-2)$ ergeben? Experimentiere mit.

a) Ergänze die fehlenden Ergebnisse in der nebenstehenden Aufgabenfolge. Nimm dabei an, dass sich die erkannte Gesetzmäßigkeit fortsetzt.
b) Versuche $(-3) \cdot (-2)$ grafisch zu lösen.
c) Wenn auch das Distributivgesetz für alle rationalen Zahlen gelten soll, muss Folgendes richtig sein:
$(-3) \cdot (-2) + (-3) \cdot 2 = (-3) \cdot ((-2) + 2) = (-3) \cdot 0 = 0$.
Wir wissen: $(-3) \cdot 2 = -6$.
Was folgt daraus für $(-3) \cdot (-2)$?

$4 \cdot (-2) = -8$
$3 \cdot (-2) = -6$
$2 \cdot (-2) = -4$
$1 \cdot (-2) = -2$
$0 \cdot (-2) = 0$
$(-1) \cdot (-2) = ?$
$(-2) \cdot (-2) = ?$
$(-3) \cdot (-2) = ?$

> Das Produkt zweier negativer rationaler Zahlen ist positiv.
> Der Betrag des Produkts ist das Produkt der beiden Beträge.

Multiplikation und Division rationaler Zahlen

BEISPIELE
a) $(-3) \cdot (-7) = +(3 \cdot 7) = 21$ b) $(-0,5) \cdot (-8,4) = +(0,5 \cdot 8,4) = 4,2$
c) $(-2) \cdot \left(-\frac{1}{4}\right) \cdot (-10) = \left((-2) \cdot \left(-\frac{1}{4}\right)\right) \cdot (-10) = \left(+\frac{1}{2}\right) \cdot (-10) = -5$

MERKE
Präge dir die folgenden Vorzeichenregeln bei der Multiplikation rationaler Zahlen ein:
$(-) \cdot (+) = (-)$
$(+) \cdot (-) = (-)$
$(-) \cdot (-) = (+)$
$(+) \cdot (+) = (+)$

4^L
Berechne wenn möglich im Kopf.
a) $(-12) \cdot 3$ b) $(-15) \cdot (-2)$ c) $(-25) \cdot 6$ d) $(-7) \cdot (-1)$
e) $(-11) \cdot (-10)$ f) $12,5 \cdot (-8)$ g) $(-0,75) \cdot 4$ h) $(-25) \cdot 7$
i) $\left(-\frac{3}{4}\right) \cdot (-4)$ j) $\left(-\frac{2}{5}\right) \cdot \left(-\frac{5}{3}\right)$ k) $(-1,5) \cdot \frac{2}{5}$ l) $1,2 \cdot \left(-\frac{10}{3}\right)$
m) $(-1) \cdot 18,7$ n) $0 \cdot (-16,3)$ o) $(-121,5) \cdot (-1)$ p) $10 \cdot (-13,7)$

5
Berechne.
a) $28 \cdot (-10)$ b) $(-50) \cdot 16$ c) $3 \cdot (-450)$ d) $(-11) \cdot 15$
e) $176 \cdot (-2)$ f) $(-10) \cdot (-150)$ g) $20 \cdot (-12)$ h) $(-16) \cdot 16$
i) $(-105) \cdot (-20)$ j) $15 \cdot (-250)$ k) $64 \cdot (-32)$ l) $(-77) \cdot (-77)$
m) $(-450) \cdot 12$ n) $(-36) \cdot (-200)$ o) $(-99) \cdot 101$ p) $(-100) \cdot (-100)$

6
Berechne die Produkte.
a) $6 \cdot (-1,2)$ b) $(-1,5) \cdot (-4)$ c) $(-2,6) \cdot 5$ d) $12,5 \cdot (-8)$
e) $(-30) \cdot 0,1$ f) $(-0,01) \cdot 520$ g) $(-10) \cdot 0,35$ h) $100 \cdot (-0,002)$
i) $2,5 \cdot (-2,5)$ j) $(-1,3) \cdot 3,1$ k) $(-7,5) \cdot (-1,2)$ l) $(-10,5) \cdot (-5,1)$
m) $0,1 \cdot (-0,002)$ n) $(-0,05) \cdot (-0,4)$ o) $0,7 \cdot (-0,8)$ p) $(-0,01) \cdot 0,01$

SPIEL MIT
Wer findet den Schatz? Hinter dem Stein mit der 20 ist in einer alten Burgruine ein Schatz versteckt.
Das Produkt zweier Zahlen nebeneinander ergibt die Zahl darüber. Übertrage ins Heft und suche den Schatz.

7
Berechne die Produkte.
a) $\left(-\frac{1}{2}\right) \cdot \frac{1}{3}$ b) $\frac{3}{4} \cdot \left(-\frac{8}{7}\right)$ c) $\left(-\frac{2}{3}\right) \cdot \left(-\frac{9}{8}\right)$ d) $\left(-\frac{3}{8}\right) \cdot \frac{5}{2}$
e) $\left(3\frac{1}{2}\right) \cdot \left(-\frac{1}{2}\right)$ f) $\left(-\frac{2}{3}\right) \cdot \left(2\frac{1}{5}\right)$ g) $\left(-1\frac{2}{7}\right) \cdot \left(-\frac{1}{9}\right)$ h) $\frac{11}{28} \cdot \left(-3\frac{2}{11}\right)$
i) $0,2 \cdot \left(-3\frac{1}{3}\right)$ j) $(-1,2) \cdot \frac{3}{4}$ k) $(-5,5) \cdot \frac{2}{5}$ l) $(-7,5) \cdot 2\frac{1}{2}$

8
Wandle in gemeine Brüche um und berechne.
a) $1\frac{1}{2} \cdot \left(-2\frac{2}{3}\right)$ b) $\left(-6\frac{2}{3}\right) \cdot \left(-2\frac{1}{4}\right)$ c) $\left(-1\frac{3}{7}\right) \cdot 17\frac{1}{2}$ d) $4\frac{4}{5} \cdot \left(-3\frac{3}{4}\right)$
e) $11\frac{3}{8} \cdot \left(-4\frac{10}{13}\right)$ f) $\left(-20\frac{2}{11}\right) \cdot \left(-3\frac{10}{37}\right)$ g) $3,6 \cdot \left(-4\frac{7}{12}\right)$ h) $(-11,25) \cdot \left(-4\frac{4}{9}\right)$

9^L
Berechne.
a) $(-2) \cdot (-4) \cdot (-5)$ b) $(-1) \cdot (-5) \cdot 3$ c) $(-2) \cdot 7 \cdot (-8)$
d) $(-10) \cdot 12 \cdot 10$ e) $(-12) \cdot (-12) \cdot 2$ f) $(-1) \cdot 105 \cdot (-1)$
g) $2,5 \cdot 8 \cdot (-6)$ h) $(-1,2) \cdot 7 \cdot (-5)$ i) $(-0,5) \cdot (-18) \cdot (-4)$
j) $(-5) \cdot (-1,4) \cdot (-3)$ k) $(-2) \cdot (-1) \cdot 0$ l) $3 \cdot 0 \cdot (-6)$

10

Berechne mit einem Taschenrechner. Führe zuvor einen Überschlag durch.
a) $3{,}17 \cdot (-12{,}86)$
b) $(-23{,}65) \cdot (-7{,}19)$
c) $(-0{,}362) \cdot 3{,}002$
d) $(-11{,}87) \cdot (-13{,}47)$
e) $0{,}00728 \cdot (-0{,}893)$
f) $(-133{,}1) \cdot 5{,}04$
g) $11353 \cdot (-33)$
h) $7{,}803 \cdot 44{,}33$
i) $(-2003{,}5) \cdot (-0{,}00103)$

TIPP
Wenn du dir das Vorzeichen des Ergebnisses im Kopf überlegst, kannst du mit den Beträgen rechnen. Du brauchst dann also nicht die Vorzeichenwechseltaste.

11

Wann ist ein Produkt aus 3 Faktoren a) negativ, b) positiv, c) gleich 0?
Gib dazu Beispiele an.
Untersuche dieselbe Frage bei einem Produkt aus 4 Faktoren.

Da das Vorzeichen eines Produkts nur von der Anzahl der Minuszeichen abhängt, gelten auch im Bereich der rationalen Zahlen das Kommutativ- und das Assoziativgesetz der Multiplikation. (Siehe Seite 26, Randspalte.)

12 L

Berechne die folgenden Potenzen:
a) $(-5)^2$
b) $(-1)^2$
c) $(-100)^2$
d) $(-50)^2$
e) $(-2)^3$
f) $(-1)^4$
g) $(-4)^3$
h) $(-3)^4$
i) $(-0{,}5)^3$
j) $(-0{,}1)^4$
k) $(-0{,}01)^2$
l) $(-0{,}2)^4$

13 L

Berechne.
a) $\left(-\dfrac{1}{2}\right) \cdot \dfrac{2}{3} \cdot \left(-\dfrac{3}{7}\right)$
b) $\left(-\dfrac{2}{7}\right) \cdot \left(-\dfrac{2}{3}\right) \cdot \dfrac{3}{4}$
c) $\dfrac{3}{11} \cdot \left(-\dfrac{4}{5}\right) \cdot \left(\dfrac{11}{6}\right)$
d) $\left(-\dfrac{1}{10}\right) \cdot \left(-\dfrac{4}{7}\right) \cdot 10$
e) $\left(-\dfrac{1}{12}\right) \cdot \dfrac{2}{11} \cdot (-12)$
f) $(-18) \cdot \left(-\dfrac{11}{16}\right) \cdot \left(-\dfrac{1}{9}\right)$

ZUM KNOBELN
Gibt es zwei verschiedene natürliche Zahlen a und b für die gilt:
$(-a)^b = (-b)^a$?

14

Welche Zahlen erfüllen die Gleichungen?
a) $x \cdot x = \dfrac{4}{9}$
b) $x^3 = -216$
c) $x^{10} = 1024$
d) $\left(-\dfrac{3}{4}\right) \cdot x = 1$
e) $x \cdot \dfrac{5}{2} = 1$
f) $0 = \dfrac{1}{2} \cdot (x - 2)$
g) $x \cdot (x + 2) = 0$
h) $(-0{,}4) \cdot x = 2$

15 L

In englischsprachigen Ländern wird die Temperatur nicht in Grad Celsius gemessen, sondern in Grad Fahrenheit (°F). Dabei wird der Eispunkt (0 °C) mit 32 °F und der Siedepunkt (100 °C) mit 212 °F festgelegt. Ein Grad Fahrenheit ist demnach der 180ste Teil der Temperaturdifferenz zwischen Eispunkt und Siedepunkt.

a) Es gilt $T_C = \dfrac{5}{9} \cdot (T_F - 32)$. Kannst du diese Gleichung erklären?
b) Welche entsprechende Gleichung gilt dann für die Umrechnung von Celsiusgraden in Fahrenheitgraden?
c) Zeichne ein Thermometer ins Heft mit zwei Skalen: links die bekannte Celsiusskala und rechts die Fahrenheitskala. Wähle die Celsiusskala von −60 °C bis +60 °C in Schritten von je 5 °C.
Gibt es eine Temperatur, die in beiden Fällen dieselbe Gradzahl hat?
d) Wie viel Grad Celsius entsprechen 131 °F, 104 °F, 59 °F, 23°F, −4 °F, −31 °F?
e) Wie viel Grad Fahrenheit sind 60 °C, 50 °C, 25 °C, 10 °C, −10 °C, −45 °C?

WUSSTEST DU SCHON?
Daniel G. Fahrenheit (1686–1736) war Physiker und stellte wissenschaftliche Thermometer her, zunächst mit Weingeist, ab 1718 auch mit Quecksilber als Thermometersubstanz. Als 100 °F hatte er ursprünglich die „normale" Körpertemperatur des Menschen gewählt.

Multiplikation und Division rationaler Zahlen

16
Welche Zahl erfüllt die Gleichung?
a) $x \cdot 6 = -24$ b) $(-12) \cdot x = -60$ c) $x \cdot (-9) = 81$ d) $x \cdot 3 = -2$
e) $(-6) \cdot x = -180$ f) $x \cdot 2{,}5 = -17{,}5$ g) $150 = (-0{,}15) \cdot x$ h) $0{,}01 \cdot x = 0{,}1$

Wir wissen bereits: Die Division ist die Umkehrung der Multiplikation.
Für Bruchahlen ist die Gleichung $x \cdot b = a$ gleichwertig zu $x = a : b$.
Der Quotient $a : b$ ist die eindeutige Lösung der Gleichung $x \cdot b = a$ ($b \neq 0$).

17
Aus den Lösungen der Aufgabe 16 erkennt man z. B.:
Da die Gleichung $x \cdot 6 = -24$ die Lösung $x = -4$ hat, ist $(-24) : 6 = -4$.
Bilde aus den Gleichungen 16 b) bis h) und ihren Lösungen entsprechende Divisionsaufgaben. Vergleiche die Vorzeichen und Beträge der Zahlen.

Es ist $a : b = a \cdot \frac{1}{b}$ ($b \neq 0$). Man kann also durch eine rationale Zahl dividieren, indem man mit dem Kehrwert multipliziert. Damit lassen sich die Regeln der Multiplikation für die Division sinngemäß übernehmen.

ERINNERE DICH
Der Kehrwert (oder das Reziproke) einer Zahl $b \neq 0$ ist die Zahl $\frac{1}{b}$.

> Der Quotient einer positiven und einer negativen rationalen Zahl ist negativ.
> Der Quotient zweier negativer rationaler Zahlen ist positiv.
> Der Betrag des Quotienten ist der Quotient der beiden Beträge.

MERKE
Präge dir die folgenden Vorzeichenregeln für die Division rationaler Zahlen ein:
$(-) : (+) = (-)$
$(+) : (-) = (-)$
$(-) : (-) = (+)$
$(+) : (+) = (+)$

18
Berechne im Kopf.
a) $(-18) : 9$ b) $51 : (-17)$ c) $(-72) : (-9)$ d) $(-100) : (-10)$
e) $125 : (-25)$ f) $(-55) : 5$ g) $28 : (-1)$ h) $(-14) : (-14)$
i) $(-272) : (-17)$ j) $(-576) : (-18)$ k) $361 : (-19)$ l) $(-256) : (-16)$

19ᴸ
Berechne den Quotienten als Dezimalbruch.
a) $(-12) : 0{,}2$ b) $3 : (-0{,}1)$ c) $(-8) : (-0{,}4)$ d) $(-5) : (-2{,}5)$
e) $25 : (-0{,}25)$ f) $(-2{,}4) : (-0{,}4)$ g) $(-1) : (-0{,}001)$ h) $(-30) : 0{,}6$
i) $(-0{,}35) : 0{,}07$ j) $91 : (-1{,}3)$ k) $(-0{,}05) : (-0{,}2)$ l) $1{,}19 : (-17)$

20
Schreibe den Quotienten als Bruch und kürze so weit wie möglich.
Beispiel: $5 : (-2) = 5 \cdot \left(-\frac{1}{2}\right) = -\frac{5}{2}$.

a) $4 : (-7)$ b) $(-9) : (-4)$ c) $(-7) : 3$ d) $12 : (-5)$
e) $(-21) : 9$ f) $(-40) : (-6)$ g) $(-60) : (-8)$ h) $30 : (-12)$
i) $(-70) : 20$ j) $(-100) : 12$ k) $(-35) : (-20)$ l) $55 : (-55)$

ZUM KNOBELN
aus einem altägyptischen Rechenbuch:
Ein Hirte trieb 70 Rinder und sagte auf Nachfrage: „Das sind $\frac{2}{3}$ von $\frac{1}{3}$ des Viehs". Wie groß ist die gesamte Herde?

21
Berechne jeweils den Kehrwert als Bruch und als Dezimalbruch.
a) -4 b) $0{,}2$ c) $-2{,}5$ d) $-0{,}8$ e) $1{,}6$ f) -10
g) $-1{,}25$ h) $-6{,}25$ i) -20 j) 500 k) $-0{,}01$ l) $0{,}125$

22

Berechne.

a) $\left(-\frac{1}{4}\right) : 2$
b) $\frac{3}{8} : (-3)$
c) $\frac{1}{2} : \left(-\frac{1}{4}\right)$
d) $\frac{1}{2} : \left(-\frac{1}{2}\right)$
e) $\left(-\frac{4}{7}\right) : \left(-\frac{1}{7}\right)$
f) $\frac{3}{4} : (-7)$
g) $\left(-\frac{4}{7}\right) : (-2)$
h) $(-11) : \left(-\frac{1}{11}\right)$
i) $(-1) : \frac{2}{3}$
j) $2 : \frac{1}{7}$
k) $(-15) : \frac{3}{4}$
l) $\frac{5}{7} : \left(-\frac{5}{2}\right)$

BEACHTE

$a : b = a \cdot \frac{1}{b} \quad (b \neq 0)$

$a : \frac{1}{b} = a \cdot b \quad (b \neq 0)$

23

Berechne.

a) $0{,}5 : (-2)$
b) $3 : (-0{,}2)$
c) $(-4) : (-0{,}5)$
d) $2{,}5 : (-0{,}1)$
e) $\frac{2}{3} : (-0{,}2)$
f) $(-2{,}5) : \left(-\frac{1}{3}\right)$
g) $(-5{,}2) : \frac{1}{2}$
h) $0{,}03 : \left(-\frac{3}{10}\right)$
i) $(-1) : \frac{2}{7}$
j) $\left(-\frac{4}{3}\right) : \frac{3}{4}$
k) $1 : \left(-\frac{2}{11}\right)$
l) $(-5) : \frac{1}{5}$

24

Übertrage die Tabellen ins Heft und fülle sie aus.

$\odot$	-5			$-1{,}5$
-7		-91		
	-90			
$-0{,}2$			4	
				75

$\odot$	$-\frac{1}{2}$	4	-3	$\frac{2}{7}$
1				
-2		$-\frac{1}{2}$		
$\frac{3}{4}$				
$-\frac{1}{5}$				

25

Warum macht die Division durch 0 so viele Schwierigkeiten?
a) Schreibe $x = 2 : 0$ als Produkt. Welche Zahl erfüllt die Gleichung?
b) Was ergibt sich entsprechend für die Gleichung $x = 0 : 0$?
c) Verfahre ebenso mit $x = 0 : 3$.

Wir wissen: Jede Zahl ergibt mit 0 multipliziert die Zahl 0. Das bedeutet, dass alle rationalen Zahlen eine Lösung der Gleichung $x \cdot 0 = 0$ sind.
Dagegen gibt es keine Lösung der Gleichung, wenn auf der rechten Seite eine von 0 verschiedene Zahl steht, zum Beispiel $x \cdot 0 = 1$.
Weil die Gleichung $x = a : 0$ gleichwertig ist zu $x \cdot 0 = a$, folgt daraus:
Für $a \neq 0$ gibt es überhaupt keine Lösung der Gleichung $x \cdot 0 = a$. Für $a = 0$ wäre jede Zahl eine Lösung; es gibt also kein eindeutiges Ergebnis.
In der Mathematik sagt man: Die Division durch 0 ist nicht definiert.

MERKE

Auch für das Rechnen im Bereich der rationalen Zahlen gilt:
Die Division durch null ist nicht definiert.

26

a) Schreibe als Produkt und berechne x, falls möglich.
$0 : 5 = x \qquad 4 : 0 = x \qquad 0 : 0 = x \qquad 0 : x = 0$
b) Schreibe als Divisionsaufgabe und berechne wenn möglich den Quotienten.
$3 \cdot 0 = 0 \qquad (-7) \cdot 0 = 0 \qquad 0 \cdot 0 = 0 \qquad 0 \cdot 4 = 0$

Multiplikation und Division rationaler Zahlen

27

Die Schülerinnen und Schüler der 7 b erhalten folgende Aufgabe:
Dividiere 150 durch das Produkt aus –2,5 und 0,16. Schreibe die Aufgabe mit Bruchstrich und rechne mit dem Taschenrechner.
Hans und Sabine rechnen gleich los. Sabine bekommt –375 heraus, Hans –9,6. Kathrin, Uwe und Jens rechnen noch anders.

Hans: 150 ÷ 2.5 +/− × 0.16 =
Sabine: 150 ÷ 2.5 +/− ÷ 0.16 =
Kathrin: 150 ÷ (2.5 +/− × 0.16) =
Uwe: 2.5 +/− × 0.16 = 1/x × 150 =

Jens überlegt sich zuerst das Vorzeichen des Ergebnisses (–) und rechnet dann:
150 ÷ 2.5 ÷ 0.16 =

Diskutiert in der Klasse über die verschiedenen Lösungswege: Wer rechnet richtig, wer falsch? Was wurde falsch gemacht? Welche Überlegungen liegen den richtigen Lösungswegen zugrunde? Gibt es einen besonders zweckmäßigen Lösungsweg?

INFORMATION
Die Vorzeichenwechseltaste +/− ändert das Vorzeichen der Zahl.
Die Kehrwerttaste 1/x bildet den Kehrwert der Zahl.
Zum Beispiel:
Aus 5 wird 0,2, aus –0,1 wird –10.
(und) sind Klammertasten.
Die Quadrattaste x^2 quadriert die Zahl.

28ᴸ

Berechne mit dem Taschenrechner.

a) $\dfrac{7,8}{1,6 \cdot (-0,75)}$ b) $\dfrac{112 \cdot (-0,36)}{(-1,6) \cdot 0,09}$ c) $\dfrac{-0,864}{2,4^2}$ d) $\dfrac{(-1,6) \cdot (-5,7)}{(-9,12) \cdot 0,0625}$

e) $\dfrac{(-13,2) \cdot (-112,5)}{-0,567}$ f) $\dfrac{(-6,73)^2}{2,62 \cdot 44,9}$ g) $\dfrac{501 \cdot (-63,7)}{-1024}$ h) $\dfrac{0,738 \cdot (-1,006)}{(-1,345) \cdot 0,526}$

29

Metalle dehnen sich beim Erwärmen aus und ziehen sich beim Abkühlen wieder zusammen. Vergleiche dazu die Tabelle in der Randspalte.
Beispielsweise wird ein 3 m langes Eisenrohr bei Erwärmung um 250 Grad um
$s = 3 \cdot 2,5 \cdot 1,2$ mm = 9 mm länger.

a) Der Eiffelturm hat eine Höhe von rund 300 m. Wie groß ist der Längenunterschied zwischen Winter (– 10 °C) und Sommer (+ 35 °C)?
b) Um wie viel Millimeter wird die Lücke zwischen Eisenbahnschienen (der Schienenstoß) der Länge 20 m größer, wenn die Temperatur um 30 Grad fällt?
c) Wie lang ist ein Aluminiumstab (Kupferstab), der sich bei Erwärmung um 150 Grad um 18 mm ausdehnt?

Ausdehnung eines 1 m langen Metallstabes bei Erwärmung um 100 Grad (K)

Eisen	1,2 mm
Kupfer	1,7 mm
Aluminium	2,4 mm

30

Löse die Gleichungen.

a) $x \cdot \left(-\dfrac{2}{7}\right) = 1$ b) $\dfrac{4}{3} \cdot x = -\dfrac{8}{9}$ c) $x : \dfrac{7}{8} = \dfrac{8}{7}$ d) $\dfrac{11}{7} : x = -\dfrac{11}{7}$

e) $x \cdot \left(-\dfrac{2}{27}\right) = \dfrac{4}{9}$ f) $\left(-\dfrac{5}{7}\right) : x = \dfrac{12}{7}$ g) $\dfrac{3}{5} \cdot x = \left(-\dfrac{5}{9}\right)$ h) $x : \left(-\dfrac{2}{3}\right) = \dfrac{2}{3}$

TIPP
Auch für die rationalen Zahlen sind gleichwertig:
$x \cdot b = a$ und $x = a : b$
$x : b = a$ und $x = a \cdot b$
$a : x = b$ und $a = b \cdot x$

31

a) Berechne von dem Produkt $\left(-\dfrac{1}{2}\right) \cdot \left(-\dfrac{2}{3}\right) \cdot \left(-\dfrac{3}{4}\right) \cdot \ldots$ das Ergebnis der ersten 2, 3, 4 Faktoren.
b) Vermute: Was ergibt das Produkt der ersten 10 (11) Faktoren?
c) Bei wie vielen Faktoren kommt als Ergebnis der Wert $-\dfrac{1}{1000}$ heraus?

Monotoniegesetze

1

a) Anita und Björn bekommen vom Patenonkel jeweils 150 € auf das Sparkonto. Anita hat jetzt 280,– €, Björn dagegen 210,– € auf dem Konto. Wie war der Kontostand vorher?
b) Auf zwei Kabeltrommeln befinden sich noch 8 m und 7 m Kabel. Es werden jeweils 5 m Kabel abgeschnitten. Vergleiche die restlichen Längen.
c) Bei einem Sommerfest sollen zwei Gruppen rote bzw. blaue Bälle in jeweils einen Korb befördern. Um am Ende festzustellen, welche Gruppe gewonnen hat, nimmt der Spielleiter mit beiden Händen jeweils einen blauen und einen roten Ball und legt sie zur Seite. Am Ende sind im roten Korb noch zwei Bälle übrig. Nach welchem Prinzip wurde hier gezählt? Wer hat gewonnen?

BEISPIEL
Gegeben sind zwei Zahlen a und b mit $a < b$.

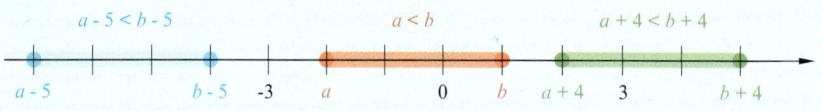

Addiert man zu a und b dieselbe Zahl oder subtrahiert man von a und b dieselbe Zahl, so bleibt die Kleiner-Größer-Beziehung erhalten:
$a + 4 < b + 4$ und $a - 5 < b - 5$
Anschaulich bedeutet das: Die Strecke mit den Endpunkten a und b lässt sich längs der Zahlengeraden beliebig verschieben. Dabei haben a und b stets denselben Abstand.

ZUM KNOBELN
Ein Matrose malt auf einer Strickleiter stehend die Außenwand eines Schiffes an. Die Sprossen haben einen Abstand von 30 cm. Bei Flut steigt das Wasser um 1 m.
Wie viele Sprossen muss der Matrose hoch steigen, um keine nassen Füße zu bekommen?

Monotoniegesetze der Addition und der Subtraktion
a, b, c sind rationale Zahlen. Wenn $a < b$, dann gilt für jede Zahl c
$a + c < b + c$ und $a - c < b - c$.

2L

Übertrage ins Heft und setze für ▢ das richtige Zeichen (< oder >) ein. Begründe deine Entscheidungen.

a) $\frac{1}{7} + 3$ ▢ $\frac{1}{6} + 3$
b) $-\frac{1}{2} + 4$ ▢ $-\frac{1}{3} + 4$
c) $-1 + \frac{4}{7}$ ▢ $-1 + \frac{1}{2}$
d) $-\frac{3}{4} + 1{,}5$ ▢ $-\frac{3}{5} + 1{,}5$
e) $4\frac{1}{2} - 2$ ▢ $4\frac{1}{2} - 1$
f) $-\frac{2}{3} + \frac{5}{6}$ ▢ $-\frac{2}{3} + \frac{5}{3}$

3L

Gilt $a < b$ oder $a > b$? Begründe deine Entscheidungen.
a) $a + 2 < b + 2$
b) $1{,}5 + b < 1{,}5 + a$
c) $a - 0{,}5 > b - 0{,}5$
d) $b - 1 > a - 1$
e) $3 - a > 3 - b$
f) $-a - 5 < -b - 5$
g) $2a > a + b$
h) $a + b < 2b$

Monotoniegesetze

4

Nach der Umstellung ihrer Konten von der ehemaligen deutschen Währung D-Mark (DM) auf Euro (€) hatten die Familien Müller, Schmidt und Weber folgende Kontostände: Müller: 5400 H, Schmidt: 1900 S, Weber: 1300 H.
Welche DM-Kontenstände hatten sie ungefähr vor der Umstellung auf Euro beim Umrechnungskurs 1 € ≈ 2 DM? Welche Familie hatte vor und welche nach der Umstellung den höchsten (niedrigsten) Kontostand?

5

Berechne und sortiere die Ergebnisse der Größe nach. Beginne mit der kleinsten Zahl. Erkennst du eine Gesetzmäßigkeit?
a) $(-3) \cdot 3$, $(-2) \cdot 3$, $(-1) \cdot 3$, $0 \cdot 3$, $1 \cdot 3$, $2 \cdot 3$, $3 \cdot 3$
b) $(-5) \cdot 2$, $(-4) \cdot 2$, $(-3) \cdot 2$, $(-2) \cdot 2$, $(-1) \cdot 2$, $4 \cdot 2$, $6 \cdot 2$
c) $(-5) \cdot (-1)$, $(-3) \cdot (-1)$, $(-2) \cdot (-1)$, $1 \cdot (-1)$, $2 \cdot (-1)$, $3 \cdot (-1)$, $6 \cdot (-1)$
d) $4 \cdot (-2)$, $2 \cdot (-2)$, $1 \cdot (-2)$, $(-1) \cdot (-2)$, $(-3) \cdot (-2)$, $(-5) \cdot (-2)$, $(-10) \cdot (-2)$

BEISPIEL
Gegeben sind zwei Zahlen a und b mit $a < b$.

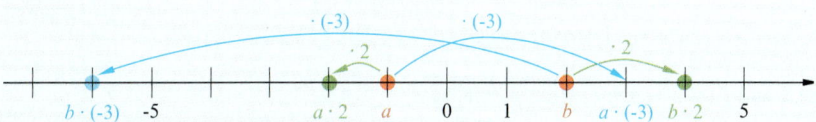

Multipliziert man a und b mit einer positiven Zahl, so bleibt die Kleiner-Größer-Beziehung erhalten: $a \cdot 2 < b \cdot 2$.
Multipliziert man a und b mit einer negativen Zahl, so kehrt sich die Kleiner-Größer-Beziehung um: $a \cdot (-3) > b \cdot (-3)$.

MERKE

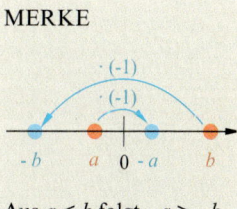

Aus $a < b$ folgt $-a > -b$.

Monotoniegesetze der Multiplikation
a, b, c sind rationale Zahlen. Wenn $a < b$, dann gilt
$a \cdot c < b \cdot c$ für $c > 0$ und $a \cdot c > b \cdot c$ für $c < 0$.

ANREGUNG
Das Monotoniegesetz der Multiplikation lässt sich auch herleiten:
Wenn $a < b$ ist, dann ist $b - a > 0$.
$b - a$ ist also eine positive Zahl.
Wenn $c > 0$ ist, muss das Produkt $(b - a) \cdot c$ nach den Vorzeichenregeln positiv sein, also $(b - a) \cdot c > 0$.
Führe die Rechnung mithilfe des Distributivgesetzes weiter.
Untersuche entsprechend den Fall $c < 0$.

6

Welche Zahl ist größer? Entscheide zuerst durch Überlegen und überprüfe dann deine Entscheidung durch Ausrechnen der Produkte.
a) $(-2) \cdot 3$ oder $(-3) \cdot 3$ b) $5 \cdot (-1)$ oder $6 \cdot (-1)$ c) $(-3) \cdot (-2)$ oder $(-4) \cdot (-2)$
d) $4 \cdot (-0,5)$ oder $5 \cdot (-0,5)$ e) $8 \cdot (-0,25)$ oder $8 \cdot (-0,2)$ f) $3a$ oder $4a$

7L

Übertrage ins Heft und setze für ▬ das richtige Zeichen (< oder >) ein. Begründe deine Entscheidungen.
a) $(-2) \cdot (-1)$ ▬ $(-3) \cdot (-1)$ b) $(-5) \cdot 3$ ▬ $(-5) \cdot 2$ c) $(-3) \cdot (-4)$ ▬ $(-3) \cdot 4$
d) $5 \cdot (-2)$ ▬ $(-5) \cdot (-2)$ e) $2,5 \cdot (-0,2)$ ▬ $2,5 \cdot (-0,3)$ f) $2a$ ▬ $2b$

8

a) Folgt aus $a < b$ auch $a^2 < b^2$?
b) Kann $a > b$, aber $a^2 = b^2$ gelten?
c) Es gelte $-10a > -10b$. Ist a oder b größer?
d) Für welche a gilt $-3a < 6$?

Nacheinanderausführung verschiedener Rechenoperationen

1
Berechne und erläutere, wie du dabei schrittweise vorgehst.
a) $(-3) \cdot 4 + (-3) \cdot (-3)$
b) $5 \cdot (-3 + (-2))$

ERINNERE DICH
Die Multiplikation rationaler Zahlen sollte so erklärt werden, dass die von den natürlichen und gebrochenen Zahlen bekannten Rechengesetze auch für rationale Zahlen gelten. Dass das Kommutativ- und das Assoziativgesetz der Multiplikation auch für rationale Zahlen gelten, wissen wir bereits. Jetzt können wir auch das Distributivgesetz untersuchen.

2
Berechne $a \cdot (b + c)$ und $a \cdot b + a \cdot c$ und vergleiche die Ergebnisse.

	a)	b)	c)	d)	e)	f)	g)	h)	i)
a	-3	5	-8	4	-6	-2	9	-4	10
b	4	-7	-5	-3	-4	8	6	0	1
c	3	2	-12	-2	5	-10	-3	7	0

Im Bereich der rationalen Zahlen lassen sich Addition, Subtraktion, Multiplikation und Division (außer durch 0) uneingeschränkt ausführen.
Es gelten dieselben Rechengesetze wie in den Bereichen der natürlichen und der gebrochenen Zahlen. Speziell gilt auch das **Distributivgesetz**:

Für alle rationalen Zahlen a, b und c ist **$a \cdot (b + c) = a \cdot b + a \cdot c$**.

BEISPIELE

Ausmultiplizieren:
$$(-5) \cdot \left(\frac{1}{2} + \left(-\frac{3}{5}\right)\right) = (-5) \cdot \frac{1}{2} + (-5) \cdot \left(-\frac{3}{5}\right) = -\frac{5}{2} + \frac{15}{5} = -\frac{5}{2} + 3 = \frac{1}{2}$$

Ausklammern:
$$\left(-\frac{4}{5}\right) \cdot 3 + \left(-\frac{4}{5}\right) \cdot (-1) = \left(-\frac{4}{5}\right) \cdot (3 + (-1)) = \left(-\frac{4}{5}\right) \cdot 2 = -\frac{8}{5}$$

BEACHTE
Beim Ausmultiplizieren und beim Ausklammern wird jeweils das Distributivgesetz genutzt.

3 L
Berechne durch Ausmultiplizieren.
a) $(-8) \cdot \left(4 + \frac{1}{2}\right)$
b) $7 \cdot \left(5 + \frac{2}{7}\right)$
c) $(-3) \cdot \left(\frac{2}{3} + 6\right)$
d) $\left(12 - \frac{2}{3}\right) \cdot 6$
e) $\left(4 - \frac{1}{3}\right) \cdot (-9)$
f) $(-8) \cdot \left(2 - \frac{1}{4}\right)$
g) $\left(13 - \frac{5}{2}\right) \cdot (-4)$
h) $\left(-\frac{1}{2} + \frac{2}{3}\right) \cdot 6$
i) $12 \cdot \left(\frac{1}{3} - \frac{1}{4}\right)$
j) $1{,}6 \cdot (4 - 0{,}5)$
k) $\left(20 + \frac{10}{3}\right) \cdot (-2{,}1)$
l) $\left(1 - \frac{1}{7}\right) \cdot (-7)$

NACHGEDACHT
Wieso folgt aus dem Distributivgesetz auch die Gültigkeit der folgenden Gesetze?
Für alle rationalen Zahlen a, b und c gilt:
$(a + b) \cdot c = a \cdot c + b \cdot c$
$a \cdot (b - c) = a \cdot b - a \cdot c$
$(a - b) \cdot c = a \cdot c - b \cdot c$

4 L
Berechne durch Ausklammern.
a) $(-12) \cdot 4 + (-12) \cdot (-2)$
b) $2 \cdot (-7) + 2 \cdot 8$
c) $(-14) \cdot (-3) + 10 \cdot (-3)$
d) $21 \cdot 7 - 21 \cdot 5$
e) $(-3) \cdot 5 - (-3) \cdot 3$
f) $17 \cdot (-4) + 5 \cdot 17$
g) $\left(-\frac{3}{4}\right) \cdot 5 + \left(-\frac{3}{4}\right) \cdot 3$
h) $\frac{1}{3} \cdot (-4) + \frac{2}{3} \cdot (-4)$
i) $\left(-\frac{1}{2}\right) \cdot \frac{2}{3} + \frac{2}{3} \cdot \frac{1}{2}$

Nacheinanderausführung verschiedener Rechenoperationen

5

Berechne möglichst geschickt.
a) $(-24) \cdot 15 + (-24) \cdot 5$
b) $5 \cdot (-4) + (-2)(-4)$
c) $16 \cdot 0,7 - 14 \cdot 0,7$
d) $\frac{4}{3} \cdot \frac{1}{2} - \frac{1}{3} \cdot \frac{1}{2}$
e) $12 \cdot \left(\frac{1}{2} + \frac{1}{3}\right)$
f) $\frac{8}{7} \cdot (-14) - \frac{8}{7} \cdot 14$
g) $1,2 \cdot 0,9 - 0,9 \cdot 2$
h) $(-5) \cdot (-3 + 2)$
i) $(-4) \cdot (2,2 - 3,7)$
j) $3\frac{2}{3} \cdot 6$
k) $20 \cdot 5\frac{1}{2}$
l) $8\frac{2}{7} \cdot 14$

6

Begründe, warum für alle rationalen Zahlen a, b und c ($c \uparrow 0$) gilt:
a) $(a + b) : c = a : c + b : c$
b) $(a - b) : c = a : c - b : c$

7L

Berechne.
a) $(35 + 42) : 7$
b) $(18 + 81) : (-9)$
c) $(120 - 48) : 12$
d) $(2,4 - 5,6) : (-8)$
e) $(12,5 + 7,5) : 2,5$
f) $(4,4 - 11) : 1,1$
g) $\frac{16 - 44 + 28}{4}$
h) $\frac{28 - 70 - 56}{14}$
i) $\frac{14 - 35 + 21}{7}$

8

Was macht der Taschenrechner?
a) Helga und Udo haben zwei unterschiedliche Taschenrechner. Beide geben für die Aufgabe $-7 + 3 \cdot (-4)$ die Tastenfolge 7 [+/−] [+] 3 [×] 4 [+/−] [=] ein. Helga erhält als Ergebnis -19, Udo dagegen 16. Kannst du dir das erklären?
b) Welches Ergebnis zeigt dein Taschenrechner?
c) Wie hätte Udo eintippen können, um auch das richtige Ergebnis zu erhalten?

Moderne Taschenrechner haben eine so genannte Vorrangautomatik, sie beachten die Regel „Punktrechnung vor Strichrechnung".

BEISPIEL

Es ist $-5 + 10 \cdot (-3) = -35$. Ein Taschenrechner mit Vorrangautomatik liefert bei der Tastenfolge 5 [+/−] [+] 10 [×] 3 [+/−] [=] das richtige Ergebnis.

Es ist $(-5 + 10) \cdot (-3) = -15$. Das kann man mit einem Taschenrechner z. B. so berechnen: 5 [+/−] [+] 10 [=] [×] 3 [+/−] [=]
Das erste Gleichheitszeichen sorgt dafür, dass zuerst die Klammer berechnet wird. Man hätte auch die Klammertasten benutzen können.

HINWEIS
Die beiden Rechenbäume veranschaulichen die beiden Rechnungen aus dem Beispiel.

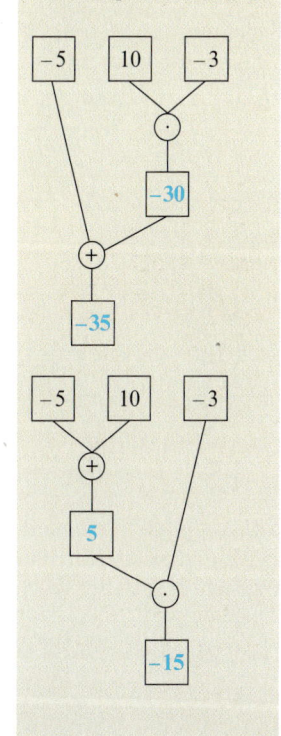

9

Führe die Schritte durch und vergleiche. Schreibe die Aufgabe ausführlich auf. Zeichne jeweils einen zugehörigen Rechenbaum.
a) 30 [+/−] [−] 20 [=] [÷] 5 [+/−] [=] und
   30 [+/−] [−] 20 [÷] 5 [+/−] [=]
b) 3 [+/−] [×] 4 [x²] [=] und 3 [+/−] [×] 4 [=] [x²]

10

Gib eine beliebige Zahl a in den Taschenrechner ein und führe die angegebenen Schritte aus.
Gib den berechneten Rechenausdruck mithilfe von a ausführlich an.
Welcher Wert ergibt sich jeweils für die Zahlen $a = -1, 0, 3$ und 7?

a) a [×] 12 [+] 9 [÷] 3 [=]
b) a [+] 8 [+/−] [=] [×] 5 [=]
c) a [+] 2 [=] [x²]
d) a [×] 3 [−] 1 [=] [1/x]

11 L

Berechne mit dem Taschenrechner.

a) $\dfrac{150}{(1{,}1 - 3{,}65)^2}$
b) $\dfrac{(487 - 231) \cdot (487 + 231)}{(-32)^2}$
c) $0{,}99 \cdot (-1{,}23) + 0{,}782$

d) $\dfrac{125 \cdot (41{,}2 - 31{,}5)}{(-2{,}5)^2}$
e) $\dfrac{11{,}2}{0{,}125} + \dfrac{2}{0{,}5} - \dfrac{0{,}8}{0{,}25}$
f) $\dfrac{(23{,}7 + 56{,}8)^2}{549{,}7 - 3{,}5 \cdot 14{,}2}$

BEACHTE

Ein Taschenrechner mit Vorrangautomatik arbeitet die Rechenoperationen in der Reihenfolge ab, nach der auch du rechnen musst:
1. Klammern berechnen
2. Potenzieren (z. B. Quadrieren)
3. Multiplizieren und Dividieren (Punktrechnung)
4. Addieren und Subtrahieren (Strichrechnung)

12

Berechne ohne Taschenrechner.

a) $\dfrac{3 - 8}{6 - 1}$
b) $\dfrac{2 \cdot 5 - 3 \cdot 8}{5 - 12}$
c) $\dfrac{4 \cdot (-3) + 8 \cdot (-1)}{4 - 2 \cdot (-3)}$

d) $\dfrac{2 \cdot (4 - 7)}{6 \cdot (3 - 5)}$
e) $\dfrac{2 \cdot (-6) - 4 \cdot (-3)}{4 - 5}$
f) $\dfrac{(-4) \cdot 3 + 2 \cdot 7}{5 \cdot (-3) + 3 \cdot 4}$

g) $\dfrac{(-10) - (-2) \cdot 8}{(-8) \cdot 3 - 6}$
h) $\dfrac{(-5) \cdot 7 - (-12) \cdot 3}{4 \cdot (-5) + (-2) \cdot (-6)}$
i) $\dfrac{(-2) \cdot (-3) - (-1) \cdot (-7)}{(-4) \cdot (-2) - (-3) \cdot (-6)}$

13 L

Berechne.

a) $\dfrac{-\frac{2}{5}}{-\frac{1}{4}}$
b) $\dfrac{\frac{1}{3}}{-\frac{6}{7}}$
c) $\dfrac{-3}{\frac{1}{5}}$
d) $\dfrac{\frac{1}{3} + 1}{\frac{1}{3} - 1}$

e) $\dfrac{\frac{1}{5} - \frac{1}{4}}{\frac{1}{5} \cdot \frac{1}{4}}$
f) $\dfrac{3 \cdot \left(-\frac{1}{4}\right) + 2}{3 \cdot \left(-\frac{1}{4} + 2\right)}$
g) $\dfrac{4 \cdot \left(-\frac{3}{4}\right) + 8{,}8}{\frac{9}{10} - 3}$
h) $\dfrac{2{,}4 - \frac{1}{10}}{-\frac{13}{5} + 0{,}3}$

14

Setze für x die Zahlen $-1, 0, \frac{1}{2}, \frac{3}{2}, 4, -3$ ein und berechne (falls möglich).

a) $\dfrac{x + 1}{x - 1}$
b) $x^2 - 1$
c) $x \cdot (x + 2)$
d) $(x + 1) \cdot (x - 2)$
e) $\dfrac{4}{x \cdot (x - 4)}$

15

Annika misst im Januar zwei Wochen lang die morgendliche Außentemperatur in °C und vergleicht dann die morgendlichen Durchschnittstemperaturen beider Wochen. In welcher Woche war es kälter?

So	Mo	Di	Mi	Do	Fr	Sa	So	Mo	Di	Mi	Do	Fr	Sa
−14	−9	−3	0	+6	+2	+1	+3	+1	−1	−2	−4	−8	−13

Multiplikation und Division rationaler Zahlen

16

Die 24 Schülerinnen und Schüler der Klasse 7 a planen eine Klassenfahrt in den Teutoburger Wald. Sie möchten mit einem Bus in eine Jugendherberge fahren. Ein zusätzliches Programm ist vorgesehen. Dazu gibt es von der Stadt und vom Verein der Ehemaligen der Schule einen Zuschuss.

Kosten/Zuschuss	Betrag in Euro
Fahrtkosten	864,00
Unterbringung	1392,00
Essen	1584,00
Museum	78,00
Konzert	276,00
Zuschuss Stadt	360,00
Zuschuss Schule	132,00

a) Berechne die Kosten pro Schüler für Fahrt, Unterkunft und Essen.
b) Wie viel muss jeder für die Sonderveranstaltungen ausgeben?
c) Wie hoch sind die Kosten der Klassenfahrt für jeden Schüler insgesamt?

17

a) Eine Arbeitsgruppe hat die Aufgabe, eine Strecke von 8 cm nach Augenmaß zu zeichnen. Das Nachmessen ergibt folgende Abweichungen in mm: -6, $+4$, $+11$, $+1$, -6, -13, $+3$, -2, $+6$.
Wurde im Durchschnitt die Strecke eher zu kurz oder zu lang gezeichnet?

b) Herr Reinhard erhält monatlich seine Kontoauszüge von der Bank zugeschickt. Diese weisen innerhalb eines Jahres folgende Kontostände (in Euro) aus:
$+2723,56$; $+2863,79$; $+1345,12$; $+1318,74$; $+212,01$; $-2384,35$; $-2002,85$; $-2113,34$; $-974,11$; $-800,25$; $-345,11$; $+135,28$.
War Herr Reinhard im Jahresdurchschnitt im Plus oder im Minus?

18

Der Luftdruck nimmt mit je 5 km Höhe um die Hälfte ab.
Der normale Luftdruck betrage 1024 hPa.
a) Wie groß ist der Luftdruck in 10 km, 25 km, 35 km, 50 km Höhe?
b) In welcher Höhe beträgt der Luftdruck 512 hPa, 64 hPa, 4 hPa, 1 hPa?
c) Stelle eine Formel auf, mit der man für x (von 1 bis 10) den Luftdruck in $5x$ km Höhe ermitteln kann.

INFORMATION
Der Luftdruck entsteht durch das Gewicht der Luft. Die Einheit des Luftdrucks ist Hektopascal (hPa). Früher wurde der Druck in Millibar (mbar) gemessen. Es ist 1 hPa = 1 mbar. Bei uns beträgt der Luftdruck etwa 1000 hPa.

AUFGABEN ZUR WIEDERHOLUNG

1. a) Das Bild zeigt ein regelmäßiges Neuneck. Wie groß ist der Winkel in der Mitte?
b) Zeichne ein regelmäßiges Fünfeck. 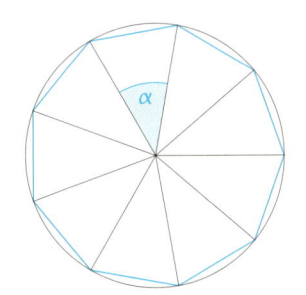
c) Zeichne mithilfe eines Kreises einen sechszackigen Stern.

2. Gib die Größe der eingezeichneten Winkel an.

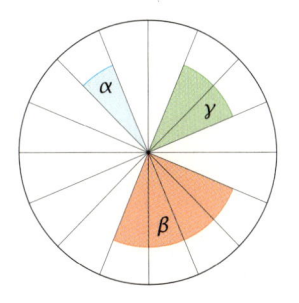

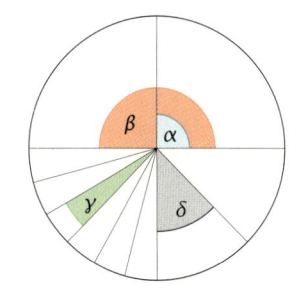

3. Zeichne nach Augenmaß Winkel der Größe:
a) 37°   b) 72°   c) 130°   d) 310°
Miss die Größe der Winkel und gib den Betrag der Abweichung von der vorgegebenen Größe an.

ZUSAMMENFASSUNG

Die rationalen Zahlen ℚ und ihre Teilmengen

$\mathbb{Q}$ rationale Zahlen – z. B. $2{,}5;\ 0;\ 3;\ -2;\ \frac{3}{4};\ -\frac{1}{7};\ -0{,}\overline{3}$
$\mathbb{Q}^+$ positive rationale Zahlen (Die 0 gehört nicht dazu!)
$\mathbb{Q}^-$ negative rationale Zahlen
$\mathbb{Q}_0^+$ Bruchzahlen (positive rationale Zahlen und die 0)
$\mathbb{Z}$ ganze Zahlen $\mathbb{Z} = \{\ldots;\ -2;\ -1;\ 0;\ 1;\ 2;\ \ldots\}$
$\mathbb{Z}^+$ positive ganze Zahlen $\mathbb{Z}^+ = \{1;\ 2;\ 3;\ 4;\ \ldots\}$
$\mathbb{Z}^-$ negative ganze Zahlen $\mathbb{Z}^- = \{-1;\ -2;\ -3;\ -4;\ \ldots\}$
$\mathbb{N}$ natürliche Zahlen $\mathbb{N} = \{0;\ 1;\ 2;\ 3;\ 4;\ \ldots\} = \mathbb{Z}_0^+$

Zahlenpaare, die auf der Zahlengerade symmetrisch zur Null liegen, heißen zueinander entgegengesetzte Zahlen.	-2 ist die Gegenzahl von 2 und 2 die Gegenzahl von -2.
Der Abstand einer Zahl a zur Null heißt der Betrag $\lvert a \rvert$.	$\lvert 2 \rvert = \lvert -2 \rvert = 2$
Zueinander entgegengesetzte Zahlen haben denselben Betrag.	$\lvert 0 \rvert = 0$ (0 ist ihre eigene Gegenzahl.)

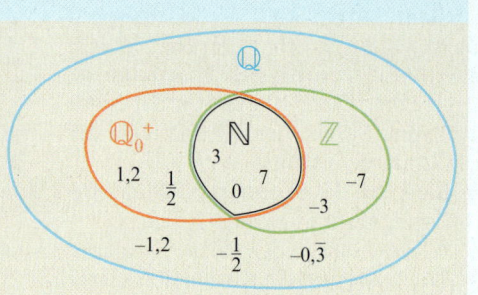

Die rationalen Zahlen ℚ liegen überall dicht: Zu je zwei voneinander verschiedenen rationalen Zahlen a und b gibt es immer weitere, die dazwischen liegen.

Rechnen mit rationalen Zahlen

Werden zwei rationale Zahlen addiert, subtrahiert, multipliziert oder dividiert, so muss man
1. das Vorzeichen des Ergebnisses und 2. den Betrag des Ergebnisses ermitteln.

Addition zweier Zahlen mit gleichem Vorzeichen:
1. dasselbe Vorzeichen wie die Zahlen
2. Summe der Beträge

Addition zweier Zahlen mit verschiedenen Vorzeichen:
1. Vorzeichen der Zahl mit dem größeren Betrag
2. Differenz der Beträge (größerer minus kleiner)

Statt eine rationale Zahl zu subtrahieren, kann man die entgegengesetzte Zahl addieren: $a - b = a + (-b)$.

Multiplikation und Division zweier Zahlen:
1. Bei gleichen Vorzeichen ist das Ergebnis positiv, bei ungleichen Vorzeichen negativ.
2. Produkt bzw. Quotient der Beträge

Vorrangregeln beim Rechnen mit rationalen Zahlen:
1. Klammern berechnen, 2. potenzieren, 3. multiplizieren und dividieren (Punktrechnung),
4. addieren und subtrahieren (Strichrechnung)

Rechengesetze

Im Bereich der rationalen Zahlen sind die vier Grundrechenoperationen (außer die Division durch 0) uneingeschränkt ausführbar.
Für alle rationalen Zahlen a, b, c gelten die folgenden Gesetze:

Kommutativgesetze der Addition und der Multiplikation: $a + b = b + a$ $a \cdot b = b \cdot a$
Assoziativgesetze der Addition und der Multiplikation: $a + (b + c) = (a + b) + c$ $a \cdot (b \cdot c) = (a \cdot b) \cdot c$
Distributivgesetz: $a \cdot (b + c) = a \cdot b + a \cdot c$
Daraus abgeleitete Gesetze (bei der Division $c \neq 0$): $a \cdot (b - c) = a \cdot b - a \cdot c$ $(a + b) : c = a : c + b : c$
Monotoniegesetze der Addition und Subtraktion: Aus $a < b$ folgt $a + c < b + c$ und $a - c < b - c$.
Monotoniegesetz der Multiplikation: Aus $a < b$ folgt $a \cdot c < b \cdot c$ für $c > 0$ und
                                                       $a \cdot c > b \cdot c$ für $c < 0$.

Winkelsätze und Eigenschaften von Vielecken

So wie VICTOR VASARELY in seinem Bild „Gestalt I" nutzt man auch in vielen anderen Zusammenhängen Dreiecke, Vierecke und andere Vielecke zum Gestalten von Flächen, beispielsweise Mosaike, Fußböden und Wandflächen. Eine interessante und ästhetisch wirkende Gestaltung gelingt unter Nutzung von Eigenschaften dieser Figuren.

Scheitel- und Nebenwinkel

Heiko begleitet seinen Freund Konstantin in einen Laden, in dem es elektrische Modelleisenbahnen und Zubehör gibt. Konstantin ist ein großer Eisenbahnbastler.
Er sagt zur Verkäuferin:
„Eine Kreuzung 15° bitte."
Sofort weiß die Verkäuferin Bescheid.
Heiko wundert sich:
„Wenn sich zwei Schienenpaare kreuzen, so entstehen doch viele Winkel. Warum reicht es aus, einen einzigen anzugeben?"

Modelleisenbahnanlage mit Kreuzung

1

Miss die Größe aller an der Kreuzung im Bild auftretenden Winkel.
Nach welchem Winkel wurde die Kreuzung benannt?

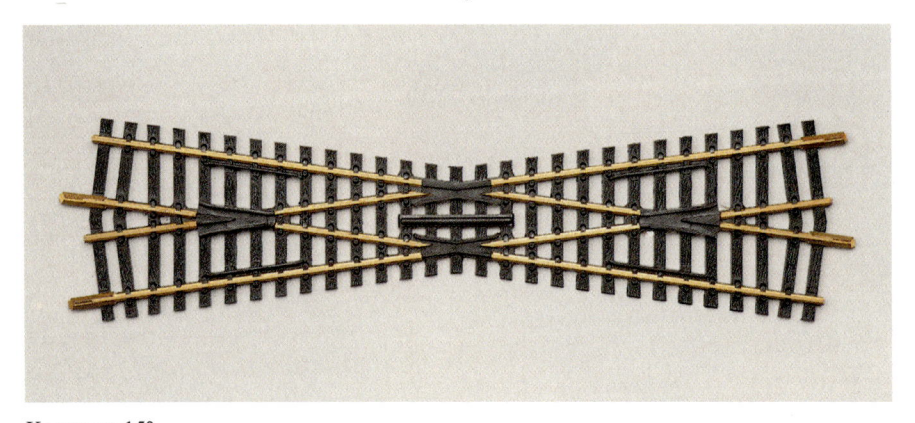

Kreuzung 15°

INFORMATION
Es gibt bei Modelleisenbahnen auch Bögen verschiedener Winkel.

Was bedeutet dabei wohl 15°?

2

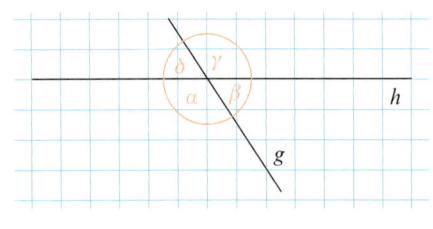

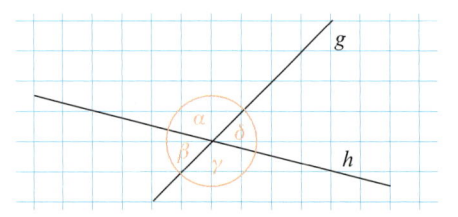

a) Übertrage die Figuren aus den Bildern in dein Heft. Miss alle Winkelgrößen und vergleiche sie. Was stellst du fest?
b) Zeichne zwei beliebige Geraden, die sich schneiden. Miss und vergleiche die Größen der Winkel. Formuliere deine Beobachtung in einem Satz.

Scheitel- und Nebenwinkel

Wenn zwei Geraden einander schneiden, dann entstehen
zwei Paare **Scheitelwinkel** und   vier Paare **Nebenwinkel**.

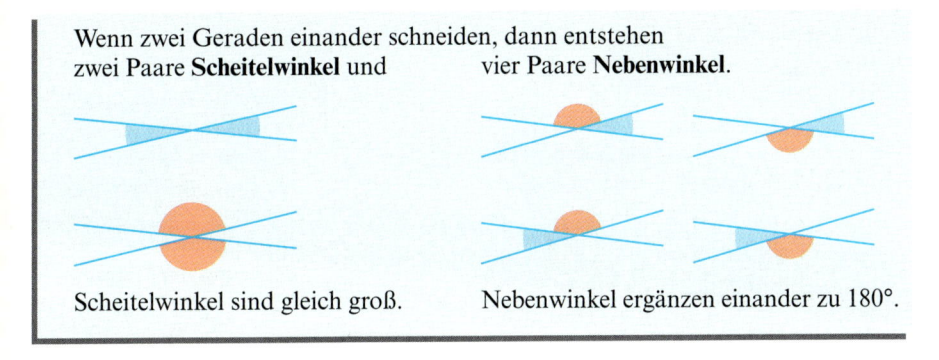

Scheitelwinkel sind gleich groß.   Nebenwinkel ergänzen einander zu 180°.

3
Erläutere: Die Winkel α und β in nebenstehendem Bild sind zwar benachbarte Winkel, aber keine Nebenwinkel.

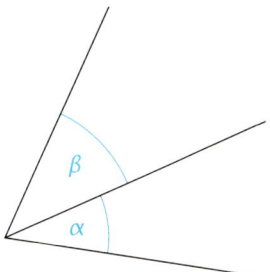

4
Franziska sagt: „Dass Nebenwinkel zusammen 180° groß sind, sehe ich, aber ..." Nicole, die gefehlt hat, unterbricht sie und fragt: „Woran siehst du das denn?" Franziska erklärt es ihr. Dann fährt sie fort: „Aber warum sollen die Scheitelwinkel gleich groß sein? In meiner Zeichnung ist der eine 22°, der andere aber 23° groß."

a) Wie könnte Franziska erklärt haben, dass Nebenwinkel einander zu 180° ergänzen?
b) Zeichne wie Franziska einen Winkel von 22° und seinen Scheitelwinkel. Miss den zweiten Winkel. Welche Größe hat er in deiner Zeichnung?
c) Torsten erläutert Franziska: „In der Zeichnung ist immer $\alpha + \beta = 180°$ und auch $\beta + \gamma = 180°$. Also gilt $\alpha = 180° - \beta$ und $\gamma = 180° - \beta$."
Sina meint: „Das ist aber kompliziert! Ich habe eine einfache Begründung, dass $\alpha = \gamma$ ist."
Wie könnte Sina argumentieren?

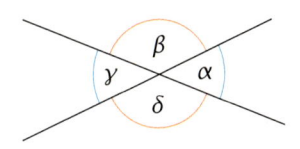

5
Wie groß sind α und β?

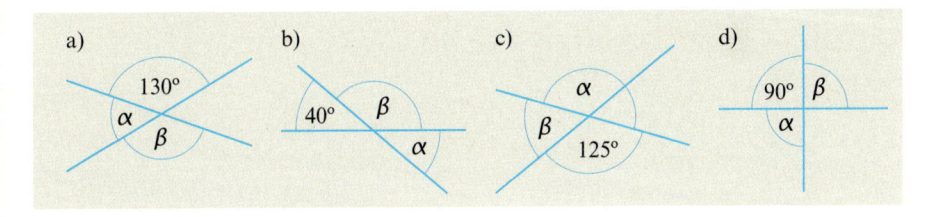

a) 130°
b) 40°
c) 125°
d) 90°

ZUM KNOBELN
Übertrage die Figur und markiere Paare von Nebenwinkeln und Scheitelwinkeln.

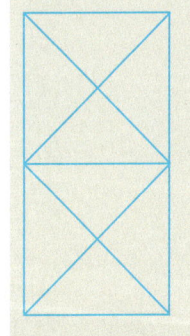

6
Wie groß sind die markierten Winkel? Begründe.

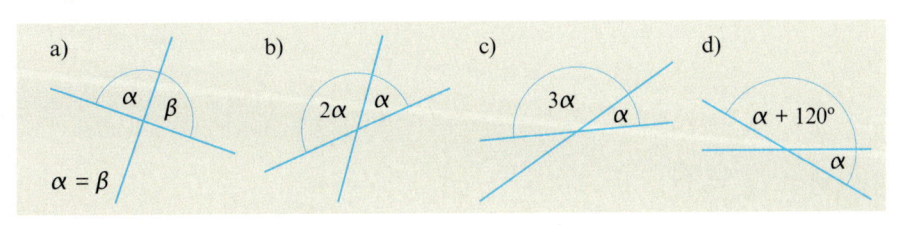

a) $\alpha = \beta$
b) 2α, α
c) 3α, α
d) $\alpha + 120°$, α

42 Winkelsätze und Eigenschaften von Vielecken

Wahre Aussagen, wie „Zwei Scheitelwinkel sind gleich groß", werden in der Mathematik als **Satz** bezeichnet.
Oft erhält ein Satz einen Namen („Scheitelwinkelsatz").

Mathematische Sätze werden meistens in **Wenn-Dann-Form** angegeben:
„**Wenn** zwei Winkel Scheitelwinkel sind, **dann** sind sie gleich groß."

Auf diese Weise unterscheidet man die **Voraussetzung** und die **Behauptung** des Satzes.
Die Voraussetzung ist durch „wenn" gekennzeichnet: Zwei Winkel sind Scheitelwinkel.
Nach „dann" folgt die Behauptung: Die beiden Winkel sind gleich groß.

BEACHTE
In der Umgangssprache bedeutet „Behauptung" eine noch nicht begründete Äußerung, die wahr oder falsch sein kann.
In diesem Sinne verwendet man in der Mathematik den Begriff „Aussage".

7

Bringe den Satz in Wenn-Dann-Form und vervollständige ihn im Heft.
a) Ein Nebenwinkel eines spitzen Winkels ist ein _____ Winkel.
b) Ein Nebenwinkel eines stumpfen Winkels ist ein _____ Winkel.
c) Ein Nebenwinkel eines rechten Winkels ist ein _____ Winkel.

AUFGABE
Versuche genau anzugeben, was im Deutschunterricht mit einem Satz gemeint ist.

8

Michael sagt: „Wenn zwei Winkel spitze Winkel sind, dann können sie nicht Nebenwinkel zueinander sein."
Kirsten widerspricht: „Das gilt nicht für spitze, sondern für überstumpfe Winkel."
Nimm Stellung zu den Meinungen von Michael und Kirsten.

9

Oliver misst einen Winkel und stellt fest: „Ich kann die Größe nicht genau ablesen, der Winkel ist zwischen 37° und 38° groß."
a) Was kannst du über die Größe des Nebenwinkels aussagen?
b) Was kannst du über die Summe beider Winkelgrößen aussagen?

GEREIMTES
Die Winkel liegen zwar ganz dicht, doch Nebenwinkel sind es nicht.

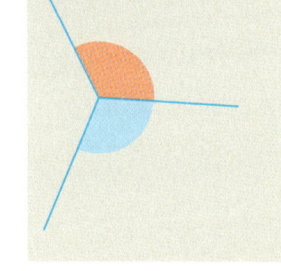

10

Sind die Aussagen wahr? Erläutere.
a) Wenn α und β Nebenwinkel sind und β und γ Nebenwinkel sind, dann sind auch α und γ Nebenwinkel.
b) Wenn α und β Scheitelwinkel sind und β und γ Nebenwinkel sind, dann sind α und γ Nebenwinkel.

11

a) Gib vier Paare von Nebenwinkeln in Figur 1 an.
b) Gib vier Paare von Scheitelwinkeln in Figur 2 an.

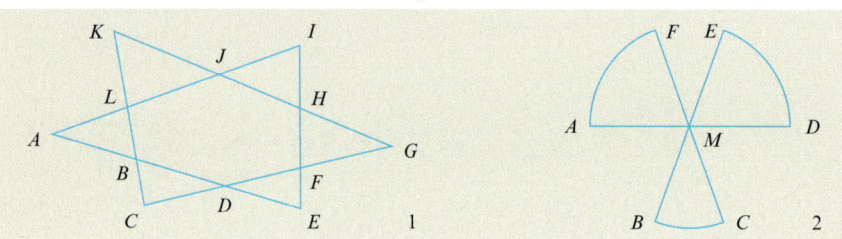

AUFGABE
Zeichne einen beliebigen Winkel. Wie kannst du ohne Winkelmesser einen gleich großen Winkel zeichnen?

Scheitel- und Nebenwinkel

12

Gib die Größe aller bezeichneten Winkel an.

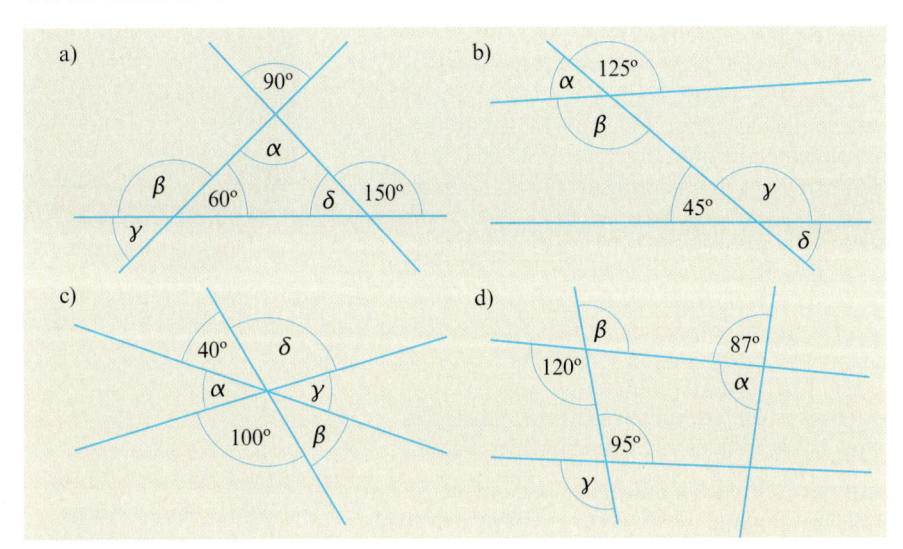

a) [Figur mit Winkeln 90°, 60°, 150° und α, β, γ, δ]

b) [Figur mit Winkeln 125°, 45° und α, β, γ, δ]

c) [Figur mit Winkeln 40°, 100° und α, β, γ, δ]

d) [Figur mit Winkeln 120°, 87°, 95° und α, β, γ]

NACHGEDACHT

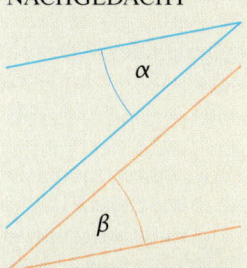

Mike stellt fest, die Winkel α und β sind gleich groß.
Thomas meint: „Dann müssen α und β Scheitelwinkel sein."
Was meinst du zu der Schlussfolgerung von Thomas?

13

Dachdecker Sajak will ein Dach neu decken. Dazu muss er den Neigungswinkel des Daches ermitteln, um die richtigen Dachziegeln aussuchen zu können. An der Giebelseite kann er nicht messen, da es sich um ein Walmdach handelt.
Wie kann er sich helfen?

Umkehrung eines Satzes
In der Umkehrung eines Satzes sind Voraussetzung und Behauptung vertauscht.
Bei der Umkehrung des Scheitelwinkelsatzes wird vorausgesetzt: „Zwei Winkel sind gleich groß."
Die Behauptung ist dann: „Die beiden Winkel sind Scheitelwinkel."
Die Umkehrung lautet also:
„Wenn zwei Winkel gleich groß sind, dann sind sie Scheitelwinkel."

Die Umkehrung eines Satzes kann wahr oder falsch sein.
Die Umkehrung des Scheitelwinkelsatzes ist falsch.

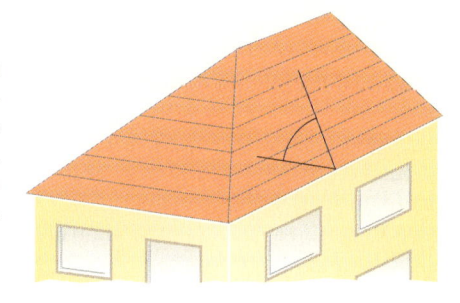

ERINNERE DICH

In der Mathematik bezeichnet man nur eine wahre Aussage als Satz.

14^L

Bilde die Umkehrung der folgenden wahren Aussagen. Entsteht eine wahre oder falsche Aussage?
a) Wenn zwei Winkel Nebenwinkel sind, dann haben sie einen gemeinsamen Scheitelpunkt.
b) Wenn die Zahlen x und y gerade sind, dann ist $x + y$ eine gerade Zahl.
c) Wenn die Zahl x gerade ist, dann ist auch die Zahl $x \cdot x$ gerade.
d) Wenn die Quersumme der Zahl x durch 9 teilbar ist, dann ist x durch 9 teilbar.
e) Wenn ein Viereck ein Quadrat ist, dann ist es ein Rechteck.

TIPP

Nutze für deine Überlegungen Zahlenbeispiele wie:
$2 + 4 = 6$
$10 = 3 + 7$

BEISPIEL aus der Geschichte der Mathematik

Der große französische Mathematiker Pierre de Fermat (1601–1665) behauptete: $2^{(2^n)} + 1$ ergibt **für alle** natürlichen Zahlen n eine Primzahl.
Beispielsweise sind $2^{(2^0)} + 1 = 3$, $2^{(2^1)} + 1 = 5$, $2^{(2^2)} + 1 = 17$ Primzahlen.

Trotz dieser und noch weiterer möglicher Beispiele ist die Behauptung von Fermat falsch. Es ergibt sich nämlich **nicht für alle** n eine Primzahl.
So konnte der Schweizer Mathematiker Leonhard Euler (1707–1783) ein **Gegenbeispiel** zeigen:
Für $n = 5$ ergibt sich $2^{(2^5)} + 1 = 2^{32} + 1 = 4\,294\,967\,297 = 641 \cdot 6\,700\,417$, also keine Primzahl.

Pierre de Fermat

Das Beispiel oben zeigt:

- Wenn **behauptet wird, dass etwas immer gilt (in allen Fällen)**, dann ist es manchmal gar nicht so leicht zu erkennen, ob das zutrifft oder nicht.
- Auch wenn in einigen oder gar in sehr vielen Fällen das Behauptete zutrifft, ist das noch kein Nachweis, dass es immer der Fall ist. Die Wahrheit solcher Behauptungen lässt sich daher nicht durch Beispiele zeigen.
- Findet man jedoch ein **Gegenbeispiel**, bei dem die Behauptung nicht zutrifft, so hat man gezeigt, dass das Behauptete **nicht immer (nicht in allen Fällen) gilt**. Man hat also gezeigt, dass die Behauptung falsch ist.

Um zu zeigen, dass die Behauptung eines mathematischen Satzes wahr ist, bedarf es einer Argumentation, die den Sachverhalt einsichtig macht.
Solche Argumentation nennt man einen **Beweis** des Satzes.
Bei einem Beweis benutzt man Erkenntnisse, die man schon früher gewonnen hat.

INFORMATION

Nicht jede falsche Aussage kann man durch ein Gegenbeispiel widerlegen. Das ist nur möglich, wenn falscherweise behauptet wird, dass etwas immer gilt – ohne jede Ausnahme.
Zum Beispiel die folgende falsche Aussage kann man nicht durch ein Gegenbeispiel widerlegen: „Es gibt natürliche Zahlen, die größer sind als ihr Quadrat."

BEISPIEL für den Beweis eines Satzes (Scheitelwinkelsatz)

„Jedes Scheitelwinkelpaar wird durch zwei sich schneidende Geraden erzeugt.
Wenn die beiden Geraden um 180° um ihren Schnittpunkt gedreht werden, dann fallen sie wieder auf sich selbst.
Der Winkel wird dabei auf seinen Scheitelwinkel abgebildet.
Bei einer Drehung bleibt aber die Winkelgröße unverändert.
Also sind die beiden Scheitelwinkel gleich groß."

ANREGUNG

Veranschauliche dir den Beweis des Scheitelwinkelsatzes mithilfe einer Skizze.
Färbe die beiden Scheitelwinkel und die jeweils zugehörigen Halbgeraden unterschiedlich.
Überlege, wo die Halbgeraden nach der Drehung liegen.

15

Bilde die Umkehrung der folgenden Sätze. Überprüfe, ob die Umkehrungen wahr sind oder nicht. Sind sie falsch, dann gib ein Gegenbeispiel an.
a) Wenn zwei Winkel Nebenwinkel sind, dann haben sie einen gemeinsamen Schenkel.
b) Wenn die Zahlen x und y ungerade sind, dann ist $x \cdot y$ eine ungerade Zahl.
c) Wenn $a \cdot b = 0$ ist, dann ist $a = 0$ oder $b = 0$.
d) Wenn x und y gerade Zahlen sind, dann ist $x \cdot y$ eine gerade Zahl.
e) Wenn die Quersumme der Zahl x durch 3 teilbar ist, dann ist x durch 3 teilbar.
f) Wenn ein Viereck ein Rechteck ist, dann ist es ein Parallelogramm.

Scheitel- und Nebenwinkel

16

Formuliere selbst wahre Aussagen in der Form „Wenn..., dann...".
Bilde die Umkehrung und entscheide, ob die Umkehrung wahr ist.

17

Die Wenn-Dann-Form kann als umständliche Ausdrucksweise erscheinen. In der Umgangssprache wird meist darauf verzichtet. Denke z. B. an: „Fällst du in den Graben, fressen dich die Raben." Voraussetzung und Behauptung sind dann nicht immer eindeutig zu unterscheiden.
Bilde selbst ein Beispiel einer Wenn-Dann-Aussage, in der du auf die Wenn-Dann-Form verzichtest. Lies sie deiner Nachbarin bzw. deinem Nachbarn vor. Erkennt sie bzw. er Voraussetzung und Behauptung so, wie du es gemeint hast?

18

Bilde die Umkehrung. Ist sie wahr?
a) Wenn das Spiel zu Ende ist, dann pfeift der Schiedsrichter.
b) Wenn wir bei gutem Wetter vom Turm herabsehen, dann haben wir eine gute Sicht.
c) Wenn eine Leistung in der Schule sehr gut war, dann erhält man die Schulnote 1.

AUFGABEN ZUR WIEDERHOLUNG

Hinweis: Die Aufgaben 1 bis 3 sind zu Hause zu lösen. Dazu sollst du Messungen durchführen und du musst dir eure Heizkostenabrechnung ansehen.

1. Miss die Raumtemperatur in den verschiedenen Räumen deiner Wohnung.
Vergleiche die Werte mit denen in der Tabelle. Weichen deine Werte davon ab? Wenn ja, um wie viel Grad?

Raum	empfohlene Temperatur in °C
Wohnraum	19 bis 22
Schlafraum	16 bis 19
Küche	18 bis 20
Bad, Dusche	20 bis 23
WC	15 bis 19
Flur	18 bis 19

2. Weißt du das? Eine Verringerung der Raumtemperatur um 1 °C verringert die Heizkosten um $\frac{3}{50}$.
Wie viel Geld könntet ihr sparen, wenn ihr eure Raumtemperaturen um 1 °C senkt?

3. **a)** Vergleiche eine Woche lang die vom Wetterbericht vorhergesagten Tagestemperaturen mit den von dir tatsächlich gemessenen Außentemperaturen (nach der Schule, um die Mittagszeit).
b) Ermittle für alle Tage den Betrag der Abweichung zwischen vorhergesagter und gemessener Temperatur.
c) Wie groß war die durchschnittliche Abweichung zwischen vorhergesagter und gemessener Temperatur? Waren es „gute" Vorhersagen?

4. Lies die Temperaturen richtig ab.

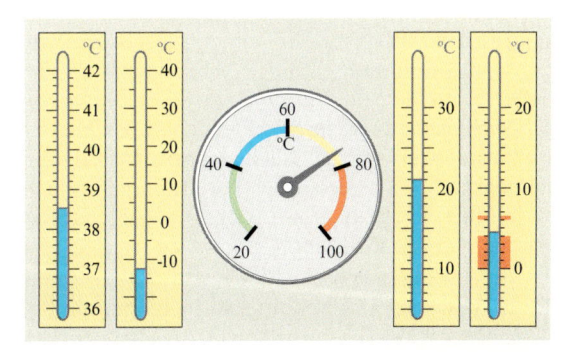

Stufen- und Wechselwinkel

Wenn zwei Geraden von einer dritten geschnitten werden, dann entstehen mehrere Winkel. Wie schon bei einer einfachen Geradenkreuzung bekommen einige Paare von Winkeln besondere Namen.

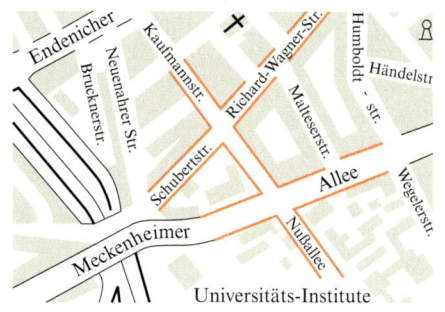

Stadtplanausschnitt Bonn

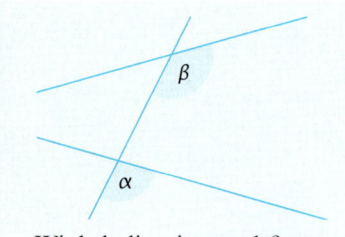

Winkel, die wie α und β zueinander liegen, heißen **Stufenwinkel**.

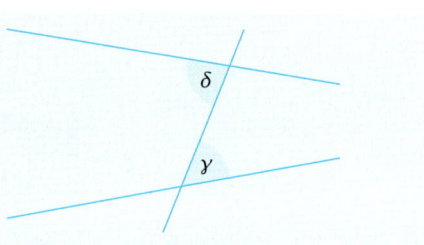

Winkel, die wie γ und δ zueinander liegen, heißen **Wechselwinkel**.

BEACHTE
Von Stufen- und Wechselwinkeln spricht man in beiden Fällen: wenn die geschnittenen Geraden parallel zueinander sind und wenn sie es nicht sind.

1

Zeichne im Heft zwei Geraden, die von einer dritten geschnitten werden. Bezeichne jeden der entstehenden Winkel. Gib alle Paare von Winkeln an,
a) die Stufenwinkel sind,   b) die Wechselwinkel sind.

2

Beschreibe in Worten, wie **a)** zwei Stufenwinkel und **b)** zwei Wechselwinkel zueinander liegen.
Wer hat den kürzesten, wer den verständlichsten Text?

3

Gabi zeichnet mit dem Geodreieck im Abstand von 3,5 cm zwei zueinander parallele Strecken von 10 cm Länge und schräg zu ihnen eine Gerade, die die Parallelen schneidet. Sie misst die Größen von zwei Stufenwinkeln und erhält 42° und 43°. Sie vermutet: „Bestimmt sind das Messungenauigkeiten, sicher sind die Winkel gleich groß."
a) Zeichne wie Gabi in dein Heft und miss zwei Stufenwinkel. Warum werden die Messungen wahrscheinlich verschiedene Größen ergeben?
b) Begründe, dass die an den Parallelen gemessenen Stufenwinkel gleich groß sein müssen.

INFORMATION
Zur Bezeichnung von Winkeln kennst du die griechischen Buchstaben α, β, γ, δ.
Weitere sind z. B.:
ε Epsilon ζ Zeta
η Eta θ Theta
ι Jota $\varkappa$ Kappa
ϱ Rho φ Phi

Stufenwinkelsatz
Stufenwinkel an geschnittenen Parallelen sind gleich groß.

TIPP
Erinnere dich an den Beweis des Scheitelwinkelsatzes auf Seite 44.

Stufen- und Wechselwinkel

4

Olaf sagt: „Wenn Stufenwinkel an Parallelen gleich groß sind, dann müssen auch Wechselwinkel an Parallelen gleich groß sein."

Nora widerspricht: „Dann könnte ich ja auch behaupten: Wenn Scheitelwinkel gleich groß sind, dann müssen auch Nebenwinkel gleich groß sein."

Olaf entgegnet: „So habe ich es nicht gemeint. Aber an Scheitelwinkel habe ich tatsächlich gedacht."

a) Erläutere Olafs Beweisidee.
b) Was hat Nora falsch verstanden?

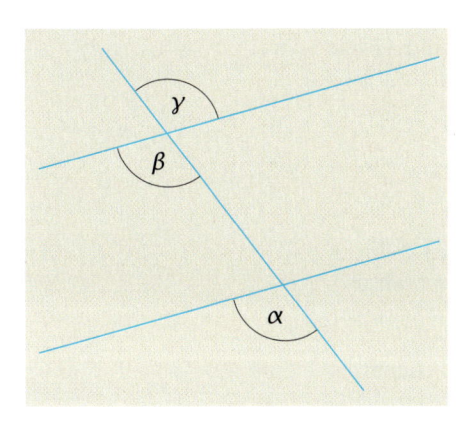

EXPERIMENT
Baue aus einem Baukasten ein Parallelogramm.

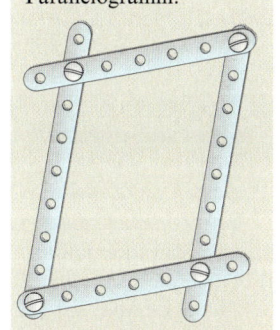

Man kann es leicht in seiner Form verändern. Miss jeweils einen Winkel. Überlege, wie groß die anderen Winkel des Parallelogramms sind.

> **Wechselwinkelsatz**
> Wechselwinkel an geschnittenen Parallelen sind gleich groß.

5

Schreibe den Stufenwinkelsatz und den Wechselwinkelsatz in Wenn-Dann-Form auf.

6

Ermittle mithilfe von Winkelsätzen die Größe der Winkel α, β, γ und δ.

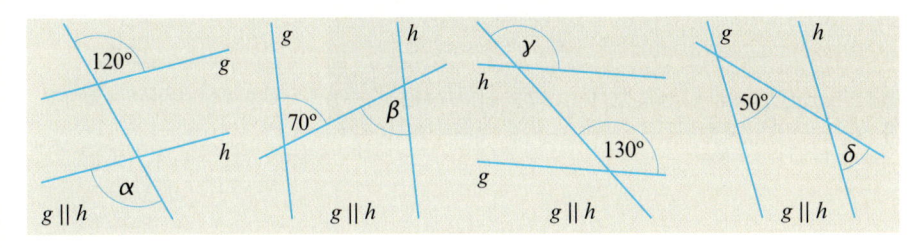

7L

Wie groß sind die farbig eingezeichneten Winkel im Bild?

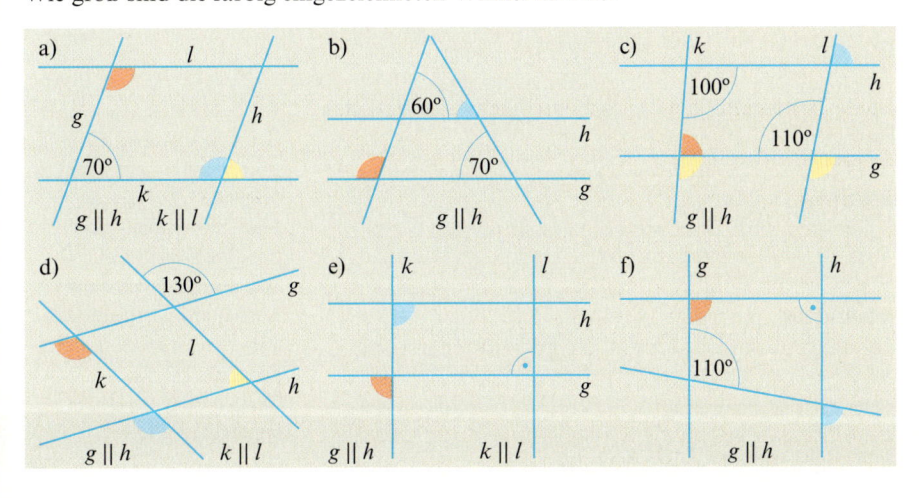

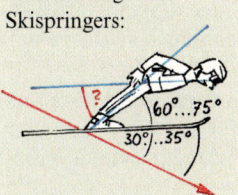

INFORMATION
Idealhaltung eines Skispringers:

Wie groß kann der Winkel zwischen dem verlängerten Oberkörper und den Beinen sein?

8

Ermittle für die Figur jeweils die Größe aller Winkel, wenn gilt:
a) $\alpha_1 = \delta_1 + 100°$
b) $\gamma_1 = 3 \cdot \beta_1$
c) $\alpha_2 = 14 \cdot \delta_1$

9

a) Mareike misst den Winkel α in einem Parallelogramm und erhält 50°. Sie sagt: „Die anderen Winkel brauche ich nicht mehr zu messen."
Ermittle die Größen ohne zu messen und begründe jeweils.

b) Formuliert möglichst viele wahre Aussagen über die Innenwinkel eines Parallelogramms. Tauscht dann eure Aussagen aus und begründet, warum die Aussagen wahr sind.

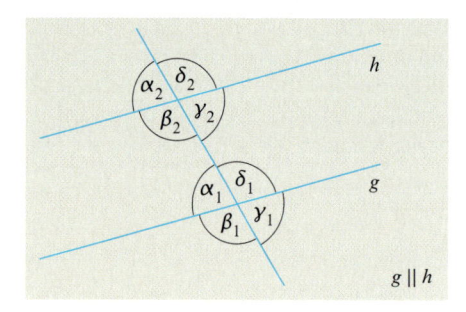

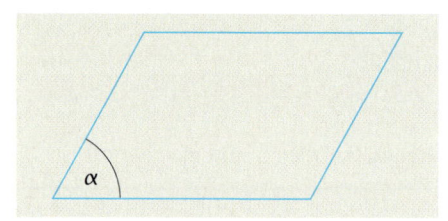

10

Herr Heintze hat ein schönes Foto vom Sternbild Großer Bär (auch großer Wagen genannt).
Kann er allein durch Winkelmessung feststellen, ob die Verbindungslinien parallel sind?
(Also keine Längen messen!)

Sternbild Großer Bär

11

Grit meint: „Die Figur im Bild ist ein Trapez."
Heiko überlegt: „Sie sieht zwar so aus, aber eigentlich kann das nicht sein."
Was meinst du dazu? Begründe.

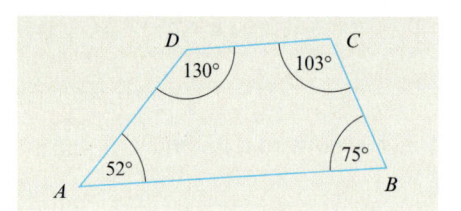

In der Aufgabe 10 werden die Argumentationen des Stufenwinkelsatzes und des Wechselwinkelsatzes umgekehrt.

> **Umkehrung des Stufenwinkelsatzes**
> Wenn zwei Stufenwinkel gleich groß sind, dann sind die geschnittenen Geraden zueinander parallel.
>
> **Umkehrung des Wechselwinkelsatzes**
> Wenn zwei Wechselwinkel gleich groß sind, dann sind die geschnittenen Geraden zueinander parallel.

Wir müssen überprüfen, ob die Umkehrungen wahre Aussagen sind.

BEISPIEL
für eine richtige Schlussfolgerung

Stefan und Thomas sind gleich groß.

Stefan und Milan sind gleich groß.

Schlussfolgerung:
Also sind auch

Thomas und Milan gleich groß.

BEACHTE
Bei den Aufgaben 10 und 11 nutzt man auch folgende Überlegung:
Sind zwei Stufen- oder zwei Wechselwinkel verschieden groß, dann können die geschnittenen Geraden nicht zueinander parallel sein.
Kannst du diese Überlegung begründen?

Stufen- und Wechselwinkel

12

Malte hat in einem Buch ein Bild gefunden, auf dem zueinander parallele Geraden mit Geodreieck und Lineal konstruiert werden.

a) David meint: „Die Umkehrung des Stufenwinkelsatzes ist richtig, wenn die Geraden im Winkel von 45° geschnitten werden, denn der Winkel wird nur verschoben. Aber bei anderen Winkeln muss die Umkehrung nicht richtig sein."
Corinna sagt: „Wenn das Geodreieck einen anderen Winkel hätte, könntest du aber genauso vorgehen."
Was meinst du dazu?

b) Malte zweifelt: „Zur Begründung der Umkehrung haben wir gesagt: Weil ich eine Verschiebung angeben kann, die den einen Winkel auf den anderen abbildet, sind die Schenkel parallel. War das nicht die Begründung für den Stufenwinkelsatz selbst?"
Vergleiche sorgfältig mit der Argumentation in Aufgabe 3 b) von Seite 46.

13

Die Umkehrung des Stufenwinkelsatzes ist wahr. Warum muss dann auch die Umkehrung des Wechselwinkelsatzes wahr sein?

14

Petra erscheint der Beweis für die Umkehrung des Stufenwinkelsatzes immer noch zweifelhaft. Ihre Freundinnen wollen sie überzeugen. Lies das Gespräch und begründe die Aussagen.

Nora: „Nehmen wir mal an: Die Stufenwinkel α und β sind gleich groß, aber die Geraden g und h sind trotzdem nicht parallel (Bild 1). Dann gibt es doch durch den Punkt P eine Gerade k, die zu g parallel ist. Durch sie entsteht der Winkel γ (Bild 2)."
Saskia: „Dann muss $\alpha = \gamma$ sein, das sagt der Stufenwinkelsatz."
Sophie: „Dann wäre aber auch $\beta = \gamma$, denn beide sind genauso groß wie α."
Nora: „Das kann aber nicht stimmen. Deshalb muss unsere Annahme falsch sein, dass g und h nicht parallel sind."

> **Widerspruchsbeweis**
> Man kann eine Aussage auch so beweisen: Anstelle der Behauptung nimmt man an, das Gegenteil der Behauptung wäre wahr.
> Dann argumentiert man so lange, bis ein Ergebnis entsteht, das nicht möglich ist, wenn die Annahme (das Gegenteil der Behauptung) wahr wäre.
> Deshalb muss die Annahme falsch, die ursprüngliche Behauptung also wahr sein.

Wenn von einem Satz auch die Umkehrung wahr ist, dann kann man den Satz und seine Umkehrung zusammenfassen. Man sagt dann z. B.:
Stufenwinkel sind gleich groß **genau dann, wenn** die geschnittenen Geraden parallel sind.

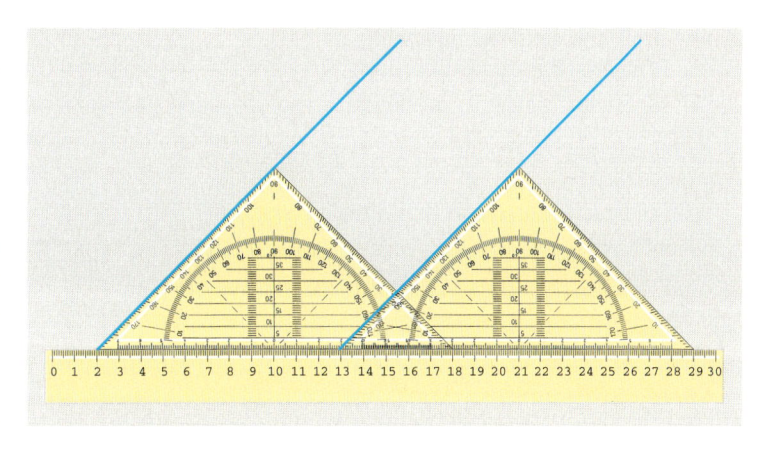

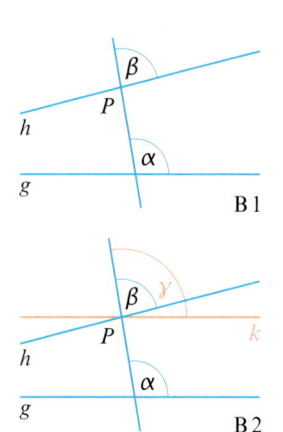

15

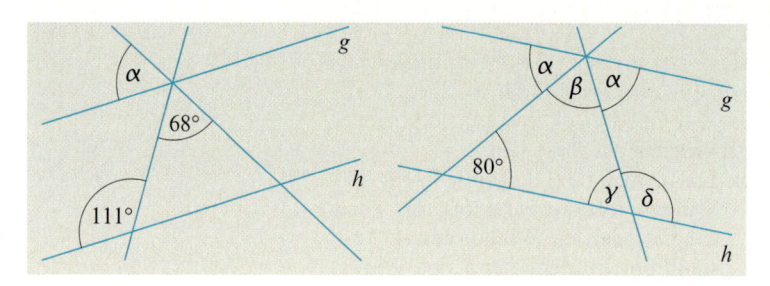

a) Wie groß müsste in der linken Figur der Winkel α sein, damit die Geraden g und h parallel zueinander sind?

b) In der rechten Figur gilt $\alpha = 4 \cdot \beta$ und $\delta = \gamma + 20°$.
Sind die Geraden g und h parallel zueinander?

16

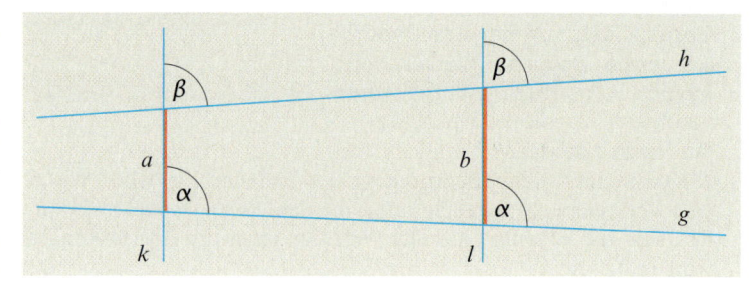

a) Malte berichtet: „Mir ist beim Zeichnen etwas aufgefallen. Ich habe zwei zueinander parallele Geraden k und l gezeichnet und zwei Geraden g und h, die k und l im Winkel α bzw. β schneiden. Dadurch entstehen auf den Parallelen Strecken a und b. Wenn diese Strecken verschieden lang sind, dann sind die Winkel α und β verschieden groß."
Nils überlegt: „Ist das denn immer so?"
Britta sagt: „Klar, denke an die Konstruktion von Parallelen in Aufgabe 12."
Führe nach Brittas Idee einen Beweis durch.

b) Die Geraden AB und CD mit $A(1|2)$, $B(7|4)$, $C(1|6)$, $D(13|11)$ schneiden einander nicht auf dem Zeichenblatt. Begründe, dass sie nicht parallel zueinander sind.

ZUSAMMENFASSUNG

Scheitelwinkelsatz

Scheitelwinkel sind gleich groß. $\alpha = \beta$

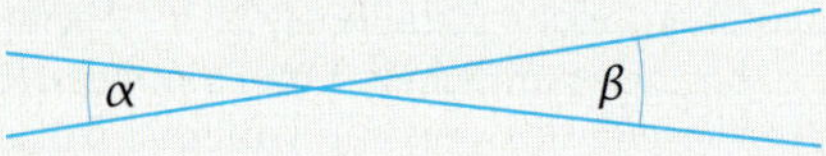

Nebenwinkelsatz

Nebenwinkel ergänzen einander zu 180°. $\alpha + \beta = 180°$

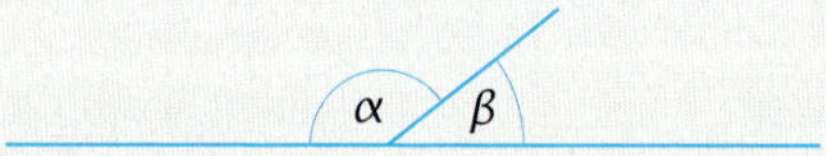

Stufenwinkelsatz (und Umkehrung)

Stufenwinkel sind genau dann gleich groß, wenn die geschnittenen Geraden parallel sind. $\alpha = \gamma$

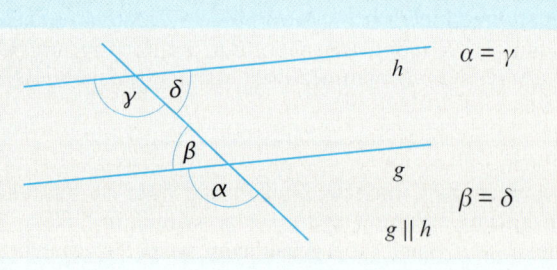

Wechselwinkelsatz (und Umkehrung)

Wechselwinkel sind genau dann gleich groß, wenn die geschnittenen Geraden parallel sind. $\beta = \delta$

$g \parallel h$

Winkelsätze für Dreiecke

1

Wir können uns täuschen.
a) Katja hat eine tolle Entdeckung gemacht:
„Die Zahl 55 440 ist durch alle natürlichen Zahlen teilbar."
Untersuche, ob 55 440 durch 2, 3, 4, 5, 6, 7, 8, 9, 10, 20, 30, 40 und 45 teilbar ist. Hat Katja Recht?
b) Anica hat in einem alten Mathematikbuch folgende Aufgabe gefunden:
„Zerschneide ein Quadrat der Seitenlänge 8 cm so wie es im Bild eingezeichnet ist. Füge die Teile zu einem Rechteck zusammen. Dabei soll eine Seitenlänge 5 cm betragen."
Versuche die Aufgabe zu lösen.

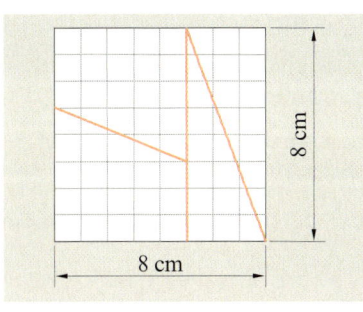

WAS MEINST DU DAZU?

Wieso haben das Quadrat und das Rechteck von Aufgabe 1 b) unterschiedliche Flächeninhalte?
Wo steckt der Fehler?
Mit der Aufgabe 1 b) kannst du auch andere verblüffen.
Du „beweist" ihnen damit, dass 64 gleich 65 ist. Ob die anderen den Fehler erkennen?

2

a) Überprüfe die Aussage von Katja für die Zahl 13 oder für eine beliebige Zahl größer als 55 440. Was meinst du jetzt?
b) Welchen Flächeninhalt hat das Quadrat, welchen Flächeninhalt hat das Rechteck? Hast du die Aufgabenstellung 1 b) erfüllt?

Oft scheint ein Sachverhalt ganz klar zu sein und verleitet zu Aussagen, die dennoch falsch sind. Auch viele Beispiele oder Messergebnisse bewahren manchmal nicht vor Irrtümern. Dass eine Aussage wahr ist, muss stets überzeugend begründet, das heißt **bewiesen** werden.

3

a) Zeichne vier Dreiecke in dein Heft. Miss in jedem Dreieck die Innenwinkel und bilde jeweils die Summe der Winkelgrößen. Was vermutest du?
b) Vergleiche mit den Ergebnissen deiner Mitschülerinnen und Mitschüler. Ist deine Vermutung damit gesichert?
c) Michaela formuliert ihre Vermutung so: „Die Summe der Innenwinkel im Dreieck beträgt immer 180°."
Was ist in Michaelas Vermutung die Voraussetzung, was die Behauptung?

ANREGUNG

Zeichne ein Dreieck. Schneide die drei Ecken ab und lege sie neu zusammen.

4

Wir wollen die Vermutung beweisen. Betrachte das Bild. Hier ist eine Parallele zu $\overline{AB}$ durch C gezeichnet.
Was gilt für die Winkel α', β', γ?
Durch welchen Winkel kannst du α' ersetzen und durch welchen β'? Warum ist das möglich?

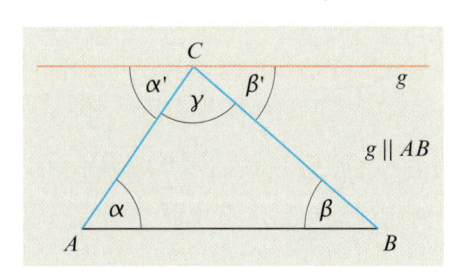

$g \parallel AB$

Was stellst du fest?

Innenwinkelsatz für Dreiecke
Die Summe der Innenwinkel im Dreieck beträgt 180°.

Wir wollen den Beweis des Innenwinkelsatzes übersichtlich darstellen.

> **BEISPIEL für die Darstellung eines Beweises**
>
> **Voraussetzung:** α, β und γ sind Innenwinkel eines Dreiecks.
>
> **Behauptung:** $\alpha + \beta + \gamma = 180°$
>
> **Beweis:**
> (1) $\alpha' + \beta' + \gamma = 180°$, denn α', β' und γ bilden zusammen einen gestreckten Winkel.
>
> (2) $\alpha' = \alpha$, denn α' und α sind Wechselwinkel an geschnittenen Parallelen.
>
> (3) $\beta' = \beta$, denn β' und β sind Wechselwinkel an geschnittenen Parallelen.
>
> Wenn man in (1) α' durch α und β' durch β ersetzt, dann erhält man $\alpha + \beta + \gamma = 180°$.
>
> **Beweisfigur:**
>
> $g \parallel AB$

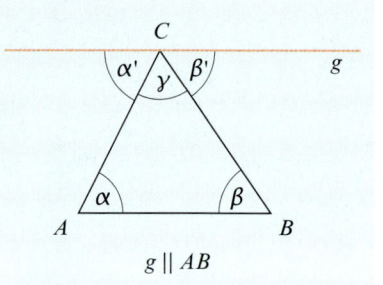

Jeder Schritt im Beweis ist überzeugend begründet. Deshalb sind wir jetzt sicher, dass der Innenwinkelsatz für Dreiecke wahr ist. Auch wenn du in einem Dreieck durch Messen die Winkelsumme 179° erhältst, brauchst du keinen Zweifel an seiner Gültigkeit zu haben. Vielmehr weißt du jetzt, dass dieses Ergebnis aufgrund von Messfehlern entstanden sein muss.

Vielleicht fragst du dich aber, wie man einen solchen Beweis findet. Um eine **Beweisidee** zu entdecken solltest du dir klarmachen, was du im Zusammenhang mit dem Satz bereits weißt.
Hier haben wir uns konkret (an einem Dreieck, das auf ein Blatt gezeichnet ist) vorgestellt, wie die Summe der Winkel gebildet werden kann (durch Aneinanderfügen der drei Winkel). Auch die zu beweisende Aussage gibt einen Anhaltspunkt: Ein Winkel von 180° ist ein gestreckter Winkel, seine Schenkel bilden eine Gerade.
Um die Beweisidee zu nutzen wird eine geeignete Gerade gesucht, bei der die drei Winkel nebeneinander gefunden werden können. Weil bei zueinander parallelen Geraden Aussagen über Winkel (nach den Winkelsätzen) möglich sind, wird eine Parallele zu einer Seite gezeichnet. Nun hast du den **Beweisansatz** gefunden.

Beachte: Es ist nicht wesentlich, dass du die Parallele zur Seite $\overline{AB}$ zeichnest.
Denke auch daran, dass du nicht eine bestimmte Beweisidee finden oder die Idee mit einem bestimmten Beweisansatz durchführen musst; gewöhnlich führen viele Wege zum Ziel. Auch die **Beweismethode** (direkter Beweis, Widerspruchsbeweis) kannst du wählen.

> **AUFGABE**
> Führe den Beweis des Innenwinkelsatzes für Dreiecke mithilfe einer Parallelen zur Seite $\overline{BC}$ durch.

5

Versuche den Innenwinkelsatz für Dreiecke mit einem Widerspruchsbeweis nachzuweisen.

6

Wie groß ist der dritte Innenwinkel?
a) $\alpha = 45°$, $\gamma = 72°$
b) $\beta = 62°$, $\gamma = 102°$
c) $\alpha = 43°$, $\gamma = 90°$
d) $\alpha = 98°$, $\beta = 24°$
e) $\beta = 13°$, $\gamma = 59°$
f) $\alpha = 64°$, $\beta = 64°$

Winkelsätze für Dreiecke

7

Begründe mithilfe des Innenwinkelsatzes, dass ein Dreieck nicht zwei stumpfe oder zwei rechte Innenwinkel haben kann.

8 L

Ermittle die fehlende Winkelgröße (Zeichnungen nicht maßstabgerecht!).

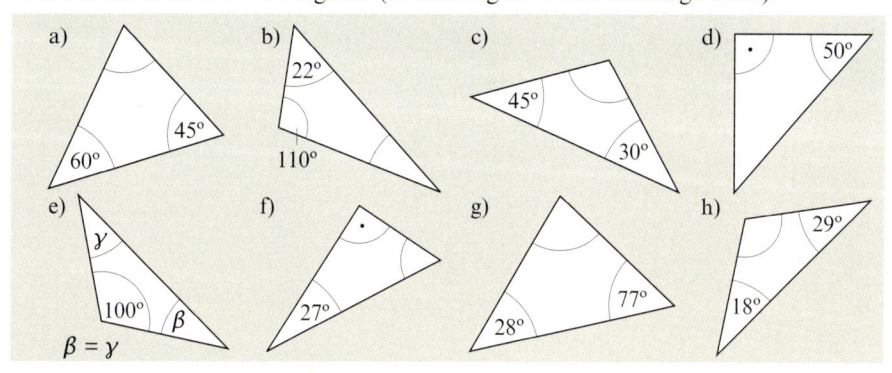

a) 60°, 45°
b) 22°, 110°
c) 45°, 30°
d) rechter Winkel, 50°
e) γ, 100°, β; β = γ
f) rechter Winkel, 27°
g) 28°, 77°
h) 29°, 18°

9

Die Klasse 7 b spielt das Winkelratespiel:
Jede Schülerin und jeder Schüler schreibt sich mögliche Größen der drei Innenwinkel eines Dreiecks auf. Eine Schülerin oder ein Schüler gibt dann möglichst wenige, aber ausreichende Informationen über seine Innenwinkel preis. Die anderen sollen die Größe aller Innenwinkel angeben.

a) Ermittle die Innenwinkel aus den folgenden Angaben.
   Alexander: $\alpha = 30°$; β ist doppelt so groß wie α.
   Philipp: $\alpha = 70°$; γ ist 20° größer als α.
   Roman: $\alpha = 60°$; β ist halb so groß wie γ.
   Doreen: $\beta = 100°$; γ ist 30° kleiner als α.
b) Spielt das Spiel in der Klasse.

HINWEIS
Prüft, bevor ihr selbst eine Aufgabe stellt: Ergeben die drei aufgeschriebenen Winkelgrößen zusammen 180°?

10

Einige Schülerinnen und Schüler haben beim Spiel aus Aufgabe 9 nicht den Hinweis beachtet. Dann können aber nicht lösbare Aufgaben auftreten.
Warum gibt es keine Dreiecke, in denen die folgenden Beziehungen gelten?
Timm: $\alpha = 70°$; β ist doppelt so groß wie α.
Andrea: $\alpha = 100°$; β und γ sind jeweils halb so groß wie α.
Juliane: $\beta = 55°$ und alle Winkel sind gleich groß.

11 L

Ermittle jeweils die Größe des rot gezeichneten Winkels. Begründe.

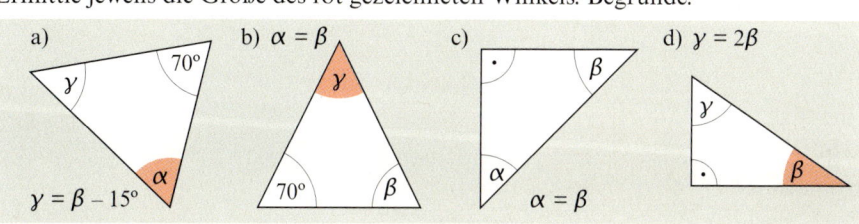

a) 70°, γ, α; $\gamma = \beta - 15°$
b) $\alpha = \beta$; 70°, γ, β
c) rechter Winkel, β, α; $\alpha = \beta$
d) $\gamma = 2\beta$; γ, β, rechter Winkel

ANREGUNG
Entwickelt selbst solche Aufgaben und stellt sie euren Mitschülerinnen und Mitschülern.

12ᴸ

Wie groß sind die farbig eingezeichneten Winkel?

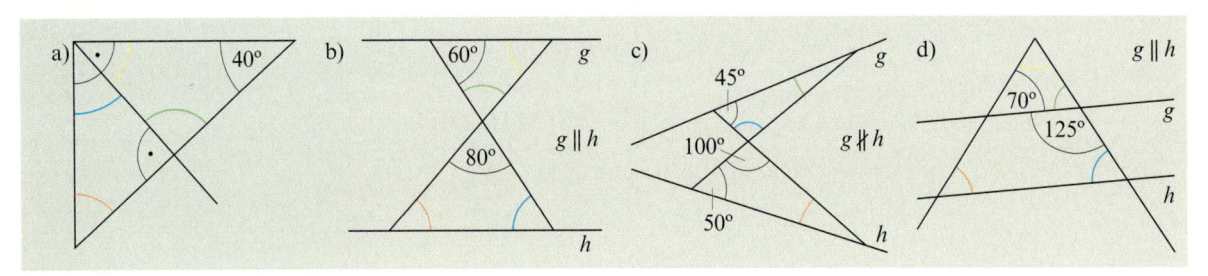

a) [Dreieck mit rechtem Winkel und 40°]
b) [Scheitelwinkel 60°, 80°, $g \parallel h$]
c) [45°, 100°, 50°, $g \not\parallel h$]
d) [70°, 125°, $g \parallel h$]

13

Wie groß ist der rot eingetragene Winkel? Formuliere deine Beobachtungen in Worten.

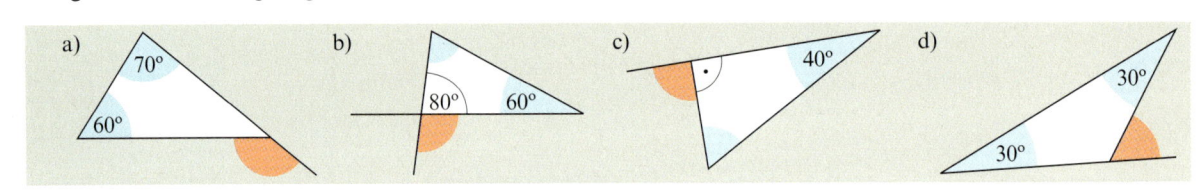

a) [Dreieck mit 70°, 60°]
b) [80°, 60°]
c) [rechter Winkel, 40°]
d) [30°, 30°]

Die Nebenwinkel der Innenwinkel eines Dreiecks heißen die Außenwinkel des Dreiecks.

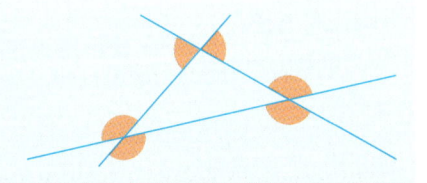

AUFGABE
Zeichne im Heft ein beliebiges Dreieck und trage die Außenwinkel des Dreiecks ein. Jeder Innenwinkel besitzt zwei Außenwinkel. Begründe, dass beide gleich groß sind.

Außenwinkelsatz für Dreiecke
Jeder Außenwinkel eines Dreiecks ist so groß wie die Summe der beiden nicht anliegenden Innenwinkel.

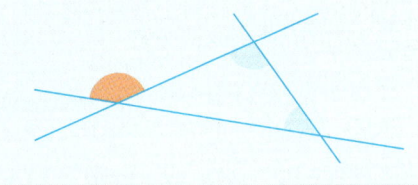

14

a) Vervollständige den Beweis des Außenwinkelsatzes im Heft.

  Voraussetzung: α, β und γ sind Innenwinkel des Dreiecks, β_1 ist Außenwinkel.

  Behauptung: $\beta_1 = $ _____

  Beweis:
  (1) ___ + β_1 = 180°,   denn sie sind Nebenwinkel.
  (2) β + ___ + ___ = 180°   Innenwinkelsumme im Dreieck
  Deshalb muss gelten $\beta_1 = $ ___ + ___ .

  Beweisfigur: [Dreieck ABC mit Winkeln α bei A, β bei B, γ bei C, Außenwinkel β_1 bei B]

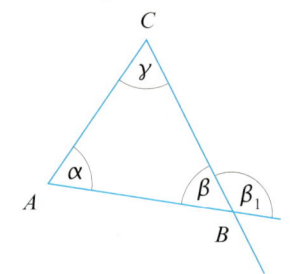

b) Sina meint: „Damit ist der Beweis noch nicht vollständig. Wir müssen die Aussagen auch für α_1 und γ_1 nachweisen." Clara hält das nicht für nötig. Was meinst du dazu?

Winkelsätze für Dreiecke

15ᴸ

Berechne die Größe aller Innen- und Außenwinkel.

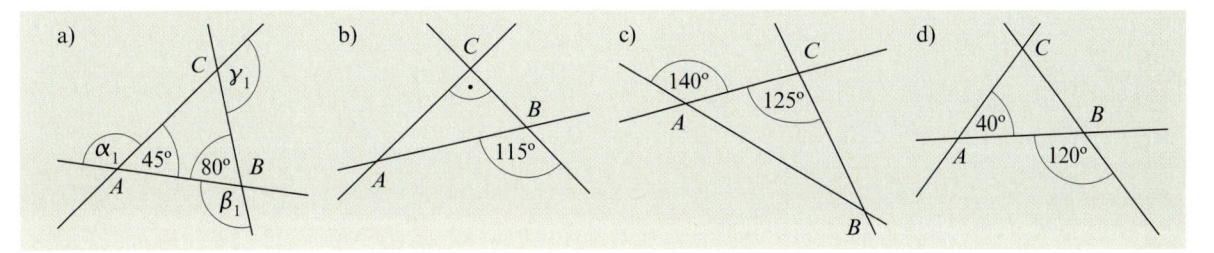

a) b) c) d)

16

Ermittle die Größen der nicht gegebenen Winkel im Parallelogramm und im Trapez. Wie groß ist jeweils die Summe aller Innenwinkel?

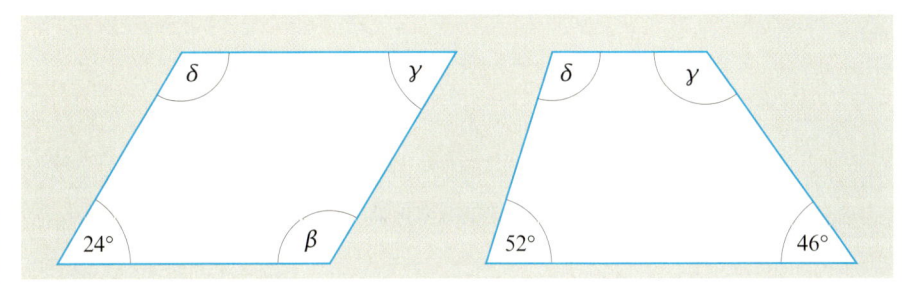

17

Schreibe für die Sätze übersichtliche Beweise auf. Verwende die Beweisidee aus Aufgabe 16.
a) In jedem Parallelogramm ist die Summe der Innenwinkel 360°.
b) In jedem Trapez ist die Summe der Innenwinkel 360°.

Die Summe der Innenwinkel ist von der Form eines Vierecks unabhängig. Allerdings kann man den Beweis dieses Satzes nicht auf spezielle Eigenschaften wie Parallelität von Seiten gründen.

> **Winkelsummensatz für Vierecke**
> In jedem Viereck beträgt die Summe der Innenwinkel 360°.

18

Maik sucht nach einer Beweisidee, um den Winkelsummensatz für Vierecke zu beweisen. „Ich habe keine Ahnung, wie ich das machen soll. Bisher kennen wir nur den Winkelsummensatz für Dreiecke."
Tanja entgegnet: „Du hast jetzt eine Beweisidee gefunden!"
Maik schaut Tanja verständnislos an. Tanja erläutert: „Du weißt doch, dass man Vierecke durch Diagonalen in Dreiecke einteilen kann. Und über die Dreiecke weißt du Bescheid."
a) Erläutere die Beweisidee. Zeichne eine Beweisfigur und führe den Beweis durch.
b) Hast du mit deinem Beweis in a) auch bewiesen, dass der Satz für nicht konvexe Vierecke ebenfalls gilt?

ERINNERE DICH
In nicht konvexen Vierecken gibt es eine einspringende Ecke.

19

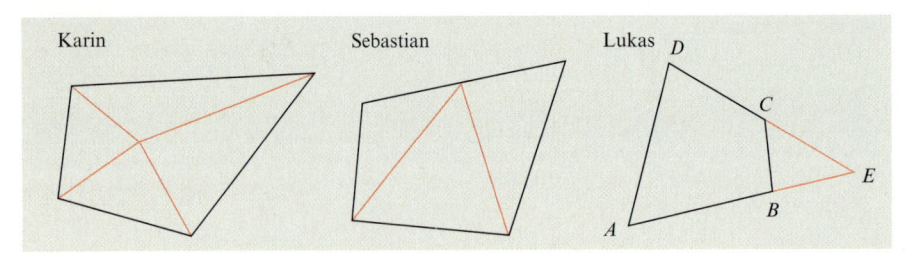

a) Karin und Sebastian haben die Einteilung eines Vierecks in Dreiecke anders vorgenommen. Wie lauten ihre Beweise des Winkelsummensatzes für Vierecke?

b) Lukas behauptet: „Ich kann beweisen, dass es Vierecke gibt, deren Innenwinkelsumme 0° beträgt! Ich habe zwei Seiten des Vierecks $ABCD$ verlängert, so dass ein Dreieck AED entsteht. Die Winkelsumme im Dreieck AED beträgt 180°. Das Dreieck BEC darf ich nicht mitzählen. Seine Innenwinkelsumme muss ich subtrahieren, also hat das Viereck die Innenwinkelsumme 180° – 180° = 0°."
Was hat Lukas falsch gemacht?

20

a) Begründe: Die Summe der Innenwinkel bei einem Fünfeck beträgt 540°.
b) Formuliere den Innenwinkelsatz für Zehnecke.
c) Formuliere den Innenwinkelsatz allgemein für n-Ecke. Wie ist es möglich ihn zu beweisen?

21

Fußwege, Garageneinfahrten oder Terrassen werden oft mit Verbundsteinen gepflastert. Die Verbundsteine haben häufig Vielecke als Oberseite. Ermittle für die auf den Bildern zu sehenden Verbundsteine die Innenwinkelsumme der Oberseite.

Zwei Pflasterungen mit Verbundsteinen

AUFGABEN ZUR WIEDERHOLUNG

1. Teste dich selbst. Wie viele Dreiecke und wie viele Vierecke erkennst du in der Figur?

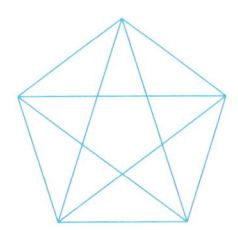

2. Faltübungen: Wie gehst du jeweils vor?
   a) Falte aus einem unregelmäßigem Stück Papier ein Rechteck.
   b) Falte aus dem Rechteck ein Quadrat.
   c) Falte aus einem Quadrat ein gleichschenkliges Dreieck.
   Probiere auch, ein gleichseitiges Dreieck zu falten.

3. Wie viele Streichhölzer brauchst du, um eine Fläche von einem Quadratmeter mit gleich großen Quadraten auszulegen? Die Quadratseiten sollen genau eine Streichholzlänge (ca. 5 cm) lang sein.

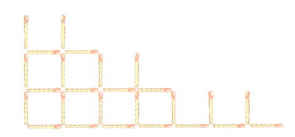

4. Welche der Flächen hat einen Flächeninhalt, der genauso groß ist, wie der der grünen Fläche?

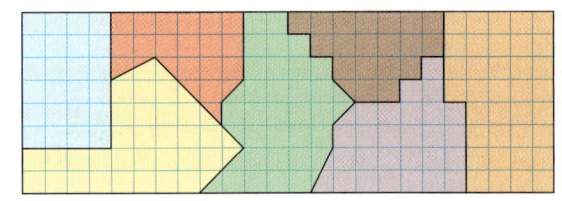

Winkel und Seitenlängen in Dreiecken

1

Von Neuberg nach Altberg soll eine neue Straße gebaut werden. Dafür wurden zwei Vorschläge entwickelt.
Diskutiert in der Klasse die Vor- und Nachteile beider Vorschläge. Wie würdet ihr entscheiden?

2

a) Nimm 7 Mikadostäbe oder Streichhölzer und lege daraus Dreiecke. Wie viele verschiedene Dreiecke gibt es?

b) Versuche mit 8 Mikadostäben oder Streichhölzern ein Dreieck zu legen, bei dem eine Seite einen Stab (ein Streichholz) lang ist.

c) Nimm 9 Mikadostäbe oder Streichhölzer. Lege jeweils ein Dreieck, in welchem eine der Seiten die Länge 1 (2, 3, 4, 5) besitzt. Was stellst du fest?

3

Julia will für ihre Meerschweinchen im Garten ein kleines dreieckiges Gehege abstecken. Sie hat 6 Meter Zaungeflecht zur Verfügung. Nachdem der erste Pfosten eingeschlagen ist, überlegt sie, in welchem Abstand sie den zweiten einschlagen soll. Was würdest du ihr empfehlen? Begründe deinen Vorschlag.

4

Das Gartenhäuschen von Herrn Mischel ist 4 Meter breit. Für die Dachkonstruktion hat er einen Balken von 2 m Länge. Welche Längen kommen für den zweiten Balken infrage?

5

Dagmar hat drei Bleistifte von verschiedenen Längen. Sie versucht vergeblich mit den Bleistiften ein Dreieck zu legen. Was kannst du über die Längen der Bleistifte sagen?

Dreiecksungleichung

In einem Dreieck ist die Summe der Längen zweier beliebiger Seiten stets größer als die dritte Seitenlänge.

Für die Seitenlängen a, b, c gilt:
$a + b > c$
$a + c > b$
$b + c > a$

6ᴸ

Gib eine mögliche Länge der dritten, nicht gegebenen Seite an.
a) $a = 7$ cm; $b = 11$ cm
b) $b = 2,5$ m; $c = 8$ m
c) $a = 37$ mm; $c = 45$ mm
d) $a = 11,2$ dm; $b = 0,9$ dm
e) $a = 4$ m; $c = 21$ dm
f) $a = 12$ mm; $c = 2,6$ cm
g) $b = 2,5$ m; $c = 17$ dm
h) $a = 2,3$ km; $b = 800$ m

7

Wir haben die Dreiecksungleichung aufgrund von Beispielen erkannt. Sie ist so offensichtlich wahr, dass man gern auf einen Beweis verzichten möchte.
Suche nach einem Argument, das man zur Begründung der Dreiecksungleichung anführen könnte.

BEACHTE
Es gibt ein Dreieck mit den Seiten a, b, c genau dann, wenn $a + b > c$ und $a + c > b$ und $c + a > b$ sind.

8

Existieren Dreiecke mit den angegebenen Seitenlängen?

	a)	b)	c)	d)	e)	f)	g)
a	4 cm	12 cm	34 mm	4,5 m	5,3 km	14 dm	17 cm
b	5 cm	5 cm	23 mm	9,3 m	5,5 km	9 dm	9 cm
c	6 cm	7 cm	60 mm	6,7 m	600 m	1 m	3 dm

ERINNERE DICH
1 km = 1 000 m
1 m =   10 dm
     =   100 cm
     = 1 000 mm

9

Gib drei Streckenlängen a, b, c so an, dass gilt:
a) $a + b > c$ und $b + c > a$, aber nicht $a + c > b$;
b) $b + c > a$ und $c + a > b$, aber $a + b < c$.

10

Leon und Natalie nennen sich gegenseitig drei Streckenlängen und überprüfen, ob mit ihnen ein Dreieck gezeichnet werden kann. Natalie ist jedesmal schneller. Leon fragt sie: „Wie machst du das nur? Ich kann drei Ungleichungen nicht so schnell überprüfen." Natalie lächelt. „Ich überprüfe nur eine einzige Ungleichung." Leon staunt: „Woher weißt du dann, dass die anderen beiden Ungleichungen erfüllt sind?"
Bilde selbst Beispiele und erläutere, wie Natalie vorgeht, um die richtige Lösung zu finden.

11

Zeichne ein beliebiges Dreieck. Miss die Längen der Seiten a, b, c und die Größen der Winkel α, β, γ. Ordne dann die Seiten und die Winkel der Größe nach.
Was beobachtest du? Hat deine Tischnachbarin bzw. dein Tischnachbar dieselbe Beobachtung gemacht wie du?

Seiten-Winkel-Beziehung im Dreieck

Der größeren von zwei Dreiecksseiten liegt stets der größere Winkel gegenüber.

Dem größeren von zwei Innenwinkeln eines Dreiecks liegt stets die größere Seite gegenüber.

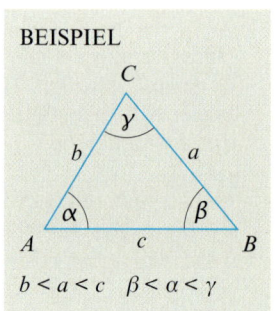

BEISPIEL

$b < a < c$ $\beta < \alpha < \gamma$

Winkel und Seitenlängen in Dreiecken

12

Inga meint: „Ich habe eine Idee, wie man die Seiten-Winkel-Beziehung ganz leicht beweisen kann. Ich zeichne ein gleichseitiges Dreieck. Das besitzt drei gleich große Winkel. Jetzt verlängere ich die Seite c zu c_1. Der gegenüber liegende Winkel γ_1 wird dadurch größer als γ. Die Seite a_1 ist länger als a, aber gegenüber liegt unverändert α. Die Seite b ist nicht verändert, aber der Winkel β_1 gegenüber ist kleiner als β."

a) Erläutere sorgfältig Ingas Argumentation und begründe, dass in dem vergrößerten Dreieck $b < a_1 < c_1$ und $\beta_1 < \alpha < \gamma_1$ gilt.
b) Handelt es sich bei Ingas Überlegungen um einen Beweis? Begründe deine Entscheidung. Diskutiert eure Antworten in der Klasse.

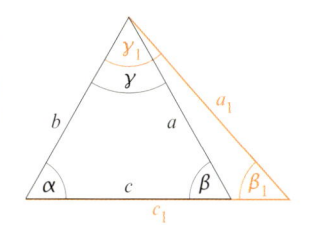

13

Vom Dreieck ABC sind die Seitenlängen bekannt. Ordne die Winkel α, β und γ der Größe nach (z. B. $\gamma < \alpha < \beta$ oder $\beta = \gamma < \alpha$).

	a)	b)	c)	d)	e)	f)	g)
a	7 cm	22 cm	24 mm	4 cm	7 km	14 dm	1,7 cm
b	5 cm	15 cm	33 mm	4 cm	5 km	19 dm	1,9 dm
c	3 cm	33 cm	16 mm	3 cm	7 km	13 dm	190 mm

14

Vom Dreieck ABC sind zwei oder drei Winkel bekannt. Berechne gegebenenfalls den dritten Winkel. Ordne die Seiten a, b und c der Größe nach (z. B. $b < a < c$ oder $c < a = b$).

	a)	b)	c)	d)	e)	f)	g)
α	45°	37°	67°	?	147°	97°	?
β	100°	54°	52°	12°	23°	?	83°
γ	35°	89°	61°	63°	?	44°	39°

NACHGEDACHT
Torsten ändert die Aussage der Seiten-Winkel-Beziehung ab und meint: „In einem Dreieck liegen zwei gleich langen Seiten gleich große Winkel gegenüber und wenn umgekehrt zwei Winkel gleich groß sind, dann sind auch die gegenüber liegenden Dreiecksseiten gleich lang."
Hat Torsten Recht? Erläutere.

15

Simon sitzt verzweifelt vor seinem Blatt. Er möchte ein rechtwinkliges Dreieck zeichnen, in dem γ der rechte Winkel und a die längste Seite ist.
Was würdest du ihm raten?

16

Überlege, welche Aussagen wahr und welche falsch sind. Versuche deine Antworten zu begründen.
Formuliere dann zu den wahren Aussagen entsprechende wahre Aussage für stumpfwinklige Dreiecke.
a) In jedem rechtwinkligen Dreieck liegt dem rechten Winkel die größte Seite gegenüber.
b) Der größten Seite eines Dreiecks liegt stets ein rechter Winkel gegenüber.
c) In jedem rechtwinkligen Dreieck liegt der größten Seite stets der rechte Winkel gegenüber.
d) In einem gleichschenklig rechtwinkligen Dreieck liegt der rechte Winkel der Basis gegenüber.

Winkelsätze und Eigenschaften von Vielecken

Gesundheit

Geometrie und Wohnen

Hundertwasserhaus in Wien, gebaut 1983–1985

Märkisches Viertel in Berlin

1

Ist das Hundertwasserhaus nicht ein ungewöhnliches Haus? Was gibt es an diesem bunten Haus alles zu entdecken! Sprecht in der Klasse darüber.
Erläutert und begründet, was euch am Hundertwasserhaus gefällt bzw. nicht gefällt.
Wie sollte ein Haus aussehen, in dem ihr gern wohnen würdet?

Friedensreich Hundertwasser – österreichischer Maler und Architekt (1928 bis 2000)

Hundertwasser über das Hundertwasserhaus in Wien:

„Dieses Haus soll den ersten Ansatz eines Gesprächs mit der Natur darstellen. Wobei wir und die Natur gleichberechtigte Partner sind und nicht einer den anderen unterdrücken darf.
… Ein Bewohner muss das Recht haben, sich aus seinem Fenster zu lehnen und außen an der Außenwand alles umzugestalten so weit sein Arm reicht, damit man von weitem sehen kann: dort wohnt ein Mensch.
… Baummieter sind Bäume, die aus Fenstern herauswachsen und solcherart die sterile senkrechte Hausfläche begrünen, belauben und bewalden.
Der Mensch hat drei Häute:
Seine eigene, seine Kleidung und seine Behausung. Alle drei Häute müssen ständig wechseln, sich erneuern, ständig wachsen und sich ununterbrochen wandeln, sonst stirbt der Organismus."

Aus einem Interview mit der Hausfrau Irene Rakowitz aus dem Märkischen Viertel, Berlin (4 Kinder):

„Quadratmetermäßig würde die Wohnung reichlich ausreichen für 4 Kinder, wenn sie anders eingeteilt wäre … in unserer Wohnung läufst du dich tot, rennst durch die Flure, die zu nichts nutze sind, die du als Hausfrau jeden Tag ablatschen musst – paar Kilometer jeden Tag hin und her. Die Zimmer sind dafür zu klein, dafür haste so'n Loch von Klo, wo du dich kaum umdrehen kannst … und die Küche? … das is doch keine Küche auch nich, … das sind doch keine Küchen für große Familien, da kannste nich 'nen Stuhl oder was unterbringen.
… Die Wohnungen kannste nur alle nullachtfuffzehn einrichten: alle haben die Couch vor'm Fenster, alle haben die Sessel davor und dann is aus – Schrank klatsch an die andere Wand dann biste Feierabend."

Geometrie und Wohnen

Gymnasium in Wittenberg vor der Umgestaltung

Gymnasium in Wittenberg nach der Umgestaltung 1997/98

2

Hundertwasser hat auch das Martin-Luther-Gymnasium in Wittenberg umgestaltet. Vergleiche die Gebäude von Hundertwasser mit den Gebäuden des Märkischen Viertels und mit dem Gymnasium in Wittenberg vor der Umgestaltung.
a) Gibt es Unterschiede und Gemeinsamkeiten bei der Verwendung geometrischer Formen? Wie ist für dich die Gesamtwirkung der verschiedenen Gebäude?
Stellt euch vor, ihr müsstet ein Gebäude entwerfen. Begründet, welche Formen ihr dann verwenden würdet und welche möglichst nicht. Fertigt evtl. Skizzen an.
b) Erkennst du, warum die Architekten bestimmte Formen verwendet haben?

HINWEIS
Die Verwendung bestimmter geometrischer Formen an Bauwerken kann verschiedene Gründe haben – z. B.:
Sicherung der Stabilität, Erreichen eines künstlerischen Gesamteindrucks, Ausdruck eines „Lebensgefühls",
Modernität,
einfache Herstellbarkeit,
Senkung der Baukosten.

3

Diskutiert in der Klasse:
a) Welche Bedeutung hat für euch die Wohnung und das Wohnumfeld?
Wie hängen die Gestaltung von Räumen und Gebäuden mit eurem Wohlbefinden und eurer Gesundheit zusammen?
b) Was gefällt euch im Wohngebiet und am Schulgebäude, was nicht? Was möchtet ihr verändern? Könnt ihr selbst etwas tun, damit ihr euch wohler fühlt?

4

Diskutiert auch über folgende Fragen:
a) Welche Absicht verfolgt Hundertwasser mit seiner Art von Architektur?
Was hat Hundertwasser z. B. am Martin-Luther-Gymnasium in Wittenberg verändert und warum? Was haltet ihr von diesen Veränderungen?
b) Worin besteht die Kritik von Frau Rakowitz an der Architektur des Märkischen Viertels?
c) Stimmt ihr der folgenden Auffassung eines Architekten zu? Begründet das.
„Beim Entwurf von Wohngebäuden sind zwei Prinzipien wichtig: erstens die Konstruktionslösung und zweitens die psychologische Befriedigung von menschlichen Bedürfnissen."

Projektideen
Untersucht Wohnbauten bei euch im Ort oder auf Reisen entdeckte Gebäude hinsichtlich ihrer Gestaltungsformen, ihrer Zweckmäßigkeit und ihrer Wirkung auf euch. Berichtet in der Klasse in Form eines Vortrags darüber (möglichst mit Fotos oder Dias).

Entwerft Muster für Textilien oder Formen für technische Geräte, wie sie euch gefallen könnten.
Zeichnet Entwürfe für euer Wunschwohnhaus oder für die Gestaltung eines Wohnhofs.
Stellt eure Entwürfe in der Klasse aus.

Besondere Linien im Dreieck

1

Lkw-Anhängerkupplung

Nachbau einer Anhängerkupplung

a) Die Kupplung eines Lkw-Anhängers ist achsensymmetrisch. Erläutere, warum sie so gebaut wird.
b) Der Nachbau einer Anhängerkupplung mithilfe eines Metallbaukastens ist in Höhe der Mitte der Radachse am Wagen befestigt. Erläutere die Wahl dieses Befestigungspunktes.

> Wir wissen bereits:
> Für ein achsensymmetrisches Dreieck ABC mit der Symmetrieachse CD gilt:
> Die Symmetrieachse ist die Mittelsenkrechte der Strecke $\overline{AB}$.
> Die Symmetrieachse ist die Winkelhalbierende des Winkels $\gamma = \sphericalangle ACB$.
> Ein achsensymmetrisches Dreieck ist gleichschenklig.

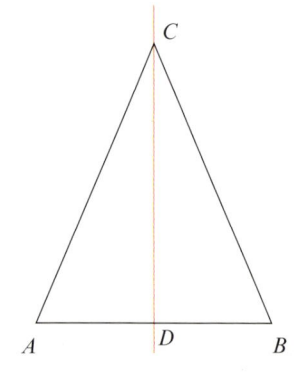

2

Die Kinder der Schulen in Schönbach, Goldstein und Eisendorf wollen gemeinsam im Wald zwischen ihren Orten einen Fütterungsplatz für Waldtiere anlegen.

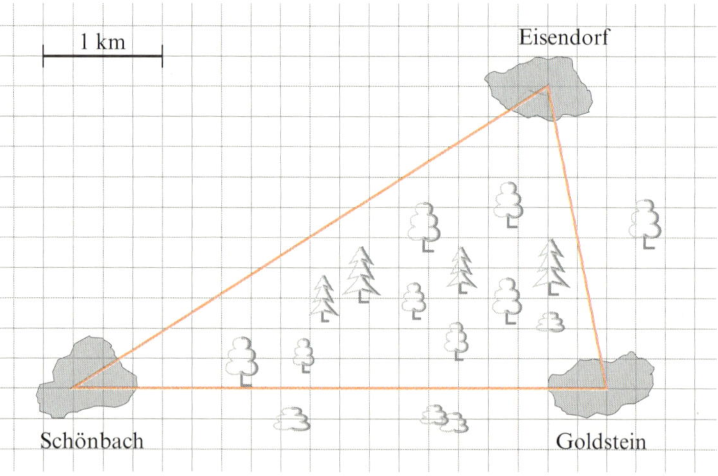

a) Sabine aus Schönbach und René aus Goldstein finden: „Der Fütterungsplatz soll von Schönbach und Goldstein denselben Abstand haben."
Übertrage das rote Straßendreieck aus dem Bild in dein Heft. Zeichne alle Orte ein, die nach Sabines und Renés Vorstellung für den Fütterungsplatz in Betracht kommen.
b) Inga aus Eisendorf wendet sich an René: „Wir wollen keinen weiteren Weg als ihr. Der Fütterungsplatz soll von Eisendorf und Goldstein denselben Abstand haben!"
Begründe, dass jetzt nur noch ein Ort für den Fütterungsplatz in Betracht kommt. Ermittle ihn in deiner Zeichnung.
c) Sabine meint zu Inga: „Dann ist dein Weg auch genauso weit wie meiner."
Wie kannst du in deiner Zeichnung deutlich machen, dass die Entfernung des Fütterungsplatzes von allen drei Orten gleich groß ist?

Besondere Linien im Dreieck

In jedem Dreieck schneiden die Mittelsenkrechten der drei Seiten einander in einem gemeinsamen Punkt M.

Der Punkt M hat von den drei Eckpunkten des Dreiecks den gleichen Abstand.
Die drei Eckpunkte des Dreiecks liegen also auf einem Kreis um M.
Der Kreis heißt **Umkreis** des Dreiecks.

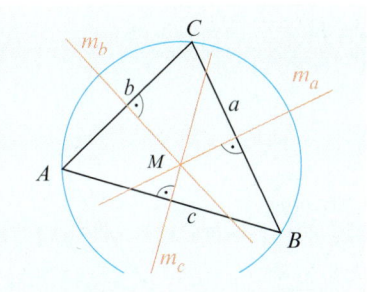

HINWEIS
Man bezeichnet die Mittelsenkrechten nach der Dreiecksseite, von der sie Mittelsenkrechte sind.
Beispiel:
m_a – Mittelsenkrechte der Seite a.

3

Übertrage die Dreiecke ABC und DEF in dein Heft. Konstruiere jeweils den Umkreis des Dreiecks mit dem Mittelpunkt M.
Wie groß ist jeweils der Abstand von M zu jedem der drei Eckpunkte des Dreiecks?

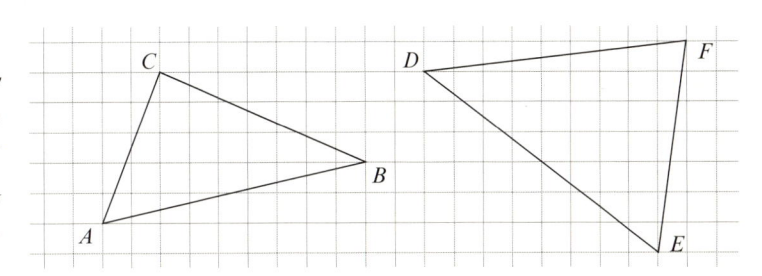

4

a) Konstruiere den Umkreis eines rechtwinkligen Dreiecks.
b) Konstruiere den Umkreis eines stumpfwinkligen Dreiecks.
c) Welche Besonderheiten stellst du fest?

5L

Zeichne die durch ihre Eckpunkte gegebenen Dreiecke ABC jeweils in ein Koordinatensystem. Konstruiere den Umkreis.
Gib die Koordinaten des Umkreismittelpunktes M näherungsweise an.

a) $A(2|2)$, $B(8|3)$, $C(4|6)$
b) $A(2|3)$, $B(8|2)$, $C(7|8)$
c) $A(2|2)$, $B(8|2)$, $C(8|8)$
d) $A(3|4)$, $B(7|1)$, $C(5|8)$
e) $A(0|0)$, $B(9|3)$, $C(3|6)$
f) $A(1|3)$, $B(8|2)$, $C(4|8)$
g) $A(1|2)$, $B(8|7)$, $C(3|7)$
h) $A(1|5)$, $B(6|1)$, $C(10|3)$

6

Sabrina bezweifelt, dass jedes Dreieck einen Umkreis besitzt. Sie sagt: „Ich kann die Koordinaten von drei Punkten angeben, durch die es keinen Kreis gibt."
Nimm Stellung zu Sabrinas Meinung.

7

Die Kinder aus Aufgabe 2 treffen sich nochmals. Inga meint: „Wir haben zu sehr an uns gedacht. Der Fütterungsplatz liegt aber viel zu dicht an der Straße zwischen Schönbach und Eisendorf. Für die Tiere wäre es besser, wenn er von allen drei Straßen den gleichen Abstand hätte."
a) Übertrage nochmals das rote Straßendreieck in dein Heft. Konstruiere von zwei Winkeln die Winkelhalbierenden. Warum ist das sinnvoll?
Was weißt du über den Schnittpunkt zweier Winkelhalbierenden? Begründe.
b) Begründe: In jedem Dreieck schneiden die drei Winkelhalbierenden einander in einem Punkt.

Winkelsätze und Eigenschaften von Vielecken

> In jedem Dreieck schneiden die Winkelhalbierenden der drei Innenwinkel einander in einem gemeinsamen Punkt W.
>
> Der Punkt W hat von den drei Seiten des Dreiecks den gleichen Abstand. Die drei Seiten des Dreiecks werden von einem Kreis um W berührt, dem **Inkreis** des Dreiecks. Den Radius des Inkreises bezeichnet man mit ϱ (Rho).

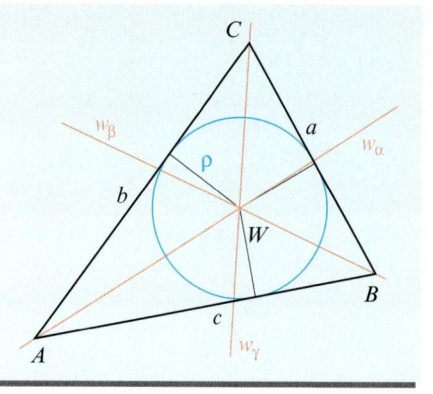

BEACHTE
Die Winkelhalbierenden sind Geraden. Oft findet man jedoch Angaben wie $w_\alpha = 3{,}5$ cm. Damit ist die Länge des Stückes auf der Winkelhalbierenden des Winkels α gemeint, das im Innern des Dreiecks liegt.

8

a) Konstruiere den Inkreis eines spitzwinkligen, eines rechtwinkligen und eines stumpfwinkligen Dreiecks.
b) Vergleiche mit dem Ergebnis der Aufgabe 4 c).

9L

Zeichne die Dreiecke ABC aus Aufgabe 5 erneut jeweils in ein Koordinatensystem. Konstruiere den Inkreis.
Gib die Koordinaten des Inkreismittelpunktes W näherungsweise an.

10

a) Zeichne im Koordinatensystem das Dreieck ABC mit $A(1|1)$, $B(8|1)$, $C(7|6)$. Konstruiere den Umkreis und den Inkreis des Dreiecks.
b) Begründe: Umkreis und Inkreis eines Dreiecks können nie identisch sein. Der Inkreis muss immer innerhalb des Umkreises liegen.
c) Untersuche, ob der Umkreis und der Inkreis eines Dreiecks denselben Mittelpunkt besitzen können.

11

Untersucht gemeinsam: Gibt es zu einem großen Kreis und einem kleinen Kreis, der im Innern des großen liegt, immer ein Dreieck, das den großen Kreis zum Umkreis und den kleinen Kreis zum Inkreis hat?
a) Zeichnet alle einen großen und einen kleinen Kreis mit dem gemeinsamen Mittelpunkt M. Versucht ein Dreieck zu konstruieren, das den großen Kreis als Umkreis und den kleinen Kreis als Inkreis hat. Was stellt ihr fest?
b) Zeichnet zwei Kreise wie bei a), aber mit verschiedenen Mittelpunkten. Versucht wieder ein Dreieck zu konstruieren, das den großen Kreis als Umkreis und den kleinen Kreis als Inkreis hat. Was stellt ihr fest?

12

Zeichne das Dreieck ABC mit $A(1|2)$, $B(9|1)$, $C(9|8)$ in ein Koordinatensystem (wähle 1 cm als Einheit auf den Achsen).
a) Konstruiere den Inkreis des Dreiecks. Welchen Abstand hat der Inkreismittelpunkt von den Dreiecksseiten?
b) Miss jeweils den Abstand der Eckpunkte A, B, C von den gegenüberliegenden Dreiecksseiten.

ERINNERE DICH
Der Abstand eines Punktes von einer Geraden wird entlang der Senkrechten zur Geraden durch den Punkt gemessen.

Besondere Linien im Dreieck

13

a) Übertrage das Dreieck ABC aus dem Bild in dein Heft und ermittle den Abstand der drei Eckpunkte von der jeweils gegenüberliegenden Seite des Dreiecks. Beschreibe, wie du dabei vorgegangen bist.

b) Welche Schwierigkeit tritt bei der Lösung der gleichen Aufgabenstellung beim Dreieck PQR auf? Wie könnte man sich helfen?

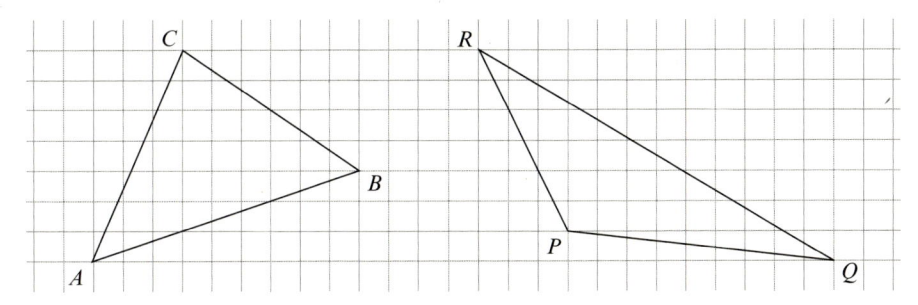

Die senkrechten Verbindungsstrecken der Eckpunkte eines Dreiecks mit den gegenüberliegenden Seiten (oder deren Verlängerung) heißen die **Höhen** des Dreiecks.
Die Höhen verlaufen nicht immer innerhalb des Dreiecks (der **Fußpunkt** der Höhe liegt dann auf der Verlängerung einer Dreiecksseite).

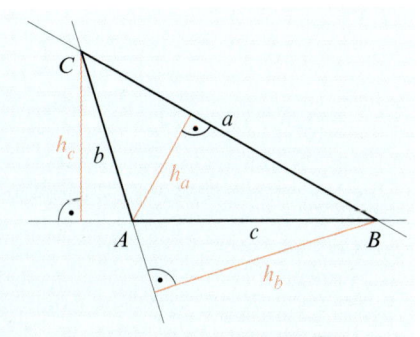

BEACHTE
Höhen sind Strecken. Mittelsenkrechte und Winkelhalbierende sind dagegen Geraden.

Die Höhen werden nach der Seite bezeichnet, zu der sie senkrecht sind.

14

Anna meint: „Bestimmt schneiden die Höhen eines Dreiecks einander auch in einem Punkt."
Maren stellt fest: „Ich weiß nicht. Aber es gibt Dreiecke, in denen die Höhen einander in einem Punkt schneiden."

a) Zeichne ein rechtwinkliges, ein spitzwinkliges und ein stumpfwinkliges Dreieck. Konstruiere jeweils die drei Höhen.
b) Vergleicht eure Ergebnisse. Seid ihr Marens oder Annas Meinung?

Bei jedem Dreieck schneiden sich die Höhen (oder ihre Verlängerungen) in einem Punkt H.

15

Oliver ist nicht überzeugt, dass Anna und Maren genau gezeichnet haben. Er wendet ein: „Warum soll es einen Schnittpunkt geben, die Höhen sind doch keine Mittelsenkrechten."
Maren hat eine Idee. „Genau das ist der Tipp, den wir brauchen. Mache die Höhen zu Mittelsenkrechten, dann weißt du, dass sie sich in einem Punkt schneiden." Oliver entgegnet: „Dazu brauche ich aber ein anderes Dreieck."
Nach einigem Probieren erhalten die beiden die nebenstehende Zeichnung.

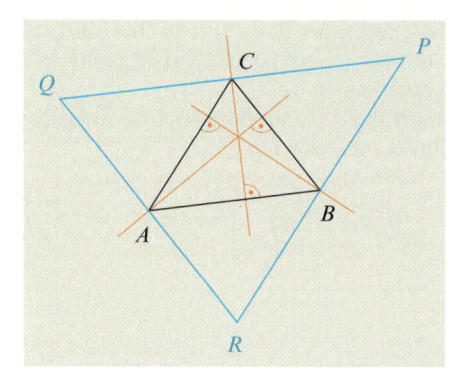

a) Erläutere die Zeichnung. Begründe, warum die Höhen des Dreiecks ABC sich in einem Punkt schneiden müssen. Welche Eigenschaft von Mittelsenkrechten hast du in deiner Argumentation genutzt?
b) Formuliere deine Überlegungen schriftlich als Beweis des Satzes über den Höhenschnittpunkt.

16

Verena kann ein Geodreieck auf einem Zahnstocher balancieren. Eva staunt: „Woher weißt du, in welchem Punkt du das Dreieck unterstützen musst?"
Verena erwidert: „Suche auf der Mittellinie des Geodreiecks."

a) Eva fragt: „Meinst du, ich soll den Schnittpunkt der Höhen wählen oder den der Mittelsenkrechten? Oder…" Sie zögert. „Die Mittellinie ist doch auch Winkelhalbierende…"
Überlege zuerst, welche der Schnittpunkte geeignet sein könnten, und probiere dann selbst.
b) Schneide aus stabiler Pappe ein möglichst großes Dreieck aus, das weder rechtwinklig noch gleichschenklig ist. Lege das Dreieck auf die Spitze des ausgestreckten Zeigefingers und versuche einen Punkt zu finden, sodass das Dreieck nicht herunterfällt. Kennzeichne den Punkt und bezeichne ihn mit S. Zeichne Verbindungslinien von jedem Eckpunkt durch S bis zur gegenüberliegenden Dreiecksseite. Was stellst du fest?

Verbindet man in einem Dreieck jeden Eckpunkt mit der Mitte der gegenüberliegenden Seite, so erhält man die **Seitenhalbierenden** des Dreiecks.

Die drei Seitenhalbierenden jedes Dreiecks schneiden einander in einem Punkt S. Der Punkt S heißt der **Schwerpunkt** des Dreiecks.

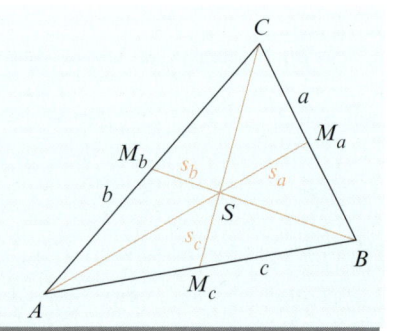

HINWEIS
Man bezeichnet die Seitenhalbierende nach der Dreiecksseite, die sie halbiert.
Beispiel:
s_a – Seitenhalbierende der Seite a.

17L

Zeichne die Dreiecke ABC aus Aufgabe 5 erneut jeweils in ein Koordinatensystem. Konstruiere den Schwerpunkt S.
Gib die Koordinaten des Schwerpunktes S näherungsweise an.

Besondere Linien im Dreieck

18

Markus meint: „Nach allem, was wir über Dreiecke erfahren haben, glaube ich es, dass die Seitenhalbierenden sich in einem Punkt schneiden. Aber kann man das auch beweisen?"
Verena entgegnet: „Da wir wissen, dass dieser Punkt der Schwerpunkt ist, geht das leicht. Die Masse des dreieckigen Gegenstands muss zu beiden Seiten der Linien durch S gleich groß sein. Jede Seitenhalbierende ist eine solche Linie, und folglich muss der Schnittpunkt von zwei Seitenhalbierenden auch auf der dritten liegen."
Markus fragt erstaunt: „Das soll ein Beweis sein?" Was meinst du dazu?

> **INFORMATION**
> Später wird gezeigt: Jede Seitenhalbierende teilt das Dreieck in zwei flächengleiche Teildreiecke.

19

a) Begründe, dass es kein Dreieck geben kann, für das der Schwerpunkt S außerhalb des Dreiecks liegt.
b) Können der Umkreismittelpunkt M oder der Inkreismittelpunkt W eines Dreiecks außerhalb des Dreiecks liegen? Erläutere.

20

Zeichne ein beliebiges Dreieck.
Konstruiere einen „Ankreis" des Dreiecks (wie im Bild).
Wie findest du den Mittelpunkt des Ankreises? Erläutere.

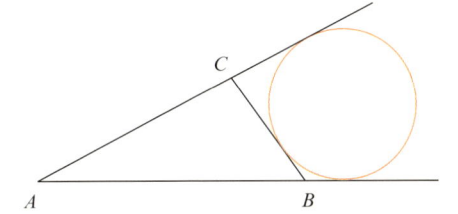

21

Was kannst du über ein Dreieck sagen, das die angegebene Eigenschaft hat? Begründe deine Antwort.
a) Der Höhenschnittpunkt liegt auf einer Mittelsenkrechten.
b) Der Schnittpunkt der Mittelsenkrechten liegt auf einer Höhe.
c) Der Schnittpunkt der Mittelsenkrechten liegt auf einer Winkelhalbierenden.
d) Formuliere zwei ähnliche Bedingungen. Was ergibt sich für das Dreieck?

> Im gleichschenkligen Dreieck mit der Basis c
> liegen die Winkelhalbierende w_γ,
> die Seitenhalbierende s_c,
> die Mittelsenkrechte m_c und
> die Höhe h_c
> auf der Symmetrieachse des Dreiecks.

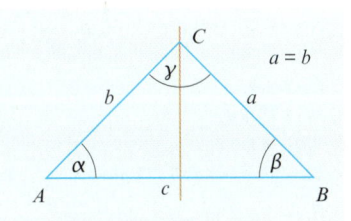

22

Ein altes Maurerinstrument ist die Setzwaage. Sie besteht aus einem aus Holz gefertigten gleichschenkligen Dreieck, von dessen Spitze ein Bleilot herabhängt. In der Mitte der Grundseite ist eine Markierung angebracht.
Begründe, warum man mit der Setzwaage prüfen kann, ob eine Steinschicht waagerecht verläuft.

23

Meike hat Dreiecke mit der angegebenen Eigenschaft gezeichnet. Was weißt du über die Dreiecke?
a) Die Seitenhalbierenden sind zugleich Winkelhalbierende.
b) Die Seitenhalbierenden sind zugleich Mittelsenkrechte.
c) Die Winkelhalbierenden sind zugleich Mittelsenkrechte.

24

a) Zeichne einen rechten Winkel. Konstruiere auf jedem Schenkel ein gleichseitiges Dreieck, sodass es jeweils im Innern des rechten Winkels liegt und jeweils ein Eckpunkt des Dreiecks mit dem Scheitelpunkt des Winkels zusammenfällt. Erläutere: Der rechte Winkel wird auf diese Weise in drei gleich große Teilwinkel zerlegt.
b) Wie lässt sich ein 45°-Winkel in drei gleich große Teile einteilen?

25

Jan hat sich eine Aufgabe überlegt:
„Ich zeichne ein Dreieck, in dem die Mittelsenkrechte einer Seite durch den Mittelpunkt einer anderen Dreiecksseite verläuft. Lässt sich über das Dreieck etwas Besonderes aussagen?"

26

Zeichne ein nicht zu kleines Dreieck. Konstruiere den Schwerpunkt S, den Schnittpunkt M der Mittelsenkrechten und den Höhenschnittpunkt H.
Prüfe deine Konstruktionsgenauigkeit: Wenn du genau konstruiert hast, liegen S, M und H auf ein und derselben Geraden.

> **INFORMATIONEN**
> Aus Beispielen wie in Aufgabe 24 vermutete man, jeder Winkel lasse sich (mit Zirkel und Lineal) dreiteilen. Dieses Problem hat die Mathematiker jahrhundertelang beschäftigt (Triangulation eines Winkels).
> Inzwischen ist bewiesen: Es nicht möglich, jeden beliebigen Winkel allein mithilfe von Zirkel und Lineal in drei gleich große Teile zu teilen.
>
> Die Gerade, auf der S, M und H liegen (s. Aufgabe 26), wird nach dem Schweizer Mathematiker Leonhard Euler (1707–1783) **Eulersche Gerade** genannt.

AUFGABEN ZUR WIEDERHOLUNG

1. Gib mindestens drei verschiedene Möglichkeiten an, die folgenden Beträge aus Geldscheinen und/oder aus Münzen zusammenzusetzen.
   a) 40 €, 95 €, 270 €, 1000 €, 1730 €
   b) 0,07 €, 18 ct, 2,50 €, 4,12 €, 4,99 €
   c) 7,48 €, 34,18 €, 9,99 €, 446,35 €, 2 411,25 €

2. Gib an, wie viel Prozent von 100 € die folgenden Geldbeträge sind.
   a) 1 €, 1 000 ct, 5 000 ct, 2,50 €
   b) 10 €, 75 €, 90 €, 9 000 ct, 38 €

3. Frau Müller hat am Montag 70 Aktien zum Tageskurs von 58,42 € pro Stück gekauft. Sie beobachtet bis Freitag die täglichen Kursschwankungen der Aktie (in €):
   + 0,43; + 0,11; – 1,35; + 0,33
   Wie viel Euro Gewinn oder Verlust hat Frau Müller innerhalb einer Woche (ohne Berücksichtigung der Nebenkosten)?

4. Erkundige dich bei einer Sparkasse/Bank nach den aktuellen Umtauschkursen oder lass sie dir von deiner Lehrerin/deinem Lehrer geben und rechne um.
   a) 15 €   in US-Dollar ($)
      37 $ in Euro
   b) 170 €   in englische Pfund (£)
      49 £   in Euro
   c) 20 €   in Schweizer Franken (SFR)
      137 SFR   in Euro
   d) 700 €   in schwedische Kronen (SKR)
      138 SKR   in Euro
   e) 95 €   in Rubel (RBL)
      985 RBL   in Euro

5. Geld kann man im Ausland z. B. in einer Wechselstube umtauschen oder an einem Geldautomaten abheben. Wir nehmen an: Eine Wechselstube erhebt eine Provision von 2 %, beim Geldautomaten ist eine Bearbeitungsgebühr von 2,20 € zu zahlen. Wo ist es günstiger 200 € zu wechseln?

ZUSAMMENFASSUNG

Mittelsenkrechte eines Dreiecks

Die Mittelsenkrechten eines Dreiecks schneiden einander in einem Punkt.
Der Schnittpunkt M der Mittelsenkrechten ist der Mittelpunkt des Umkreises.

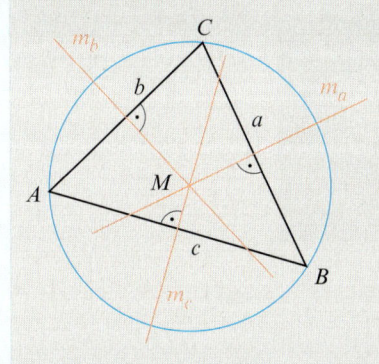

Winkelhalbierende eines Dreiecks

Die Winkelhalbierenden eines Dreiecks schneiden einander in einem Punkt.
Der Schnittpunkt W der Winkelhalbierenden ist der Mittelpunkt des Inkreises.

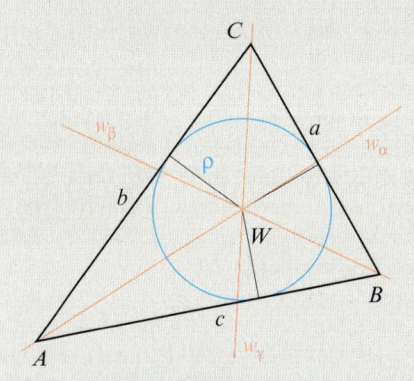

Seitenhalbierende eines Dreiecks

Die Seitenhalbierenden eines Dreiecks schneiden einander in einem Punkt.
Der Schnittpunkt S der Seitenhalbierenden ist der Schwerpunkt des Dreiecks.

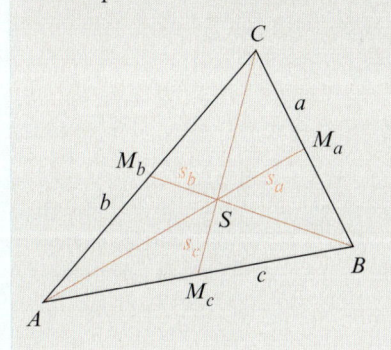

Höhen eines Dreiecks

Die Geraden, auf denen die Höhen eines Dreiecks liegen, schneiden einander in einem Punkt.

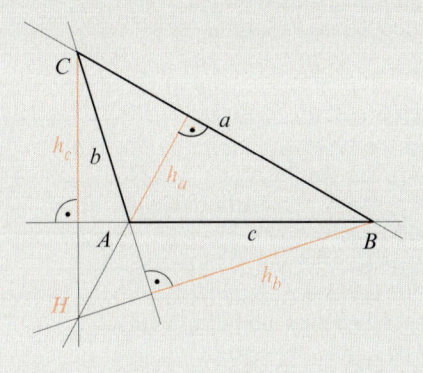

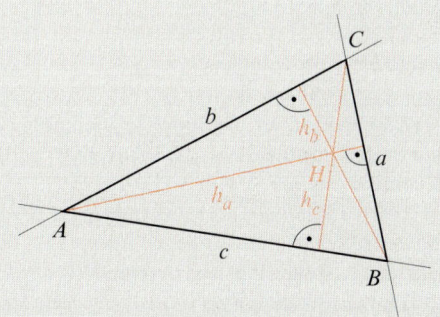

Achsensymmetrische Vierecke

1

Eine Lokomotive ist 3 m breit und 12 m lang. Wie groß muss eine Drehscheibe mindestens sein, wenn die Lok darauf Platz haben soll?
Hinweis: Fertige eine Zeichnung an.

ANREGUNG

Gibt es eine Lokomotivendrehscheibe in deiner Nähe? Erkundige dich nach ihrer Größe. Was folgerst du daraus über die Maße von Lokomotiven?

2

Lena überlegt: „Gibt es auch Vierecke, die einen Umkreis besitzen?" Lars sagt sofort: „Klar, ein Quadrat zum Beispiel." Inga ergänzt: „Wenn die Mittelsenkrechten der vier Seiten einander in einem Punkt schneiden, dann hat das Viereck einen Umkreis."

Lokomotive auf einer Drehscheibe

a) Begründe, dass jedes Rechteck einen Umkreis besitzt.
b) Prüfe, ob es zu jedem Parallelogramm einen Umkreis gibt.
c) Marco sagt: „Wenn ein Viereck eine Symmetrieachse besitzt, dann hat es auch einen Umkreis." Hat Marco Recht? Erläutere deine Antwort.

3

a) Nimm ein DIN-A4-Blatt und falte es zweimal aufeinander, sodass die Faltgeraden durch die Mitten der gegenüber liegenden Seiten verlaufen.
Falte das Blatt wieder auf und begründe:
Wenn ein Viereck ein Rechteck ist, dann sind seine beiden Mittellinien Symmetrieachsen des Rechtecks.
b) Lars stellt fest: „Die Umkehrung ist auch wahr: Wenn die Mittellinien eines Vierecks Symmetrieachsen sind, dann ist es ein Rechteck."
Bestätige die Aussage.
c) Bestätige mithilfe der Achsensymmetrie die Rechteckeigenschaften:
• Gegenüberliegende Seiten sind gleich lang.
• Die Mittellinien halbieren einander.
• Die Diagonalen halbieren einander.

ERINNERE DICH

Die **Mittellinien** eines Vierecks sind die Verbindungsstrecken der Mittelpunkte gegenüberliegender Seiten.

4

Lena bemerkt: „Bisher haben wir gesagt: Ein Viereck ist ein Rechteck, wenn die gegenüberliegenden Seiten parallel und alle Winkel 90° groß sind. Nun haben wir eine neue Art, ein Rechteck zu beschreiben: Ein Viereck ist ein Rechteck, wenn seine Mittellinien Symmetrieachsen sind. Dabei benutzen wir nur noch eine Eigenschaft, nicht mehr zwei wie früher."
a) Inga widerspricht: „Auch hierbei verwenden wir zwei Eigenschaften." Was meinst du zu Ingas Einwand? Begründe.
b) Lars meint: „Eine Eigenschaft würde genügen, um ein Rechteck zu erkennen: Alle Winkel sind 90° groß." Nimm dazu Stellung.

Achsensymmetrische Vierecke

> Die Festlegung eines Begriffes heißt **Definition**.
> Um einen Begriff zu **definieren**, lassen sich kennzeichnende Eigenschaften verwenden.
>
> Weitere Eigenschaften können aus der Definition gefolgert und somit bewiesen werden.
>
> Viele Begriffe lassen sich auf unterschiedliche Weise definieren.

definito (lat.) Abgrenzung

Ein Viereck ist ein Rechteck, wenn die gegenüberliegenden Seiten zueinander parallel und alle Winkel 90° groß sind.

Ein Viereck ist ein Rechteck, wenn alle Winkel 90° groß sind.

Ein Viereck ist ein Rechteck, wenn die Mittellinien Symmetrieachsen sind.

5

Nimm ein DIN-A4-Blatt und falte es zweimal aufeinander, so dass die Faltgeraden durch die Mitten der gegenüberliegenden Seiten verlaufen. Schneide das gefaltete Blatt diagonal durch und falte es wieder auf.
Was stellst du fest?

6

Nina hat bemerkt: „Bei Vierecken können zwei Arten von Symmetrieachsen auftreten: Entweder verläuft eine Symmetrieachse durch die Mittelpunkte von zwei Seiten oder durch zwei Eckpunkte."
a) Begründe: Wenn ein Viereck zwei Symmetrieachsen in Diagonalenrichtung besitzt, dann sind seine Seiten gleich lang.
b) Treffe eine entsprechende Aussage über die Winkel in Vierecken, die zwei Symmetrieachsen in Diagonalenrichtung besitzen. Begründe die Richtigkeit der Aussage.
c) Gib zwei verschiedene Definitionen für eine Raute an.

ERINNERE DICH

Wenn ein Viereck genau zwei Symmetrieachsen besitzt, dann verlaufen die Symmetrieachsen senkrecht zueinander.

7

Katharina stellt fest: „Ein Quadrat hat Symmetrieachsen sowohl in Richtung der Diagonalen als auch in Richtung der Mittellinien. Also muss es alle besonderen Eigenschaften besitzen, die Rechtecke und Rauten haben."
Nenne alle besonderen Eigenschaften eines Quadrats.

Vierecke mit mehreren Symmetrieachsen

in Richtung der Mittellinien:

Rechteck

in Diagonalenrichtung:

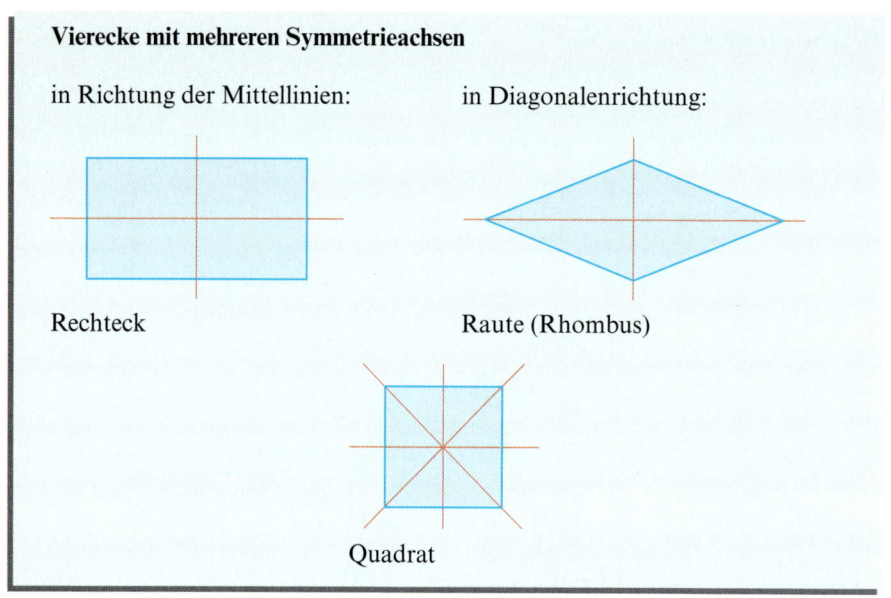

Raute (Rhombus)

Quadrat

MERKE
Für Vierecke sind die folgenden Bezeichnungen verabredet:

8

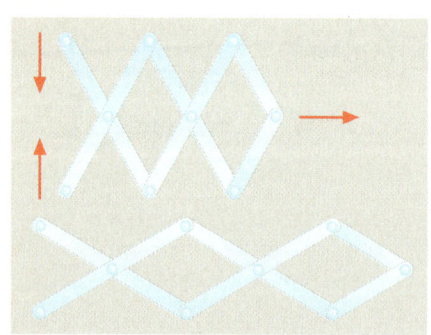

Funktion der „Nürnberger Schere"

Spiegelhalterung

ZUM KNOBELN
Schneide je ein Quadrat mit der Seitenlänge 1 cm, 4 cm, 7 cm, 8 cm, 9 cm, 10 cm, 14 cm, 15 cm und 18 cm aus und lege diese 9 Quadrate zu einem Rechteck zusammen.

a) Erläutere das Prinzip der Nürnberger Schere.
b) Du kannst eine Nürnberger Schere als Divisions- oder Multiplikationsmaschine verwenden. Beschreibe, wie du vorgehst.
Worauf beruht das Verfahren?

9

a) Mareikes Eltern haben ein kleines Tischchen, das eine runde Platte mit 50 cm Durchmesser hat. Sie will dafür eine quadratische Tischdecke nähen, die genau auf das Tischchen passt. Welche Maße muss die Tischdecke haben?
b) Ein kreisrunder Brunnenschacht hat den Durchmesser 85 cm. Kann man eine quadratische Platte mit 120 cm Seitenlänge als Bedeckung für den Brunnenschacht verwenden?

TIPP
Fertige jeweils eine maßstabgerechte Zeichnung an.

10

Zeichne Vierecke mit nur einer Symmetrieachse
a) in Richtung einer Diagonalen,
b) in Richtung einer Mittellinie.

Achsensymmetrische Vierecke

Vierecke mit einer Symmetrieachse

in Richtung der Mittellinien:

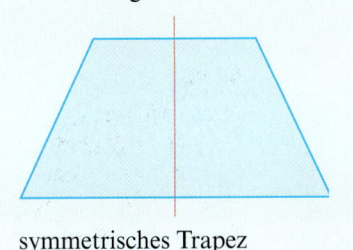

symmetrisches Trapez

in Diagonalenrichtung:

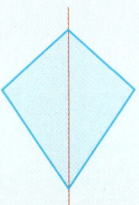

Drachenviereck

INFORMATION
Ein symmetrisches Trapez nennt man auch **gleichschenkliges Trapez**.

Mithilfe der Achsensymmetrie lassen sich weitere Eigenschaften von symmetrischen Trapezen und Drachenvierecken begründen.

BEISPIEL

Symmetrisches Trapez:
Zwei Paare benachbarter Winkel sind gleich groß.

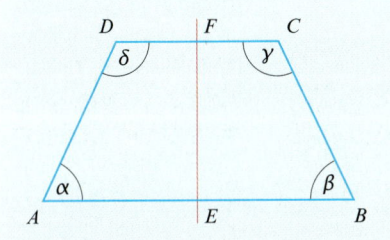

Das Viereck $AEFD$ lässt sich auf das Viereck $EBCF$ spiegeln. Dabei fällt der Winkel α auf den Winkel β, sie sind gleich groß.
Der Winkel δ wird auf den Winkel γ abgebildet, sie sind gleich groß.

Drachenviereck:
Zwei Paare benachbarter Seiten sind gleich lang.

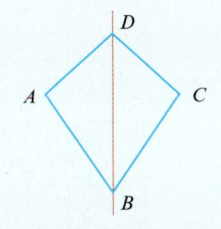

Das Dreieck ABD lässt sich auf das Dreieck BCD spiegeln. Dabei fällt die Seite $\overline{AB}$ auf die Seite $\overline{BC}$, sie sind gleich lang.
Die Seite $\overline{AD}$ wird auf die Seite $\overline{CD}$ abgebildet, sie sind gleich lang.

11

Begründe mithilfe der Achsensymmetrie die folgenden Eigenschaften.
a) Im symmetrischen (gleichschenkligen) Trapez gilt:
 • Ein Paar gegenüberliegender Seiten ist gleich lang.
 • Die Diagonalen sind gleich lang.
 • Die Diagonalen halbieren einander.
b) Im Drachenviereck gilt:
 • Ein Paar gegenüberliegender Winkel ist gleich groß.
 • Die Diagonalen sind zueinander senkrecht.
 • Die Diagonalen halbieren einander.

12

a) Inga hat festgestellt: „Wenn in einem symmetrischen Trapez beide Paare gegenüberliegender Seiten gleich lang sind, dann gibt es zwei Symmetrieachsen." Erläutere Ingas Feststellung. Welches Viereck liegt vor?
b) Bilde die entsprechende Aussage für Drachenvierecke. Prüfe, ob die Aussage wahr ist.

Vierecksformen und ihre Ordnung

1

Welche Viereckarten kommen an den Körpern im Bild vor?

Verschiedene Körper

ANREGUNG

Sucht nach Verpackungen oder Gegenständen, an denen ihr Flächen findet, die die Form von Rauten, Parallelogrammen, Trapezen oder Drachenvierecken haben. Aus welchem Grunde findet ihr Gegenstände mit diesen Flächenformen nur vergleichsweise wenig (vielleicht gar nicht)?
Überlegt, warum Verpackungen viel häufiger die Form von Quadern, Würfeln oder Zylindern haben.

2

Übertrage den Katzenkopf ins Heft und unterteile ihn in Vierecke. Verwende nur Vierecke mit besonderen Eigenschaften. Welche Viereckarten hast du verwendet?

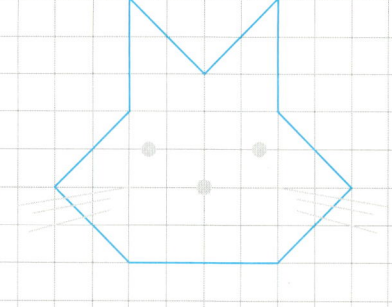

3

Sabine untersucht weitere bereits bekannte Figuren auf Symmetrie: Parallelogramme und Trapeze.
Welche Ergebnisse wird sie erhalten?

> Wir wissen bereits:
> Wenn in einem Viereck die gegenüberliegenden Seiten parallel sind, dann nennt man es ein **Parallelogramm**.
> Wenn in einem Viereck ein Paar gegenüberliegender Seiten parallel ist, dann nennt man es ein **Trapez**.

4

Weise nach:
a) In einem Parallelogramm halbieren die Diagonalen einander.
b) In einem Parallelogramm sind die gegenüberliegenden Seiten gleich lang.
c) In einem Parallelogramm sind die gegenüberliegenden Winkel gleich groß.

> Jedes Parallelogramm ist punktsymmetrisch.
> Der Symmetriepunkt ist der Schnittpunkt der beiden Diagonalen.

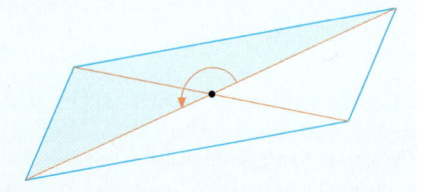

Vierecksformen und ihre Ordnung

5
Begründe:
a) Jedes Rechteck ist punktsymmetrisch zum Schnittpunkt seiner Diagonalen.
b) Jede Raute ist punktsymmetrisch zum Schnittpunkt ihrer Diagonalen.
c) Jedes Quadrat ist punktsymmetrisch zum Schnittpunkt seiner Diagonalen.

6
a) Lars hat sein Mathematikbuch von seiner größeren Schwester übernommen. Ihm fällt auf: „In meinem Buch steht: Ein konvexes Viereck mit einem Paar paralleler Seiten heißt Trapez. Wieso sagen wir das nicht auch?"
Nimm dazu Stellung.
b) In diesem Buch steht außerdem: „Ein konvexes Viereck mit einer Symmetrieachse in Richtung einer Diagonalen heißt Drachenviereck." Was meinst du dazu?

ERINNERE DICH
Ein Viereck heißt konvex, wenn alle Innenwinkel kleiner als 180° sind.

7
Marco bemerkt: „Auch in Rechtecken halbieren die Diagonalen einander; ebenso sind die gegenüberliegenden Seiten gleich lang und die gegenüberliegenden Winkel gleich groß. Sind deshalb alle Parallelogramme zugleich Rechtecke?"
Erläutere den Zusammenhang.

8
Zeichne auf festem Papier ein gleichschenkliges Dreieck und schneide es aus.
a) Schneide das Dreieck mit einem geeigneten geraden Schnitt durch und lege die beiden Teile zuerst zu einem Rechteck, dann zu einem Parallelogramm zusammen.
b) Begründe ohne zu basteln:
Ein gleichseitiges Dreieck lässt sich ebenso zerschneiden und zu einem Rechteck und einem Parallelogramm zusammenlegen.
Was ergibt sich für das Parallelogramm außerdem?

9
a) Inga überlegt: „Wenn ein Parallelogramm vier rechte Winkel besitzt, dann ist es ein Rechteck. Welche Eigenschaft muss umgekehrt ein Rechteck zusätzlich haben, damit es ein Parallelogramm ist?" Was stellt Inga fest?
b) Wenn in einem Drachenviereck die Diagonalen einander halbieren, welche besondere Vierecksform liegt dann vor?

10
Übertrage in dein Heft und ergänze:
a) Wenn ein Rechteck…, dann ist es ein Quadrat.
b) Wenn ein Trapez…, dann ist es ein Parallelogramm.
c) Wenn eine Raute…, dann ist sie ein Quadrat.
d) Wenn ein symmetrisches Trapez…, dann ist es ein Rechteck.

11
Welche der Vierecke sind auch Trapeze? Prüfe dazu Parallelogramm, Raute, Drachenviereck, Rechteck und Quadrat.

12

Zeichne im Koordinatensystem die Strecke $\overline{AB}$ mit $A(4|2)$ und $B(9|2)$. Wähle jeweils zwei geeignete Punkte C, D und ergänze zu einem Viereck $ABCD$. Was kannst du über die Koordinaten von C und D sagen? Begründe deine Antwort.
Was fällt dir auf, wenn du die Teilaufgaben nacheinander ausführst?
a) $ABCD$ soll ein Trapez sein.
b) $ABCD$ soll ein Parallelogramm sein.
c) $ABCD$ soll ein Rechteck sein.
d) $ABCD$ soll ein Quadrat sein.

13

Mareike versucht die besonderen Vierecke zu ordnen. Sie ordnet zunächst nach der Anzahl der parallelen Seiten (siehe unten).
a) Wie kann sie ihre Ordnung fortsetzen, um Raute, Rechteck und Quadrat einzuordnen? Übertrage die Ordnung ins Heft und ergänze sie.
b) Vergleicht eure Vorschläge in der Klasse.

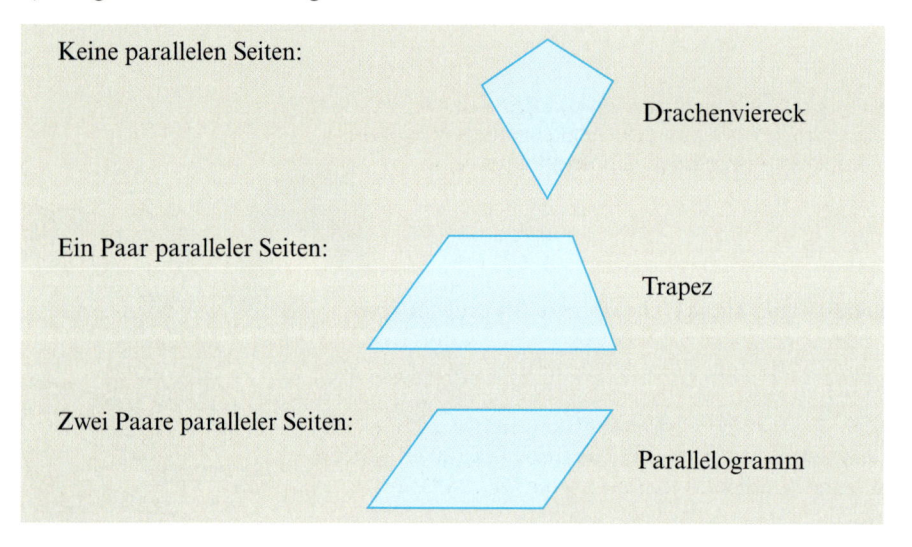

Keine parallelen Seiten: Drachenviereck

Ein Paar paralleler Seiten: Trapez

Zwei Paare paralleler Seiten: Parallelogramm

14

Inga überlegt bei der Ordnung der besonderen Vierecke: Eine Viereckart ist oft eine Teilmenge einer anderen Viereckart. Deshalb beginnt sie beim Quadrat und bildet ihr Diagramm von unten nach oben. Dabei bemerkt sie, dass sie in zwei Richtungen unterscheiden muss (siehe nebenstehende Anordnung).
a) Setze das Ordnungsdiagramm nach oben fort, indem du Parallelogramm und Trapez ergänzt.
b) An welcher Stelle kann man das Drachenviereck einfügen?
c) Suche in diesem Ordnungsdiagramm nach einer Stelle, an der das symmetrische Trapez eingefügt werden kann.

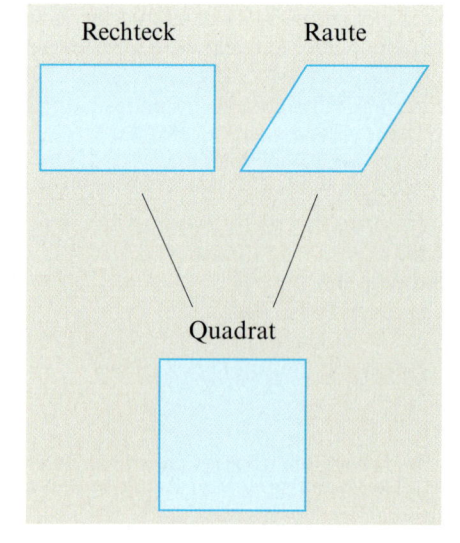

Rechteck   Raute

Quadrat

INFORMATION
Bei der Ordnung unter Berücksichtigung von Teilmengenbeziehungen spricht man von einer **hierarchischen Ordnung**.

Viereckformen und ihre Ordnung

15

Bilde ein hierarchisches Ordnungsdiagramm der punktsymmetrischen Vierecke (Parallelogramm, Rechteck, Quadrat, Raute).

16

Entscheide, ob die Aussagen wahr oder falsch sind, und begründe die Antwort.
a) Jedes Parallelogramm ist ein Trapez.
b) Manche Trapeze sind Rauten.
c) Es gibt Drachenvierecke, die Rechtecke sind.
d) Alle Rechtecke sind Trapeze.
e) Jede Raute ist ein Quadrat.
f) Kein Trapez ist ein Rechteck.
g) Schreibe vier ähnliche Aussagen auf. Tausche mit deiner Nachbarin bzw. mit deinem Nachbarn aus und prüfe, ob die Aussagen wahr oder falsch sind.

17

Zeichne im Heft einen Winkel α und zwischen dessen Schenkeln einen Punkt P. Zeichne jetzt eine Gerade g so durch P, dass sie beide Schenkel von α schneidet. Dabei soll P der Mittelpunkt der Strecke zwischen den Schnittpunkten sein.
Wie gehst du vor?

18

a) Mit Rauten lassen sich sternförmige Muster bilden. Ist das auch mit anderen Viereckarten möglich?
b) Eine Raute hat die Seitenlänge 4 cm und einen Winkel von 30°. Wie groß sind die anderen Winkel?
c) Zeichne Rauten mit den Maßen von b) in einem sternförmigen Muster aneinander. Verbinde die äußeren Eckpunkte der Rauten zu einem Zwölfeck. Mache Aussagen über die Symmetrie des Zwölfecks und über seine Diagonalen.

19

Parkettfußböden werden mit quadratischen oder rechteckigen Holzplatten gelegt.
a) Ist es auch möglich, Parallelogramme oder Rauten dafür zu verwenden?
b) Kann man einen Fußboden auch mit Trapezen auslegen? Erläutere.

INFORMATIONEN

Das Auslegen einer ebenen Fläche mit gleichartigen Vielecken nennt man **Parkettieren**.

Die Zahl $\frac{1}{2} \cdot (a + c)$ ist das arithmetische Mittel von a und c.

20

Zeichne ein Trapez $ABCD$ mit den parallelen Seiten $a = \overline{AB}$ und $c = \overline{CD}$. Trage die Mittellinie $\overline{EF}$ durch die Mittelpunkte der Seiten $\overline{AD}$ und $\overline{BC}$ ein.
a) Begründe: Die Länge der Mittellinie $\overline{EF}$ beträgt $\frac{1}{2} \cdot (a + c)$.
b) Zeichne eine Parallele zu $\overline{BC}$ durch den Punkt D. Beweise den Satz:

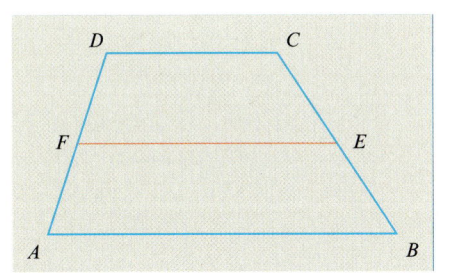

Die Verbindungsstrecke von zwei Seitenmittelpunkten eines Dreiecks ist parallel zur dritten Dreiecksseite und halb so lang wie diese.

ZUSAMMENFASSUNG

Symmetrische Vierecke

Bei achsensymmetrischen Vierecken verlaufen die Symmetrieachsen
durch die Mittelpunkte gegenüberliegender Seiten (symmetrisches Trapez, Rechteck, Quadrat)
oder durch gegenüberliegende Eckpunkte (Drachenviereck, Raute, Quadrat).

Punktsymmetrische Vierecke sind symmetrisch zum Schnittpunkt ihrer Diagonalen (Parallelogramm, Rechteck, Raute, Quadrat).

Definieren der Vierecksarten

Man kann besondere Vierecke auf verschiedene Weisen bestimmen (definieren) z. B.:

Ein Viereck, in dem gegenüberliegende Seiten parallel sind, heißt Parallelogramm.
Ein Viereck, in dem gegenüberliegende Seiten gleich lang sind, heißt Parallelogramm.

Aus jeder dieser Bestimmungen (Definitionen) lassen sich die in der anderen Definition genannten Eigenschaften herleiten.

Ordnung der Vierecke

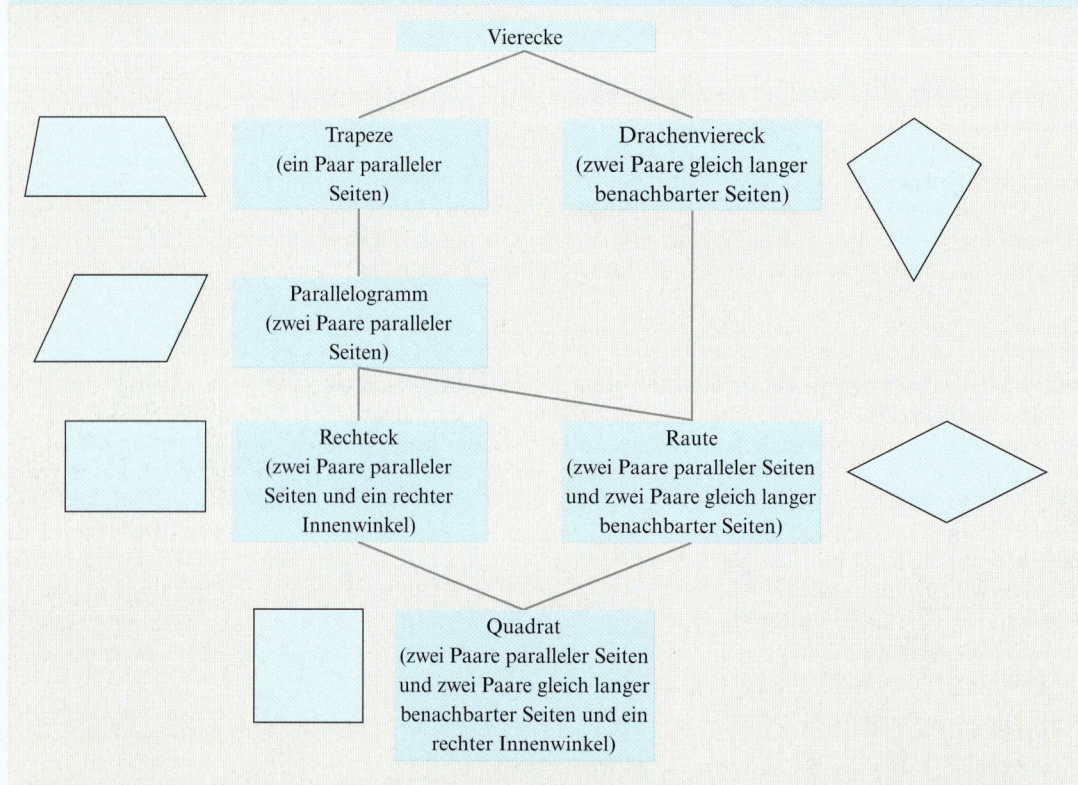

```
                        Vierecke
                       /        \
          Trapeze                 Drachenviereck
          (ein Paar paralleler    (zwei Paare gleich langer
          Seiten)                 benachbarter Seiten)
              |
          Parallelogramm
          (zwei Paare paralleler
          Seiten)
          /                \
    Rechteck                Raute
    (zwei Paare paralleler  (zwei Paare paralleler Seiten
    Seiten und ein rechter  und zwei Paare gleich langer
    Innenwinkel)            benachbarter Seiten)
          \                /
              Quadrat
              (zwei Paare paralleler Seiten
              und zwei Paare gleich langer
              benachbarter Seiten und ein
              rechter Innenwinkel)
```

Beachte: Sind zwei Viereckarten durch einen Strich verbunden, so ist die weiter unten stehende Viereckart eine Teilmenge der weiter oben stehenden.
So ist z. B. jedes Quadrat ein Rechteck und auch eine Raute.

Zuordnungen

Normalerweise muss man dreimal so viel bezahlen, wenn man dreimal so viel einkauft. Was ist aber hier los?

1 kg Äpfel kostet 2 €

und

3 kg Äpfel kosten 5 €.

Müssen

3 kg Äpfel nicht 6 €

kosten?
Kann man hier berechnen, wie viel 2 kg oder 4 kg Äpfel kosten oder muss man erst den Verkäufer fragen?

Beispiele für Zuordnungen

1

Vier Kinder spielen „Stadt-Land-Fluss".
Als der Buchstabe M an der Reihe war, hatten sie folgendes Ergebnis:

	Buchstabe	Stadt	Land	Fluss
Tino:	M	München	Mexiko	Mosel
Laura:	M	Moskau	Malta	Mekong
Phillip:	M	Magdeburg	Marokko	Main
Klara:	M	Mailand	Mexiko	Memel

Globus

a) Schreibe in einer neuen Tabelle zu jedem Land aus der Tabelle die Hauptstadt und zeichne die entsprechende Nationalflagge dazu.
b) Schreibe zu jeder Stadt aus der Tabelle das zugehörige Land.
c) Suche die Flüsse aus der Tabelle in einem Atlas und schreibe die Länder auf, durch die sie fließen. Fällt dir bei der Zuordnung von Ländern zu Flüssen ein Unterschied zu den Aufgabenteilen a) und b) auf? Erläutere.

2

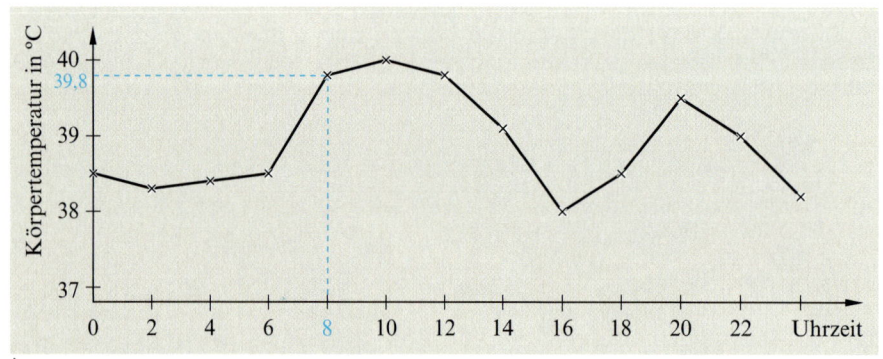

Das abgebildete Diagramm zeigt die Schwankungen der Körpertemperatur eines Kranken innerhalb von 24 Stunden.
a) Zu welcher Zeit war die Temperatur am niedrigsten bzw. am höchsten?
b) Wann betrug die Körpertemperatur genau 38,5 °C (39,8 °C; 37 °C)?
c) Erstelle eine Tabelle, in der Uhrzeiten und zugehörige Körpertemperaturen erfasst sind.

NACHGEDACHT

Dem nebenstehenden Temperaturdiagramm liegen Temperaturmessungen zu jeder zweiten Stunde zugrunde (siehe die durch Kreuze gekennzeichneten Punkte).
Wieso ist es berechtigt, die Punkte durch Linien zu verbinden?
Welche der folgenden Aussagen über die Körpertemperatur um 7.00 Uhr hältst du für sinnvoll:
„39,1 °C", „rund 39 °C", „zwischen 38,5 °C und 39,8 °C"? Begründe.

3

Das Normalgewicht eines erwachsenen Mannes lässt sich nach einer Faustregel angeben: Körpergröße minus 100 Zentimeter, dann Zentimeter durch Kilogramm ersetzen. Bei Frauen muss man noch mit 0,9 multiplizieren.
a) Frage zehn verschiedene Männer nach ihrer Körpergröße und ermittle daraus ihr Normalgewicht. Notiere alle Werte in einer Tabelle.
b) Stelle die Werte aus der Tabelle grafisch dar.
c) Fertige auch für Frauen eine solche Grafik an.
d) Stelle für das Gewicht von verschiedenen Frauen und Männern die Abweichung vom Normalgewicht fest.

BEISPIEL
Mann: 1,78 cm
$\rightarrow$ 78 kg
Frau: 1,65 cm
$\rightarrow$ 65 kg · 0,9
$\rightarrow$ 58,5 kg

Beispiele für Zuordnungen

In vielen Situationen aus dem Alltag werden verschiedene „Werte" einander zugeordnet. Diese „Werte" können z. B. Zahlen, Größen, aber auch Buchstaben oder Namen sein.
Die Aufgaben auf der vorigen Seite sind Beispiele für solche **Zuordnungen**.

> Bei **Zuordnungen** wird jedem Wert aus einem vorgegebenen Bereich ein Wert aus einem anderen Bereich zugeordnet.
>
> Manchmal kann einem Vorgegebenen aus einem Bereich Verschiedenes aus einem anderen Bereich zugeordnet werden.
> Beispielsweise kann man vielen Flüssen verschiedene Länder zuordnen.

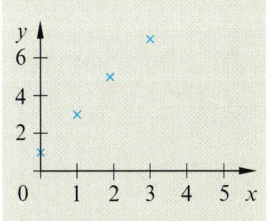

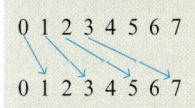

BEISPIEL
Zuordnung gegeben durch eine **Tabelle**:

x	0	1	2	3	4
y	1	3	5	7	9

Zuordnung gegeben durch ein **Diagramm**:

4

a) Nenne für die Beispiele aus den Aufgaben 2 und 3 jeweils die Größen, die einander zugeordnet werden.
b) Nenne weitere Beispiele für Zuordnungen.

> Eine Zuordnung zwischen zwei Größen x und y kann gegeben sein durch
>
> - eine (Werte-)**Tabelle**:
>   Größe in der x-Zeile → Größe in der y-Zeile
>
> - ein **Diagramm** (grafische Darstellung):
>   Größe auf der x-Achse → Größe auf der y-Achse
>
> - ein **Pfeildiagramm**:
>   Größe aus dem vorgegebenen Bereich → Größe aus einem anderen Bereich
>
> - eine **Rechenvorschrift** (Gleichung oder Worte):
>   Ausgangsgröße x → zugeordnete Größe y

Zuordnung gegeben durch ein **Pfeildiagramm**:

0 1 2 3 4 5 6 7

0 1 2 3 4 5 6 7

Zuordnung gegeben durch eine **Rechenvorschrift**:

$x → y$ mit $y = 2 \cdot x + 1$

Zuordnung gegeben durch eine **Wortvorschrift**:

„Jeder natürlichen Zahl wird ihr um eins vermehrtes Doppelte zugeordnet."

5

a) Gib für die Beispiele aus den Aufgaben 1 bis 3 jeweils an, ob die Zuordnungen durch eine Tabelle, ein Diagramm oder eine Rechenvorschrift gegeben sind.
b) Gib jeweils 2 weitere Beispiele für Zuordnungen an, die durch eine Tabelle, ein Diagramm oder eine Rechenvorschrift gegeben sind.
c) Tausche mit deiner Nachbarin bzw. mit deinem Nachbarn eure Zuordnungen von b) aus.
Versucht jeder zu den Zuordnungen der/des anderen eine andere Darstellungsform zu finden (z. B. zu einer Wortvorschrift eine Tabelle).

6 L

Erstelle zu den folgenden Wertetabellen jeweils ein Diagramm. Kannst du auch eine Rechenvorschrift aufstellen?

a)
x	0	1	2	3	4	5	6
y	0	3	6	9	12	15	18

b)
x	0	1	2	3	4	5	6
y	0	0,5	1	1,5	2	2,5	3

c)
x	0	1	2	3	4	5	6
y	8	7	6	5	4	3	2

d)
x	0	1	2	3	4	5	6
y	8	7,5	7	6,5	6	5,5	5

BEISPIEL mit verschiedenen Zuordnungsmöglichkeiten:

Elbe ⟶ Tschechien

Ruhr ⟶ Deutschland

Rur ⟶ Frankreich

7

Erstelle für folgende Zuordnungen $x \to y$ eine Tabelle und ein Diagramm.
a) $y = 2 \cdot x$
b) $y = 3 \cdot x + 1$
c) $y = 3$
d) $y = 48 - x$
e) $y = 16 - 2 \cdot x$
f) $y = 0$
g) $y = x^2 - x$
h) $y = x^2$

BEISPIEL

$x \to y$ mit $y = 5 \cdot x$

x	1	2	3	4	5
y	5	10	15	20	25

8

Übertrage die abgebildete Figur in dein Heft.
Benenne alle markanten Punkte mit großen Buchstaben und notiere die entsprechenden Zahlenpaare in einer Tabelle.

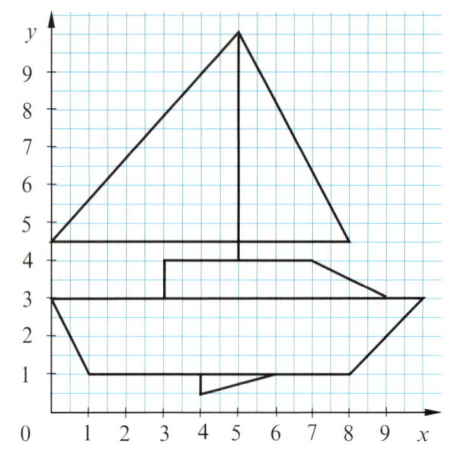

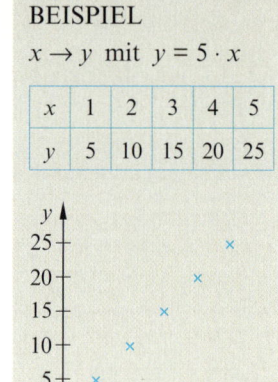

9

a) Erstelle zu den folgenden Diagrammen jeweils die zugehörige Tabelle.
b) Gib jeweils an, welcher Wert vermutlich zu $x = 10$ gehört.
c) Ermittle zu jeder Teilaufgabe eine Rechenvorschrift.
d) Berechne mithilfe der Rechenvorschrift jeweils den zu $x = 10$ gehörenden Wert.

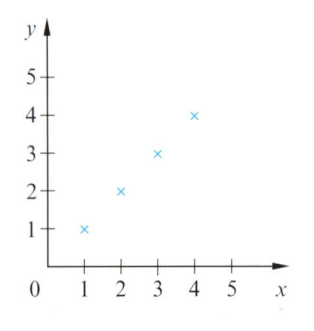

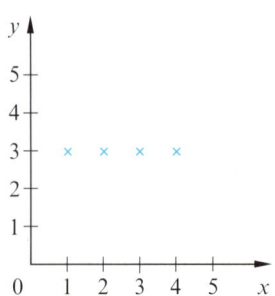

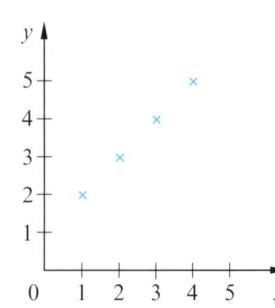

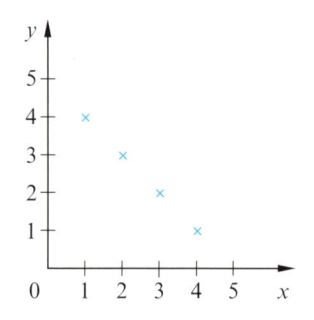

10

WASSER-Abrechnung 2000		Zählernummer: 2258928
Stand-Alt:	369 cbm	vom: 01.01.2000
Stand-Neu:	551 cbm	bis: 31.12.2000
Verbrauch:	182 cbm	Monate: 12
Verbrauchspreis:	1,05 € · 182 (cbm)	191,10 €
Zählermiete:	6,50 € · 12 (Monate)	78,00 €
		Summe: 269,10 €

HINWEIS

1 cbm = 1 m³

a) Kontrolliere die obige Wasserabrechnung einer Wohnung für 2000.
b) Erstelle eine Grafik, aus der man für verschiedene Werte des Wasserverbrauchs den zugehörigen Verbrauchspreis ermitteln kann. Lege dazu vorher eine Tabelle an.
c) Erstelle eine Berechnungsvorschrift, mit der man zu jedem Wasserverbrauch x die zugehörige Jahresabrechnungssumme ermitteln kann.

Wasseruhr

Beispiele für Zuordnungen

11

Andreas und Birgit haben sich für ihre Briefe eine Geheimschrift ausgedacht. Diese haben sie in einer Verschlüsselungstabelle festgehalten:

A	B	C	...	K	L	M	N	O	P	...	X	Y	Z
Z	Y	X	...	P	O	N	M	L	K	...	C	B	A

a) Übertrage die Verschlüsselungstabelle ins Heft und vervollständige sie.
b) Verschlüssele die Nachricht: „Mathe-Hausaufgaben heute bei mir".
c) Entschlüssele die Nachricht: „VISLOHZNV UVIRVM".
d) Arbeite mit einer Schülerin oder einem Schüler von einem anderen Tisch zusammen: Jeder übergibt dem anderen eine verschlüsselte Frage. Entschlüsselt die Frage und gebt verschlüsselt eine kurze Antwort zurück.
e) Arbeitet in Gruppen: Erfindet andere Verschlüsselungstabellen und tauscht damit Nachrichten aus. Ihr könnt z. B. auch Zahlen oder Zeichen zum Verschlüsseln verwenden.

ANREGUNG
zur Aufgabe 11 d:
Versucht „Geheimbotschaften" anderer Gruppen zu entschlüsseln.
Gelingt es euch den Schlüssel (Kode) „zu knacken"?

12

Hast du schon einmal vom Morse-Alphabet gehört? Dort werden alle Buchstaben durch Folgen von Punkten und Strichen bzw. von kurzen und langen Signalen verschlüsselt (z. B. bedeutet · – ein „A").
a) Suche aus einem Lexikon das Morse-Alphabet heraus.
b) Entschlüssele folgende Nachrichten:
   (1) · · ·   – – –   · · ·
   (2) – · – ·   – – –   – · ·   · ·   · – ·   · – ·
   (3) · – – ·   · – ·   · ·   – –   – – –   · · · ·   · – ·   · –
c) Verschlüssele eigene Nachrichten und morse sie mit einer Taschenlampe zu einem Freund, der sie dann entschlüsseln soll.

INFORMATION
Der Amerikaner Samuel Morse (1791 – 1872) hat erstmals 1837 telegrafisch Nachrichten über eine 64 km lange Strecke zwischen Washington und Baltimore übertragen.

13

An einem Wandertag will eine Schulklasse in den Zoo gehen.
Es gelten folgende Eintrittspreise: Einzelkarte   3 €
                                      Fünferkarte   12 €
                                      Zehnerkarte   21 €

a) Erfasse in einer Tabelle die kostengünstigsten Eintrittspreise für 1, 2, 3, ..., 30 Karten.
b) Stelle die Zuordnung in einem Diagramm dar.
c) Welcher Kartenkauf ist möglich, welcher ist am kostengünstigsten bei 8, 9, 18, 19, 22, 23 Karten?
d) Ermittle den günstigsten Kartenkauf für deine Klasse.

14

Familie Müller verbringt ihren Urlaub an der Ostsee. Sie mietet in ihrer Ferienwohnung ein Telefon. Die Grundgebühr beträgt 15,00 € und jede Telefoneinheit wird mit 0,35 € in Rechnung gestellt.
a) Wie hoch ist die Telefonrechnung am Urlaubsende, wenn 10, 15, 20, 25, 50 Einheiten vertelefoniert wurden?
b) Erstelle für die Telefonrechnung eine Berechnungsvorschrift.
c) Wie viele Einheiten wurden vertelefoniert, wenn die Rechnung 26,55 € oder 34,25 € oder 50,35 € beträgt?

15

Ein Eisverkäufer will eine Tabelle erstellen, aus der er schnell ablesen kann, wie viel der Kunde bezahlen muss.

Anzahl der Kugeln	1	2	3	4	5	6	7	8	9	10
Eis ohne Waffel										
Eis mit einer Waffel										
Diät-Eis ohne Waffel										
Diät-Eis mit einer Waffel										

Preise für Eis
- 1 Kugel Eis: 0,40 €
- 1 Kugel Diät-Eis: 0,70 €
- 1 Waffel: 0,30 €

a) Übertrage die Tabelle ins Heft und fülle sie aus.
b) Stelle die beiden Zuordnungen
   Anzahl der Kugeln → Preise für Eis
   Anzahl der Kugeln → Preise für Diät-Eis
   in einem gemeinsamen Diagramm dar.
c) Stelle die beiden Zuordnungen
   Anzahl der Kugeln → Preise für Eis
   Anzahl der Kugeln → Preise für Eis mit Waffel
   in einem gemeinsamen Diagramm dar.
d) Vergleiche jeweils die beiden Diagramme miteinander. Nenne Gemeinsamkeiten und Unterschiede.

16

Übertrage das nebenstehende Diagramm ins Heft und zeichne darin die Punkte mit folgenden Koordinaten ein:
(0|7) (2|8) (9|8) (8|7) (5|7)
(5|5) (7|4) (8|2) (7|1,5) (6|4)
(6|0) (5|0) (5|4) (3|4) (3|5)
(2|7) (1|6) (1|4) (0|4)
Verbinde sie in der angegebenen Reihenfolge zu einer Figur.

17

Auf dem LCD-Display von Taschenrechnern sind die Ziffern in der Schriftart „Liquid Crystal" dargestellt:

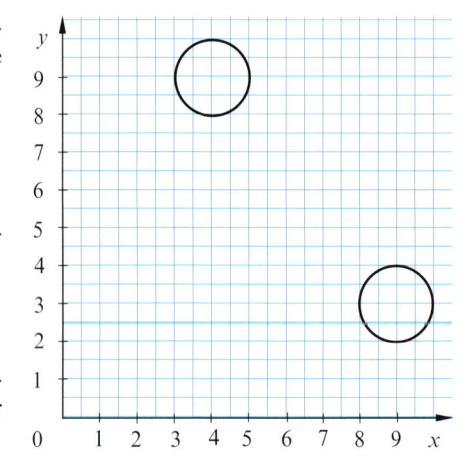

0 1 2 3 4 5 6 7 8 9

a) Erfasse in einer Tabelle die Anzahl der Striche, aus denen jede Ziffer von 0 bis 9 besteht und stelle die Zuordnung *Ziffer → Anzahl der Striche* in einem Diagramm dar.
b) Ergänze die Tabelle aus Teilaufgabe a) um die Zahlen von 10 bis 20. Setze das Diagramm aus a) entsprechend fort.
c) Welche Zahlen zwischen 0 und 20 sind mit genau sieben Strichen darstellbar?
d) Schreibe alle Zahlen zwischen 0 und 100 auf, die mit genau 10 Strichen darstellbar sind.

Proportionale Zuordnungen

Leon hat ein sehr großes Aquarium zum Geburtstag bekommen und möchte es nun mit Wasser füllen.
Er will wissen, wie viel Wasser er in das Aquarium füllen muss, bis es 5 cm unter der Oberkante des Glases steht.
Er gießt zunächst einen Eimer Wasser (10 l) hinein.
Danach steht das Wasser 6 cm hoch.
Er probiert weiter und notiert einige Wassermengen und dazugehörige Wasserhöhen in einer Tabelle.

Wassermenge in l	10	20	30	40	50		
Wasserhöhe in cm	6	12					

1

Arbeitet in Gruppen:
Überlegt gemeinsam, wie man die Teilaufgaben lösen kann. Vergleicht eure Ergebnisse mit denen anderer Gruppen.
a) Findet weitere Zahlenpaare (Wassermenge; Wasserhöhe), die Leon gemessen haben könnte.
b) Wie viel Wasser muss Leon ins Aquarium gießen, damit das Wasser 40 cm hoch steht?
c) Das Wasser soll noch 1 cm steigen, wie viel Wasser muss aufgefüllt werden?
d) Wie viel Wasser ist im Aquarium, wenn es 5 cm unter dem oberen Rand des Glases steht?
   Hinweis: Das Aquarium ist 50 cm hoch.
e) Um wie viel Zentimeter steigt die Wasserhöhe, wenn 1 Liter Wasser eingegossen wird?
f) Wie hoch steht das Wasser, wenn 25 Liter Wasser eingefüllt werden?
g) Tragt alle errechneten Zahlenpaare in eine Tabelle (wie oben) ein.

2

In ein gerades Gefäß ist Wasser gefüllt worden.
a) Was passiert mit dem Wasserstand, wenn die eingefüllte Wassermenge verdoppelt (verdreifacht, vervierfacht) wird?
b) Welcher Wasserstand wäre zu erwarten gewesen, wenn nur halb (ein Drittel, ein Viertel) so viel Wasser eingefüllt worden wäre?

3

Arbeitet in Gruppen:
a) Ermittelt mithilfe einer Briefwaage die Masse von 5, 10, 15, 20, 25 und 30 kleinen gleichen Gegenständen (z. B. Cent-Stücke).
   Stellt eine Tabelle auf und tragt die Werte ein.
b) Wie verhält sich die Masse der Gegenstände, wenn man ihre Anzahl verdoppelt, verdreifacht usw.?
c) Legt eine Hand voll dieser Gegenstände – ohne sie vorher zu zählen – auf die Waage. Schätzt, wie viele Gegenstände es sind. Versucht dann aus der abgelesenen Masse herauszubekommen, wie viele es sind. Kontrolliert durch Nachzählen.

ANREGUNG

Herstellen eines Messgefäßes:
Suche ein großes gerades Glasgefäß (Aquarium, großes Gurkenglas o. ä.).
An der Außenseite dieses Gefäßes soll mit einem wasserfesten Stift eine Mess-Skala angezeichnet werden. Fülle dazu mit einem anderen Messbecher immer die gleiche Menge Wasser (z. B. 0,5 l) in das Gefäß und markiere jeweils den Wasserstand.

Mit diesem Gefäß kannst du z. B. das Volumen fester Körper ermitteln: Tauchst du sie in das etwa halb mit Wasser gefüllte Gefäß, kannst du ablesen, um wie viel der Wasserspiegel steigt.

Zuordnungen

Die Zuordnungen *Wassermenge → Wasserhöhe in einem geraden Gefäß* oder *Anzahl gleich schwerer Gegenstände → Gesamtmasse* haben eine besondere Eigenschaft: Bei Verdopplung (Verdreifachung, Vervierfachung, ...) der vorgegebenen Größe verdoppelt (verdreifacht, vervierfacht, ...) sich die zugeordnete Größe.
Es sind **proportionale Zuordnungen**.

> Bei einer **proportionalen Zuordnung** gilt:
>
> - Eine Verdopplung (Verdreifachung, Vervierfachung, ...) der vorgegebenen Größe führt zur Verdopplung (Verdreifachung, Vervierfachung, ...) der zugeordnete Größe.
>
> - Eine Halbierung (Drittelung, Viertelung, ...) der vorgegebenen Größe führt zur Halbierung (Drittelung, Viertelung, ...) der zugeordneten Größe.

AUFGABE
Begründe, dass bei folgenden Gefäßformen gilt: Eine Verdopplung der Wassermenge führt *nicht* zur Verdopplung der Wasserhöhe.

4L

Welche der folgenden Zuordnungen sind proportional?
a) Anzahl von gleichen Cola-Flaschen → Preis
b) Menge Äpfel → Preis
c) Körpergröße → Schuhgröße
d) Anzahl der Familienmitglieder → Anzahl der Kinder in der Familie
e) Fahrweg → Fahrdauer
f) Anzahl von gleichen Schokoladentafeln → Masse
g) Anzahl von Kindern gleichen Alters → Masse

TIPP
Überprüfe: Verdoppelt, verdreifacht ... sich die zweite Größe, wenn man die erste Größe verdoppelt, verdreifacht ...?

5

Überprüfe, welche der Zuordnungen aus der ersten Lerneinheit (S. 80 bis 84) proportionale Zuordnungen sind.

6

Übertrage folgende Wertetabellen proportionaler Zuordnungen ins Heft und fülle sie aus. Was stellst du fest?

a)
Wassermenge in l	10	20	30	40	50
Wasserhöhe in cm	6	12	18	24	30
Wasserhöhe : Wassermenge in cm : l	0,6				

b)
Anzahl gleicher Gegenstände	5	10	15	20	25
Masse in g	14	28	42	56	70
Masse : Anzahl in g	2,8				

HINWEIS
Der Proportionalitätsfaktor trägt den Namen „Faktor", weil man nur die vorgegebene Größe mit ihm multiplizieren muss, um die zugeordnete Größe zu erhalten. Beispielsweise muss man bei Aufgabe 6 die Wassermenge mit $0{,}6 \frac{cm}{l}$ oder die Anzahl mit 2,8 g multiplizieren.

> Eine Zuordnung heißt **proportional**, wenn der Quotient aus dem zugeordneten Wert und dem vorgegebenen Wert immer gleich, aber nicht null ist.
>
> Diese Eigenschaft nennt man **Quotientengleichheit**.
>
> Den Quotienten nennt man **Proportionalitätsfaktor**.

Proportionale Zuordnungen

7

Der Proportionalitätsfaktor darf nicht null sein. Warum?

8 L

Welche der folgenden in Tabellenform gegebenen Zuordnungen sind proportionale Zuordnungen?

a)
x	2	4	6	8	10
y	4	8	12	16	20

b)
x	1	2	3	4	5
y	3	6	9	13	15

c)
x	5	4	3	2	1
y	25	20	15	10	5

d)
x	5	4	3	2	1
y	8	12	16	20	24

e)
x	2	4	6	8	10
y	0,3	0,6	0,9	1,2	1,5

f)
x	3	4	1	2	5
y	6	6	6	6	6

g)
x	$\frac{1}{3}$	$\frac{2}{3}$	1	$\frac{4}{3}$	$\frac{5}{3}$
y	$\frac{2}{3}$	$\frac{4}{3}$	2	$\frac{24}{9}$	$\frac{20}{6}$

h)
x	$\frac{1}{2}$	$\frac{2}{3}$	$\frac{3}{4}$	$\frac{4}{5}$	$\frac{5}{6}$
y	$\frac{3}{4}$	1	$\frac{9}{8}$	$\frac{6}{5}$	$\frac{5}{4}$

HINWEIS

Überprüfe jeweils, ob für alle Wertepaare $(x; y)$ der Quotient $\frac{y}{x}$ gleich ist.

BEACHTE

Nicht jede Zuordnung, bei der eine Vergrößerung (Verkleinerung) der vorgegebenen Größe zur Vergrößerung (Verkleinerung) der zugehörigen Größe führt, ist proportional.

9

In den folgenden Tabellen sind verschiedene (Einkaufs-)Situationen erfasst. Übertrage die Tabellen ins Heft und fülle sie aus.
Welche der Zuordnungen sind proportional?

a) Ein Päckchen Orangensaft (200 ml) kostet 0,21 €.

Anzahl der Päckchen	1	2	3	4	5	6	8	10	15	20
Preis in Euro										

b) Ein Liter frische Vollmilch kostet bei Selbstabfüllung 0,69 €, hinzu kommt ein Pfand für das Gefäß von 2,00 €.

Menge Milch in Liter	0	0,5	0,75	1,0	1,5	2,0	2,5	3,0	3,5	4,0
Gesamtpreis in Euro										

c) Eine Flasche Mineralwasser (0,75 l) kostet 0,49 € mit Pfand.

Anzahl der Flaschen	1	2	3	5	8	12	18	24	36	48
Preis in Euro										

ANREGUNG

Stellt euch wechselseitig weitere (Einkaufs-)Situationen als Aufgaben.

10

a) Gib für die proportionalen Zuordnungen aus Aufgabe 8 den Proportionalitätsfaktor an.
b) Bei Aufgabe 6 b) wurde die proportionale Zuordnung zwischen der Anzahl gleich schwerer Gegenstände (z. B. Münzen) und ihrer Gesamtmasse betrachtet. Als Proportionalitätsfaktor ergab sich 2,8 g. Erläutere, welche praktische Bedeutung dieser Proportionalitätsfaktor für den betrachteten Sachverhalt hat.

Grafische Darstellung
von proportionalen Zuordnungen

Die Zahlenpaare aus den Wertetabellen bei Zuordnungen lassen sich in Diagrammen grafisch darstellen. Für die Werte aus Aufgabe 1 der vorigen Lerneinheit sieht das beispielsweise so aus:

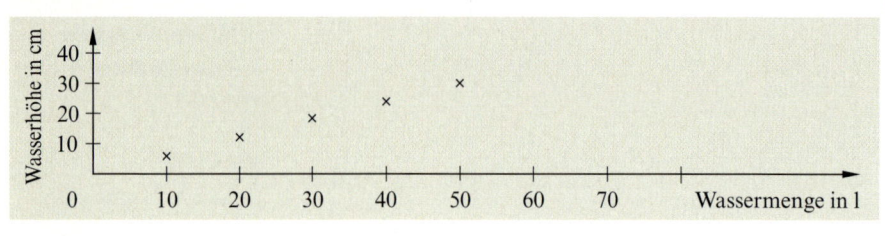

1

Überprüfe, ob die zu den folgenden Diagrammen gehörenden Zuordnungen proportional sind. Begründe deine Antwort.

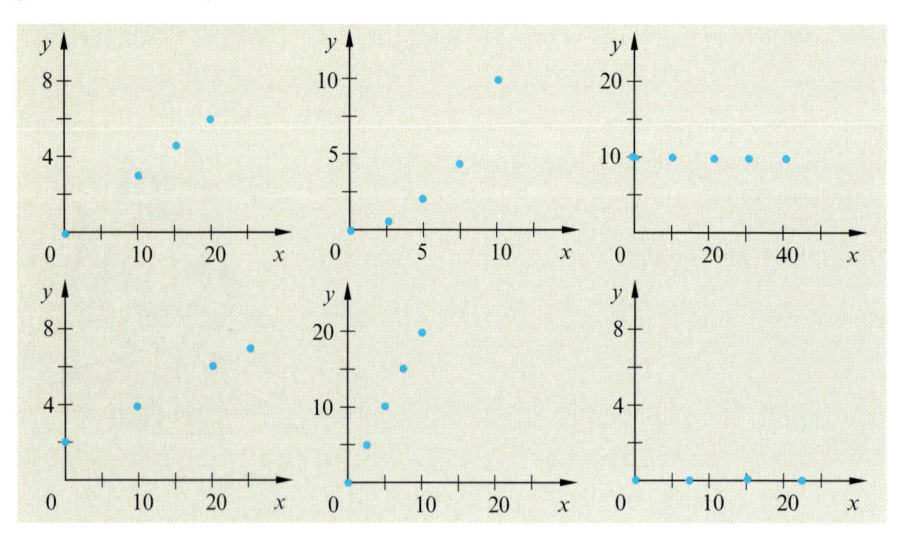

Bei einer grafischen Darstellung einer **proportionalen Zuordnung** liegen alle Punkte auf einer Geraden, die durch den Koordinatenursprung geht.

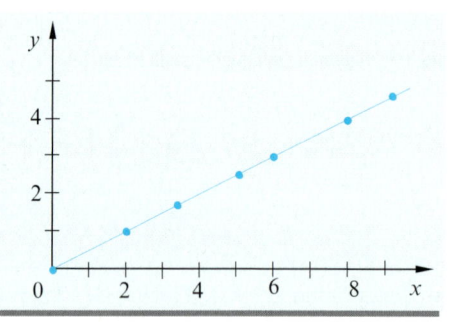

BEACHTE
Die Gerade liegt nie auf der x-Achse oder auf der y-Achse.
Warum?

2

Betrachte die Diagramme zur Aufgabe 2, Seite 80 bzw. zur Aufgabe 9, Seite 82. Sind dort proportionale Zuordnungen dargestellt?

Grafische Darstellung von proportionalen Zuordnungen

3
Aufgabe zur Partnerarbeit:
Jeder zeichnet mehrere Diagramme nach Art der Aufgabe 1. Dann tauscht ihr die Diagramme aus. Nun ist für die erhaltenen Diagramme zu entscheiden und zu begründen, ob sie eine proportionale Zuordnung darstellen oder nicht.

4
Übertrage die folgenden Diagramme ins Heft. Ergänze sie, falls möglich, jeweils so um weitere vier Punkte, dass sie proportionale Zuordnungen darstellen.

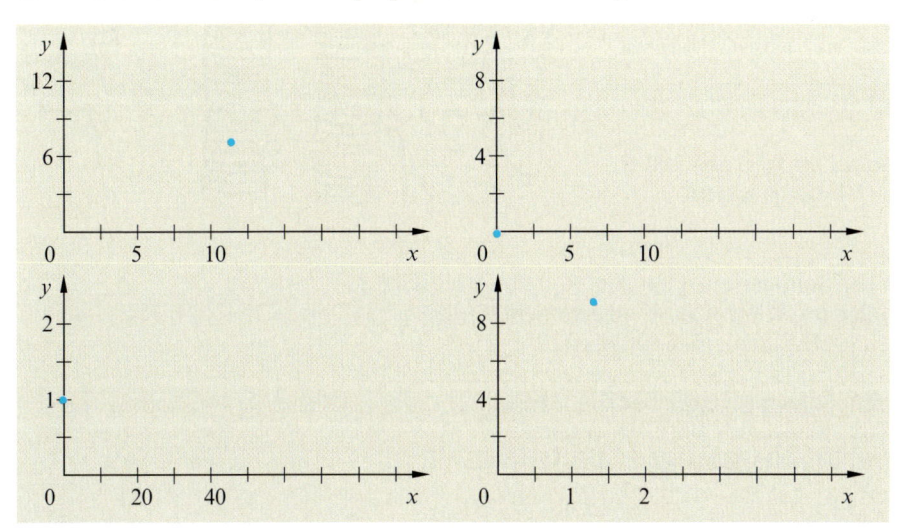

TIPP
Überlege zunächst, wo die Punkte bei einer proportionalen Zuordnung liegen müssen.

5
Das nebenstehende Diagramm zeigt, dass bei Kupfer und Aluminium die Masse m proportional zum Volumen V ist.

a) Ermittle aus dem Diagramm jeweils die Masse von
5 cm³, 10 cm³, 15 cm³, 20 cm³ und 30 cm³
Kupfer bzw. Aluminium.

b) Ermittle aus dem Diagramm jeweils das Volumen von
25 g, 50 g, 75 g, 100 g, 125 g und 150 g
Kupfer bzw. Aluminium.

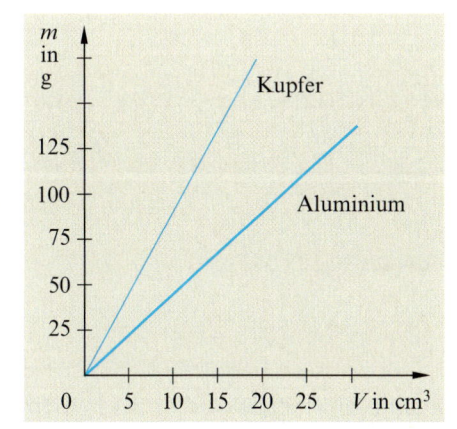

HINWEIS
Der Proportionalitätsfaktor $\frac{m}{V}$ der Zuordnung zwischen Masse und Volumen hat eine besondere Bedeutung: er gibt an, wie dicht ein bestimmter Stoff ist. Er trägt deshalb den Namen „Dichte".

6
In einem Supermarkt kostet 1 kg Butter-Käse 6,90 €.

a) Erfasse in einer Tabelle die Preise für verschiedene Mengen Butter-Käse. Erstelle zu der Tabelle ein Diagramm und verbinde die Punkte.
b) Lies aus dem Diagramm die Preise ab, die für 50 g, 125 g, 175 g, 300 g, 450 g, 600 g, 750 g und 900 g zu zahlen sind.
c) Wie viel Gramm Käse bekommt man für 1,25 €, 3,00 €, 4,67 €, 5,30 € bzw. 6,12 €?

Dreisatz bei proportionalen Zuordnungen

1

Die genaue Dicke einer Münze festzustellen, ist schwierig, denn unsere Lineale usw. sind nicht genau genug für solche kleinen Abstände.
Deshalb benutzen wir einen Trick: Wir legen viele Münzen übereinander, messen die Höhe des Münzstapels und teilen dann durch die Anzahl der Münzen.

a) Ermittle durch Ausmessen von unterschiedlich hohen Münzstapeln die Dicke von einigen Münzen unserer Währung.
b) Wie hoch sind Münzstapel aus jeweils 50 gleichen Münzen?
c) Wie hoch wäre ein Münzstapel im Wert von 100 € aus lauter 1-Cent-Stücken (1-Euro-Stücken)?

BEISPIEL
Eine Jugendgruppe will in den Sommerferien mit dem Rad durch die Schweiz fahren. Als Taschengeld sollen pro Kind 60,00 € umgetauscht werden.
Wie viel Schweizer Franken (CHF) erhält man für 60,00 €?

100,00 CHF kosten am Umtauschtag bei einer Bank 62,24 €.
Für 60 € wird man also etwas weniger als 100 CHF erhalten.
Zur Berechnung des genauen Betrages gehen wir in drei Schritten vor:

	EUR	CHF
1. Schritt: Gegebenes Wertepaar: 62,24 € = 100,00 CHF	62,24	100
2. Schritt: Schluss auf die Einheit: Für 1 € bekommt man also 1,61 CHF.	1,00	1,61
3. Schritt: Schluss auf die gesuchte Größe: Für 60 € bekommt man 96,60 CHF.	60,00	96,60

(: 62,24) · 60

Jedes Kind der Gruppe bekommt 96,60 CHF.

AUFGABE
Rechne aus, wie viel Schweizer Franken man für 25 €, 75 €, 85 €, 120 € bekäme.

2

Erkundige dich bei einer Bank nach den momentanen Wechselkursen von Schweizer Franken (CHF), US-Dollars (USD) bzw. Japanischen Yen (JPY) in Euro (EUR).
Vergleiche folgende Preise. Bilde zuerst einen Überschlag.

	CHF	USD	JPY
T-Shirt	38,50	23,50	2 800
Jeans-Hose	98,90	64,99	7 500
Jeans-Jacke	119,50	72,00	9 300
Turnschuhe	71,50	45,00	5 700

Dreisatz bei proportionalen Zuordnungen

$(x_1|y_1)$ und $(x_2|y_2)$ seien zwei Wertepaare einer proportionalen Zuordnung $x \to y$. Sind von den vier Werten x_1, x_2, y_1 und y_2 drei bekannt (alle ungleich 0), so kann der vierte Wert mithilfe des **Dreisatz**-Schemas wie im Beispiel auf Seite 90 berechnet werden.
Sind z. B. x_1, x_2, y_1 bekannt, dann berechnet man y_2 auf folgende Weise:
- Aus dem Wertepaar $(x_1|y_1)$ schließt man auf das Wertepaar $(1|…)$, indem man x_1 und y_1 jeweils durch x_1 dividiert (Schluss auf die Einheit).
- Aus dem Wertepaar $(1|…)$ schließt man auf das Wertepaar $(x_2|y_2)$, indem man beide Werte jeweils mit x_2 multipliziert (Schluss auf die gesuchte Größe).

	x	y
1. ein gegebenes Wertepaar aufschreiben	x_1	y_1
2. Schluss auf die Einheit	1	$\frac{y_1}{x_1}$
3. Schluss auf die gesuchte Größe	x_2	$y_2 = \frac{y_1}{x_1} \cdot x_2$

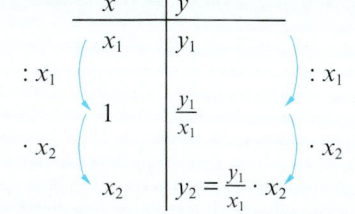

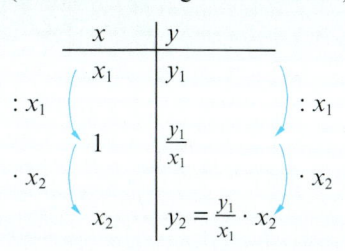

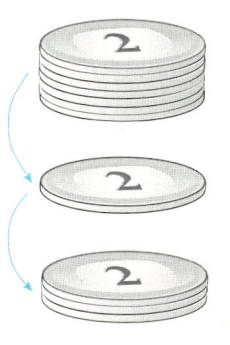

3 L

a) 5 Kassetten kosten 4,95 €. Wie viel kosten 3 Kassetten?
b) 25 Schrauben kosten 5,00 €. Wie viel kosten 30 Schrauben?
c) 1 Liter Saft hat 430 kcal. Wie viel kcal hat ein Glas mit 300 ml Saft?
d) Ein menschliches Kopfhaar wächst ca. 3 mm pro Woche. Wie viel wächst es in 10 Tagen (einem Jahr)?
e) 1 kg Salami kostet 12,90 €. Wie viel kosten 50 g (255 g, $\frac{1}{8}$ kg)?

4

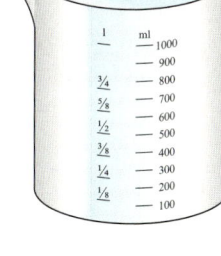

Ein gerader Haushalts-Messbecher hat eine Mess-Skala bis zu einem Volumen von 2 Liter. Bei einer Flüssigkeitshöhe von 4 cm enthält er 500 ml Flüssigkeit.
a) Wie viel Flüssigkeit enthält er bei einer Flüssigkeitshöhe von 3 cm (5 cm, 7 cm, 10 cm, 12 cm)?
b) Wie hoch steht die Flüssigkeit, wenn der Messbecher 50 ml (75 ml, 1 029 ml, 1,75 l, $\frac{1}{8}$ l, $\frac{3}{4}$ l) Flüssigkeit enthält?

5

Ein seit einigen Tagen gleichmäßig tropfender Wasserhahn erreicht in einem geraden Gefäß in 30 min eine Füllhöhe von 6 cm.
a) Welche Füllhöhe wird erreicht, wenn der Wasserhahn 10 min (15 min, 23 min, 1 h) gleichmäßig in das Gefäß tropft?
b) Wie lange muss der Hahn gleichmäßig in das Gefäß getropft haben, wenn das Wasser 4 cm (7 cm, 25 cm, 51 cm) hoch steht?

6

Gibt es in der Schule oder bei dir zu Hause einen tropfenden Wasserhahn? Wie viel Wasser geht dadurch mit der Zeit verloren?
a) Wie viel Wasser „vertropft" in einer Stunde (vgl. Randspalte)?
b) Wie viel Wasser „vertropft" in 3 h (einem Tag, einem Monat)?
c) Wie viel Wasser „vertropft" in 0,5 h (10 min, 1 min, 30 s)?
d) Erläutere die Folgen des ständigen Tropfens eines Wasserhahnes.

HINWEIS

Stelle ein Messgefäß unter einen tropfenden Wasserhahn und miss, wie viel Wasser in einer halben Stunde aufgefangen wird.

7
a) Ein Beutel Reis muss 20 min kochen, um essfertig zu sein.
Wie lange müssen drei Beutel Reis kochen, um essfertig zu sein?
b) Zwischen zwei Steckdosen in der Wand ist ein 8 m langes Dreifachkabel verlegt.
Wie lang müsste ein Fünffachkabel zwischen diesen beiden Steckdosen sein?
c) Mit 22 Spielern dauert ein Fußballspiel 90 min.
Wie lange dauert es mit 21 Spielern?

TIPP
Überlege zuerst, ob wirklich eine proportionale Zuordnung vorliegt.

8
Wie viel von den Zutaten aus dem nebenstehenden Rezept muss man für 50 Krokantbissen in Pralinenförmchen nehmen?
Probiere das Rezept doch einmal aus Anlass einer Feier aus.

Krokantbissen
(34 Stück Pralinenförmchen)
Zutaten: 20 g Butter,
60 g Zucker,
125 g gehackte Mandeln,
100 g zartbitter Schokolade,
5 Esslöffel Sahne

9
Auf einer 350 m² großen Freifläche soll Rasen gesät werden. Ein 1,5 kg Paket Rasensamen kostet 29,98 € und reicht für eine Fläche von 120 m². Wie viele Pakete werden für die Spielfläche gebraucht und wie viel kosten sie?

10
Suche aus folgenden Angeboten das jeweils preisgünstigere heraus.
a) 300 g Würstchen   1,99 €   720 g Würstchen   4,99 €
b) 150 g Joghurt   0,39 €   200 g Joghurt   0,49 €
c) 125 g Käse   1,06 €   500 g Käse   4,24 €
d) 0,75 l Rapsöl   1,49 €   1 l Rapsöl   2,09 €
e) 24 × 0,5 l Sprudel 7,95 €   12 × 0,7 l Sprudel 5,95 €

11
Eine Schachtel mit 1 000 Reißzwecken wiegt 85 g, wobei die leere Pappschachtel 15 g wiegt.
a) Wie viel Gramm wiegen 50, 130, 750, 1298 Reißzwecken?
b) Eine Schachtel mit einem Rest Reißzwecken wiegt 27,2 g. Wie viele Reißzwecken enthält sie?

12
Wiege zu Hause mehrere gleichartige Gegenstände aus. Formuliere eine ähnliche Aufgabe wie Aufgabe 11 und stelle sie in der Klasse.

13
A certain aquarium weighs 51 lb when it contains 5 gal of water. The aquarium itself has the weight of 5 lb.
a) How much did the water weigh per gallon?
b) What would the aquarium weigh (in lb) if it contains 8 gal of water?
c) What would the aquarium weigh (in g) if it contains 13 gal of water?

1 lb = 1 pound
1 lb = 453,59 g
1 gal = 1 gallon
1 gal = 3,79 l

Dreisatz bei proportionalen Zuordnungen

14

a) Sieben Maurer erstellen den Rohbau eines Hauses in sechs Wochen. Wie lange hätten dazu 14 Maurer gebraucht?
b) Zwei Pumpen leeren ein Wasserbecken in 3 Stunden. Wie lange müssen drei Pumpen arbeiten, bis das Becken leer ist?
c) Geht Gesine zu Fuß zur Schule, so läuft sie mit einer Durchschnittsgeschwindigkeit von 5 km/h und benötigt 15 Minuten. Fährt sie jedoch mit dem Fahrrad, so hat sie eine Durchschnittsgeschwindigkeit von 15 km/h. Wie lange benötigt sie mit dem Fahrrad für den Schulweg?

15

Die Radgröße bei Fahrrädern wird in Zoll angegeben. Ein 28-er Rad hat einen Durchmesser von 28″ und legt bei einer Umdrehung 223,43 cm zurück.
a) Wie viel legt ein Rad der Größe 18″ (22″, 24″, 26″) bei einer Umdrehung zurück?
b) Welche Größe hat ein Rad, das bei einer Umdrehung eine Strecke von 127,67 cm (159,59 cm, 191,51 cm) zurücklegt?

HINWEIS
Die Längeneinheit Zoll wird durch das Zeichen ″ abgekürzt.
1″ = 2,54 cm

16

Die nebenstehenden Nährwertinformationen stammen von einer Cornflakes-Packung und von einer Tüte fettarmer Milch. Bei der Nährwertinformation der Cornflakes-Packung werden in der letzten Spalte die Werte für 30 g Cornflakes mit 125 ml fettarmer Milch angegeben. Überprüfe diese Nährwertangaben.
Nutze dazu die Nährwertangaben pro 100 g Cornflakes und die Angaben für fettarme Milch.

NÄHRWERTINFORMATION		
Nährwertgehalt	pro 100 g	pro Portion von 30 g mit 125 ml fettarmer Milch
Energie	1557 kJ / 367 kcal	710 kJ / 168 kcal
Proteine (Eiweiss)	7,3 g	6,2 g
Kohlenhydrate	83 g	31 g
– davon Zucker	8,6 g	8,6 g
– davon Stärke	74 g	22 g
Fett	0,6 g	2,1 g
– davon gesättigte Fettsäuren	0,2 g	1,3 g

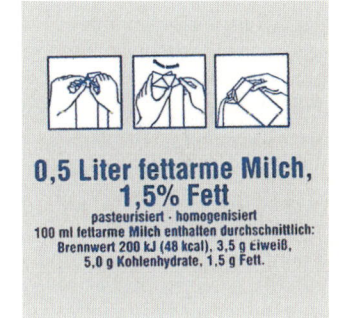

0,5 Liter fettarme Milch, 1,5% Fett
pasteurisiert · homogenisiert
100 ml fettarme Milch enthalten durchschnittlich:
Brennwert 200 kJ (48 kcal), 3,5 g Eiweiß, 5,0 g Kohlenhydrate, 1,5 g Fett.

17

Ein Farbtintenstrahldrucker hat eine Auflösung von 360 dpi, d.h. er druckt auf einer waagerechten Linie der Länge 1″ genau 360 Punkte. Seine Druckleistung beträgt dabei maximal 5 Seiten pro Minute.
Wie viele Punkte druckt der Drucker für eine waagerechte Linie der Länge
a) 0,125″ (0,5″, 3,5″, 5,25″);
b) 6,35 cm (19,05 cm, 21 cm)?
c) Wie lang ist eine waagerechte Linie aus genau 180 (1260, 2340) Punkten?
d) Wie viele Seiten kann der Drucker höchstens in 20 min (1 h, 1,5 h) drucken?

INFORMATION
dpi bedeutet „dots per inch"
dot (engl.): Punkt
per (engl.): pro
inch (engl.): Zoll

18

Fünf Kubikzentimeter pures Gold haben eine Masse von 96,6 g.
a) Welche Masse haben Goldbarren von 12 cm^3 (37 cm^3, 119 cm^3)?
b) Welche Masse hat ein quaderförmiger Goldbarren mit einer Höhe von 3 cm, einer Breite von 4 cm und einer Länge von 5 cm?
c) Ein Ring mit einem Volumen von 2,56 cm^3 hat eine Masse von 48,3 g, ein anderer Ring mit einem Volumen von 3,79 cm^3 hat eine Masse von 73,2 g. Welcher der Ringe ist aus purem Gold?
d) Welche Masse (in kg) hat eine Krone von 125 Unzen puren Goldes?

1 Unze = 31,10 g

Die Fahrrad-Kettenschaltung

Draisine von 1817

Fahrrad von 1998

Warum wurde das Fahrrad erfunden?
Grit: „Das ist doch klar, um sich schneller fortzubewegen."
Matthias: „Auch spart man Kraft und schont die Umwelt."
Gesine: „Und Spaß macht Rad fahren außerdem."

Das Fahrrad veränderte sich.
Der Vorgänger des Fahrrades wurde 1817 als Laufrad von dem Karlsruher Erfinder Karl Freiherr Drais von Sauerbronn konstruiert und benutzt. Dieses Laufrad hatte grob die Form und Größe heutiger Fahrräder; der „Fahrer" stieß sich jedoch mit den Füßen vom Untergrund ab. Deshalb wurde dieses Laufrad auch als „Schnelllaufmaschine" bezeichnet, später als Draisine.
1861 baute der Franzose Pierre Michaux an das Vorderrad seiner Draisine Tretkurbeln an. Der Fahrer hatte nun keinen direkten Bodenkontakt mehr und musste üben, um das Gleichgewicht halten zu können. Trotzdem fanden sich genügend Mutige, die eine solche Michauline benutzen wollten und so gründete Michaux 1869 die erste Fahrradfabrik, die anfangs 200 Räder pro Tag produzierte.
1871 baute der englische Ingenieur James Starley das erste Hochrad. Das vordere Rad mit der Tretkurbel war 125 cm hoch, das hintere nur 35 cm. Mit solchen Fahrrädern waren Geschwindigkeiten bis zu 25 km/h erreichbar. Sie waren jedoch sehr wackelig und daher schwer zu fahren. Leider kam es damit häufiger zu Stürzen mit tödlichen Kopfverletzungen.
1888 konstruierte John Kemp Starley daher ein neues Fahrrad, auch Sicherheitsfahrrad genannt, das unseren heutigen Rädern schon recht ähnlich war. Es hatte 2 gleich große Räder; die Tretkurbel war nicht mehr mit dem Vorderrad verbunden, sondern mit dem Rahmen. Die Kraft wurde über zwei Zahnräder, die durch eine Kette verbunden waren, auf das Hinterrad übertragen. Schon damals hatte das vordere Zahnrad (Kettenblatt) mehr Zähne als das hintere (Ritzel).

Kettenschaltungen
1928 kam die erste serienmäßig hergestellte Kettenschaltung in den Handel. Es war eine 3-Gang-Schaltung. Bei ihr konnte die Kette über einen Kettenspanner auf drei verschiedene Ritzel umgelenkt und stets straff gehalten werden. Kettenschaltungen werden heute meist als 7-, 12- oder 21-Gang-Schaltungen angeboten.
Eine 21-Gang-Schaltung hat 3 verschiedene Kettenblätter und 7 verschiedene Ritzel.

Mathematik und Technik

Hochrad um 1900

Moderne Kettenschaltung

Die Fahrrad-Kettenschaltung 95

1

a) Warum baute man die doch so gefährlichen Hochräder?
b) Welche Erfindung machte die unsicheren Hochräder überflüssig?
c) Welche Wirkung hat eine größere Anzahl von Zähnen beim Kettenblatt?

Die Übersetzung
Die Übersetzung gibt an, wie häufig sich das Hinterrad bei einer Drehung des Kettenblattes und damit also auch bei einer vollen Drehung der Tretkurbel dreht.

- Je größer die Übersetzung ist, umso schneller kann man also fahren, ohne schneller treten zu müssen.
- Je kleiner die Übersetzung ist, umso langsamer ist man bei gleicher Tretgeschwindigkeit.

Mithilfe einer Kettenschaltung kann man eine für das jeweilige Gelände günstige Übersetzung wählen. Moderne Kettenschaltungen ermöglichen es in Verbindung mit anderen Verbesserungen (Mountainbike) erst, selbst unwegsame und relativ steile Berge zu befahren.

2

a) Welche Gänge benutzt ihr selbst unter welchen Bedingungen? Warum? Wo fahrt ihr am liebsten?
b) Ist wirklich alles so klar, wie Grit, Matthias und Gesine anfangs meinen? Diskutiert in der Klasse darüber.

3

Ein 26er Mountainbike (Umfang des Rades 2,07 m) sei mit folgender 21-Gang-Schaltung ausgerüstet: Kettenblätter mit 24, 36 und 46 Zähnen; Ritzel mit 12, 14, 16, 18, 20, 23 und 26 Zähnen.

a) Begründe, dass der bei einer Tretkurbelumdrehung zurückgelegte Weg e sowohl dem Radumfang u als auch der Übersetzung $ü$ proportional ist.
   Untersuche auch die Zuordnungen $k \rightarrow e$ und $r \rightarrow e$ (k, r siehe Randspalte).
b) Berechne für alle Gänge die Übersetzung und den bei einer Tretkurbelumdrehung zurückgelegten Weg. Stelle die Ergebnisse in einer Tabelle nach folgendem Muster zusammen.

r / k	12	14	16	18	20	23	26
24							
36							
46					2,3 4,76 m		

c) Sortiere die bei einer Kurbelumdrehung zurückgelegten Wege der Größe nach. Welche Übersetzungen liegen so nahe beieinander, dass sie sich kaum unterscheiden? Wie viele Gänge hätte diese 21-Gang-Schaltung also eigentlich nur?
d) Hast du auch ein Fahrrad mit Kettenschaltung? Dann untersuche doch einmal, wie viele Gänge dein Rad wirklich hat.
   (Radumfänge: 24er Rad $u \approx 1,92$ m, 28er Rad $u \approx 2,23$ m)

INFORMATION
Ist
$ü$ die Übersetzung,
k die Anzahl der Zähne des Kettenblattes,
r die Anzahl der Zähne des Ritzels,
so gilt $ü = \dfrac{k}{r}$.

Ist
u der Umfang des Rades und
e der bei einer Tretkurbelumdrehung zurückgelegte Weg,
so gilt $e = ü \cdot u$.

BEISPIEL
Kettenrad 46 Zähne
Ritzel 20 Zähne
26er Rad mit
$u \approx 2,07$ m
Übersetzung:
$ü = \dfrac{46}{20} = 2,3$

Bei einer Tretkurbelumdrehung zurückgelegter Weg:
$e = 2,3 \cdot 2,07$ m
$\approx 4,76$ m

Antiproportionale Zuordnungen

1

Im Unterrichtsfach Kunst soll jede Schülerin und jeder Schüler eine rechteckige Fläche von 30 cm² aus unterschiedlich farbiger Folie anfertigen.
Mit diesen Folien sollen Farbexperimente durchgeführt werden.

a) Kerstin wählt für das Rechteck eine Länge von 10 cm. Welche Breite hat ihr Rechteck?
b) Ronny wählt eine Breite von 2,5 cm. Wie lang ist sein Rechteck?
c) Gib eine Zuordnungsvorschrift an, mit der man für eine gegebene Seite a die Seite b des Rechtecks berechnen kann.
d) In der folgenden Tabelle ist die Seite a des Rechtecks gegeben. Berechne die Länge der Seite b.

Experimentieren mit farbigen Folien

Seite a	2 cm	4 cm	6 cm	8 cm	10 cm	12 cm
Seite b						

e) Begründe, dass die Zuordnung $a \to b$ nicht proportional ist.

2

Euro-Münzen gibt es in den Werten 1 ct, 2 ct, 5 ct, 10 ct, 20 ct, 50 ct, 1 € und 2 €. Einen Betrag von 4 € kann man auf verschiedene Weise mit alles gleichen Münzen bezahlen – beispielsweise mit acht 50-Cent-Münzen oder mit zwei 2-Euro-Münzen.

a) Stelle eine Tabelle auf, die alle Möglichkeiten zeigt, 4 € mit alles gleichen Münzen zu bezahlen.

Wert der Münze	1 ct	2 ct	5 ct	10 ct	20 ct	50 ct	1 €	2 €
Anzahl der Münzen						8		2

4 €

4 €

b) Begründe, dass die Zuordnung *Wert der Münze* → *Anzahl der Münzen* nicht proportional ist.
c) Was müsstest du rechnen um zu kontrollieren, ob du die Anzahlen der Münzen richtig berechnet hast?

In Aufgabe 1 wurden Rechtecke untersucht, die alle denselben Flächeninhalt hatten: $A = 30$ cm². Für alle Wertepaare der Tabelle von Aufgabe 1 musste deshalb gelten: $a \cdot b = 30$ cm².

In Aufgabe 2 wurden alle Möglichkeiten untersucht, 4 € mit alles gleichen Münzen zu bezahlen. Für alle Wertepaare der Tabelle in Aufgabe 2 musste deshalb gelten: Wert der Münze mal Anzahl der Münzen gleich 4 €.

Die in den Aufgaben 1 und 2 untersuchten Zuordnungen sind nicht proportional, aber sie haben dennoch eine gemeinsame Eigenschaft:

Die Produkte einander zugeordneter Größen sind immer gleich groß.
Solchen Zuordnungen geben wir ebenfalls einen besonderen Namen.

Antiproportionale Zuordnungen

> Eine Zuordnung heißt **antiproportional**, wenn die Produkte einander zugeordneter Größen stets den gleichen Wert haben.
> Anstelle von antiproportionaler Zuordnung spricht man manchmal auch von **umgekehrt proportionaler** oder von **indirekt proportionaler** Zuordnung.

3

Untersuche noch einmal die antiproportionalen Zuordnungen aus den Aufgaben 1 und 2:
a) Wie verändert sich die Seite b, wenn man die Seite a verdoppelt, verdreifacht oder vervierfacht? Wie verändert sich die Seite b, wenn man die Seite a halbiert, drittelt oder viertelt?
b) Wie verändert sich die Anzahl der Münzen, wenn man den Wert der gewählten Münze verdoppelt, verfünffacht oder verzehnfacht?
Wie verändert sich die Anzahl der Münzen, wenn man den Wert der gewählten Münze halbiert, fünftelt oder zehntelt?

> Bei einer **antiproportionalen Zuordnung** gilt:
> • Eine Verdopplung (Verdreifachung, Vervierfachung, …) der vorgegebenen Größe führt zur Halbierung (Drittelung, Viertelung, …) der zugeordneten Größe.
> • Eine Halbierung (Drittelung, Viertelung, …) der vorgegebenen Größe führt zur Verdopplung (Verdreifachung, Vervierfachung, …) der zugeordnete Größe.

4

Von Düsseldorf nach Frankfurt a. M. fährt man etwa 240 km auf der Autobahn.
a) Wie lange braucht ein Lkw bei einer Durchschnittsgeschwindigkeit von 80 km/h für die Fahrt von Düsseldorf nach Frankfurt a. M.?
b) Wie schnell ist Herr Hurtig gefahren, wenn er für den Weg 2 h gebraucht hat?
c) Ein Schwerlasttransport kann nur mit einer Durchschnittsgeschwindigkeit von 60 km/h fahren. Wie lange braucht er für die Strecke?
d) Übertrage die Tabelle ins Heft und ergänze die fehlenden Größen.

Geschwindigkeit in km/h	40	60	80	100	120	160	200
Zeit in h							

e) Begründe, dass die Zuordnung *Geschwindigkeit → Zeit* antiproportional ist.

> **BEISPIELE**
> für die Untersuchung von Zuordnungen $x \to y$ auf Antiproportionalität:
> Man prüft, ob die Produkte $x \cdot y$ alle gleich sind.
>
> | x | 2 | 4 | 6 | 8 | 10 |
> |---|---|---|---|---|---|
> | y | 18 | 9 | 6 | 4,5 | 3,6 |
> | $x \cdot y$ | 36 | 36 | 36 | 36 | 36 |
>
> Ergebnis:
> Die Zuordnung ist antiproportional, denn stets gilt $x \cdot y = 36$.
>
> | x | 5 | 10 | 15 | 20 | 25 |
> |---|---|---|---|---|---|
> | y | 20 | 10 | 6 | 4 | 4 |
> | $x \cdot y$ | 100 | 100 | 90 | 80 | 100 |
>
> Ergebnis:
> Die Zuordnung ist nicht antiproportional, denn die Produkte $x \cdot y$ sind nicht alle gleich.

> **BEACHTE**
> Nicht jede Zuordnung, bei der eine Vergrößerung (Verkleinerung) der vorgegebenen Größe zur Verkleinerung (Vergrößerung) der zugehörigen Größe führt, ist antiproportional.

5ᴸ

Prüfe, ob die folgenden Zuordnungen antiproportional sind.

a)
x	4	8	12
y	24	12	8

b)
x	6	12	18
y	9	18	27

c)
x	48	24	12
y	2	4	8

d)
x	0	5	10
y	40	8	4

e)
x	16	12	8
y	3	4	6

f)
x	0,2	0,4	0,8
y	10	5	2,5

6

Übertrage die Tabellen ins Heft und ergänze sie so, dass jeweils antiproportionale Zuordnungen vorliegen. Gib jeweils eine Zuordnungsvorschrift an.

a)
x	4	8	12	16
y	20			

b)
x	2		6	
y		30	20	15

c)
x		1	2	
y	100	25		12,5

NACHGEDACHT

Max behauptet: „An ‚je mehr – desto weniger' oder an ‚je weniger – desto mehr' kann ich immer erkennen, ob Antiproportionalität vorliegt oder nicht."
Gib ein Gegenbeispiel an.

Jonas behauptet: „Wenn für die Zuordnung nicht ‚je mehr – desto weniger' oder ‚je weniger – desto mehr' gilt, so liegt keine Antiproportionalität vor."
Hat Jonas Recht?

7

Entscheide, ob Antiproportionalität vorliegt.
a) Je größer die Geschwindigkeit des Flugzeuges, desto geringer ist die Flugzeit.
b) Je kürzer die Nacht, um so länger ist der Tag.
c) Je mehr Familienmitglieder den Garten umgraben, um so geringer ist die hierfür erforderliche Zeit.
d) Je mehr Essenteilnehmer, um so kleiner sind die Portionen.
e) Je mehr Angler am Teich sitzen, um so weniger Fische kann jeder fangen.

8

Welche der folgenden Zuordnungen sind proportionale Zuordnungen, welche sind antiproportionale Zuordnungen, welche sind weder proportionale noch antiproportionale Zuordnungen? Begründe deine Entscheidung.

a)
x	2	4	6	8
y	24	12	8	6

b)
x	3	6	9	12
y	5	10	15	20

c)
x	5	10	15	20
y	12	6	4	3

d)
x	4	8	12	16
y	16	12	8	4

e)
x	10	20	30	40
y	15	30	45	60

f)
x	2	4	8	16
y	16	8	4	2

9

Stelle drei Tabellen wie in Aufgabe 8 auf, wobei eine Zuordnung proportional, eine antiproportional und eine keines von beiden ist. Tausche dann die Tabellen mit deiner Nachbarin bzw. deinem Nachbarn aus und prüft die erhaltenen Zuordnungen.

10

Zum Abernten eines Erdbeerfeldes benötigen 12 Helfer 8 Stunden.
Wie viele Stunden benötigen 8 (10, 16, 18, 24, 30, 36) Helfer?

Grafische Darstellung von antiproportionalen Zuordnungen

1

Die antiproportionale Zuordnung zwischen den Seitenlängen a und b bei allen möglichen Rechtecken mit einem Flächeninhalt von $A = 12\text{ cm}^2$ soll grafisch dargestellt werden.

a) Übertrage die Tabelle ins Heft und vervollständige sie.

Seite a in cm	1	2	3	4	5	6	7	8	9	10	11	12
Seite b in cm												

b) Begründe, dass $a = 0$ cm nicht möglich ist.
c) Zeichne auf Millimeterpapier ein Koordinatensystem.
Trage alle Wertepaare aus obiger Tabelle als Punkte ein.
d) Prüfe, ob die gezeichneten Punkte auf einer Geraden liegen.
e) Berechne mindestens 6 weitere Punkte für nicht ganzzahlige Werte der Seite a.
Trage auch diese Punkte in das Koordinatensystem ein.
f) Zeichne die gekrümmte Linie, die alle diese Punkte verbindet.
g) Lies aus der grafischen Darstellung die in folgender Tabelle fehlenden Werte ab.

Seite a in cm	2,4	3,6	4,8			9,6
Seite b in cm				1,8	1,5	

2

Von Köln bis Bielefeld beträgt die kürzeste Fahrtstrecke etwa 200 km.

a) Berechne die Zeit (t), die ein Fahrzeug mit der in der Tabelle angegebenen Durchschnittsgeschwindigkeit (v) für diese Strecke jeweils benötigt.

v in km/h	20	30	40	50	60	70	80	90	100	110	120	130
t in h												

b) Stelle die Zuordnung in einem Diagramm dar.
Trage auf der waagerechten Achse die Geschwindigkeiten ab. Teile die Achse so, dass 1 cm einer Geschwindigkeit von 10 km/h entspricht.
Trage auf der senkrechten Achse die Zeiten ab. Teile diese Achse so, dass 1 cm einer Zeit von 1 h entspricht.

c) Entnimm dem Diagramm die in folgender Tabelle fehlenden Werte.

v in km/h	25	45	55			145
t in h				3	2,1	

d) Wie hängt die Fahrtzeit für die Strecke von Köln nach Bielefeld von der Durchschnittsgeschwindigkeit des Fahrzeuges ab?

3

Überlege dir selbst einen Sachverhalt, bei dem eine antiproportionale Zuordnung vorliegt. Stelle dazu eine Wertetabelle auf und zeichne ein Diagramm.
Welche Gemeinsamkeiten zu den Diagrammen aus den Aufgaben 1 und 2 erkennst du? Begründe, warum diese Gemeinsamkeiten bestehen müssen.

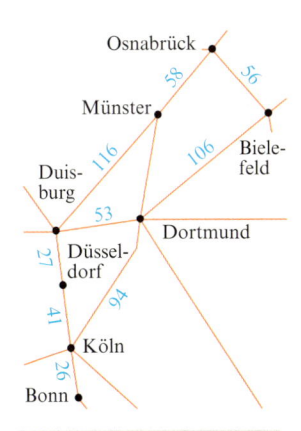

WAS MEINST DU DAZU?

Kennst du die Strecke Köln-Dortmund-Bielefeld?
Überlege gemeinsam mit anderen, inwieweit die in den Wertetabellen angegebenen Durchschnittsgeschwindigkeiten realistisch sind.

Der Graph einer antiproportionalen Zuordnung heißt **Hyperbel**.

Beispiel:
$x \to y$ mit $\quad y \cdot x = 6$
$\qquad\qquad$ bzw. $y = \dfrac{6}{x}$, $x \neq 0$

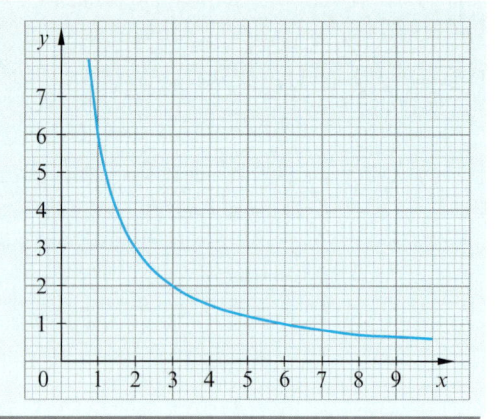

4ᴸ

Der Punkt $P(2|5)$ gehört zum Graphen einer antiproportionalen Zuordnung.
Wie lautet die Zuordnungsvorschrift?
Berechne mindestens sechs weitere Punkte und zeichne den Graphen.

BEISPIEL

Angenommen der Punkt $Q(5|6)$ gehört zu einer antiproportionalen Zuordnung.
Es gilt $5 \cdot 6 = 30$.
Also muss für alle Wertepaare $(x; y)$ der Zuordnung gelten:
$x \cdot y = 30$.
Deshalb gehören z. B. die Punkte $A(1|30)$, $B(2|15)$ und $C(3|10)$ auch zu dieser Zuordnung.

5

Die Zuordnungsvorschrift einer antiproportionalen Zuordnung lautet $x \to y$ mit $x \cdot y = 24$, $x \neq 0$.
a) Berechne zehn Wertepaare.
b) Zeichne den Graphen dieser antiproportionalen Zuordnung.
c) Welche der Punkte $A(2|12)$, $B(3|9)$, $C(8|3)$, $D(10|3)$, $E(3|8)$, $F(6|5)$, $G(1|25)$ und $H(24|1)$ liegen ebenfalls auf diesem Graphen?

6

Wie verläuft der Graph einer antiproportionalen Zuordnung?
Nicole: $\quad$ Der Graph berührt die x-Achse, aber ganz weit rechts.
Andreas: $\quad$ Der Graph hat mindestens einen Abstand von 1 mm von den Achsen.
Sandra: $\quad$ Der Graph nähert sich beliebig dicht den Achsen an.
Michael: $\quad$ Der Graph wird bei Annäherung an die y-Achse beliebig hoch.

Beurteile diese Aussagen. Wähle als Beispiel die Zuordnung $x \to y$ mit $x \cdot y = 2$.
Untersuche die Annäherung an die x-Achse mithilfe der Wertetabelle:

x	1	10	100	1 000	10 000	...
y						

Untersuche die Annäherung an die y-Achse mithilfe der Wertetabelle:

x	1	0,1	0,01	0,001	0,000 1	...
y						

INFORMATION

Wie groß oder wie klein die Größen bei einer antiproportionalen Zuordnung werden können, hängt vom Sachverhalt ab.
Beispielsweise gibt es beim Bezahlen von 4 € mit gleichen Münzen einen größten und einen kleinsten Wert (s. S. 96, Aufg. 2).
Bei den Seitenlängen eines Rechtecks (s. S. 99, Aufg. 1) gibt es dagegen keinen kleinsten oder größten möglichen Wert.

Ist eine Zuordnung antiproportional, so gilt:
Werden die vorgegebenen Größen sehr groß, dann werden die zugehörigen Größen sehr klein. Sie werden aber nie null.
Werden die vorgegebenen Größen sehr klein, dann werden die zugehörigen Größen sehr groß.

Grafische Darstellung von antiproportionalen Zuordnungen

7

Die Zuordnungsvorschrift lautet $x \to y$ mit $y = \frac{60}{x}$.
Welche der folgenden Punkte liegen auf dem Graphen der Zuordnung?
Entscheide, ohne zu zeichnen.
$A(10|6), B(5|15), C(15|4), D(5|12), E(12|6), F(6|11), G(3|20), H(40|1,5)$

8

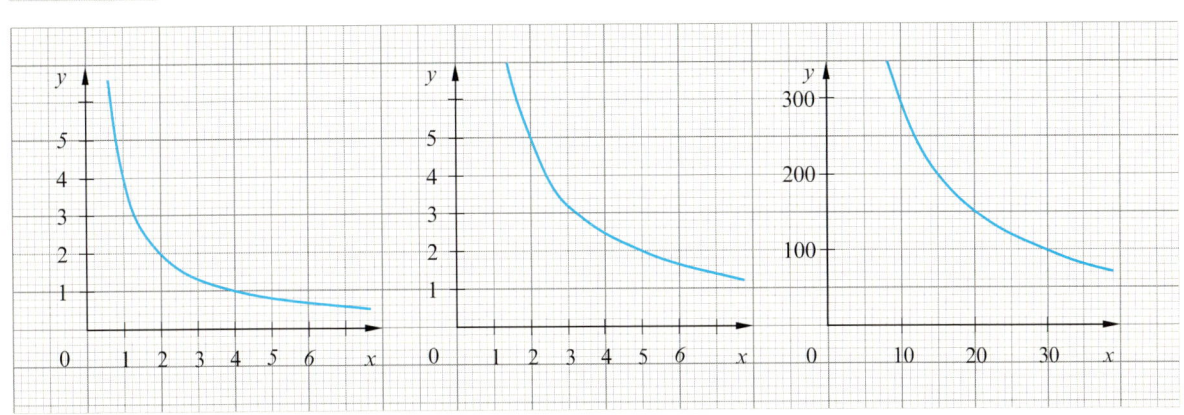

Die Bilder zeigen Graphen antiproportionaler Zuordnungen.
a) Lies jeweils aus den Darstellungen mindestens ein Wertepaar ab.
b) Gib jeweils die Zuordnungsvorschrift an.
c) Berechne drei weitere Wertepaare und vergleiche mit der Darstellung.

AUFGABEN ZUR WIEDERHOLUNG

1. Wahr oder falsch? Was meinst du? Begründe.
   a) Alle Dreiecke stimmen in der Innenwinkelsumme überein.
   b) Raubtiere sind immer größer als Fische.
   c) Mit einer Geschwindigkeit von 25 km/h braucht ein Fahrrad 12 min für 5 km.
   d) Im Bereich der rationalen Zahlen sind alle Rechenoperationen immer ausführbar (außer Division durch 0).
   e) Wenn zwei Geraden von einer dritten geschnitten werden, dann sind die Stufenwinkel gleich groß.
   f) Wenn zwei Winkel ein Wechselwinkelpaar sind, dann sind sie gleich groß.
   g) Wenn 1 kg Äpfel 1,60 € kosten, dann kosten beim selben Händler 3 kg Äpfel 4,80 €.
   h) Zwischen 10 und 20 gibt es vier Primzahlen.

2. Nachgedacht: Finde die Lösungsmengen.
   a) $\frac{4}{3} + \frac{x}{3} = 1$ b) $\frac{3}{x} \cdot \frac{28}{12} = 1$ c) $\frac{1}{3} - \frac{4}{x} = 1$
   d) $x \cdot |x| = -9$ e) $|4x| = -2$ f) $x + |x| = 0$
   g) $x^2 = 169$ h) $x^2 = -9$ i) $x \cdot (x + 3) = 0$

3. Bringe die Mobiles ins Gleichgewicht.

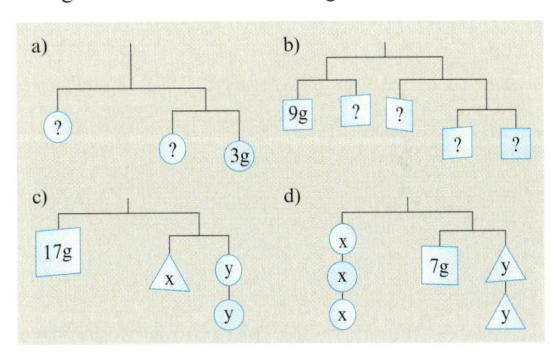

4. Kannst du die Zahl erraten?
   a) Ein Viertel der Zahl ist gleich ihrem Doppelten.
   b) Die Zahl ist gleich ihrem Betrag minus 8.
   c) Die Zahl ist ungleich 12 und doch ist ihr Quadrat 144.
   d) Die Zahl ist gleich der Differenz aus dem Doppelten der Zahl und 15.
   e) Mit dieser Zahl kann man eine Grundrechenoperation nie ausführen.

Dreisatz bei antiproportionalen Zuordnungen

1

Es ist nicht so leicht, eine bestimmte Menge Flüssigkeit (z. B. eine Flasche Cola) gleichmäßig auf mehrere Gefäße (z. B. Trinkbecher) aufzuteilen.
a) Verteile einen Liter Wasser gleichmäßig auf 5 gleiche gerade Gefäße.
b) Wie hoch würde das Wasser in den Gefäßen stehen, wenn du die gleiche Menge Wasser auf 10 (20 oder 25) Gefäße aufteilen würdest?
c) Wie hoch würde das Wasser stehen, wenn du die gleiche Menge Wasser auf 3 (4; 6 oder 8) Gefäße aufteilen würdest?
Überlege erst und probiere es dann aus.

BEISPIEL
Ein Schwimmbecken kann von 6 gleich starken Pumpen in 10 Stunden gefüllt werden. Aufgrund eines Defektes werden aber nur 5 Pumpen eingesetzt. Wie lange braucht man jetzt zum Füllen des Schwimmbeckens?

Egal, wie viele gleich starke Pumpen eingesetzt werden, die Gesamtzahl der Stunden in denen die Pumpen betrieben werden müssen, bleibt stets gleich. Das heißt, das Produkt aus der Anzahl der Pumpen und ihrer gemeinsamen Laufzeit ist konstant. Es handelt sich hier also um eine antiproportionale Zuordnung.
Fünf Pumpen werden mehr als 10 Stunden benötigen. Die genaue Laufzeit lässt sich wieder in drei Schritten berechnen.

	Anzahl der Pumpen	Anzahl der Stunden
1. Schritt: Gegebenes Wertepaar: 6 Pumpen benötigen 10 Stunden.	6	10
2. Schritt: Schluss auf die Einheit: 1 Pumpe benötigt 60 Stunden.	1	60
3. Schritt: Schluss auf die gesuchte Größe: 5 Pumpen benötigen 12 Stunden.	5	12

(1. Schritt → 2. Schritt: : 6 bzw. · 6; 2. Schritt → 3. Schritt: · 5 bzw. : 5)

NACHGEDACHT
Du siehst im Beispiel: Wenn in der einen Spalte der Tabelle multipliziert wird, wird in der anderen Spalte dividiert und umgekehrt.
Begründe das mithilfe von Eigenschaften antiproportionaler Zuordnungen.

2 L

Für den Abtransport des Bauschuttes eines abgerissenen Gebäudes benötigen 8 gleich große Kipper 30 Stunden.
a) In welcher Zeit schaffen 4 (6, 10 bzw. 12) Kipper die gleiche Arbeit?
b) Wie viele Kipper muss die Baufirma einsetzen, um die Arbeit in zwei Tagen bei einer täglichen Arbeitszeit von 8 Stunden zu schaffen?

3

Der Futtervorrat eines Silos reicht bei einem Verbrauch von 800 kg pro Tag etwa 120 Tage. Nach wie vielen Tagen ist der Vorrat bei einem Verbrauch von 600 kg (750 kg, 900 kg oder 1 000 kg) jeweils aufgebraucht?

Dreisatz bei antiproportionalen Zuordnungen

$(x_1|y_1)$ und $(x_2|y_2)$ seien zwei Wertepaare einer antiproportionalen Zuordnung $x \to y$. Sind von den vier Werten x_1, x_2, y_1 und y_2 drei bekannt (alle ungleich 0), so kann der vierte Wert mithilfe des **Dreisatz**-Schemas wie im Beispiel auf Seite 102 berechnet werden.
Sind z. B. x_1, x_2, y_1 bekannt, dann berechnet man y_2 auf folgende Weise:

	x	y
1. ein gegebenes Wertepaar aufschreiben	x_1	y_1
2. Schluss auf die Einheit	1	$y_1 \cdot x_1$
3. Schluss auf die gesuchte Größe	x_2	$y_2 = \dfrac{y_1 \cdot x_1}{x_2}$

BEACHTE
Bei indirekt proportionalen Zuordnungen gilt:
Wenn in der einen Spalte der Tabelle multipliziert wird, muss in der anderen Spalte dividiert werden und umgekehrt.

4
Für den wöchentlichen Kiesbedarf eines Betonwerkes benötigen 8 Kipper jeweils 30 Fahrten. Wie oft muss jeder Kipper fahren, wenn aufgrund von Urlaub nur 6 Kraftfahrer zur Verfügung stehen.

5
Der Fußboden eines Hausflures soll erneuert werden. Bisher ist er mit 400 quadratischen Fliesen der Seitenlänge 15 cm ausgelegt.
Wie viele Fliesen braucht man mindestens, wenn quadratische Fliesen mit der Seitenlänge 30 cm bzw. 40 cm verlegt werden?

6
Christian und Martin sind auf einer zehntägigen Radtour. Sie wollten im Durchschnitt jeden Tag 66 km fahren. Das haben sie auch zwei Tage eingehalten. Am 3. und 4. Tag war das Wetter so schlecht, dass sie nicht weiterfahren konnten. Wie viel Kilometer mussten sie an den letzten 6 Tagen durchschnittlich pro Tag fahren, um das Ziel ihrer Reise zu schaffen?

7
Wenn die Ölheizung eines Hauses täglich 10 Stunden in Betrieb ist, reicht der Vorrat etwa 90 Tage. Wie lange reicht der Vorrat, wenn die Heizung täglich 9 Stunden (8 Stunden, 7 Stunden, 6 Stunden bzw. 12 Stunden) eingeschaltet ist?

8
Anikas Vater tankt 40 Liter Benzin für 39,56 €. Wie viel Liter Benzin würde er für dasselbe Geld bekommen, wenn der Literpreis 3 ct (5 ct, 8 ct) steigt oder sinkt?

9
Familie Neumann hat ein neues Auto gekauft. Für den Benzinverbrauch sind in den Fahrzeugpapieren Richtwerte angegeben (vgl. Randspalte).
Bei einer Geschwindigkeit von 120 km/h reicht eine Tankfüllung etwa 900 km. Wie viel Kilometer können die Neumanns jeweils bei den angegebenen Geschwindigkeiten mit einer Tankfüllung zurücklegen?

Benzinverbrauch:
8,2 l pro 100 km bei Tempo 60
7,8 l pro 100 km bei Tempo 100
8,0 l pro 100 km bei Tempo 120
8,3 l pro 100 km bei Tempo 140

Verhältnisgleichung und Produktgleichung

1

a) Zeichne verschiedene Rechtecke, bei denen die Seitenlängen im Verhältnis 3 zu 2 stehen (Kurzschreibweise: 3 : 2). Gib die Seitenlängen an.
b) Zeichne die Seitenzahl (104) 10-fach vergrößert ins Heft.
In welchem Verhältnis stehen Original und Bild?

2

a) Was bedeutet der Maßstab z. B. bei Landkarten?
b) Besorge dir einen Stadtplan deiner Wohngegend. Miss auf dem Plan die Länge deiner Straße. Wie lang ist deine Straße in Wirklichkeit?
In welchem Verhältnis stehen die Originallänge deiner Straße und die entsprechende Bildlänge?

> **BEISPIEL**
> Das Parallelogramm in der Randspalte hat Seitenlängen von 36 mm und 30 mm.
> Es ist $36 : 30 = \frac{36}{30} = \frac{6}{5} = 6 : 5$ und $30 : 36 = \frac{30}{36} = \frac{5}{6} = 5 : 6$.
> Man sagt: „Die Seitenlängen des Parallelogramms stehen **im Verhältnis 6 zu 5** bzw. **im Verhältnis 5 zu 6**."

Ein **Verhältnis** ist der Quotient zweier Zahlen oder Größen.

3

Miss Länge und Breite von verschiedenen Schulheften, Büchern, Briefumschlägen, Fotos und Bilderrahmen. Bilde jeweils das Verhältnis von Länge und Breite.

> Wir wissen bereits: Bei einer proportionalen Zuordnung $x \rightarrow y$ sind alle Quotienten $\frac{y}{x}$ bzw. $\frac{x}{y}$ ($x \uparrow 0$, $y \uparrow 0$) gleich.
> Das heißt: Das Verhältnis y zu x (bzw. x zu y) ist immer gleich.
> Sind $(x_1|y_1)$ und $(x_2|y_2)$ zwei Wertepaare einer proportionalen Zuordnung $x \rightarrow y$ (alle Werte ungleich 0), dann gilt: $\frac{y_1}{x_1} = \frac{y_2}{x_2}$ und $\frac{x_1}{y_1} = \frac{x_2}{y_2}$.
> Solche Gleichungen nennt man **Verhältnisgleichungen**.

4

x	2	4	6	8	10	12	14	16
y	2,5	5	7,5	10	12,5	15	17,5	20

a) Zeige, dass eine proportionale Zuordnung vorliegt.
b) Gib eine Zuordnungsvorschrift an.
c) Kürze oder erweitere alle Quotienten $\frac{x}{y}$, sodass ein Bruch mit möglichst kleinen natürlichen Zahlen als Zähler und Nenner entsteht.
d) Gib drei Verhältnisgleichungen zu dieser Zuordnung an.

> **BEISPIEL**
> Für die Zuordnung aus Aufgabe 4 ergibt sich z. B. folgende Verhältnisgleichung:
> $\frac{15}{12} = \frac{5}{4}$.
> Man sagt:
> y und x stehen im Verhältnis 5 zu 4 zueinander.
> x und y stehen im Verhältnis 4 zu 5 zueinander.

Verhältnisgleichung und Produktgleichung

5

Die Zuordnung $x \to y$ mit $y = 1{,}5 \cdot x$ ist proportional.
a) Stelle eine Wertetabelle mit den x-Werten 1, 2, 3, 4, 5 und 6 auf.
b) Bilde alle Verhältnisse $x : y$ und gib sie mit möglichst kleinen natürlichen Zahlen an.
c) Gib das Verhältnis $y : x$ mit möglichst kleinen natürlichen Zahlen an.

Da die Verhältnisse einander zugeordneter Größen bei proportionalen Zuordnungen stets gleich sind, kann man Verhältnisgleichungen zum Lösen von Sachaufgaben nutzen.

BEISPIEL
1,5 kg Äpfel kosten 3,20 €.
a) Wie viel Kilogramm Äpfel bekommt man für 5,00 €?
b) Wie viel kosten 2,7 kg Äpfel?

Überschlag:
a) weniger als 3 kg
b) etwa 6 €

Aufstellen einer Zuordnungstabelle:

Menge in kg	1,5	x	2,7
Preis in Euro	3,20	5,00	y

Aufstellen einer Verhältnisgleichung (mit der gesuchten Größe beginnen!):
a) $\dfrac{x}{5{,}00} = \dfrac{1{,}5}{3{,}20}$
b) $\dfrac{y}{2{,}7} = \dfrac{3{,}20}{1{,}5}$

Lösen der Verhältnisgleichung:
Wir nutzen, dass Dividieren und Multiplizieren Umkehroperationen zueinander sind: Statt auf der linken Seite der Gleichung durch 5,00 (bzw. 2,7) zu dividieren, multiplizieren wir die rechte Seite mit 5,00 (bzw. 2,7).
a) $x = \dfrac{1{,}5}{3{,}20} \cdot 5{,}00$
$x = 2{,}34375$
b) $y = \dfrac{3{,}20}{1{,}5} \cdot 2{,}7$
$y = 5{,}76$

Angabe eines sinnvoll gerundeten Ergebnisses:
a) Für 5 € bekommt man 2,3 kg Äpfel.
b) 2,7 kg Äpfel kosten 5,76 €.

HINWEIS
Man hat immer mehrere Möglichkeiten, Verhältnisgleichungen mit der gesuchten Größe aufzustellen. Beispielsweise könnte man u. a. zum Aufgabenteil b) aufstellen:
$\dfrac{1{,}5}{3{,}20} = \dfrac{2{,}7}{y}$,
$\dfrac{2{,}7}{y} = \dfrac{1{,}5}{3{,}20}$,
$\dfrac{3{,}20}{1{,}5} = \dfrac{y}{2{,}7}$,
$\dfrac{y}{2{,}7} = \dfrac{3{,}20}{1{,}5}$.
Von diesen Gleichungen lässt sich $\dfrac{y}{2{,}7} = \dfrac{3{,}20}{1{,}5}$ am einfachsten lösen.
(Alle Gleichungen haben dieselbe Lösung.)

6^L

2,5 kg Erdbeeren kosten 4,50 €. Berechne mit Verhältnisgleichungen:
a) Wie viel kosten 0,8 kg, 1,2 kg, 2 kg und 3 kg Erdbeeren?
b) Wie viel Kilogramm Erdbeeren erhält man für 1 €, für 3 € und für 6 €?

7

Löse die folgenden Verhältnisgleichungen.
a) $\dfrac{x}{12} = \dfrac{7}{20}$
b) $\dfrac{x}{21} = \dfrac{18}{28}$
c) $\dfrac{x}{630} = \dfrac{105}{882}$
d) $\dfrac{x}{37{,}5} = \dfrac{12{,}5}{75}$
e) $\dfrac{x}{48} = \dfrac{27}{64}$
f) $\dfrac{x}{3{,}21} = \dfrac{126}{9{,}63}$
g) $\dfrac{x}{0{,}15} = \dfrac{3{,}9}{6{,}5}$
h) $\dfrac{x}{3{,}2} = \dfrac{1{,}6}{12{,}8}$

Bei antiproportionalen Zuordnungen sind bekanntlich die Produkte einander zugeordneter Werte stets gleich groß. Deshalb bilden wir hier **Produktgleichungen**.

8

x	2	4	6	8	10	12
y	12	6	4	3	2,4	2

Begründe, dass die Zuordnung in der Tabelle antiproportional ist und stelle Produktgleichungen auf, z. B. $2 \cdot 12 = 6 \cdot 4$.

BEISPIEL
Bei einem Benzinverbrauch von 9 Litern pro 100 km reicht eine Tankfüllung 720 km. Welche Strecke kann man bei einem Verbrauch von 8 Litern pro 100 km zurücklegen?

Vorüberlegungen:
Benzinverbrauch pro 100 km und maximale Fahrstrecke mit einer Tankfüllung sind antiproportional.
Bei 8 Liter Verbrauch wird man etwa 800 km zurücklegen können.

Aufstellen einer Zuordnungstabelle:

Verbrauch in l/100 km	9	8
Fahrstrecke in km	720	x

Aufstellen einer Produktgleichung (mit der gesuchten Größe beginnen!):
$x \cdot 8 = 720 \cdot 9$

Lösen der Produktgleichung:
Wir nutzen wieder die Umkehroperation: Statt auf der linken Seite der Gleichung mit 8 zu multiplizieren, dividieren wir die rechte Seite durch 8.
$x = \frac{720 \cdot 9}{8}$ und damit $x = 810$

Angabe eines sinnvoll gerundeten Ergebnisses:
Die Tankfüllung reicht bei einem Verbrauch von 8 Litern auf 100 km für eine Strecke von 810 km.

HINWEIS
Man hätte auch andere Produktgleichungen aufstellen können:
$9 \cdot 720 = 8 \cdot x$,
$720 \cdot 9 = x \cdot 8$,
$8 \cdot x = 9 \cdot 720$.
Die Gleichung $x \cdot 8 = 720 \cdot 9$ ist am einfachsten zu lösen.
(Alle Gleichungen haben dieselbe Lösung.)

9
Löse die folgenden Produktgleichungen.
a) $x \cdot 14{,}4 = 12 \cdot 60$
b) $x \cdot 123 = 321 \cdot 246$
c) $x \cdot 11 = 22 \cdot 15$
d) $x \cdot 2{,}5 = 3 \cdot 6{,}25$
e) $x \cdot 7{,}5 = 30 \cdot 1{,}4$
f) $x \cdot 3{,}3 = 4{,}4 \cdot 5{,}4$
g) $x \cdot 3{,}2 = 9{,}6 \cdot 1{,}7$
h) $x \cdot 5{,}4 = 3{,}6 \cdot 3{,}6$
i) $x \cdot 1024 = 16 \cdot 64$

10ᴸ
Bei einer Erdbeerernte konnte eine Gruppe von 12 Helfern ein Erdbeerfeld in 2 Tagen, also 16 Arbeitsstunden abernten.
a) Welche Zeit hätten 8 Helfer zum Abernten dieses Feldes benötigt?
b) Wie viele Helfer hätten eingesetzt werden müssen, damit die Arbeit schon nach eineinhalb Tagen erledigt gewesen wäre?

Sachaufgaben

1

Max liest auf einem Preisschild: 0,220 kg Schnittkäse, Preis: 1,96 €.
a) Wie viel kosten 150 g, 200 g, 250 g, 300 g, 350 g, 500 g Schnittkäse dieser Sorte?
b) Wie viel Gramm Schnittkäse erhält man für 50 Cent, für 3,00 € bzw. für 5,00 €?

HINWEIS
Prüfe zuerst, ob eine proportionale, eine antiproportionale oder eine andere Zuordnung vorliegt.

2

Sabine ärgert sich. Gestern hat sie Videokassetten für 2,95 € das Stück gekauft. Heute gibt es dieselben Kassetten im Sonderangebot: „Kaufen Sie 5, zahlen Sie 4!"
Wie viel hätte sie im Sonderangebot pro Kassette sparen können?

3

Das Auto der Familie Neumann kostet 12 000,– €. Die Hälfte des Kaufpreises haben sie sofort beim Autokauf bezahlt, den Restbetrag wollen sie in monatlichen Raten zurückzahlen.
Wie hoch sind die monatlichen Raten (ohne Zinsen) mindestens, wenn der Kredit in 24 Monaten, 30 Monaten, 36 Monaten oder 48 Monaten zurückgezahlt werden soll?

4

Auf einer rechteckigen Fläche eines Gartens soll Rasen eingesät werden. Die Fläche ist 27,5 m lang und 8,2 m breit.
a) Wie viel Kilogramm Rasensamen muss man kaufen, wenn 3 kg für 80 m² benötigt werden.
b) Für wie viel Quadratmeter Gartenfläche reicht eine Packung Rasensamen mit 5 kg?

5

Der transportable Swimming-Pool von Familie Fischer hat ein Fassungsvermögen von 20 m³. Er wird Anfang Juni im Garten aufgebaut und mit einer elektrischen Pumpe mit Wasser gefüllt. Nach drei Stunden hat das Wasser eine Höhe von 35 cm erreicht.
a) Nach wie viel Stunden ist der Pool vollständig gefüllt, wenn er eine Wassertiefe von 1,25 m hat?
b) Berechne die Förderleistung der Pumpe in Kubikmeter pro Stunde.
c) Die Nachbarn von Familie Fischer besitzen eine Wasserpumpe mit der doppelten Förderleistung. Wie lange dauert es, wenn man den Pool gleichzeitig mit beiden Pumpen füllt?

6

Marion ist eine „Leseratte". Sie beginnt mit dem Lesen eines dicken Buches und überlegt: Wenn ich jeden Tag 32 Seiten lese, bin ich in 27 Tagen fertig.
a) Wie viel Tage benötigt sie, wenn sie jeden Tag 48 Seiten liest?
b) Wie viele Seiten muss sie pro Tag mindestens lesen, wenn sie das Buch bereits nach 10 Tagen zurück in die Bibliothek bringen muss?

7

Bauer Grünwald möchte auf seiner Wiese einen rechteckigen Auslauf für seine Gänse einzäunen. Die Fläche des Auslaufes soll möglichst groß werden. Zur Verfügung stehen 60 m Maschendraht.

a) Bezeichne die Länge des Rechtecks mit a und die Breite mit b.
Stelle in einer Tabelle mögliche Seitenlängen zusammen:

Seite a in Metern						
Seite b in Metern						

b) Ist die Zuordnung $a \to b$ proportional, antiproportional oder anders geartet?

c) Berechne für die Werte von a und b aus der Tabelle jeweils den Flächeninhalt des Rechtecks.
Für welche Abmessungen ist die Fläche des Auslaufes am größten?

8

Manuela und Karsten bestimmen Masse und Volumen einiger Gegenstände aus verschiedenen Metallen. Die Masse der Gegenstände bestimmen sie mit einer Briefwaage. Zur Messung des Volumens verwenden sie die Überlaufmethode.

a) Bei der Untersuchung von drei Gegenständen aus Kupfer erhalten sie folgende Messwerte:

Volumen	8 cm³	12 cm³	21 cm³
Masse	71 g	107 g	187 g

Überprüfe, ob die Masse des Kupfers zum Volumen proportional ist.

b) Für eine Kugel aus Kupfer messen sie ein Volumen von 16 cm³ und eine Masse von 88 g. Kann diese Messung richtig sein? Begründe.

c) 85 cm³ Aluminium wiegen 229,5 g.
Wie viel Gramm wiegen 42 cm³ (200 cm³) Aluminium?
Welches Volumen haben 64 g (250 g) Aluminium?

d) Von einem weiteren Gegenstand messen sie ein Volumen von 22 cm³ und eine Masse von 156 g.
Kann dieser Gegenstand auch aus Aluminium bestehen? Begründe.

e) Manuelas Mutter besitzt einen Armreifen, der glänzt wie Gold.
Wie kann sie überprüfen, ob dieser Armreifen wirklich aus Gold ist?

9

Ein Pkw durchfährt eine Strecke auf der Autobahn mit einer Durchschnittsgeschwindigkeit von 160 km/h in 2 Stunden und 15 Minuten. Wie lange benötigt ein Motorrad für die gleiche Strecke, wenn es mit 140 km/h fährt?

10

Ein voll ausgelasteter Betrieb mit 128 Angestellten geht von der 38- zur 35-Stunden-Woche über. Wie viele Arbeitskräfte müsste er neu einstellen, wenn er die Arbeitszeitverkürzung nicht durch anderes (z. B. Rationalisierung) ausgleicht?

AUFGABE

Erkläre die Überlaufmethode anhand der Abbildung

Sachaufgaben

11

a) Berechne für ein gleichschenkliges Dreieck mit den Basiswinkeln α und β den Innenwinkel γ, den zugehörigen Außenwinkel γ' und den Winkel $\frac{\beta}{2}$. Übertrage die Tabelle ins Heft und ergänze:

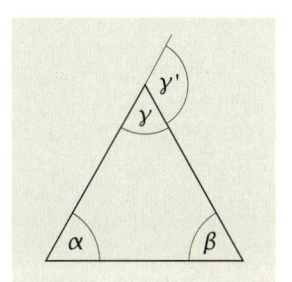

α	10°	20°	30°	40°	50°	60°	70°	80°
γ								
γ'								
$\frac{\beta}{2}$								

b) Formuliere für die Zuordnungen α → γ, α → γ', α → $\frac{\beta}{2}$ Aussagen wie: „Je größer (kleiner) α wird, desto…"
c) Untersuche, ob die Zuordnungen α → γ, α → γ', α → $\frac{\beta}{2}$ proportional, antiproportional oder nichts von beidem sind. Begründe deine Entscheidung.

12

Bauer Lindemann hat im Vorjahr folgende Ernteerträge erzielt:

	bestellte Fläche im Vorjahr	Ertrag im Vorjahr	bestellte Fläche in diesem Jahr
Weizen	12 ha	624 dt	23 ha
Zuckerrüben	21 ha	8 715 dt	14 ha
Gerste	15 ha	660 dt	11 ha

HINWEIS
dt: Dezitonne
1 dt = 100 kg

a) Mit welchen Erträgen kann Bauer Lindemann unter gleichen Bedingungen wie im Vorjahr etwa rechnen?
b) Wie viel Hektar Zuckerrüben darf er höchstens anbauen, wenn er nicht mehr als 10 000 dt verkaufen kann?
c) Wie viel Hektar Weizen muss er mindestens anbauen um 500 dt zu erzeugen?

Kornfeld

13

Dirk testet sein neues Fahrrad. Er fährt mit gleichmäßiger Geschwindigkeit und benötigt für eine Strecke von 36 Kilometern eineinhalb Stunden.
a) Welche Strecke hat er nach 20 Minuten (50 Minuten) zurückgelegt?
b) Welche Zeit benötigt er für 10 Kilometer (15 Kilometer)?

14

Das Fahrrad von Claudia hat eine Gangschaltung mit 7 Gängen. In dem Prospekt der Gangschaltung liest sie: Bei einer vollen Umdrehung des Tretlagers legt das Fahrrad folgende Strecken zurück:
1. Gang – 2,56 m, 2. Gang – 2,92 m, 3. Gang – 3,51 m, 4. Gang – 4,31 m,
5. Gang – 5,29 m, 6. Gang – 6,36 m, 7. Gang – 7,26 m.
a) Von zu Hause bis zur Schule benötigt Claudia 225 Umdrehungen im 4. Gang. Wie oft müsste sie im 3. bzw. im 5. Gang treten?
b) Bei einer Fahrt zu einem Aussichtsturm muss sie einen steilen Anstieg bewältigen. Sie zählt 75 Umdrehungen im 3. Gang. Im 1. und 2. Gang ist die Steigung jedoch leichter zu bewältigen.
Wie viele Umdrehungen des Tretlagers sind dafür jeweils erforderlich?

15

In dem folgenden Experiment soll untersucht werden, ob sich eine Feder proportional zur angehängten Masse ausdehnt.

a) Für den im Foto gezeigten Versuchsaufbau wird ein (längeres) Lineal, eine (weiche) Schraubenfeder aus einem Kugelschreiber und ein Joghurtbecher benötigt. Baue die Versuchsanordnung nach.
b) Untersuche, um wie viel sich der Joghurtbecher nach unten bewegt, wenn du ihn mit Münzen gleicher Sorte füllst. Miss jeweils nach 5 Münzen.
(Hinweis: Fünf 2-Cent-Stücke wiegen 15 g, fünf 10-Cent-Stücke etwa 20 g, fünf 50-Cent-Stücke 39 g.)
c) Trage deine Versuchsergebnisse in eine Tabelle ein und stelle die Zuordnung *Masse → Ausdehnung der Feder* in einem Diagramm dar.
d) Handelt es sich um eine proportionale Zuordnung? Begründe deine Antwort.
e) Führe den gleichen Versuch mit anderen Münzen durch. Kontrolliere deine Ergebnisse, indem du den Versuch „rückwärts", also durch Wegnahme von Geldstücken durchführst.
Zeichne wieder ein Diagramm und vergleiche mit dem Ergebnis von Teilaufgabe d).

Versuchsaufbau

16

Arbeitet in Gruppen: Diskutiert die in der folgenden Aufgabe aufgeworfenen Fragen. Stellt die Ergebnisse eurer Diskussion in der Klasse vor.

Marie und Lukas haben den Versuch aus Aufgabe 15 durchgeführt und folgende Ergebnisse erhalten (5 Münzen wogen etwa 20 g):

Anzahl der Münzen	Masse in g	Ausdehnung in mm
0	0	0
5	20	1
10	40	2
15	60	2,5
20	80	4
25	100	5,5
30	120	6

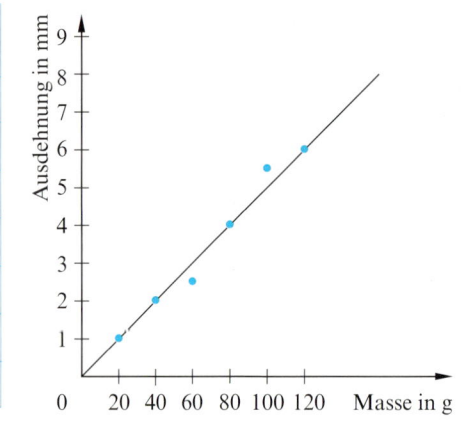

Sie überlegen: Durch 5 der 7 Punkte könnte man eine Gerade ziehen. Hier könnte also eine proportionale Zuordnung vorliegen. Aber was ist mit den anderen beiden Punkten? Vielleicht haben wir hier beim Messen Fehler gemacht.

a) Welche beiden Messwerte liegen nicht auf der Geraden? Welche Werte hätten theoretisch gemessen werden müssen, damit diese beiden Werte auch auf der Geraden liegen?
b) Wodurch können solche kleinen Abweichungen vom theoretischen Wert auftreten? Kann man diese Fehler immer vermeiden?
c) Vergleiche deine Ergebnisse aus Aufgabe 13 mit denen von Marie und Lukas. Sieht dein Diagramm genau so aus? Gibt es auch bei dir Abweichungen von der Geraden? Kann man trotzdem von einer proportionalen Zuordnung sprechen?

INFORMATION

Eine Gerade, die man so in ein Diagramm legt, dass sie möglichst viele Messwerte verbindet bzw. dass etwa gleich viele Punkte oberhalb wie unterhalb der Geraden liegen, nennt man **Ausgleichsgerade**. Eine Ausgleichsgerade gleicht die Abweichungen der Punkte von dieser Geraden aus.

Sachaufgaben

17

Den Umfang von Kreisen kann man bestimmen durch Abrollen des Kreises auf einem Blatt Papier oder mithilfe eines Bindfadens, den man um den Kreis legt (vgl. Fotos in der Randspalte).

a) Ermittle für verschiedene, im Umlauf befindliche Münzen den Durchmesser und den Umfang und erstelle für die gemessenen Werte eine Tabelle.
b) Stelle die durch die Tabelle erfasste Zuordnung *Durchmesser → Umfang* in einem Diagramm grafisch dar.
c) Ist die Zuordnung *Durchmesser → Umfang* eine proportionale Zuordnung? Begründe deine Entscheidung.
Wenn die Zuordnung proportional ist, dann zeichne eine Ausgleichsgerade durch den Ursprung des Koordinatensystems und ermittle den Proportionalitätsfaktor.

Umfangsbestimmung bei Münzen

18

Nimm zwei Blatt Papier der Größe DIN A4. Falte ein Blatt so, dass die beiden kürzeren Seiten genau aufeinander liegen. Zerschneide das Blatt entlang der Faltlinie in zwei Hälften, von denen jede das Format DIN A5 hat. Klebe nun eine DIN-A5-Hälfte auf das unzerschnittene DIN-A4-Blatt, wie in der nebenstehenden Abbildung. Falte und zerschneide dann die andere DIN-A5-Hälfte in zwei neue Hälften, die jetzt das Format DIN A6 haben, und klebe wieder eine davon auf das DIN-A4-Blatt.

a) Wiederhole das Falten, Zerschneiden und Kleben noch dreimal.
b) Die Lage der Eckpunkte rechts oben deutet eine proportionale Zuordnung an. Welche Größen könnten hier zueinander proportional sein?
c) Überprüfe, ob die von dir bei Teilaufgabe b) genannten Größen wirklich zueinander proportional sind.

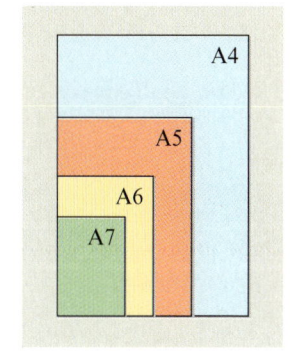

AUFGABEN ZUR WIEDERHOLUNG

1. Im Folgenden wird etwas über die Seiten und Innenwinkel von Dreiecken ABC ausgesagt. Entscheide, um welche Dreiecksart es sich jeweils handelt.
   a) $\alpha = 25°, \beta = 130°$
   b) $\beta = 50°, \gamma = 60°$
   c) $a = b, \gamma = 60°$
   d) $\alpha = 40°, \beta = 50°$
   e) $\alpha = 70°, \gamma = 40°$
   f) $\alpha = \beta$ und $\alpha + \beta = 120°$

2. Ermittle alle Innenwinkel der folgenden Vierecke.

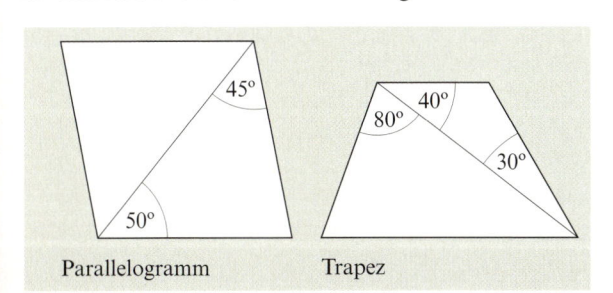

   Parallelogramm Trapez

3. Begründe, dass es keine Dreiecke ABC mit den folgenden Eigenschaften geben kann.
   a) $a < b$ und $\alpha = 50°, \gamma = 85°$
   b) $a = b$ und $b < c$ und $\alpha = 70°$
   c) $a = 5$ cm und $b = 1$ cm und c das arithmetische Mittel von a und b.
   d) $b = 2 \cdot a$ und $c = 4 \cdot a$
   e) $\alpha = \beta + \gamma = 85°$

4. Ermittle jeweils α, β und γ.

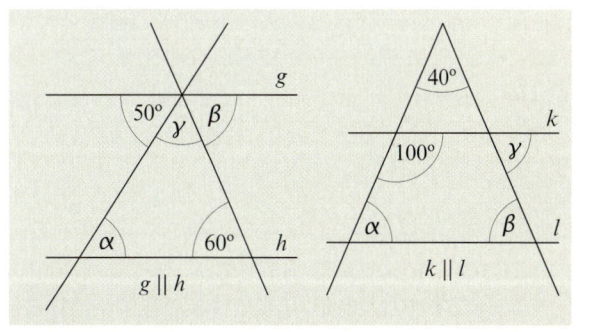

ZUSAMMENFASSUNG

Bei Zuordnungen wird jedem vorgegebenen Wert aus einem Bereich ein Wert aus einem anderen Bereich zugeordnet.
Zuordnungen können z. B. durch Wertetabellen, Diagramme oder Rechenvorschriften gegeben sein.

Proportionale Zuordnung	**Antiproportionale Zuordnung**
Die Verhältnisse einander zugeordneter Zahlen sind stets gleich.	Die Produkte einander zugeordneter Zahlen sind stets gleich.
Wird eine vorgegebene Größe verdoppelt (verdreifacht, …), so verdoppelt (verdreifacht, …) sich auch die andere Größe. Wird eine vorgegebene Größe halbiert (gedrittelt, …), so halbiert (drittelt, …) sich auch die andere Größe.	Wird eine vorgegebene Größe verdoppelt (verdreifacht, …), so halbiert (drittelt, …) sich die andere Größe. Wird eine vorgegebene Größe halbiert (gedrittelt, …), so verdoppelt (verdreifacht, …) sich die andere Größe.
Zuordnungsvorschrift $x \to y$ mit $\frac{y}{x} = m$ bzw. $y = m \cdot x$, $x \neq 0$	Zuordnungsvorschrift $x \to y$ mit $y \cdot x = k$ bzw. $y = \frac{k}{x}$, $x \neq 0$
Beispiel $x \to y$ mit $y = 1{,}5 \cdot x$	Beispiel $x \to y$ mit $y \cdot x = 4$ bzw. $y = \frac{4}{x}$, $x \neq 0$

Wertetabelle

x	0,5	1	1,5	2	2,5	3
y	0,75	1,5	2,25	3	3,75	4,5

Wertetabelle

x	0,5	1	2	3	4	5
y	8	4	2	$\frac{4}{3}$	1	0,8

Grafische Darstellung

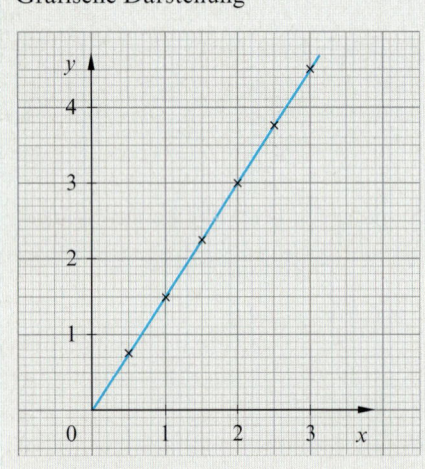

Alle Punkte liegen auf einer Geraden, die durch den Nullpunkt geht.

Grafische Darstellung

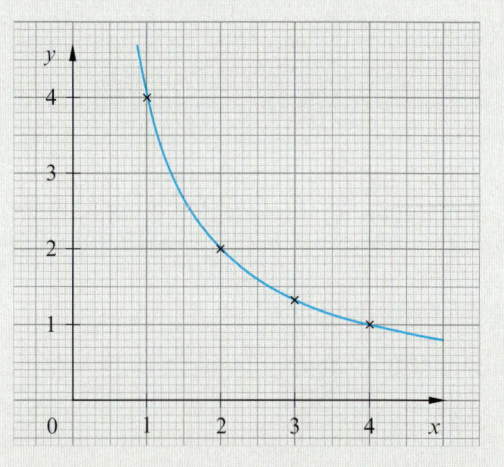

Die Punkte liegen auf einer Kurve (Hyperbel), die sich für sehr kleine x-Werte an die y-Achse und für sehr große x-Werte an die x-Achse „anschmiegt".

Prozentrechnung

Auf dem Free Fall Tower im Holiday-Park von Hassloch/Pfalz wird die Besatzung 70 m hoch gezogen. Dann geht es im freien Fall abwärts. Dabei sollen

10 % der Schallgeschwindigkeit

erreicht werden.

Die Schallgeschwindigkeit ist immerhin

0,0001 % der Lichtgeschwindigkeit.

Wären solche Höhe und diese Geschwindigkeit etwas für dich? Höhenangst zählt in ihrer schwersten Form zu den Phobien.
Unter ihnen leiden schätzungsweise

20 % der Bundesbürger.

Größen vergleichen – absolut und relativ

1

Der Sportlehrer des Lessinggymnasiums überlegt, ob er Peter oder Max im nächsten Pokalspiel als Torhüter einsetzen soll. Beim letzten Training vor dem großen Spiel läßt er ein Elfmeterschießen durchführen.
Peter hält 8 von 20 Elfmetern und Max 9 von 25 Elfmetern.
Für welchen Torwart wird sich der Trainer entscheiden?

2

Sandra aus der 7b hat für die Schülerzeitschrift nebenstehende Übersicht erarbeitet. Sandra meint erfreut: „In unserer Klasse ist der Anteil der Sportbegeisterten größer als in den Parallelklassen." Bianca fragt: „Hast du dabei bedacht, dass in der 7b auch die meisten Schülerinnen und Schüler sind?"

a) Ermittle für jede 7. Klasse den Anteil der Volleyballspielerinnen und -spieler. Vergleiche.
b) Stelle für die anderen Arbeitsgemeinschaften weitere Vergleiche auf.

Teilnahme an Arbeitsgemeinschaften der Schule

Klasse	7a	7b	7c
Schülerzahl	24	30	28
Computer-AG	6	6	4
Volleyball	8	10	7
Ökologie	4	5	7

> **BEISPIEL**
> Am jährlichen Citylauf nehmen auch Schülerinnen und Schüler des Einstein-Gymnasiums teil, 16 von 24 Schülerinnen und Schüler aus der 7a und 19 von 30 aus der 7b.
> Welche der Klassen hat eine höhere Beteiligung an diesem Lauf?
>
> Lösung:
> Vergleicht man die absoluten Zahlen, so stellt man fest, dass die Klasse 7b mehr Teilnehmer für den Lauf gestellt hat als die 7a. Da aber die Klasse 7b mehr Schülerinnen und Schüler hat, wählt man einen relativen Vergleich, man vergleicht Anteile miteinander.
> 7a: 16 von 24 Schülerinnen und Schülern sind $\frac{16}{24}$ der Gesamtschülerzahl.
> 7b: 19 von 30 Schülerinnen und Schülern sind $\frac{19}{30}$ der Gesamtschülerzahl.
> Nach dem Gleichnamigmachen der Brüche ergibt sich: $\frac{16}{24} = \frac{2}{3} = \frac{20}{30} > \frac{19}{30}$
> Aus der Klasse 7a haben anteilmäßig mehr Schülerinnen und Schüler am Citylauf teilgenommen als aus der 7b.

HINWEIS
Man kann den Vergleich der Anteile auch mithilfe eines Taschenrechners durchführen:
$\frac{16}{24} \oplus 0{,}67$, $\frac{19}{30} \oplus 0{,}63$,
also $\frac{16}{24} > \frac{19}{30}$

3

Vergleiche die Anteile.
a) 12 Gewinne auf 120 Lose und 12 Gewinne auf 100 Lose
b) 8 Punkte von 15 Punkten und 9 Punkte von 18 Punkten
c) 25 Erfolge bei 100 Versuchen und 16 Erfolge bei 64 Versuchen
d) 16 Euro von 96 Euro und 21 Euro von 105 Euro
e) 28-mal „6" bei 200 Würfen und 45-mal „6" bei 300 Würfen
f) 1,8 m von 5 m und 75 cm von 3 m

Größen vergleichen – absolut und relativ

4

Die Klasse 7c möchte eine Exkursion ins nahe gelegene Naturschutzgebiet per Fahrrad durchführen. Janas Vater kontrolliert vor dem Exkursionsbeginn gemeinsam mit der Klassenlehrerin die Verkehrssicherheit der 25 Schülerfahrräder. Dabei stellen sie an 7 Fahrrädern kleinere Mängel fest. Der Vater sagt:
„Das Ergebnis ist ja noch ganz gut, denn ich habe vor kurzem gelesen, dass bei einer Verkehrskontrolle 42 Prozent (%) der Fahrräder Mängel hatten."
Versuche, den Anteil der Schülerfahrräder, die für die Exkursion noch in Ordnung zu bringen sind, in Prozent anzugeben. Vergleiche das Ergebnis mit dem der Verkehrskontrolle.

Werden Anteile miteinander verglichen, wird als gemeinsamer Nenner der zu vergleichenden Brüche häufig 100 verwendet.
Für solche Hundertstelbrüche führt man die Schreibweise **Prozent (%)** ein.

Ein Ganzes	ist	**100%**.
Ein Hundertstel eines Ganzen	ist	**1%**.
Dann sind z.B. fünf Hundertstel eines Ganzen		5%
und sechsundsiebzig Hundertstel eines Ganzen		76%.

BEISPIEL

100% sind 450 Euro (450 €).

1% von 450 Euro ist der hundertste Teil von 450 Euro.

$\frac{1}{100}$ von 450 Euro sind 4,50 Euro.

4% von 450 Euro sind demnach vier Hundertstel von 450 Euro.

$\frac{4}{100}$ von 450 Euro sind 4 · 4,50 Euro = 18 Euro.

5

Angaben in Prozent (%) findet man im täglichen Leben sehr häufig.
a) Erläutere, was die Angaben in der Randspalte bedeuten.
b) Suche selbst Beispiele für Anteile, die man in Prozent (%) angibt.

6 L

Gib die folgenden Anteile in Prozent an.
a) $\frac{5}{100}; \frac{17}{100}; \frac{73}{100}; \frac{3}{10}; \frac{9}{100}; \frac{9}{10}; \frac{99}{100}; \frac{100}{100}; \frac{7}{10}$
b) $\frac{7}{10}; \frac{1}{50}; \frac{2}{5}; \frac{1}{2}; \frac{3}{4}; \frac{7}{7}; \frac{1}{3}; \frac{4}{5}; \frac{11}{10}$
c) $\frac{7}{20}; \frac{2}{25}; \frac{13}{25}; \frac{3}{8}; \frac{2}{3}; \frac{8}{10}; \frac{25}{25}; \frac{19}{20}; \frac{7}{8}$

7 L

Schreibe die als Dezimalzahl gegebenen Anteile in Prozent.
a) 0,06; 0,10; 0,21; 0,9; 0,50; 0,100; 1,0; 0,42; 0,001
b) 0,13; 0,75; 0,99; 1,2; 0,07; 0,555; 0,105; 1,000; 0,850
c) 0,03; 0,30; 0,030; 0,33; 0,033; 0,3; 0,003; 3,00

WUSSTEST DU SCHON?

Die Bezeichnung Prozent ist von dem lateinischen *pro centum* (von Hundert) abgeleitet.
Das Zeichen % ist aus der Abkürzung für *pro centum* entstanden.
pc° → p$\frac{o}{o}$ → $\frac{o}{o}$ → %

8

Gib die prozentualen Anteile als gemeinen Bruch an. Kürze so weit wie möglich.
a) 2%; 10%; 50%; 80%; 30%; 15%; 100%; 44%; 90%
b) 5%; 35%; $33\frac{1}{3}$%; 58%; 2,5%; 73%; 3,25%; 0,08%; 0,001%
c) 4%; 22%; 25%; 32%; 45%; 61%; 76%; 85%; 90,2%
d) 0,5%; 1,5%; 5%; 15%; 15,5%; 50,5%; 55%; 55,55%

9

Gib den Anteil der rot, grün bzw. blau gefärbten Fläche als gemeinen Bruch und in Prozent an.
Ermittle auch, wie viel Prozent der Fläche insgesamt farbig markiert sind.

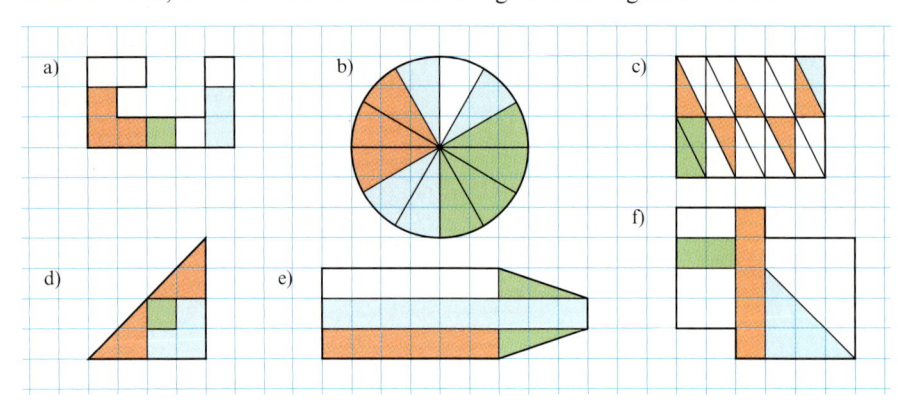

ERINNERE DICH

Das Geobrett kann helfen Bruchteile zu veranschaulichen und zu vergleichen.
Prozentangaben drücken ebenfalls Teile von Ganzen aus.
Du kannst bestimmte Prozentangaben also wieder am Geobrett darstellen.

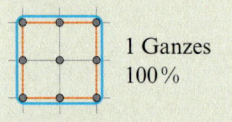

1 Ganzes
100%

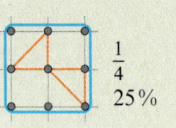

$\frac{1}{4}$
25%

10

Wie viel Prozent sind mithilfe des Geobrettes dargestellt?

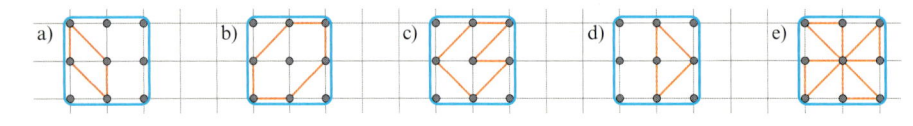

11

Berechne der Reihe nach.
a) 1%, 5%, 12%, 45%, 60%, 73%, 95%   von 520 €
b) 1%, 17%, 20%, $33\frac{1}{3}$%, 40%, 50%, 80% von 3000 t
c) 2%, 2,5%, 15%, 25%, 30%, 47%, 65%   von 400 l
d) 1%, 3%, 6%, 10%, 20%, 40%, 80%   von 25 kg
e) 5%, 12%, 21%, 45%, $66\frac{2}{3}$%, 87%, 99% von 615 km

12

Berechne der Reihe nach möglichst vorteilhaft 10%, 20%, 25%, 50%, 75%, $33\frac{1}{3}$%, 60%, 80% von:

a) 900 €   b) 1000 km   c) 540 m²   d) 3 450 hl   e) 60 min
f) 75 €   g) 5 h 20 min   h) 0,1 t   i) 20,5 cm   j) 7,6 kg

TIPP

Manchmal ist ein Umrechnen der größeren in eine kleinere Einheit hilfreich.

Größen vergleichen – absolut und relativ

Bei einigen häufig in der Praxis vorkommenden Prozentangaben lassen sich die Anteile leicht berechnen:

$50\% = \frac{50}{100} = \frac{1}{2}$ (50% des Ganzen ist die Hälfte des Ganzen.)

$25\% = \frac{1}{4}$ $75\% = \frac{3}{4}$ $20\% = \frac{1}{5}$ $10\% = \frac{1}{10}$ $33\frac{1}{3}\% = \frac{1}{3}$

HINWEIS
Präge dir die „bequemen Prozentsätze" fest ein. Sie werden dir insbesondere zum Ermitteln von Überschlägen sehr behilflich sein.)

13

Berechne im Kopf.
a) 20% von 850 kg
b) 50% von 4012
c) 10% von 63 mm
d) 75% von 2000 m²
e) 25% von 500 Tagen
f) 40% von 250 Stück
g) 20% von 22 hl
h) 60% von 350 ha
i) 10% von 0,34 g
j) $33\frac{1}{3}\%$ von 4500 m
k) 50% von $\frac{2}{5}$ m³
l) 25% von $\frac{1}{4}$ l

AUFGABE
Veranschauliche am Geobrett.
Suche möglichst viele Varianten und skizziere deine Ideen.
a) 25%   b) 50%
c) 75%   d) 12,5%

14

Anteile kann man in Prozent, als gemeinen Bruch oder als Dezimalbruch angeben. Gib die folgenden Anteile jeweils mithilfe der beiden anderen Möglichkeiten an.
a) 0,1   b) $\frac{1}{4}$ c) 60%   d) 0,200   e) 12,5%   f) $\frac{2}{5}$ g) 0,73   h) $\frac{3}{6}$ i) 75%

15

Übertrage die Figuren ins Heft und ergänze sie zum Ganzen.

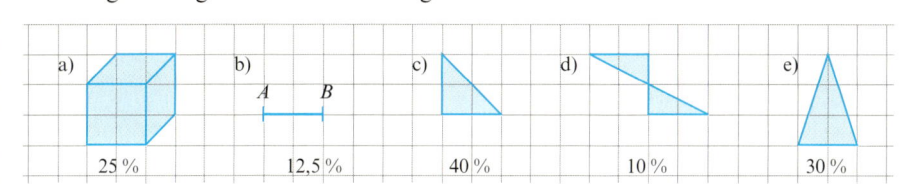

a) 25%   b) 12,5%   c) 40%   d) 10%   e) 30%

BEISPIEL
für das Ergänzen einer Figur (20%) zum Ganzen

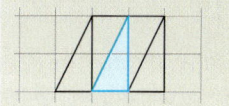

AUFGABEN ZUR WIEDERHOLUNG

1. Berechne im Kopf.

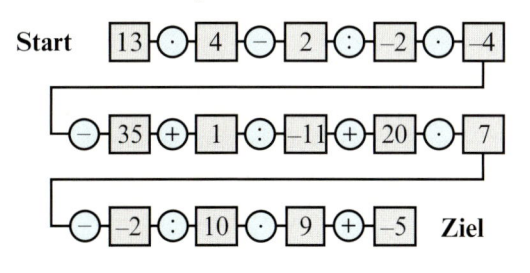

   Start 13 · 4 − 2 : −2 · −4
   − 35 + 1 : −11 + 20 · 7
   − −2 : 10 · 9 + −5   **Ziel**

2. Zum Knobeln
   Suche für die Buchstaben des Wortes *mathe* ganze Zahlen, sodass die folgenden Gleichungen erfüllt werden.
   $h = 240 : (-6)$ $t = 3 \cdot h + 40$ $100 = e - 20$
   $105 : m = -15$ $m + a + t + h + e = -10$

3. Von den Zahlen in der Klammer ist jeweils eine das Ergebnis der Multiplikationsaufgabe. Findest du es ohne auszurechnen?
   a) 149 · 5   (74 500; 7 450; 7 000; 745)
   b) 69 · 15   (135; 1029; 1035; 10 035)
   c) 300 · 999   (299 970; 2 970; 27 055; 299 700)
   d) 0,04 · 5   (2; 0,02; 0,2; 0,25)

4. Finde die gesuchte Zahl x.
   a) Das Quadrat von x ist 81.
      x ist kleiner als 9.
   b) x ist um 26 kleiner als die Hälfte des Vorgängers von 49.
   c) Multipliziert man x mit dem um 2 Verminderten von x, dann erhält man −1.
   d) Die natürliche Zahl x ist nur durch 1, durch sich selbst und durch die Zahlen 3 und 5 teilbar.

Grundaufgaben der Prozentrechnung

1

Ein Tagebau beansprucht eine Fläche von nahezu 2 000 ha. Nach seiner Stilllegung sollen durch Sanierung und Landschaftsgestaltung Voraussetzungen für einen Badesee geschaffen werden.

a) Um die spätere Flutung des Tagebaugeländes vorzubereiten, wurden bereits 22,5 % des Kippengeländes beräumt und planiert.
Gib diese Fläche in Hektar an.

b) Weitere 300 Hektar wurden zum Schutz vor Staub begrünt.
Wie viel Prozent der gesamten ehemaligen Tagebaufläche sind das?

c) 45 % einer zu bewaldenden Fläche, das sind 27 Hektar, wurden bereits mit Jungkiefern aufgeforstet.
Wie viel Hektar soll dieses Waldstück einnehmen?

Braunkohlentagebau

> **WUSSTEST DU SCHON?**
> Ein bedeutsames Vorhaben des Umweltschutzes ist es, stillgelegte Tagebaue und Braunkohleveredlungsanlagen zu sanieren bzw. zurückzubauen. In Anspruch genommene Flächen werden wieder wirtschaftlich oder für Erholungszwecke nutzbar gemacht. Dabei ist wichtig, dass wieder ein ausgeglichener, sich selbst regulierender Wasserhaushalt hergestellt wird.

FACHWÖRTER

15 %	von	320 Hektar	sind	48 Hektar.
Prozentsatz p %		**Grundwert** G		**Prozentwert** W
(Anteil am Ganzen)		(das Ganze)		(Größe des Anteils)

Im Beispiel sind p % = 15 %, G = 320 ha und W = 48 ha.

> **BEACHTE**
> $p\% = \frac{p}{100}$
> Beispielsweise ist
> $15\% = \frac{15}{100} = 0{,}15.$

Erste Grundaufgabe: Berechnen des Prozentwertes

2

Die Gesamtfläche Deutschlands beträgt 35 694 700 Hektar. Im Jahr 1994 waren 30 % mit Wald bedeckt. Wie viel Hektar Deutschlands waren 1994 bewaldet?

BEISPIEL
Rund 55 % der 35 694 700 Hektar Gesamtfläche Deutschlands wurden 1994 landwirtschaftlich genutzt. Wie groß war dieser Flächenanteil?

1. Lösungsweg (mittels Dreisatz)

100 %	35 694 700 ha
1 %	35 694 700 ha : 100 = 356 947 ha
55 %	356 947 ha · 55 = 19 632 085 ha

2. Lösungsweg
Zum gleichen Ergebnis kommen wir schneller, wenn wir 35 694 700 ha gleich mit $\frac{55}{100}$ multiplizieren:

$$35\,694\,700 \text{ ha} \cdot \frac{55}{100} = 35\,694\,700 \text{ ha} \cdot 0{,}55 = 19\,632\,085 \text{ ha}$$

1994 nahm landwirtschaftliche Nutzfläche in Deutschland 19 632 085 ha, also rund 20 Mio. Hektar, ein.

> **HINWEIS**
> Der Prozentwert und der Prozentsatz sind zueinander proportional (s. auch Seite 123).
> Deshalb können wir den Dreisatz verwenden.
> Dreisatzüberlegungen:
> 1. 100 % entspricht dem Grundwert, also 35 694 700 ha.
> 2. 1 % entspricht dem hundertsten Teil des Grundwertes, also 356 947 ha.
> 3. 55 % entspricht dem 55fachen des zuvor ermittelten Wertes, also 19 632 085 ha.

Grundaufgaben der Prozentrechnung

Allgemein gilt: $W = G \cdot \frac{p}{100}$

3

Berechne der Reihe nach die Prozentwerte im Kopf.
1%, 20%, 75%, 25%, 5%, 40%, 60%, 12,5%, 2%, 80% von
a) 800 €,   b) 2 000 kg,   c) 2 h,   d) 400 s,
e) 160 m,   f) 1 dt,   g) 4 l,   h) 0,04 kg.

4L

Berechne jeweils den Prozentwert.
a) 3% von 150 €   b) 20% von 16 km
c) 54% von 850 kg   d) 31% von 200 cm
e) 13% von 1800 €   f) 8% von 42 400 Einwohnern
g) 80% von 5,1 m²   h) 2% von 82,45 €
i) 14% von 3,0 l   j) 27% von 10,9 t

WAS MEINST DU DAZU?

In einer Zeitung war zu lesen:
„Fuhr vor einigen Jahren noch jeder zehnte Autofahrer zu schnell, so ist es heute nur noch jeder fünfte. Doch auch fünf Prozent sind zu viele Schnellfahrer."

5

Berechne den Prozentwert. Fertige zunächst einen Überschlag an. Versuche dabei bequeme Prozentsätze zu verwenden. Prüfe die Größenordnung deines Ergebnisses.
a) 23,7% von 3 900 hl   b) 51,3% von 158 km
c) 19,8% von 2 250 min   d) 0,8% von 2,75 m³
e) 11,4% von 4 205 g   f) 76,0% von 1498 €
g) 1,3% von 4,5 t   h) 32,5% von 3,3 cm

BEISPIEL
24% von 180 Euro soll mithilfe eines Taschenrechners berechnet werden.

Überschlag: 180 : 4 = 45

180 [×] 24 [÷] 100 [=] [43.2]   oder   180 [×] 0,24 [=] [43.2]

24% von 180 Euro sind also 43,20 Euro.

HINWEIS
Viele Taschenrechner haben eine Prozenttaste [%].

Im Allgemeinen führt nur einer der folgenden Wege zum richtigen Ergebnis:

180 [×] 24 [%]

180 [×] 24 [%] [=]

Probiere, wenn möglich, beide Wege auf deinem Taschenrechner aus.

6

In der Tabelle sind Grundwerte und Prozentsätze vorgegeben. Gesucht sind die dazugehörigen Prozentwerte.
Überschlage das zu erwartende Ergebnis und rechne dann mit dem Taschenrechner.
Übertrage die Tabelle ins Heft und notiere den Überschlag unter Ü sowie das genaue Ergebnis unter E.

$p\%$ \ G	4,5%		27,1%		88,5%		92%		120%	
	Ü	E	Ü	E	Ü	E	Ü	E	Ü	E
5 390 m										
423 ha										
95,62 €										
$4\frac{3}{4}$ h										
2,07 hl										

Zweite Grundaufgabe: Berechnen des Grundwertes

7

In der Bundesrepublik geht seit längerer Zeit der Braunkohleabbau von Jahr zu Jahr zurück. So entsprechen die 1998 geförderten 166 Millionen Tonnen Braunkohle nur noch 75 % der 5 Jahre zuvor geförderten Menge. Wie viel Millionen Tonnen Braunkohle wurden 1993 in der Bundesrepublik gefördert?

> **BEISPIEL**
>
> Das Abbaufeld eines Tagebaus ist größer als die tatsächlich für den Abbau genutzte Betriebsfläche. Beispielsweise sind beim Braunkohletagebau Garzweiler II 52 % des Abbaufeldes, das sind 25 Quadratkilometer, als Betriebsfläche vorgesehen.
> Wie groß ist das für Garzweiler II geplante Abbaufeld?
>
> **1. Lösungsweg (mittels Dreisatz)**
>
> | 52 % | 25 km² |
> |---|---|
> | 1 % | 25 km² : 52 ≈ 0,48 km² |
> | 100 % | 0,48 km² · 100 = 48 km² |
>
> **2. Lösungsweg**
> Zum gleichen Ergebnis kommen wir schneller, wenn wir 25 km² gleich durch $\frac{52}{100}$ dividieren:
>
> $25 \text{ km}^2 : \frac{52}{100} = 25 \text{ km}^2 \cdot \frac{100}{52} \approx 0,48 \text{ km}^2$ oder
>
> $25 \text{ km}^2 : 0,52 \approx 0,48 \text{ km}^2$
>
> Das Abbaufeld von Garzweiler II wird eine Fläche von 48 Quadratkilometer beanspruchen.

Allgemein gilt: $G = W \cdot \frac{100}{p}$

INFORMATION
Ein heiß diskutiertes Thema in Nordrhein-Westfalen ist die Erschließung des Braunkohletagebaus Garzweiler II.
Der Tagebau Garzweiler II soll westlich der Autobahn A 44 zwischen den Kreuzen Holz und Titz-Jackerath entstehen. Du findest das Gebiet auf einer Autokarte südlich von Mönchengladbach.
In Garzweiler II lagern 1,3 Milliarden Tonnen Braunkohle, die bis zum Jahre 2044 abgebaut werden sollen.
Die maximale Tiefe des Tagebaus soll bei 210 m liegen.

8

Berechne den Grundwert G im Kopf.

a) 50 % von G sind 17 a
b) 1 % von G sind 2 €
c) 20 % von G sind 35 kg
d) 75 % von G sind 120 h
e) 25 % von G sind $\frac{2}{5}$ l
f) 5 % von G sind 4 Wochen
g) $33\frac{1}{3}$ % von G sind 67 m³
h) 120 % von G sind 2 400 km

9L

Berechne jeweils den Grundwert. Fertige zunächst einen Überschlag an.

a) 3 % von G sind 35 kg
b) 12 % von G sind 22,50 €
c) 26 % von G sind 105 m
d) 12,5 % von G sind 84 dm²
e) 5 % von G sind 0,75 €
f) 42 % von G sind 0,42 Mio. €
g) 17 % von G sind 3,4 l
h) 53 % von G sind 1 440 a
i) $33\frac{1}{3}$ % von G sind 54,20 dm
j) 2,5 % von G sind 22 h

Grundaufgaben der Prozentrechnung

BEISPIEL
12 % von G sind 13,80 €.
Es soll G mithilfe eines Taschenrechners berechnet werden.

Überschlag: 12,5 % wäre $\frac{1}{8}$, also $14 \cdot 8 = 112$

13,8 ÷ 12 × 100 = [115]   oder   13,8 ÷ 0,12 = [115]

G = 115 €

HINWEIS
Hat dein Taschenrechner eine Prozenttaste, so kannst du entweder

13,8 ÷ 12 %

oder

13,8 ÷ 12 % =

rechnen.

10

Ermittle mithilfe des Taschenrechners den jeweiligen Grundwert.
Überschlage den zu erwartenden Grundwert, indem du bequeme Prozentsätze nutzt.

p % \ W	15 € Ü	E	142 l Ü	E	258 t Ü	E	500,50 km Ü	E	2 040,25 m Ü	E
95 %										
0,232										
$\frac{45}{100}$										
77,9 %										

Dritte Grundaufgabe: Berechnen des Prozentsatzes

11

In der BRD wird wesentlich mehr Braunkohle als Steinkohle gefördert. So wurden 1998 insgesamt etwa 208 Millionen Tonnen Kohle gefördert. Davon entfielen 166 Millionen Tonnen auf die Braunkohle.
Wie hoch war 1998 der prozentuale Anteil der Braunkohleförderung an der gesamten Kohleförderung?

BEISPIEL

Im Jahr 1997 wurden in der BRD 177 Millionen Tonnen Braunkohle gefördert. Davon entfielen 99 Millionen Tonnen auf das Rheinische Revier (Köln/Aachen). Wie viel Prozent der Gesamtfördermenge entfielen auf das Rheinische Revier?

1. Lösungsweg (mittels Dreisatz)

177 Mio. t	100 %
1 Mio. t	100 % : 177 ≈ 0,565 %
99 Mio. t	0,565 % · 99 ≈ 56 %

2. Lösungsweg
Den Prozentsatz, also den Anteil am Ganzen, können wir auch als Quotienten von W und G berechnen.

$\frac{99 \text{ Mio. t}}{177 \text{ Mio. t}} = \frac{99}{177} \approx 0{,}56 = 56\,\%$

1997 entfielen 56 % der Braunkohleförderung der BRD auf das Rheinische Revier um Köln und Aachen.

ANREGUNG
Diskutiert in der Klasse zu folgendem Problem: Die Braunkohlelagerstätten sind von großem Wert für Nordrhein-Westfalen. Braunkohle ist ein einheimischer Energieträger, der international konkurrenzfähig ist und in großem Maße zur Gewinnung von Elektroenergie eingesetzt wird. Abbau und Nutzung der Braunkohle sichern viele Arbeitsplätze. Diese Vorteile müssen gegenüber den Nachteilen abgewogen werden – z. B.: Abtragen von landwirtschaftlichen Nutzflächen, Rodung von Wäldern, Eingriffe in den Grundwasserhaushalt, Umsiedlung von Dörfern.

Allgemein gilt: $p\% = \dfrac{p}{100} = \dfrac{W}{G}$

12

Berechne den Prozentsatz im Kopf.
a) $G = 1200$ € ($W = 600$ €, $W = 12$ €, $W = 900$ €, $W = 240$ €, $W = 120$ €)
b) $G = 90$ cm ($W = 9$ cm, $W = 30$ cm, $W = 0{,}45$ m, $W = 67{,}5$ cm)
c) $W = 100$ g ($G = 400$ g, $G = 1$ kg, $G = 0{,}2$ t, $G = 300$ g, $G = 250$ g)
d) $W = 20$ min ($G = 1$ h, $G = 3$ h 20 min, $G = 2400$ s, $G = 80$ min, $G = \dfrac{1}{6}$ h)

13 L

Berechne jeweils den Prozentsatz.
a) 22,50 €   von 90,00 €   b) 16 m   von 120 m
c) 48 l   von 60 l   d) 73 Tage   von 1 Jahr
e) 20 min   von 3 h   f) 3 Treffer auf 27 Würfe
g) 48 Kinder von 100 Kindern   h) 80 km   von 500 km
i) 3,7 ha   von 10 ha   j) 15 €   von 7,50 €

BEISPIEL

Gegeben sind $G = 3450$ Personen und $W = 745$ Personen.
Es soll der Prozentsatz $p\%$ mithilfe eines Taschenrechners berechnet werden.

Überschlag: $\dfrac{700}{3500} = \dfrac{1}{5} = 20\%$

745 ÷ 3450 × 100 = [21.5942029] $p\% \approx 21{,}6\%$

HINWEIS

Hat dein Taschenrechner eine Prozenttaste, so kannst du entweder

745 ÷ 3450 %

oder

745 ÷ 3450 % =

rechnen.

14

Berechne den Prozentsatz. Fertige zunächst einen Überschlag an. Runde das Ergebnis sinnvoll.
a) 310 kg   von 410 kg   b) 36 €   von 217 €
c) 37 h   von 3 Tagen   d) 24,5 km   von 306 km
e) 4,5 cm³   von 8,12 dm³   f) 49,2 l   von 2550 l
g) 24,70 €   von 102,40 €   h) 6,5 s   von 21 min
i) 5,28 t   von 529,59 t   j) 912,00 € von 844,50 €

15

Berechne für die vorgegebenen Prozentwerte und Grundwerte jeweils den Prozentsatz. Übertrage die Tabelle ins Heft und trage die Ergebnisse ein. Vergiss nicht den Überschlag, auch wenn du den Taschenrechner nutzt.

W \ G	27,00 € Ü	E	207,55 € Ü	E	457 € Ü	E	783,80 € Ü	E	5 020,15 € Ü	E
0,90 €										
4,83 €										
13,50 €										
22,65 €										
54,87 €										

Grundaufgaben der Prozentrechnung

Eine weitere Möglichkeit zum Lösen der Grundaufgaben

16

a) Welche Prozentwerte sind bei einem Grundwert von 600 € den folgenden Prozentsätzen zugeordnet?
b) Veranschauliche diese Zuordnung in einem geeigneten Koordinatensystem.

$p\%$	10%	12,5%	30%	50%	75%	87,5%	120%
W in €							

> Prozentwert W und Prozentsatz $p\%$ sind direkt proportional zueinander (bei gegebenem Grundwert).

Dem Prozentwert W entspricht der Prozentsatz $p\%$.
Dem Grundwert G entspricht der Prozentsatz 100%.
Da der Prozentwert W und der Prozentsatz $p\%$ direkt proportional zueinander sind, muss u.a. folgende Verhältnisgleichung gelten:
$\frac{W}{p\%} = \frac{G}{100\%}$ bzw. $\frac{W}{p} = \frac{G}{100}$.

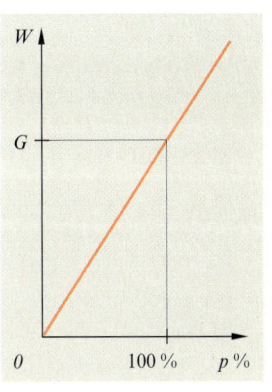

Grafische Darstellung des Zusammenhangs zwischen W und $p\%$

17

Zeige, dass man durch Umformen aus der Verhältnisgleichung $\frac{W}{p} = \frac{G}{100}$ die drei Formeln von den Seiten 11, 12 und 14 erhält:

$W = G \cdot \frac{p}{100}$, $G = W \cdot \frac{100}{p}$ und $\frac{p}{100} = \frac{W}{G}$.

Da der Prozentwert W und der Prozentsatz $p\%$ direkt proportional zueinander sind, kann man die Grundaufgaben auch über das Aufstellen von Verhältnisgleichungen lösen (also ohne Dreisatz und ohne Verwendung einer Formel).

HINWEIS
Präge dir die Verhältnisgleichung

$\frac{W}{p} = \frac{G}{100}$

gut ein. Aus ihr kannst du die Formeln zur Lösung der Grundaufgaben gewinnen.

> **BEISPIEL zum Berechnen des Prozentwertes**
>
> Eine Kreisstadt hat 31 520 wahlberechtigte Bürgerinnen und Bürger. Davon beteiligten sich an der letzten Kommunalwahl 67,5%.
> Wie viele Einwohner machten von ihrem Stimmrecht Gebrauch?
>
> Zusammenstellen der Daten:
> 31 520 ≙ 100%
> W ≙ 67,5%   Ü: 67,5% ≈ $\frac{2}{3}$; 30 000 · $\frac{2}{3}$ = 20 000
>
> Aufstellen einer Verhältnisgleichung (Beginne zweckmäßig mit der gesuchten Größe!):
> $\frac{W}{31520} = \frac{67,5\%}{100\%}$
>
> Lösen der Verhältnisgleichung:
> $W = \frac{31520 \cdot 67,5\%}{100\%}$
> $W = 21276 \approx 21300$ (Ergebnis sinnvoll gerundet)
>
> Es nahmen etwa 21 300 Bürgerinnen und Bürger an der Wahl teil.

HINWEIS
Das Zeichen ≙ wird gelesen: „entspricht".
Das Gleichheitszeichen kann man hier nicht verwenden.

BEISPIEL zum Berechnen des Grundwertes

Beim Räumungsverkauf eines Sportgeschäfts werden Inlineskates für 91 € verkauft. Das sind 70 % des ursprünglichen Preises. Berechne diesen.

$G \; \widehat{=} \; 100\%$
$91\,€ \; \widehat{=} \; 70\%$

Ü: $70\% \approx \frac{2}{3}$; $90 \cdot \frac{3}{2} = 135$

$\frac{G}{91\,€} = \frac{100\%}{70\%}$; $G = 130\,€$

Die Inlineskates kosteten ursprünglich 130 €.

BEISPIEL zum Berechnen des Prozentsatzes

In einem Gymnasium haben an den letzten Abiturprüfungen 108 Schülerinnen und Schüler teilgenommen. Davon haben 23 Abiturienten einen Durchschnitt von 2,0 und besser erreicht. Wie viel Prozent sind das?

$108 \;\widehat{=}\; 100\%$
$23 \;\widehat{=}\; p\%$

Ü: $\frac{20}{100} = 20\%$

$\frac{p\%}{100\%} = \frac{23}{108}$; $p\% = 21{,}3\%$

21,3 % der Schülerinnen und Schüler bestanden das Abitur mit 2,0 und besser.

Inlineskaten

Dreisatz, Formeln und Verhältnisgleichungen sind mögliche Ansätze zur Lösung von Aufgaben der Prozentrechnung. Auch künftig kannst du zwischen ihnen wählen.

Weitere Übungen zu den Grundaufgaben der Prozentrechnung

18
An einem Gymnasium lernen 950 Schülerinnen und Schüler. Der Anteil der Mädchen beträgt 64 %. Wie viele Schülerinnen sind an diesem Gymnasium?

19
Der Wohnraumbestand einer Stadt umfasst 10 265 Genossenschaftswohnungen, 15 628 Wohnungen einer Wohnungsgesellschaft, 184 Werkswohnungen und 3 596 Eigentumswohnungen. Ermittle den prozentualen Anteil jeder Wohnungsart.

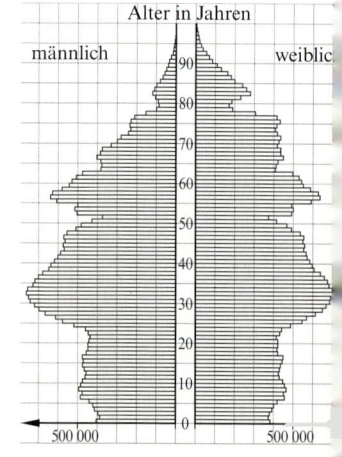

20
Bei der Wahl zum Klassensprecher entfielen auf Anne 16 Stimmen, das sind ca. 57 % der abgegeben Stimmen.
Wie viele Schülerinnen und Schüler der Klasse 7 d nahmen an der Wahl teil?

21
Gegeben ist ein Rechteck mit den Seitenlängen $a = 19{,}5$ cm und $b = 4{,}2$ cm.
a) Ermittle der Reihe nach 20 %, 32,5 % und 84 % der Rechteckfläche.
b) Ermittle der Reihe nach 27,5 %, 63 % und 95 % des Rechteckumfangs.

„Lebensbaum" der Bevölkerung d BRD im Jahre 1996

Grundaufgaben der Prozentrechnung

22

19 Schülerinnen und 23 Schüler beteiligten sich an einer Mathematik-Olympiade in der Klassenstufe 7. Im Ergebnis des Wettbewerbs wurden insgesamt 16 Preise (7 davon an Mädchen) und 9 Anerkennungen vergeben.
Die Hälfte der Preisträger errang einen 3. Preis und 37,5% der Preisträger einen 2. Preis.
a) Wie viel Prozent der Starter dieser Olympiade erhielten einen Preis?
b) Wie viel Prozent der Preisträger waren Mädchen?
c) Wie viel Prozent der Teilnehmer bekamen eine Anerkennung?
d) Wie oft wurde ein 1. Preis vergeben?

23

Übertrage die Tabelle in dein Heft und fülle sie aus.

G	400	5,43			308,80	$27\frac{1}{4}$	63,8
W		0,29	917	45,8		$5\frac{3}{4}$	
$p\%$	$\frac{9}{50}$		37,5%	0,56	4,75%		1,05

24

Moritz möchte sich ein neues Fahrrad für 279 € kaufen. Er ist stolz darauf, dass er bereits 70% des Kaufpreises erspart hat. Zum Weihnachtsfest erhält Moritz von Oma und Opa 40 €.
a) Wie viel Prozent des Kaufpreises hat Moritz nach dem Weihnachtsfest zusammen?
b) Wie viel Euro muss er noch sparen?

25

Katrin und Peter würfeln. Sie halten ihre Ergebnisse tabellarisch fest.

Augenzahl	1	2	3	4	5	6
Katrin	|||| |||| |||	|||| ||||		|||| |||	|||| |||| ||||	||||		|||| ||
Peter	|||| |||| ||||	|||| |||| |||| ||||	|||| |||| ||	|||| |||| |||| ||||	|||| |||	|||| ||||	

a) Wer hat prozentual am häufigsten die Sechs gewürfelt?
b) Berechne für jeden Spieler den prozentualen Anteil der geraden Augenzahlen.
c) Wie häufig wurde insgesamt eine ungerade Augenzahl größer 2 gewürfelt?

26

Durchschnittlich 18% der menschlichen Körpermasse entfallen auf das Skelett.
a) Wie viel Kilogramm wiegt dein Skelett ungefähr?
b) Welchen prozentualen Anteil nimmt bei einem Elefanten die Skelettmasse von ca. 1500 kg ein, wenn er 5800 kg wiegt?

Grafische Darstellungen

BEISPIELE für Streifendiagramme

Das folgende Streifendiagramm veranschaulicht den Anteil verschiedener Baumarten an den heutigen Kippenwäldern, die in den letzten 30 Jahren auf ehemaligen Tagebauflächen gewachsen sind.
Man erkennt sofort, dass die Kiefer das Waldbild auf Kippen bestimmt.

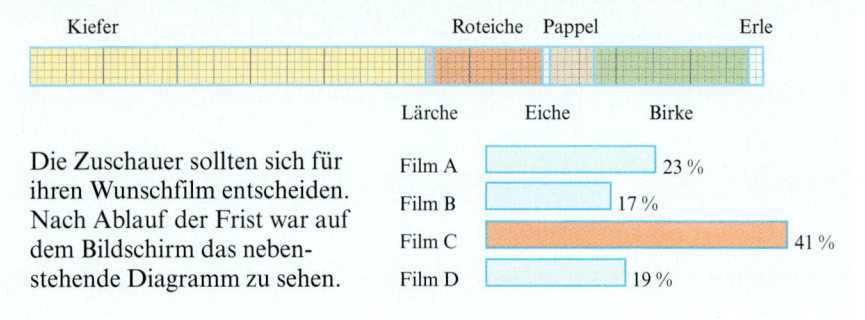

Kiefer Roteiche Pappel Erle

Die Zuschauer sollten sich für ihren Wunschfilm entscheiden. Nach Ablauf der Frist war auf dem Bildschirm das nebenstehende Diagramm zu sehen.

Lärche Eiche Birke

Film A 23 %
Film B 17 %
Film C 41 %
Film D 19 %

BEACHTE
Im ersten Streifendiagramm werden die Anteile am Ganzen hintereinander in einem Streifen dargestellt.
Man kann so sehr gut die einzelnen Anteile mit dem Ganzen vergleichen.
Im zweiten Streifendiagramm werden die Anteile am Ganzen übereinander dargestellt.
So kann man sehr gut die einzelnen Anteile miteinander vergleichen.

1

a) Versuche aus dem ersten Streifendiagramm des Beispiels den prozentualen Anteil der einzelnen Baumarten an den Kippenwäldern abzulesen.
Der ganze Streifen veranschaulicht 100 %.
b) Warum wurden bei der Entscheidung für den Wunschfilm die Anteile übereinander in vier Streifen und nicht hintereinander in einem Streifen angeordnet?

2

Versuche aus dem nebenstehenden **Kreisdiagramm** den Anteil der einzelnen Energieträger an der Stromerzeugung in Deutschland abzulesen. Gib diesen Anteil näherungsweise als Bruch und in Prozent an.

3

Suche aus Zeitungen und Zeitschriften Diagramme heraus und erläutere, was jeweils dargestellt wird.

BEISPIEL für das Zeichnen eines Streifendiagramms

Die Schulleitung des Goethe-Gymnasiums hat ermittelt, wie die einzelnen Schülerinnen und Schüler zur Schule kommen: 20 % kommen zu Fuß, 25 % kommen mit dem Fahrrad, 30 % kommen mit dem Schulbus und der Rest wird von den Eltern mit dem Auto zur Schule gebracht.
Zur Veranschaulichung zeichnen wir uns einen 10 cm langen Streifen – das sind 100 % – und überlegen:
20 % von 10 cm sind 2 cm.   25 % von 10 cm sind 2,5 cm.
30 % von 10 cm sind 3 cm.

zu Fuß | per Fahrrad | per Bus | per Auto

Anteil der einzelnen Energieträger an der Stromerzeugung in Deutschland

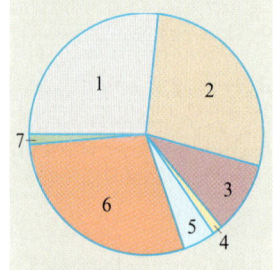

1 Braunkohle
2 Steinkohle
3 Gas
4 Heizöl
5 Wasserkraft
6 Kernenergie
7 Sonstige
  (Wind-, Sonnenenergie u. a.)

ANREGUNG
Fertigt für eure Klasse und eure Schule ähnliche Übersichten an.

Grafische Darstellungen

4

Familie Franz hat im Monat 2 000 Euro zur Verfügung. Die monatlichen Ausgaben setzen sich wie folgt zusammen: 20% für Miete, 25% für Nahrung, 10% für den Unterhalt des Autos, 3% für Energie, 8% zum Sparen, 9% für Ratenzahlung, 5% für Kultur, der Rest wird für sonstige Ausgaben (Telefon, ...) benötigt. Veranschauliche den prozentualen Anteil der einzelnen Ausgaben in einem Streifendiagramm (Anteile hintereinander).

BEISPIEL für das Zeichnen eines Kreisdiagramms

In Mühlendorf waren Wahlen. Auf die vier Parteien entfielen folgende Stimmenanteile A: 25%; B: 40%; C: 10% ; D: 25%.

Alle Stimmen zusammen – das Ganze – stellen wir durch einen Kreis dar.
Wir überlegen:
100% entsprechen 360°.
25% von 360° sind 360° : 4 = 90°.
40% von 360° sind 360° · 0,4 = 144°.
10% von 360° sind 360° : 10 = 36°.
Damit erhalten wir die nebenstehende Darstellung.

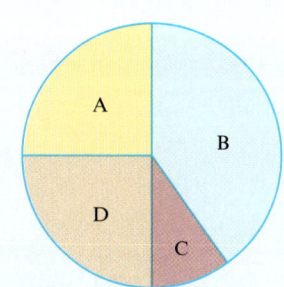

Bei einem Kreisdiagramm werden den Prozentsätzen Winkel zugeordnet.

TIPP
Fertige dir eine Tabelle nach dem folgenden Muster an.
Aus ihr kannst du beim Zeichnen von Kreisdiagrammen häufig den Winkel α entnehmen, der zu einem Prozentsatz $p\%$ gehört.

$p\%$	α
1%	
5%	
20%	
25%	
$33\frac{1}{3}\%$	
40%	
60%	
$66\frac{2}{3}\%$	
75%	
100%	

5

Veranschauliche in einem Kreisdiagramm.
a) Von der gesamten Getreideproduktion in Deutschland sind 45% Weizen, 41% Gerste, 9% Roggen und 5% Hafer.
b) Von den Wirbeltieren sind 9% Säugetiere, 53% Fische, 19% Vögel, 13% Reptilien und der Rest sind Amphibien (Lurche).

6

Die Zuschauer haben entschieden, welcher von vier Kandidaten seine Aufgabe am besten gelöst hat: A: 19%; B: 42%; C: 15%; D: 24%.
a) Veranschauliche diese Ergebnisse in einem Streifendiagramm mit mehreren Streifen, in einem Streifendiagramm mit einem Streifen und in einem Kreisdiagramm.
b) Diskutiert in der Klasse: Welche Vor- und Nachteile haben die drei Diagramme in diesem konkreten Fall?

7

Sarah hat in einer Zeitung die Ergebnisse einer Umfrage zum Freizeitverhalten gefunden. Darin war auch das nebenstehende Diagramm enthalten.
Sarah wundert sich, dass die Summe der Prozentsätze größer als 100% ist.
Finde eine Erklärung.

25% Radfahren
12% Tennis/Squash
15% Laufen
5% Reiten
Fernsehen 85%
15% Lesen

Prozentuale Zu- und Abnahme

1

Die jährliche Produktion von Papier und Pappe stieg in Deutschland im Zeitraum von 1970 bis 1994 auf 322% an. Im Jahre 1970 wurden ca. 5,5 Mio. Tonnen Papier und Pappe produziert.
a) Wie viel Millionen Tonnen Papier und Pappe wurden 1994 in Deutschland produziert?
b) Versuche herauszubekommen, um wie viel Prozent der Pro-Kopf-Verbrauch an Papier 1990 unter dem von 1994 lag (siehe Diagramm)?

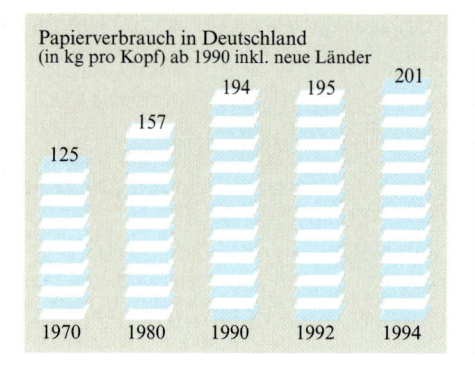

Papierverbrauch in Deutschland (in kg pro Kopf) ab 1990 inkl. neue Länder

1970	1980	1990	1992	1994
125	157	194	195	201

WUSSTEST DU SCHON?
Deutschland ist das größte europäische Erzeugerland von Papier und Pappe.
Weltweit liegt Deutschland nach den USA, Japan, Kanada und China auf Platz 5.

2

Stefanie ärgert sich. Sie hat im Winter ein Fahrrad für 225 € gesehen, das sie nach ihrem Geburtstag kaufen wollte. Als sie nun in den Laden kommt, muss sie feststellen, dass das Fahrrad um 10 % teurer geworden ist.
Was muss Stefanie jetzt für ihr Wunschrad bezahlen?

3

Suche selbst Beispiele für Preise, die saisonbedingt geändert werden.

BEISPIEL
Der alte Preis eines Sicherheitsfahrradschlosses betrug 40 €. Der Preis wird um 5% erhöht.
Wie viel Euro beträgt die Preiserhöhung? Was kostet das Schloss jetzt?

1. Lösungsweg
Wir rechnen:
5 % von 40 € sind 2 €.
Die Preiserhöhung beträgt 2 €,
das Fahrradschloss kostet jetzt 42 €.
42 € sind 105 % des alten Preises.

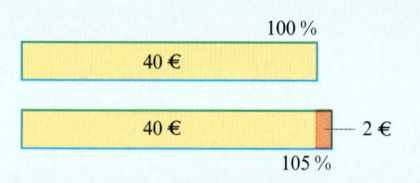

2. Lösungsweg
Wir wissen: $105\% = \frac{105}{100} = 1,05$
Den neuen Preis erhalten wir auch, indem wir rechnen: 40 € · 1,05 = 42 €
Das Fahrradschloss kostet nach der Preiserhöhung 42 €.

4L

Ermittle die neuen Preise.

	a)	b)	c)	d)	e)
alter Preis	450 €	675 €	1 080 €	548 €	2 405 €
Erhöhung	10 %	20 %	7,5 %	12 %	12,5 %

Prozentuale Zu- und Abnahme

5

Die Miete wird um 5% erhöht. Berechne jeweils die neue Miete, wenn die alte Miete a) 460 €, b) 540 €, c) 336 € betrug.

6

Herr Maier stöhnt. Erst wurde die Miete von 370 € um 10% erhöht und dann noch einmal um 5%, da das Haus modernisiert wurde.
a) Berechne die Miete nach der ersten Mieterhöhung.
b) Berechne die Miete nach der zweiten Mieterhöhung.
c) Um wie viel Prozent ist die ursprüngliche Miete insgesamt erhöht worden.

BEISPIEL
Frau Müller hat nach ihrer letzten Gehaltserhöhung auch das Taschengeld von Max erhöht. Statt 12 € erhält er nun 15 €.
Um wie viel Prozent wurde das Taschengeld von Max erhöht?

1. Lösungsweg
Wir überlegen: Das Taschengeld von Max wurde um 3 € erhöht.
3 € sind $\frac{1}{4}$ von 12 €, also 25%.
15 € sind demnach 125% von 12 €.

2. Lösungsweg
Wenn wir 15 € durch 12 € dividieren, erhalten wir den Faktor, mit dem wir multiplizieren müssen, um das neue Taschengeld zu erhalten:
15 € : 12 € = 1,25   15 € sind also 125% von 12 €.

Das Taschengeld von Max wurde **um 25%** erhöht.
Man sagt auch: Es wurde **auf 125%** erhöht.

7L

Ermittle für alle Fahrscheinarten die Preiserhöhung in Prozent.
Bei welcher Fahrscheinart war die prozentuale Preiserhöhung am niedrigsten (am höchsten)?

	alter Preis	neuer Preis
Einzelfahrschein E	1,60 €	1,90 €
Einzelfahrschein K	1,25 €	1,40 €
Sammelkarte 4 Fahrten	6,00 €	6,50 €
Wochenendticket	6,25 €	7,50 €

8

Bei den letzten Tarifverhandlungen sind Lohnerhöhungen vereinbart worden. Frau Mademann bekommt zu ihrem bisherigen Lohn von 1800 € jetzt 90 € hinzu.
a) Um wie viel Prozent wurde der Lohn erhöht?
b) Herr Lehmann und Frau Schmidt bekommen bei dieser Lohnerhöhung 60 € bzw. 75 € hinzu. Berechne von beiden das alte und das neue Gehalt.

9

Berechne für die angegebenen Nettopreise die Endpreise bei einer Mehrwertsteuer von 15%. (Siehe die INFORMATION.)
a) 735 €   b) 54,50 €   c) 2098 €   d) 12,90 €

WUSSTEST DU SCHON?

In vielen großen Städten gibt es einen Mietspiegel. Das ist eine Übersicht über die in Abhängigkeit von Wohnlage, Alter und Ausstattung der Wohnung zu zahlende durchschnittliche Miete pro Quadratmeter.
Der Mieter kann dies als Vergleich bei der Suche nach neuem Wohnraum nutzen.

INFORMATION

Die Mehrwertsteuer wird zusätzlich zum Wert der Ware erhoben und an den Staat abgeführt.
In den einzelnen europäischen Ländern ist der Mehrwertsteuersatz unterschiedlich.
2000 betrug er für Industriewaren und Dienstleistungen in Luxemburg 15%,
in Deutschland und Spanien 16%,
in Italien und Österreich 20%,
in Dänemark und Schweden 25%.

10

Herr Kurz will sein Bad neu mit Fliesen auslegen lassen. Die Fliesen hat er bereits gekauft. Für welchen Handwerker soll er sich entscheiden?

Aktionswoche neues Bad
Fliesenlegen: m² nur 32 €
(zuzüglich Mehrwertsteuer)

Handwerksmeister Turm
Fliesenlegen: m² für 36 €
(inklusive Mehrwertsteuer)

HINWEIS
Erkundige dich nach dem aktuellen Mehrwertsteuersatz.

11

Berechne die neuen Preise für die einzelnen Waren beim Räumungsverkauf.

8,- / 25,- um 20%
19,- / 30,- um 30% Reduziert
49,- / 69,- um 35%

BEISPIEL
Ein Pulli für 60 € wird im Schlussverkauf um 30% verbilligt angeboten.
Um wie viel Euro ist der Pulli billiger? Wie viel kostet der Pulli jetzt?

1. Lösungsweg
Wir überlegen:
30% von 60 € sind 18 €.
Der Pulli ist um 18 € billiger und kostet jetzt 42 €.

2. Lösungsweg
Der neue Preis beträgt 70% des alten Preises; 70% = 0,7.
Wir erhalten den neuen Preis auch, indem wir gleich rechnen: 60 € · 0,7 = 42 €.

Statt: „Der Preis wurde um 30% reduziert", sagt man auch: „Der Preis wurde auf 70% (des alten Preises) vermindert."

WUSSTEST DU SCHON?
Zweimal im Jahr darf der Handel Saisonschlussverkäufe durchführen, den Winter- und den Sommerschlussverkauf. Zwei Wochen lang werden Waren preisgesenkt angeboten, um in den Lagern Platz für neue Waren zu schaffen.

12ᴸ

Ermittle die neuen Preise.

	a)	b)	c)	d)	e)
alter Preis	235 €	147 €	19,80 €	735 €	4 568 €
Preisnachlass	15%	25%	8%	11%	12,5%

	f)	g)	h)	i)	j)
alter Preis	365 €	472 €	98,50 €	116 €	6 805 €
Verminderung auf	90%	80%	75%	82%	82%

Prozentuale Zu- und Abnahme

13ᴸ

In den folgenden Preisen ist die Mehrwertsteuer von 16 % bereits enthalten.
Wie viel Euro beträgt jeweils die Mehrwertsteuer?

a) 246 €   b) 360 €   c) 189 €   d) 1 085 €
e) 4 505 € f) 23 125 € g) 220 €   h) 550 €
i) 179 €   j) 2 906 € k) 5 045 € l) 34 782 €

TIPP
Wenn in 246 € die Mehrwertsteuer von 16 % enthalten ist, dann gilt:
246 € ≙ 116 %

14

Herr Hartmann erhält eine Rechnung über 1 820 €. Auf der Rechnung steht der Zusatz: Bei Zahlung innerhalb von 10 Tagen wird ein Skonto von 2 % des Rechnungsbetrages gewährt. Wie viel Euro kann Herr Hartmann sparen, wenn er die Rechnung innerhalb der gestellten Frist bezahlt?

15ᴸ

Das Autohaus „Flitzer" gewährt Kunden einen Barzahlungsrabatt von 8 %.
Wie viel Euro muss man statt der angegebenen Preise bezahlen, wenn man diesen Rabatt in Anspruch nimmt?

a) 11 900 €   b) 9 850 €   c) 21 200 €

WUSSTEST DU SCHON?
Der **Skonto** ist eine prozentuale Vergütung für vorzeitige Zahlung. Er enthält auch eine Prämie für die Ersparung von Risiko und Aufwand. Es wird bis zu 3 % Skonto gewährt.
Rabatt ist ein Preisnachlass, der z. B. in folgenden Fällen gewährt wird: Bei Abnahme größerer Mengen (Mengenrabatt), an Stammkunden (Treuerabatt), an den Handel (Wiederverkaufsrabatt), bei Räumungsverkäufen (Sonderrabatt) oder beim Verkauf an Betriebsangehörige (Personalrabatt).

16

Wie viel Prozent betrug jeweils der gewährte Rabatt?

	a)	b)	c)	d)	e)
Rechnungsbetrag	980 €	724 €	635 €	1 490 €	1 898 €
gezahlter Betrag	882 €	615,40 €	582,20 €	1 117,50 €	1 803,10 €

17

Familie Muster will sich ein neues Auto kaufen. Für ein und denselben Typ haben sie drei unterschiedliche Angebote erhalten. Suche das günstigste Angebot heraus.
1. Angebot: 13 910 € ohne Abzug
2. Angebot: 14 100 €, bei Zahlung innerhalb einer Woche 2 % Skonto
3. Angebot: 14 230 €, bei sofortiger Barzahlung 4 % Rabatt

18

Autos verlieren sehr schnell an Wert. Im ersten Jahr sind es abhängig vom Autotyp bis zu 30 % des Neuwertes und im zweiten Jahr noch einmal bis zu 25 % des Wertes nach einem Jahr.
Welchen Preis kann man für ein 1 Jahr (2 Jahre) altes Auto verlangen, das ursprünglich **a)** 13 700 €, **b)** 9 820 €, **c)** 12 340 € gekostet hat?
(Rechne mit 30 % Wertverlust im 1. Jahr und 25 % im zweiten Jahr.)

19

Beim Ausverkauf in einem Schreibwarenladen werden alle Waren um 40 % im Preis reduziert. Steffen nutzt das günstige Angebot und kauft:
5 Schreibblöcke für 2,49 €; 10 Bleistifte für 2,34 €; 1 Bleistiftspitzmaschine für 9,99 € und 1 großen Zeichenblock für 2,67 €. Wie viel Euro hätte Steffen für die gleichen Waren vor der Preissenkung bezahlen müssen?

20 L

Wie viel Prozent beträgt jeweils die Preisminderung beim Räumungsverkauf?

	a)	b)	c)	d)	e)
alter Preis	320 €	480 €	65 €	150 €	90 €
neuer Preis	240 €	384 €	45,50 €	90 €	67,50 €

21

Bei Konservendosen findet man Angaben zur Füllmenge und zum Abtropfgewicht. Berechne, wie viel Prozent der Füllmenge das Abtropfgewicht beträgt.

	a)	b)	c)	d)	e)
Füllmenge	400 g	290 g	340 g	400 g	190 g
Abtropfgewicht	250 g	170 g	285 g	230 g	115 g

INFORMATION

Die Füllmenge wird je nach Nahrungsmittel als Volumen oder Masse angegeben.
Beim Abtropfgewicht handelt es sich um eine Masseangabe.

22

Im Preis von 1 l Benzin sind 70 % Mineralölsteuer enthalten. Frau Heilmann tankt 43 l Benzin für 0,989 € pro Liter. Wie viel Euro von dem zu bezahlenden Preis beträgt die Mineralölsteuer?

23 L

Frau Henntig fährt schon lange unfallfrei und muss deshalb bei der Kraftfahrzeughaftpflichtversicherung nur 40 % des vollen Beitragssatzes bezahlen. Im vergangenen Jahr waren das 221,19 €. Durch Tarifänderungen wurde dieser Beitrag in diesem Jahr auf 278,70 € erhöht.

a) Um wie viel Prozent des alten Beitrags wurde der neue Beitrag heraufgesetzt?
b) Bereits bei geringfügigen Schäden, die man an fremden Autos verursacht, wird man in eine andere Schadensfreiheitsklasse eingestuft. Wie viel Euro müsste Frau Henntig in diesem Jahr mehr bezahlen, wenn sie 60 % des vollen Beitragssatzes bezahlen sollte?
c) Wie viel Euro müsste ein Anfänger für ein Auto gleichen Typs in diesem Jahr bezahlen, wenn er mit 225 % eingestuft wird?

WUSSTEST DU SCHON?

Der auf den Kraftverkehr entfallende Anteil der Mineralölsteuer wird weitgehend für den Straßenbau verwendet.

Die Kraftfahrzeughaftpflichtversicherung ist wegen der Gefährdungshaftung des Autohalters im Interesse des Geschädigten durch ein Gesetz vom 7. 11. 1939 zwangsweise vorgeschrieben.
Sie wird wirksam, wenn durch den Betrieb eines Kraftfahrzeugs Personen-, Sach- oder Vermögensschäden entstehen.

24

Herr Schmidt kauft sich einen Computer für 1 800 €, den er in vier gleich großen Raten bezahlen möchte. Für den Ratenkauf verlangt der Händler 5 % Aufschlag.
a) Wie hoch sind die einzelnen Ratenbeträge?
b) Bei sofortiger Barzahlung hätte Herr Schmidt 3 % Skonto erhalten. Wie viel Euro hätte er bei Nutzung dieses Angebots gespart?

25

Herr Krause holt täglich frisches Obst und Gemüse beim Großmarkt und verkauft es dann auf dem Markt. Er hat Ware für 4 000 € gekauft. Die Hälfte der Ware verkauft er mit 30 % Gewinn. Die Hälfte des Restes kann er mit 10 % Gewinn verkaufen und den verbleibenden Rest verkauft er zu Geschäftsschluss mit 15 % Verlust. Wie hoch sind die Einnahmen von Herrn Krause, wenn er vom Gesamtgewinn 2 % als Standmiete bezahlen muss?

Prozentuale Zu- und Abnahme

26
Sebastian erhält 15 € Taschengeld, seine jüngere Schwester Anja 12 € im Monat.
Anja sagt: „Ich bekomme 20% weniger Taschengeld als du."
Sebastian stellt fest: „Da wundere ich mich aber, denn ich bekomme doch 25% mehr als du."
Wer hat Recht? Kannst du den Widerspruch aufklären?

27
Der Preis für einen Koffer von 100 € wird um 10% heraufgesetzt. Der neue Preis wird später wieder um 10% gesenkt. Wie viel kostet der Koffer jeweils?

28
Ein PC kostete 1 225 €. Da es sich um ein Auslaufmodell handelt, wurde er um 15% und dann nach Weihnachten noch einmal um 10% im Preis reduziert.
a) Berechne den Preis nach jeder Preissenkung.
b) Wie viel Prozent des ursprünglichen Preises beträgt der Preis nach der zweiten Preissenkung?
c) Was sagst du zu Peters Vorschlag?
Peter: „Das ist doch ganz einfach: 15% + 10% = 25%. Der Preis vermindert sich also um 25%."

29
Zum Ende des Schlussverkaufs werden die um 20% verbilligten Waren noch einmal um 15% im Preis reduziert. Die ursprünglichen Preise betrugen: 75 €, 94,95 € und 193,75 €.
a) Berechne die Endpreise.
b) Um wie viel Prozent wurde insgesamt reduziert?

WAS MEINST DU DAZU?
Eine Gemüsehändlerin beschließt:
Jeden Winter setze ich die Obstpreise um 25% herauf und im Frühjahr um 20% herab.
Ihr Mann zweifelt:
„Ob da die Kunden auf Dauer mitmachen, wenn du von Jahr zu Jahr teurer wirst?"

AUFGABEN ZUR WIEDERHOLUNG

1. Fit fürs Einkaufen.
   Nimm an, die Zuordnungen *Warenmenge → Preis* sind proportional.
   Rechne im Kopf aus, was die verschiedenen Abpackungen kosten.

   frische Vollmilch

1 l	2 l	5 l	0,25 l	100 ml
0,64 €				

   Mineralwasser

1 Fl.	2 Fl.	10 Fl.	20 Fl.	25 Fl.
39 Cent				

   Brötchen

1 Stk.	2 Stk.	7 Stk.	10 Stk.	15 Stk.
15 Cent				

2. Nenne je drei Beispiele für proportionale und antiproportionale Zuordnungen aus dem täglichen Leben und begründe, dass die Zuordnungen proportional bzw. antiproportional sind.

3. Vergleiche die folgenden Angebote und suche jeweils das günstigere heraus.

Dauerniedrigpreis		Sonderangebot	
100 g Salami	1,19 €	1 kg Salami	12,5 €
10 Freilandeier	1,69 €	6 Freilandeier	0,95 €
250 g Butter	0,95 €	3 × 250 g Butter	2,79 €
8 Bockwürste	4,49 €	5 Bockwürste	2,99 €

4. Prüfe, ob die folgenden Zuordnungen proportional oder antiproportional sind.
   a) $x \to y$ mit $y = 2x$
   b) $x \to y$ mit $y = 3x + 1$
   c) $x \to y$ mit $y = 17 : x$
   d) $x \to y$ mit $y = 0,1 x$
   e) $x \to y$ mit $y = 4 - x$
   f) $x \to y$ mit $x \cdot y = 1$

Überall Prozente – Anwendungen zur Prozentrechnung

Geographisches

1

a) Ermittle den prozentualen Anteil der Einwohner der in der Tabelle aufgeführten Bundesländer an der Gesamteinwohnerzahl Deutschlands.
b) Wie viel Quadratkilometer „besitzt" jeder Einwohner von „seinem" Bundesland?

Land	Fläche in km^2	Einwohner
BRD (gesamt)	357 021	82 052 000
Baden-Württemberg	35 752	10 387 000
Bayern	70 548	12 056 000
Niedersachsen	47 613	7 831 000
Nordrhein-Westfalen	34 079	17 963 000
Rheinland-Pfalz	19 847	4 010 000

Vogelschutzgebiet „Großes Torfmoor"

2

Von 1990 bis 1998 wurde in Nordrhein-Westfalen die Anzahl der Naturschutzgebiete von 740 auf 1524 erhöht, ihre Gesamtfläche stieg in dieser Zeit von 527 km^2 auf 1020 km^2.
a) Wie viel Prozent der Landesfläche Nordrhein-Westfalens nahmen 1990 und 1998 die Naturschutzgebiete ein? Um wie viel Prozent wurden die Anzahl und die Fläche der Naturschutzgebiete von 1990 bis 1998 vergrößert?
b) Als Gruppenarbeit: Sammelt Material über Naturschutzgebiete, Naturparks oder Naturwaldreservate in eurem Heimatkreis oder in dessen Nähe und entwickelt dazu Aufgaben, die ihr in der Klasse stellen könnt.

WUSSTEST DU SCHON?
In Naturschutzgebieten sind Eingriffe und Nutzungen nur zum Erhalt des natürlichen Zustandes erlaubt. Seltene Tierarten und wild wachsende Pflanzen sollen geschützt werden. Insgesamt gibt es in der BRD mehr als 6 200 Naturschutzgebiete mit einer Gesamtfläche von ca. 8 200 km^2.
Dem Schutz der Natur und der Erholung des Menschen dienen auch Nationalparks, Biosphärenreservate, Landschaftsschutzgebiete und Naturparks.

3

Die Bundesrepublik Deutschland ist unter den Ländern der EU eines der waldreichsten. Rund 10,7 Mio. Hektar des Landes sind mit Wald bedeckt.
Die nebenstehende Tabelle zeigt die Verteilung der Baumarten in Deutschland.

Baumart	Anteil
Fichte und anderes Nadelholz	35,4%
Kiefer, Lärche	30,7%
Buche und anderes Laubholz	25,3%
Eiche	8,6%

a) Berechne den Anteil der einzelnen Baumarten am Waldbestand in Mio. Hektar.
b) Veranschauliche den Baumartenanteil grafisch durch ein Kreisdiagramm.

4

In Kanada und in den USA gab es ursprünglich weite Gebiete, die von Urwald bedeckt waren. Eine Statistik aus dem Jahr 1993 gibt an, dass die Urwaldfläche von Kanada nur noch 274 Mio. Hektar einnimmt, das sind 51,7% der ursprünglichen Fläche. In den USA waren ursprünglich 438 Mio. Hektar vom Urwald bedeckt, 1993 waren es nur noch 296 Mio. Hektar.
a) Wie viel Mio. Hektar betrug die ursprüngliche Urwaldfläche in Kanada?
b) Um wie viel Prozent verringerte sich die Urwaldbedeckung in den USA?

Überall Prozente – Anwendungen zur Prozentrechnung

5

Die nebenstehende Tabelle zeigt die geschätzte Veränderung der Gesamtwaldfläche auf der Erde.

a) Berechne die prozentuale Abnahme des Waldbestandes und stelle die Ergebnisse grafisch dar.
b) Die Schätzung des Waldbestandes für das Jahr 2000 ergibt gegenüber 1978 eine prozentuale Verminderung auf 80,8 %. Berechne für das Jahr 2000 den voraussichtlichen Waldbestand in Mrd. Hektar.

Jahr	Waldbestand in Mrd. ha
2000 v. Chr.	ca. 4,0
1000 v. Chr.	ca. 3,5
1955	ca. 3,3
1978	ca. 2,6

6

Die Gesamtoberfläche der Erde beträgt 510 Mio. km². Das Festland nimmt 147,9 Mio. km² ein.

a) Berechne, wie viel Prozent der Erdoberfläche mit Wasser bedeckt sind.
b) Informiere dich in deinem Atlas, welche Flächenanteile der Pazifische Ozean, der Atlantische Ozean und der Indische Ozean einnehmen. Erstelle grafisch einen geeigneten prozentualen Größenvergleich.

7

Wasservorräte der Erde	Volumen in km³	Anteil in %
Weltmeere	1 348 000 000	
Polareis, Meereis, Gletscher	27 820 000	
Grundwasser, Bodenfeuchte	8 062 000	
Seen, Flüsse	225 000	
Atmosphäre	13 000	

a) Welche Gesamtmenge an Wasser ist auf unserer Erde vorrätig?
b) Übertrage die Tabelle in dein Heft und ergänze die Werte der 3. Spalte.
c) Prüfe, ob deine errechneten prozentualen Anteile in der Summe 100 % ergeben. Findest du einen Weg, evtl. „Fehler" in deiner Statistik noch auszugleichen?
d) Nur 2,8 % der Wasservorräte der Erde sind Süßwasser, das zum größten Teil im Polareis und in Gletschern gebunden ist. Vom Menschen sind nur rund 10 % des Süßwassers nutzbar. Wie viel Kubikkilometer sind das?

8

Voraussichtliche Zunahme der Weltbevölkerung von 1990 bis 2025 Angaben in Mio. Menschen; Angaben für 2000 und 2025 nach UNO-Schätzungen			
Gebiet/Region	1990	2000	2025
Entwicklungsländer	4 085,6	4 996,7	7 150,3
Industrieländer	1 206,6	1 264,1	1 353,9

a) Auf wie viel Prozent steigt die Weltbevölkerung laut dieser statistischen Schätzung bis zum Jahr 2025 gegenüber 1990 an?
b) Erstelle einen grafischen Vergleich des Bevölkerungswachstums in den aufgeführten Gebieten.
c) Informiere dich über die Energiereserven unserer Welt sowie den derzeitigen und geschätzten künftigen Energieverbrauch pro Kopf der Weltbevölkerung.

WUSSTEST DU SCHON?

Wenn es sich bei den Wasservorräten der Erde auch um gigantische Mengen handelt, so ist das verfügbare Süßwasser dennoch begrenzt. Man benötigt z. B. für die Herstellung folgender Produkte erstaunliche Wassermengen:

1 l Bier	20 l
1 Getränkedose	40 l
1 kg Stahl	25 – 200 l
1 kg Papier	400 – 1000 l
1 Pkw	bis 380 000 l

Schule, Studium und Beruf

9

Jens berichtet seinen Eltern vom heutigen Vergleichswettkampf mit den 7. Klassen des anderen Gymnasiums der Stadt: „Es nahmen 106 Schülerinnen und Schüler von unserer Schule und 131 des anderen Gymnasiums teil. Wir haben insgesamt leider nur 48 Medaillenplätze belegt, das andere Gymnasium dagegen 53."
Ist das „Leider" berechtigt?

10

In der letzten Mathearbeit gab es in der 7b folgende Notenverteilung: 4-mal die 1, 5-mal die 2, 4-mal die 4, 3-mal die 5 und einmal die 6. Wie viel Prozent der Schülerinnen und Schüler hatten eine bessere Note als den Zentralwert der Klasse?

11

Die Bundesbürger haben einen hohen Medikamentenkonsum: 34 von 100 nehmen täglich oder fast täglich Medikamente ein; ein- oder mehrmals die Woche nehmen 4 von 100 Medikamente ein; ein- oder mehrmals im Monat 11 von 100, selten 41 von 100; der Rest nimmt nie Medikamente ein.
Ermittle, wie viele Bundesbürger bei einer Gesamteinwohnerzahl von rund 81 Millionen zu der jeweils statistisch erfassten Gruppe gehören. Veranschauliche die Zahlen in einem geeigneten Diagramm.

12

Die Geographielehrerin Frau Merkus findet in ihren Arbeitsunterlagen eine interessante Statistik zur Welternährung.
a) Rechne die prozentualen Angaben in Kalorien um und stelle die Angaben für die einzelnen Länder in einem Streifendiagramm dar.
b) Frau Merkus bittet ihren Sohn, ihr per Computer eine übersichtliche Grafik für den Unterricht zu zeichnen. Gibt es auch unter euch solche Computerspezialisten?

Ernährungssituation in der Welt
Empfohlene tägliche Kalorienaufnahme: 2345 kcal ($\cong$ 100 %)

- BRD 135 %
- GB 125 %
- Mosambik 69 %
- Indien 96 %
- Äthiopien 73 %
- Brasilien 111 %
- Peru 90 %
- USA 139 %

13

Frau Klein fährt jeden Tag mit dem Pkw zum Dienst. Sorgfältig trägt sie alle Touren und Tankdaten in ein Fahrtenbuch ein und rechnet monatlich ab.
Wie jedes Jahr ärgert sie sich darüber, dass ihr Auto statt normal durchschnittlich 7,2 Liter in den Wintermonaten 11,25 % mehr Benzin verbraucht.
Wie viel Liter Benzin „schluckt" der Pkw durchschnittlich in den Wintermonaten?

14

Sandro benutzt als Student an seinem Studienort die öffentlichen Verkehrsmittel. Eine Monatskarte kostet 19 €. Studenten können jedoch auch ein 4 Monate gültiges Semesterticket für 71 € erwerben.
Wie viel Prozent kann er sparen?

Überall Prozente – Anwendungen zur Prozentrechnung

15

Mandy hat heute im Biologieunterricht Interessantes über Geburtsgewichte von Tierkindern verschiedener Arten gehört. Sie erzählt zu Hause, dass eine Elefantenkuh, die etwa 4 Tonnen wiegt, es ganz schön schwer hat, denn sie muss ein 100 kg schweres Elefantenbaby zur Welt bringen. Mandy möchte nun wissen, wie schwer sie eigentlich bei der Geburt war. Sie erfährt, dass sie bei der Geburt 3000 g gewogen hat und ihre Mutter 60 kg.
a) Berechne den prozentualen Anteil von Mandys Geburtsgewicht am Gewicht ihrer Mutter.
b) Übertrage den prozentualen Anteil des Geburtsgewichts des Menschenbabys am Gewicht der Mutter auf die Tierfamilie. Wie schwer könnte dann ein Elefantenbaby sein?

ANREGUNG

Findet selbst verwunderliche und interessante prozentuale Größenvergleiche. Gestaltet in der Klasse ein Poster mit entsprechenden Informationen, Fotos, Zeichnungen und Aufgaben.

16

In einem Studentenwohnheim leben 300 Studentinnen und Studenten. 245 von ihnen sprechen Französisch und 98 Russisch.
Mindestens (höchstens) wie viel Prozent der Studentinnen und Studenten sprechen sowohl Französisch als auch Russisch?

Haushalt und Finanzen

17

Mutter Klein stellt beim Einkauf von Waschpulver im Supermarkt erfreut fest, dass das Paket statt 6,29 € nur noch 4,99 € kostet.
Um wie viel Prozent ist der Preis gesunken?

18

Frau Schneider beschließt, eine neue Rosenrabatte im Garten anzulegen. Sie sichtet zunächst die Angebote im Gartenkatalog. Das unten stehende Angebot sagt ihr zu. Sie möchte 8 Rosen zu kaufen.
a) Wie viel Prozent spart sie beim Kauf von je einer Packung zu 3 und zu 5 Rosen gegenüber Einzelkauf?
b) Wie groß ist der Anteil des Portos an der Gesamtrechnung bei Sofortzahlung?
c) Im Bau- und Gartenmarkt könnte sie eine ähnliche Rosensorte für 4,45 € pro Stück erwerben, jedoch nur im Einzelverkauf. Allerdings gewährt ihr das Gartencenter einen Kundentreuerabatt von 6 %. Könnte Frau Schneider im Gartencenter preislich vorteilhafter einkaufen?

Neu im Katalog
Zwergrosen
1 Stück   4,15 €
3 Stück   9,95 €
5 Stück   19,90 €
10 Stück   38,25 €
Bei Sofortzahlung durch Nachnahme: 3 % Skonto
Verpackung, Porto: 2,85 €

19

Nachdem in der Wohnung der Familie Maier das Bad modernisiert wurde, hebt der Vermieter die Monatsmiete um 4,5 % an. Die Modernisierung kostete 2 140 €.
a) Wie viel Geld müssen die Maiers jetzt jeden Monat mehr einplanen, wenn die bisherige Miete 435,50 € betrug?
b) Der Vermieter darf 11 % der Modernisierungskosten pro Jahr auf die Miete umlegen. Ist die vorgenommene Mieterhöhung berechtigt?

20

Herr und Frau Graul kaufen am Sonderangebotstag in ihrem Supermarkt ein Paket Waschpulver für 4,99 €, statt 6,25 €, 2 Päckchen Kaffee zu je 4,33 € statt 4,59 €, einen tiefgefrosteten Apfelstrudel zu 0,99 € statt 1,49 € und Broccolisalat statt 1,39 € ebenfalls nur für 0,99 €.
a) Berechne, wie viel Prozent des ursprünglichen Preises für jeden dieser Artikel Familie Graul am Sonderangebotstag einspart.
b) Wie viel haben die Grauls insgesamt gespart?

21

Opa Klein musste im laufenden Kalenderjahr für eine Hausratsversicherung 49,40 € und für eine Haftpflichtversicherung 48,25 € zahlen. Aus Überschüssen, die sich durch eine günstige Schadensentwicklung des laufenden Kalenderjahres ergeben haben, erhält er 9 % Beitragsrückerstattung bei der Hausratsversicherung und 12 % bei der Haftpflichtversicherung. Gleichzeitig erhöht sich die Versicherungssumme für Hausrat im neuen Beitragszeitraum dynamisch um 1 %.
Wie viel Euro werden vom Konto unter Berücksichtigung der Gutschrift noch für das neue Beitragsjahr abgebucht?

22

Familie Haase möchte eine Rechtsschutzversicherung abschließen. Für den Jahresbeitrag von 129,90 € sind verschiedene Zahlweisen möglich:
Einmalzahlung; halbjährliche Zahlung mit 3 % Zuschlag vom Jahresbeitrag; vierteljährliche Zahlung mit 5 % Zuschlag vom Jahresbeitrag.
Welcher Jahresbeitrag ergibt sich bei halbjährlicher bzw. vierteljährlicher Zahlung?

Freizeit und Urlaub

23

Die Mitglieder eines Kleingartenvereins wollen auf ihrer Jahreshauptversammlung eine veränderte Satzung beschließen. Dazu müssen entsprechend einer Vereinbarung mehr als 60 % der Vereinsmitglieder anwesend sein.
Der Vorstand des Gartenvereins teilt mit, dass 39 von 63 eingetragenen Vereinsmitgliedern erschienen sind. Ist die Mitgliederversammlung beschlussfähig?

24

Sarahs großer Bruder ist sauer, er hat im Vorverkauf keine Karte mehr für ein Konzert seiner Lieblings-Rockgruppe bekommen. Sarah schlägt ihm einen Handel vor: „Ich besorge dir über einen Freund eine Karte, aber du musst sie für 25,25 € kaufen, das bedeutet 10 % Aufschlag. Außerdem kannst du mir für meine gute Idee ein kleines Dankeschön von 5 % des ursprünglichen Kartenpreises zahlen.
Wie „groß" ist das „Dankeschön" für Sarah?

25

Auf dem Campingplatz am Birkensee werden aus betriebstechnischen Gründen die Stellplatzgebühren für das kommende Kalenderjahr um 12 % angehoben.
Berechne den neuen Stellplatzpreis, wenn Karins Großeltern bisher für ihren Wohnwagen pro Saison 410 € zahlen mussten.

Überall Prozente – Anwendungen zur Prozentrechnung

26

Renate und Dietmar haben nach der Schule mit den Großeltern in einer Gaststätte gut zu Mittag gegessen und wurden zuvorkommend bedient. Opa läßt sich die Rechnung bringen und zahlt 42 €. Enkeltochter Renate hat zuvor den Gesamtpreis entsprechend der Speisekarte zu 40,65 € errechnet.
Wie viel Prozent des Gesamtrechnungsbetrages gab Opa als Trinkgeld?

27

Fred berichtet am Abend begeistert von seiner Schulexkursion: „Wusstet ihr schon, dass die Fichte bei uns in Europa der höchste Baum mit etwa 30 bis 50 Metern ist, wobei die größten Exemplare eine Höhe von 70 Meter erreichen? Aber in Kalifornien ist der höchste Küstenmammutbaum (Sequoia) noch um 58,6 % höher als die höchsten unserer einheimischen Fichten."
Freds Vater greift schnell zum Taschenrechner, um die Höhe des Mammutbaumes zu ermitteln. Zu welchem Ergebnis kommt er?

28

Herr Bergmann entdeckt zwei interessante Angebote für 8 Tage Winterurlaub in den Bergen mit Übernachtung und Frühstück bei eigener Anreise.
Vergleiche die Preisangebote beider Pensionen, wenn Herr und Frau Bergmann mit der 10-jährigen Tochter und dem 13-jährigen Sohn eine Urlaubsfahrt unternehmen wollen.

Pension Bergdorf
pro Person 133 €
Sonderkinderermäßigung:
 4– 9 Jahre 50 %
10–12 Jahre 30 %
13–16 Jahre 10 %

Pension Bergblick
pro Person 151 €
Sonderkinderermäßigung:
Kinder bis 6 Jahre 100 %
 7–12 Jahre 50 %
13–16 Jahre 30 %

Ferienpension im Allgäu

29

Frau Bergmann informiert sich im Tourenatlas und in Regionalkarten schon mal für die Fahrtroute zum Urlaubsort. Sie entdeckt, dass auf dem letzten Streckenabschnitt im Winter unbedingt Schneeketten erforderlich sind.
Von der Hauptstraßenabzweigung bis zur Pension Bergdorf ist auf der Karte eine Entfernung von 1,5 km angegeben und es wird auf eine Steigung von 20 % hingewiesen. Bei Anfahrt zur Pension Bergblick ist auf 2 Kilometer ein Höhenunterschied von 450 Metern zu überwinden.
a) Veranschauliche an einer Zeichnung, was 20 % Steigung bedeutet.
b) Ermittle den Höhenunterschied, der vom Abzweig bis zur Pension Bergdorf zurückzulegen ist.
c) Wie groß ist die Steigung der Zufahrtsstraße zur Pension Bergblick?

BEISPIEL

10 % Steigung bedeutet, dass auf einer Strecke von 100 m ein Höhenunterschied von 10 m zu überwinden ist.

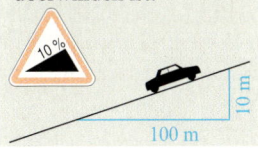

30

Andreas and his friends are going on a bicycle tour from Dresden to Hamburg, a distance of 498 kilometres. After one day of cycling they have covered twenty-two per cent of the entire distance.
How many kilometres are still ahead of Andreas?

VOKABELN
per cent: Prozent
entire: gesamt

Kleine Anteile – Promille

1

Caroline interessiert sich sehr für Geographie. Zum Geburtstag schenken ihr die Eltern ein neues Computerprogramm mit vielen wissenswerten Informationen. Beim Arbeiten mit dem Computerprogramm stößt sie auf folgende Angaben:
Salzgehalt des Nordseewassers: 35 Promille
Salzgehalt des Ostseewassers: 7 Promille
Was bedeutet die Zahlenangabe in Promille?

> Sehr kleine Anteile gibt man mitunter in **Promille (‰)** an.
> Ein Ganzes sind 1000‰.
> 1 Promille (1‰) ist ein Tausendstel des Ganzen.
> $1‰ = \frac{1}{1000} = 0{,}001$

INFORMATION
In Geographielehrbüchern wird der Salzgehalt von Wasser im Allgemeinen in Gramm pro Liter angegeben.
Bei der Angabe des Salzgehalts in Promille geht man davon aus, dass 1 Liter Salzwasser eine Masse von rund 1 kg hat.

BEISPIEL

Es sind 5‰ von 7 Liter zu berechnen.

Wir rechnen:
1‰ von 7 l sind $\frac{1}{1000}$ von 7 l, also 0,007 l bzw. 7 ml.
5‰ von 7 l sind 5 · 7 ml = 35 ml.

5‰ nennt man den Promillesatz, 7 l den Grundwert und 35 ml den Promillewert.

WUSSTEST DU SCHON?
„585er Gold" bedeutet: Der reine Goldanteil beträgt 585‰.
Wie viel Gramm reinen Goldes enthält z. B. ein Ring aus 585er Gold, der $7\frac{1}{2}$ g wiegt?

2

Wie viel Gramm Salz sind in einem 10-Liter-Eimer gefüllt mit Nordseewasser und in einer 0,7-Liter-Flasche gefüllt mit Ostseewasser enthalten?
(Entnimm die notwendigen Angaben der Aufgabe 1.)

3 L

Schreibe als Promille.
a) $\frac{27}{1000}$
b) $\frac{3}{4}\%$
c) $\frac{5}{10\,000}$
d) $\frac{3}{100}$
e) 0,981 00
f) 0,004
g) 0,035 %
h) 5,002 %

4 L

Schreibe als Dezimalbruch.
a) 9‰
b) 1,12‰
c) 52‰
d) $1\frac{1}{4}$‰
e) 0,75‰
f) 5050‰
g) 200‰
h) 0,000 01‰

BEACHTE
bei Aufgabe 5:
Für 17 mg von 35 g sei der Promillesatz zu berechnen:
35 g = 35 000 mg
Rechnet man mit einem Taschenrechner
17 : 35 000, so zeigt er evtl. Folgendes an:
4.857142857E-04 oder
4.857142857⁻⁰⁴.
Die „-04" bedeutet:
Du musst 4 Nullen vor die Zahl setzen und das Komma um 4 Stellen nach links verschieben: 0,0004857142857.
Wegen 0,001 = 1‰ ist dann das Ergebnis rund 0,49‰.

5 L

Berechne den Promillesatz.
a) 150 mg von 120 g
b) $1\frac{1}{2}$ cm von 3 m
c) 21 g von 4,5 kg
d) 3 m von 6,3 km
e) 34 Cent von 12 500 €
f) 3,4 von 2059
g) 0,9 ml von 9 l
h) 50 von 1 Mio.
i) 0,8 mg von 11 g

6

Jeanettes Vater staunt über eine Zeitungsmeldung: „Da hat man doch bei einer Verkehrskontrolle einen Autofahrer mit einem Alkoholgehalt von 3,7 Promille geschnappt!" Jeanette überlegt: „Der menschliche Körper beinhaltet etwa 5 Liter Blut, das bedeutet ja, dass der Kraftfahrer ... Milliliter Alkohol im Blut hatte."
Zu welchem Ergebnis kommt sie?

WUSSTEST DU SCHON?
Bereits bei 0,5‰ Alkoholgehalt im Blut sind manche Personen fahruntüchtig.
Bei Werten über 0,5‰ ist Fahren unter Alkohol in Deutschland strafbar.
Bei einem Unfall bewirkt jeder nachweisbare Alkoholgehalt eine Mitschuld.

7

a) Familie Schütze hat ihren Hausrat mit 55 000 € versichert. Der jährlich zu bezahlende Versicherungsbeitrag beträgt 1,6‰ der Versicherungssumme.
Welchen Jahresbeitrag zahlt Familie Schütze für die Hausratsversicherung?

b) Der Besitzer eines Einfamilienhauses zahlt im Jahr für sein Haus 350 € Versicherungsprämie, das sind 2‰ der Versicherungssumme für eine Hausratsversicherung. Ermittle die Höhe der Versicherungssumme.

INFORMATION
Für extrem kleine Anteile verwendet man in Wissenschaft und Technik folgende Abkürzungen, die sich aus dem Amerikanischen ableiten:

1 ppm = $\frac{1}{1\,000\,000}$ = 0,000 001   für 1 pro Million   (part per million)
1 ppb = 0,000 000 001   für 1 pro Milliarde (part per billion)
1 ppt = 0,000 000 000 001   für 1 pro Billion   (part per trillion)
1 ppq = 0,000 000 000 000 001   für 1 pro Billiarde (part per quadrillion)

Beispielsweise sind 0,4 mg von 200 kg

$\frac{0,4 \text{ mg}}{2 \text{ kg}} = \frac{0,4 \text{ mg}}{2\,000\,000 \text{ mg}} = 0{,}000\,000\,2 = 0{,}000\,2‰ = 0{,}2 \text{ ppm} = 200 \text{ ppb}.$

BEISPIELE
zur Veranschaulichung extrem kleiner Anteile

1 ppm
Eine Stecknadel in 1 t Heu

1 ppb
5 Personen unter der Weltbevölkerung

1 ppt
Ein Abschnitt von 0,4 mm Länge auf der Strecke Erde–Mond

1 ppq
1 Roggenkorn in einem 20 000 km langen Güterzug voller Weizen

8 L

Berechne bei Aufgabe 5 die Anteile in part per million (ppm).

AUFGABEN ZUR WIEDERHOLUNG

1. Schätze. Verwende sinnvolle Maßeinheiten.
   a) Masse eines Briefes, einer vollen Mülltonne, eines Brotes, eines Lkws
   b) Dauer einer Schiffsreise nach Amerika, Dauer eines Herzschlages, Dauer des Zähneputzens, Brenndauer einer Glühbirne
   c) Länge der Strecke Erde–Mond, Länge eines Bakteriums, Höhe eines Baumes, Durchmesser eines Bleistifts
   d) Flächeninhalt deines Schulhofs, eines großen Feldes, eines Kleingartens, eines Cent-Stückes
   e) Inhalt/Volumen eines Wassereimers, einer Tasse, eines Schwimmbeckens mit 25-m-Bahn

2. Rechne in die nächstgrößere Einheit um.
   a) 213 kg; 27 ha; 4 730 mm^2; 44 ml; 150 min
   b) 98 200 mm^3; 15 s; 60 h; 56 Tage; 8 337 m^2

3. Was meinst du?
   a) Wie oft passt der Inhalt eines Trinkglases in einen Wassereimer?
   b) Wie viele Radtouren müsstest du machen, um von der Entfernung her die Erde einmal zu umrunden?
   c) Wie oft müsstest du einen Fuß vor den anderen setzen, um eine Stadionrunde zu laufen?
   d) Wie viele DIN-A4-Blätter brauchst du, um deinen Schultisch damit auszulegen?
   e) Wie viele 25-m-Bahnen müsstest du schwimmen, um von der Entfernung her den Atlantik zu durchschwimmen?

4. Rechne in die nächstkleinere Einheit um.
   a) 0,25 km^2; 0,077 5 t; 2,34 cm^3; 1,4 l; 3,25 Jahre
   b) 0,035 g; 1,25 h; 0,125 min; 0,073 m^2; 0,4 kg

Regenwälder – vernichteter Reichtum

Es war 1989, als ein neunjähriger Grundschüler aus Schweden einen Diavortrag über den Regenwald und dessen Zerstörung sah. Anschließend hatte er die Idee Geld zu sammeln und davon ein Stück des Regenwaldes zu kaufen, um es vor der Vernichtung zu schützen. Seine Schule erwarb ein 1600 Hektar großes Waldstück, das mittlerweile zum Naturschutzgebiet erklärt wurde. Viele Kinder schlossen sich an. Der Regenwald der Kinder – er befindet sich in Costa Rica – war bis 1995 auf 25 000 Hektar angewachsen.

Auf diesen zwei Seiten wollen wir einige Anregungen zur Beantwortung folgender Fragen geben:
- Was ist das Besondere am tropischen Regenwald?
- Warum müssen wir sehr an seiner Erhaltung interessiert sein?
- Wodurch ist er so stark gefährdet?

Tropischer Regenwald in Neuseeland

1

Zur Vorbereitung; an die ganze Klasse:
a) Informiert euch in einem Lexikon, wo sich die größten Regenwälder unserer Erde befinden. Sucht diese Gebiete auch in einem Atlas auf.
Sammelt aus Zeitschriften Material über tropische Regenwälder. Tragt die Fragen zusammen, um die es in diesen Artikeln geht. Wie weit betreffen auch euch die Probleme des Regenwaldes?
b) Veranschaulicht euch die Größe des „Waldes der Kinder":
Der Größe wie vieler Fußballfelder von 100 Meter mal 75 Meter entspricht der „Wald der Kinder". Oder: Welche Seitenlängen könnte ein Rechteck haben, dessen Inhalt so groß ist wie der „Wald der Kinder"?

Artenvielfalt im Regenwald: Sicher weißt du, dass es im Regenwald das ganze Jahr über warm und feucht ist und die Pflanzen deshalb in einer Vielfalt, Größe und Schönheit gedeihen, wie es das auf der gesamten Erde nicht noch einmal gibt. Auch Tiere, vor allem Vögel und Insekten, haben sich im Laufe der 60 bis 100 Millionen Jahre währenden Entwicklung des Regenwaldes in einem einzigartigen Artenreichtum herausgebildet.
Es ist den Forschern noch nicht genau bekannt, wie viele Pflanzen- und Tierarten es auf der Erde gibt. Es wird geschätzt, dass es zwischen 3 und 10 Millionen sind, von denen 25 bis 40 Prozent in den Tropischen Regenwäldern beheimatet sind.
Die größte Artenvielfalt ist in den Regenwäldern Südamerikas vorhanden. Mindestens 30 000 höhere Pflanzenarten sind dort bekannt. In den Regenwäldern Südostasiens sind es etwa 25 000 und in denen Afrikas „nur" rund 17 000.
In Deutschland findet man höchstens 2 500 Arten von Blütenpflanzen und Bäumen.

Vernichtung von Regenwald: Bis 1980 wurde der ursprüngliche Bestand des Regenwaldes etwa auf die Hälfte reduziert. Er nahm damals noch eine Fläche von ca. 19,5 Millionen Quadratkilometer ein. Das waren rund 13 Prozent der Landoberfläche der Erde.
Im Jahr 1980 wurden 115 000 Quadratkilometer Regenwald vernichtet. In den Jahren 1980 bis 1989 wurden etwa 1,5 Millionen Quadratkilometer vernichtet. Dabei waren es im Jahr 1989 sogar 90 Prozent mehr als 1980.

Orang Utan im Regenwald Indonesiens

Aufsitzerpflanzen im Regenwald auf Guadeloupe (Kleine Antillen)

Regenwälder – vernichteter Reichtum

2

a) Wie viele Tier- und Pflanzenarten sind nach der genannten Schätzung mindestens im Regenwald zu finden? Wie viele könnten es sogar maximal sein?
b) In welchem Verhältnis steht die Artenzahl in Deutschland zu der Anzahl von Arten in den Regenwäldern Afrikas, Südostasiens und Südamerikas?
c) Durch die fortschreitende Vernichtung des Regenwaldes sind bis zum heutigen Tage etwa 15 Prozent der Arten vernichtet worden.
Berechne, wie viele das in den drei genannten Regenwaldgebieten wären und vergleiche diese Zahl mit der Artenzahl in Deutschland.

3

a) Wie viel Quadratkilometer wurden im Jahr 1989 vernichtet? Wie viel Quadratkilometer waren am Anfang des Jahres 1989 noch vorhanden?
b) Wie viel Prozent der am Jahresanfang noch vorhandenen Fläche wurde 1989 vernichtet?

> *Geht die Vernichtung des Regenwaldes mich etwas an?*
> *Kann ich etwas zum Erhalt tun?*
> *Was sind die Ursachen der Waldvernichtung?*

4

Wissenschaftler versuchen die weitere Entwicklung des Regenwaldes abzuschätzen. Sie kommen dabei zu unterschiedlichen Schätzungen, z. B.:
A: Die jährlich vernichtete Fläche bleibt gleich groß.
B: Der prozentuale Anteil der pro Jahr vernichteten Fläche bleibt gleich groß.
Bei Berechnungen nach diesen Schätzungen kann man von etwa 17,8 Mio. km^2 Regenwald im Jahre 1990 ausgehen. Nach den Werten der 90er-Jahre müsste man bei A annehmen, dass alle 10 Jahre 1,15 Mio. km^2 Regenwald vernichtet werden, bei B wären es alle 10 Jahre 6% der jeweils verbliebenen Regenwaldfläche.

a) Überlege ohne zu rechnen: Nach welcher der beiden Prognosen nimmt die Fläche des Regenwaldes schneller ab? Begründe deine Antwort.
b) Berechne nach beiden Schätzungen die Größe des verbleibenden Regenwaldes in den Jahren 2000, 2010, 2020, 2030, 2040 und 2050.
c) Fertige mit den Daten aus b) ein anschauliches Diagramm an.

ANREGUNG

Versuche aktuelles Material über den Verlauf der Vernichtung tropischer Regenwälder zu erhalten. Kann man daraus schon erkennen, welche der beiden Schätzungen den wirklichen Verlauf besser vorher sagt?

Böden im tropischen Regenwald: Organische Abfallprodukte werden im tropischen Regenwald in kurzer Zeit abgebaut, da es keinen Winter gibt. Deshalb besitzt der Boden des Regenwaldes im Gegensatz zu Wäldern in gemäßigten Klimazonen nur einen geringen Nährstoffgehalt (s. Bild 2). Die Nährstoffvorräte sind zu einem großen Teil in den lebenden Pflanzen selbst gespeichert.
Die Nährstoffarmut des Bodens führt zu einem sehr schnellen Ertragsrückgang auf gerodeten feuchttropischen Böden. Bild 1 zeigt das für den Maisanbau.

5

a) Lies aus den Diagrammen im Bild 2 ab, wie viel Prozent der Nährstoffe jeweils in der Erde, in den abgestorbenen Pflanzen und in den lebenden Pflanzen gebunden sind. Lies aus dem Diagramm im Bild 1 ab, auf wie viel Prozent die Erträge jeweils zurückgehen.
b) Fertige ein dem Bild 1 entsprechendes Diagramm für Baumwollerträge an: 2. Jahr 100%, 3. Jahr 88%, 4. Jahr 58%, 5. Jahr 42%.
c) Welche Probleme ergeben sich aus dem schnellen Ertragsrückgang auf gerodeten feuchttropischen Böden?

Ertragsrückgang bei Mais
- 1. Jahr
- 2. Jahr
- 3. Jahr

B1

Verteilung der Nährstoffe

in unseren Wäldern — in Regenwäldern
(1 Erde, 2 tote Pflanzen, 3 lebende Pflanzen)

B2

Zinsrechnung

1

Tobias hat von seinen Großeltern zu seinem 14. Geburtstag ein Sparbuch mit einem Guthaben von 500 € geschenkt bekommen.
Versuche herauszubekommen, wie viel Euro er zu seinem 18. Geburtstag abholen kann, wenn jährlich 3% Zinsen gezahlt wurden, die zum Guthaben hinzukommen, und sonst nichts abgeholt und nichts eingezahlt wurde.

Tobias Jung	
Umsatz zu	Guthaben EUR
*****500,00 STEUERPFLICHTIG ***** ******15,00	*****500,00 *****515,00

2

Herr Kohl hat sich zum Kauf eines neuen Autos für ein Jahr bei einer Bank 2500 € geliehen. Dafür muss er 8% Zinsen und $\frac{1}{2}$% der Kreditsumme als Bearbeitungsgebühr bezahlen.
Welchen Betrag muss Herr Kohl seiner Bank nach Ablauf des Jahres zurückzahlen?

> **BEISPIELE**
>
> **a)** Mathias hat ein Festgeldkonto über 400 €, das mit 5,5% verzinst wird.
> Wie viel Zinsen bekommt er nach einem Jahr?
>
> **b)** Martina freut sich, dass sie von den Zinsen, die sie für das vergangene Jahr erhalten hat, den gewünschten Walkman für 30 € kaufen kann.
> Wie viel Geld hatte Martina auf dem Konto, wenn der Zinssatz 5% betrug?
>
> Es handelt sich auch hier um Grundaufgaben der Prozentrechnung.
>
> **a)** Hier ist der Prozentwert gesucht:
> $W = 400 € \cdot 0,055 = 22 €$
> Mathias erhält 22 € Zinsen gutgeschrieben.
>
> **b)** Hier ist der Grundwert auszurechnen:
> $G = 30 € : 0,05 = 600 €$ oder $G = 30 € \cdot \frac{100}{5} = 600 €$
>
> Martina hatte also 600 € auf ihrem Konto.

Bei Geldgeschäften wird anstelle von Prozentrechnung von Zinsrechnung gesprochen und es werden folgende Begriffe verwendet:

Zinsrechnung:	**Kapital K** oder **Guthaben**	**Zinssatz p%**	**Jahreszinsen Z**
	↕	↕	↕
Prozentrechnung:	Grundwert G	Prozentsatz p%	Prozentwert W

Der Zinssatz wird meist für ein Jahr vereinbart. Häufig findet man deshalb die Schreibweise „5% p.a.", wobei „p.a." eine Abkürzung des lateinischen *per annum* ist und pro Jahr bedeutet.

WUSSTEST DU SCHON?

Zins im weiteren Sinne bedeutet Miete oder Pacht und wird auch zur Bezeichnung von Tributleistungen (z. B. Abgaben oder Steuern) verwendet. Im engeren Sinne sind Zinsen eine Vergütung für geliehenes Geld. Das Zinsennehmen wurde von Aristoteles und später von den Scholastikern als Wucher abgelehnt, da aus Geld kein Erwerb gezogen werden sollte.

Zinsrechnung

Genau wie bei der Prozentrechnung gibt es auch hier 3 Grundaufgaben:

Es werden die Jahreszinsen gesucht.
Das entspricht dem Berechnen des Prozentwertes.
$$Z = K \cdot \frac{p}{100}$$

Es wird das Kapital gesucht.
Das entspricht der Berechnung des Grundwertes.
$$K = Z \cdot \frac{100}{p}$$

Es wird der Zinssatz gesucht.
Das entspricht der Berechnung des Prozentsatzes.
$$p\% = \frac{p}{100} = \frac{Z}{K}$$

3

Ermittle die in der Tabelle fehlenden Werte.

	a)	b)	c)	d)	e)
Kapital	750 €	1 245 €		68,90 €	
Zinssatz	3,5 %		2,5 %	3,75 %	3,25 %
Jahreszinsen		49,80 €	14,20 €		21,25 €

	f)	g)	h)	i)	j)
K	480 €		303 €	235 €	
p %		4,5 %		4,2 %	4,5 %
Z	13,20 €	4,41 €	9,09 €		39,46 €

4

Wie hoch war der jeweilige Zinssatz?

	a)	b)	c)	d)	e)
Kapital am Jahresanfang	142 €	987 €	3 564 €	19 685 €	245 €
Kapital am Jahresende	146,26 €	1 021,54 €	3 760,02 €	20 570,82 €	249,90 €

	f)	g)	h)	i)	j)
Kapital am Jahresanfang	424 €	875 €	5 604 €	17 648 €	472 €
Kapital am Jahresende	440,96 €	905,62 €	5 884,20 €	18 309,80 €	481,44 €

5L

Esther hat zur Konfirmation 400 € geschenkt bekommen, die sie sparen möchte. In der Bank entdeckt sie das abgebildete Angebot.

Zinssätze für Spareinlagen
3-monatige Kündigungsfrist: 2 %
Kündigungsfrist 1 Jahr 2,5 %
Kündigungsfrist 3 Jahre 4 %
Kündigungsfrist 4 Jahre 4,5 %

a) Berechne die Jahreszinsen für jedes der Angebote.
b) Esther will, dass die Jahreszinsen jeweils als Guthaben auf dem Sparbuch bleiben.
Berechne das Sparguthaben, das Esther nach Ablauf von 4 Jahren bei jedem der Angebote haben könnte.

6

a) Zur Modernisierung ihrer Wohnung nimmt Frau Baudisch einen Kredit in Höhe von 5 000 € bei Ihrer Bank auf. Dafür muss sie 8,5 % Zinsen zahlen.
Wie viel Euro muss Frau Baudisch nach einem Jahr an ihre Bank zurückzahlen?
b) Herr Lange hat sich 5 500 € bei einer Bank geliehen und muss dafür im Jahr 495 € Zinsen bezahlen. Wie hoch ist der Zinssatz?
c) Frau Dr. Hoffmann hat zur Einrichtung ihrer Praxis einen Kredit aufgenommen. Die Bank verlangt 8,2 % Zinsen. Frau Dr. Hoffmann muss jährlich 3 280 € Zinsen bezahlen. Wie hoch ist der Kredit?

7

a) Danny hatte zu Jahresbeginn auf seinem Konto 375 €. Er hat nichts abgeholt und nichts eingezahlt. Am Ende des Jahres hat er 391,25 €.
Wie hoch war der Zinssatz?
b) Frau Stark hat 16 800 € im Lotto gewonnen. Davon zahlt sie 60 % auf ein Sparbuch ein. Sie erhält 3,5 % Zinsen.
Wie groß ist das Guthaben nach einem Jahr?
c) Anke und Karsten haben im vergangenen Jahr je 15 € Zinsen erhalten. Anke bekommt 3 % und Karsten 2,5 % Zinsen.
Wie viel Geld hatte jeder zu Beginn des Jahres auf seinem Konto?

8

Legt man sein Geld im Ausland an, sind die Risiken deutlich höher, sein Geld zu verlieren. Man erhält aber auch deutlich höhere Zinsen.
Wie viel Euro Zinsen kann man jährlich erhalten?
a) 15 000 € für 9,5 % Zinsen
b) 25 000 € für 10,5 % Zinsen
c) 9 000 € für 8,5 % Zinsen
d) 50 000 € für 11 % Zinsen

9

Frau Hirt nimmt einen Kredit von 4 500 € auf. Sie muss 8,5 % Zinsen und 1,5 % Bearbeitungsgebühren bezahlen.
a) Wie viel Euro muss Frau Hirt nach einem Jahr insgesamt zurückzahlen?
b) Wie hoch sind die monatlichen Raten, wenn die Schuld innerhalb eines Jahres in gleich großen Monatsraten zurückgezahlt wird?

10

Herr Kurz will sich für ein Jahr 5 000 € leihen. Er hat drei Angebote.
1. Angebot: Zinssatz 8,5 %
2. Angebot: Zinssatz 7,5 % plus 150 € Bearbeitungsgebühren
3. Angebot: Rückzahlung nach einem Jahr 5 445 €
Für welches Angebot soll Herr Kurz sich entscheiden? Um wie viel Prozent liegt der bei diesem Angebot zu zahlende Betrag unter dem des ungünstigsten Angebots?

11

Familie Dureck will eine Eigentumswohnung erwerben. Dazu fehlen der Familie noch 30 000 €. Sie hat zwei verschiedene Finanzierungsangebote.
1. Angebot: 20 000 € für 8,5 % und 10 000 für 10,5 % Zinsen
2. Angebot: 22 500 € für 8 % und 7 500 € für 11 % Zinsen
Welches Angebot soll die Familie wählen, wenn die Laufzeit beider Kredite gleich ist.

Zinsrechnung

12

Für den Bau eines Hauses muss Familie Fischer 125 000 € Kredit aufnehmen. Sie können entweder drei Kredite aufnehmen oder die Gesamtsumme von einer Finanzierungsgesellschaft erhalten. Dabei gelten folgende Konditionen:
Drei Kredite: 60 000 € zu 6,75 %; 45 000 € zu 8,25 % und 20 000 € zu 10 % Zinsen
Finanzierung: Gesamtsumme für 8 %.
Für welches Angebot wird sich Familie Fischer entscheiden?

13

Familie Fänger hat ein Grundstück für 32 000 € gekauft und darauf für 75 000 € ein Ferienhaus gebaut. Die jährlichen Mieteinnahmen betragen 4 900 €.
a) Wie viel Prozent des investierten Geldes betragen die jährlichen Mieteinnahmen?
b) Wie viel Euro würde die Familie Fänger jährlich erhalten, wenn sie ihr Kapital mit einem Zinssatz von 4,5 % bei einer Bank angelegt hätte?

14

Frau Blechinger freut sich. Allein von den Zinsen ihres Lottogewinns kann sie sich jährlich eine Urlaubsreise leisten. Sie hat das Geld für 4 % Zinsen angelegt.
Wie hoch war der Lottogewinn, wenn Frau Blechinger für ihre Urlaubsreise
a) 900 €, b) 1 100 €, c) 1 400 € ausgeben kann?

15

a) Frau Kunstmann hat ausgerechnet, dass sie bei einem Zinssatz von 4 % täglich 1 € Zinsen erhält. Wie hoch ist das Guthaben von Frau Kunstmann?
b) Herr Ulrich zahlt 1 € Zinsen am Tag. Wie hoch ist der Kredit, wenn der Zinssatz 7,5 % beträgt?

HINWEIS
Frau Kunstmann und Herr Ulrich rechnen – wie die Bank – das Jahr mit 360 Tagen.

16^L

a) Herr Peters hat einen Kredit von 3 000 € für einen Zinssatz von 7,5 % p. a. aufgenommen. Er kann diesen Kredit bereits nach einem halben Jahr zurückzahlen. Wie viel Euro Zinsen muss er zahlen?
b) Frau Neitzel hat ein günstiges Angebot für ihr Wunschauto gesehen. Deshalb holt sie ihr Guthaben von 12 000 € bereits nach einem Vierteljahr bei der Bank ab. Wie viel Euro Zinsen erhält Frau Neitzel, wenn das Guthaben mit 3,5 % p. a. verzinst war?
c) Familie Sorge hat eine Autoreparatur bezahlen müssen und deshalb das Girokonto um 325 € überzogen. Die Bank hat der Familie einen Dispokredit eingeräumt, der mit 11,9 % p. a. verzinst wird.
Wie viel Euro Zinsen müssen bezahlt werden, wenn das Konto nach 10 (5, 25) Tagen wieder ausgeglichen ist?

WUSSTEST DU SCHON?
Ein Dispositionskredit kann einem Bankkunden über eine bestimmte Summe eingeräumt werden. Er gestattet es, ein Konto bis zu diesem Betrag zu belasten (zu überziehen), wobei geringere Schuldzinsen als bei „gewöhnlichen" Kontoüberziehungen zu zahlen sind.

> Zinssätze werden in der Regel für Jahre vereinbart. Die zu zahlenden Zinsen richten sich nach der Zeitdauer, für die man Geld leiht oder anlegt.
> So wird für $\frac{1}{2}$ Jahr die Hälfte, für $\frac{1}{4}$ Jahr ein Viertel für einen Monat $\frac{1}{12}$ der jährlichen Zinsen gezahlt.
> Beim Berechnen von Zinsen für Tage wird mit 360 Tagen für das Jahr gerechnet. Jeder Monat wird mit 30 Tagen gerechnet.

BEISPIELE

Herr Winzer kann seinen Kredit von 1 100 € bereits nach einem Vierteljahr zurückzahlen.
Wie viel Euro Zinsen muss er bei einem Zinssatz von 7,5 % zahlen?

Zinsen für ein Jahr: $\quad Z = 1100\, € \cdot 0{,}075 \approx 82{,}50\, €$
Zinsen für ein Vierteljahr: $\quad 82{,}50\, € \cdot \frac{1}{4} = 20{,}63\, € \quad \left(\text{Zeitfaktor: } \frac{1}{4}\right)$
Herr Winzer muss 20,63 € Zinsen zahlen.

Frau Steinmetz nimmt ihren Dispokredit von 1 500 € für 15 Tage in Anspruch.
Wie viel Euro Zinsen muss sie bei einem Zinssatz von 12,5 % zahlen?

Zinsen für 1 Jahr: $\quad Z = 1500\, € \cdot 0{,}125 = 187{,}50\, €$
Jeden Tag fallen $\frac{1}{360}$ von 187,50 € als Zinsen an.
Zinsen für 15 Tage: $\quad 187{,}50\, € \cdot \frac{15}{360} = 7{,}81\, € \quad \left(\text{Zeitfaktor: } \frac{15}{360}\right)$
Frau Steinmetz muss also 7,81 € Überziehungszinsen zahlen.

MERKE
Werden Zinsen für Monate oder Tage berechnet, so werden zunächst Jahreszinsen berechnet und diese dann mit dem jeweiligen Zeitfaktor multipliziert.

17L

Berechne die Zinsen für den angegebenen Zeitraum.

	a)	b)	c)	d)	e)	f)
K	450 €	1 200 €	980 €	2 500 €	3 200 €	12 000 €
p %	3 %	3,5 %	2 %	2,5 %	4 %	3,25 %
Zeit	$\frac{1}{2}$ Jahr	$\frac{1}{4}$ Jahr	10 Monate	2 Monate	$\frac{3}{4}$ Jahr	7 Monate

	g)	h)	i)	j)	k)	l)
K	820 €	4 000 €	750 €	1 250 €	500 €	3 450 €
p %	3 %	4 %	5 %	7,5 %	12 %	14 %
Tage	10	7	15	25	30	5

18L

Wie hoch war das Guthaben?

	a)	b)	c)	d)	e)	f)
p %	3 %	3,5 %	4 %	3,75 %	4,25 %	7,25 %
Zinsen	90 €	428,75 €	25 €	253,12 €	253,22 €	229,07 €
Zeit	$\frac{1}{4}$ Jahr	7 Monate	30 Tage	$\frac{3}{4}$ Jahr	11 Monate	175 Tage

	g)	h)	i)	j)	k)	l)
p %	2,75 %	3,25 %	7 %	9 %	4,5 %	5 %
Zinsen	71,50 €	17,60 €	33,05 €	345,93 €	232,93 €	377,88 €
Zeit	$\frac{1}{2}$ Jahr	2 Monate	20 Tage	75 Tage	5 Monate	190 Tage

19

Ein Baubetrieb muss wegen unpünktlicher Zahlungen seiner Kunden für 80 Tage einen Kredit von 230 000 € zu 8,5 % p. a. aufnehmen. Wie groß ist der Schaden?

Zinsrechnung

20

a) Karsten hat ein Guthaben von 250 €. Wie viel Geld kann er nach 9 Monaten abholen, wenn der Zinssatz 3,75 % beträgt?

b) Herr Kunstmann leiht sich für ein Vierteljahr 1 200 € zu einem Zinssatz von 8,25 %. Wie viel Euro muss er nach dem Vierteljahr insgesamt zurückzahlen?

c) Frau Brieger hat ein Darlehen zu 8 % Zinsen bei ihrer Bank aufgenommen. Als sie es nach einem halben Jahr zurückzahlt, muss sie außer dem geliehenen Betrag noch 240 € Zinsen bezahlen. Wie hoch war das Darlehen?

d) Herr Stock hat sich für 5 Monate bei einem Bekannten 6 000 € geliehen. Nach Ablauf der Frist zahlt er 6 081,25 € zurück. Wie hoch war der Zinssatz?

21

a) Herr Keihl will sich für ein Jahr 3 500 € leihen. Er interessiert sich für das obere Angebot in der Anzeige. Bei seiner Bank müsste Herr Keihl nämlich für das Darlehen 8 % Zinsen im Jahr bezahlen.
Wie viel Euro Zinsen müsste Herr Keihl in einem Jahr entsprechend der Anzeige und bei seiner Bank bezahlen?

b) Timo liest in einer Zeitung das untere Angebot zur Finanzierung und stutzt. Wie hoch ist der Zinssatz für ein Jahr?

> Anzeige
>
> **Günstige Konditionen !!!**
> Nur 0,9 % Zinsen pro Monat.
>
> **Finanzmarkt**
> Günstiges Angebot:
> Nur 160 € monatliche Zinsen für 10 000 €!

22

a) Frau Zorn nutzt vom 15. Januar bis zum 3. Februar ihren Überziehungskredit von 1 200 € aus. Sie muss dafür 12,5 % Zinsen bezahlen.
Wie viel Euro Zinsen werden am 3. Februar fällig?

b) Herr Tietze überzieht sein Konto vom 23. März bis zum 8. April um 350 €. Da er keinen Dispokredit hat, muss er 14,9 % Zinsen bezahlen.
Wie viel Euro Zinsen sind für die Überziehung seines Kontos zu bezahlen?

c) Frau Lübcke überzieht ihr Konto vom 25. Juni bis zum 6. August um 1 250 €. Wie viel Euro Zinsen muss sie dafür bei einem Zinssatz von 11,9 % bezahlen?

> **ANREGUNG**
>
> für die ganze Klasse:
> Sucht aus dem Anzeigenteil von Zeitungen Angebote für Kredite heraus und bringt sie in den Unterricht mit.
> Vergleicht sie mit Angeboten von Banken und Sparkassen.
> Diskutiert, ob die Angebote in den Anzeigen „seriös" sind.
> Was würdet ihr Kreditsuchenden raten?

23

Frau Beckmann hat eine Eigentumswohnung für 175 000 € erworben. Sie vermietet diese Wohnung für 545 € monatlich.

a) Welchem jährlichen Zinssatz entsprechen die Mieteinnahmen?

b) 35 % der Mieteinnahmen werden für den Unterhalt der Wohnung benötigt. Wie viel Euro sind das im Jahr?

c) Wie viel Euro Zinsen würde Frau Beckmann jährlich erhalten, wenn sie ihr Geld bei der Bank mit einem Zinssatz von 5,5 % angelegt hätte?

24

Frau Drostal überlegt den Fernseher im Bild auf Raten zu kaufen.

a) Wie viel Euro kostet der Fernseher beim Ratenkauf?

b) Wie viel Prozent des Barpreises verlangt der Händler als Aufschlag beim Ratenkauf?

c) Bei einer Bank könnte sich Frau Drostal für 7,5 % Zinsen p.a. das notwendige Geld leihen und den Fernseher sofort bar bezahlen. Wie viel Euro Zinsen müsste sie nach den 10 Monaten bezahlen?

TV DX Super — Neu von der Funkausstellung 1250 € — Auch in 10 Monatsraten von je 142 €

BEISPIEL

Rita hat ein Guthaben von 1 200 €, das mit 4 % verzinst wird. Nach welcher Zeit erhält Rita 16 € Zinsen?

Wir berechnen zunächst die Zinsen für ein Jahr.
$Z = 1200 € \cdot 0{,}04 = 48 €$
16 € erhält Rita in $\frac{16}{48}$ eines Jahres, das ist $\frac{1}{3}$ eines Jahres, also 4 Monate.
Nach 4 Monaten erhält Rita für ihr Guthaben 16 € Zinsen.

MERKE
Auch wenn die Zinszeit gesucht ist, bestimmt man zunächst stets die Jahreszinsen.

25

Wie viele Monate war das Guthaben jeweils verzinst?

	a)	b)	c)	d)	e)
Guthaben	1 500 €	800 €	4 800 €	840 €	12 000 €
Zinssatz	3 %	4 %	3 %	3,5 %	4,5 %
Zinsen	15 €	8 €	12 €	22,05 €	315 €

26

Ermittle die in der Tabelle fehlenden Werte.

	a)	b)	c)	d)	e)	f)
Kapital	2 400 €		3 600 €			16 000 €
Zinssatz	3 %	4,5 %	4 %	3,5 %	6 %	
Jahreszinsen		225 €				720 €
Laufzeit	7 Monate	$\frac{3}{4}$ Jahr		20 Tage	2 Monate	
Zinsen			24 €	12,44 €	4 €	470 €

27ᴸ

a) Frau Stock bringt 980 € zur Bank. Das Guthaben wird mit 4 % verzinst. Nach welcher Zeit ist das Guthaben auf 1 000 € angewachsen?

b) 1 800 € werden mit 5 % verzinst. Wann ist das Guthaben auf 2 000 € angewachsen?

BEISPIEL

Frau Stein hat 20 000 € geerbt. Sie bringt das Geld zur Bank, wo es mit 4,5 % verzinst wird. Auf welche Summe ist das Kapital nach 3 Jahren angewachsen, wenn Frau Stein von dem Konto kein Geld abhebt?

1. Lösungsweg

Zinsen für das erste Jahr: $\quad Z = 20\,000 € \cdot 0{,}045 = 900 €$
Das zu verzinsende Kapital beträgt im zweiten Jahr 20 900 €.

Zinsen für das zweite Jahr: $\quad Z = 20\,900 € \cdot 0{,}045 = 940{,}50 €$
Das Kapital beträgt nach zwei Jahren
20 900 € + 940,50 € = 21 840,50 €.

Zinsen für das dritte Jahr: $\quad Z = 21\,840{,}50 € \cdot 0{,}045 = 982{,}82 €$
Nach drei Jahren beträgt das Kapital
21 840,50 € + 982,82 € = 22 823,32 €.

INFORMATION
Von „Zinseszinsen" spricht man, wenn die angefallenen Zinsen wieder mit verzinst werden. Dazu werden häufig die im Laufe eines Jahres angefallenen Zinsen am Anfang des nächsten Jahres dem Kapital hinzu addiert. Manchmal werden die Zinsen aber auch nach kürzeren Zeiten, z.B. nach 3 Monaten, berechnet und dem Kapital hinzu addiert.
Warum sind kurze Zeiten der Zinsberechnung für den Sparer günstig?

Zinsrechnung

BEISPIEL (Fortsetzung von Seite 42)

2. Lösungsweg
Das Kapital nach dem ersten Jahr erhalten wir, indem wir das Ausgangskapital mit dem **Zinsfaktor** 1,045 multiplizieren: 20 000 € · 1,045 = 20 900 €.
Für die weiteren Jahr erhalten wir auf diese Weise:
Kapital nach zwei Jahren: 20 900 € · 1,045 = 21 840,50 €
Kapital nach 3 Jahren: 21 840,50 € · 1,045 = 22 823,32 €

Damit beträgt das Kapital nach drei Jahren 22 823,32 €.
Frau Stein hat insgesamt 2 823,32 € Zinsen erhalten.

28ᴸ

Cindy hat zu ihrem 10. Geburtstag ein Sparbuch mit 150 € geschenkt bekommen.
a) Auf welche Summe ist das Geld bis zu ihrem 18. Geburtstag angewachsen, wenn das Guthaben mit 4% verzinst wird?
b) Nach welcher Zeit hat sich das Geld beim gleichen Zinssatz verdoppelt?

29

Frau Friedrich legt 5 000 € für 3 Jahre mit einem steigenden Zinssatz an:
1. Jahr 3%; 2. Jahr 3,5% und 3. Jahr 4,5% Zinsen.
Wie viel Euro erhält Frau Friedrich nach Ablauf der 3 Jahre von ihrer Bank, wenn die jährlichen Zinsen auf dem Konto bleiben und mitverzinst werden?

30

Wer sein Geld längerfristig anlegen will, hat auch die Möglichkeit Bundesschatzbriefe zu kaufen (s. INFORMATION).
Das Bild demonstriert den jährlich steigenden Zinssatz. Bei den Teilaufgaben a) bis c) kannst du mit den Zinssätzen aus dem Bild oder mit den aktuellen Zinssätzen rechnen, die du bei einer Bank oder Sparkasse erfährst.

a) Frau Zabel kauft Bundesschatzbriefe vom Typ A im Wert von 3 000 €. Wie viel Euro Zinsen erhält sie jährlich? Wie viel Euro Zinsen erhält sie insgesamt?
b) Familie Strobel kauft für 4 000 € Bundesschatzbriefe vom Typ B. Auf wie viel Euro ist der Wert der Geldanlage nach 7 Jahren gestiegen? Welchen Gewinn macht die Familie, wenn jährlich 10 € Depotgebühren zu zahlen sind?
c) Herr Mayer überlegt, ob er 8 000 € für 7 Jahre in Bundesschatzbriefen oder zu einem festen Zinssatz von 5% anlegt. Berechne für beide Angebote das Endkapital nach 7 Jahren.

ANREGUNG
für Computerfreaks:
Mithilfe eines Tabellenkalkulationsprogramms könnt ihr das Anwachsen des Kapitals z. B. über 25 Jahre automatisch berechnen lassen.
(Gebt euch ein Ausgangskapital und einen Zinssatz vor.)
Aus der berechneten Tabelle könnt ihr u.a. sehen, nach wie vielen Jahren sich das Kapital verdoppelt haben wird.
Lasst die Zinsen nicht nur jährlich, sondern zum Vergleich auch 3-monatlich berechnen.
Ihr erkennt so gut die Auswirkung eines kürzeren Berechnungszeitraumes der Zinsen.

INFORMATION
Bei Bundesschatzbriefen steigt der Zinssatz von Jahr zu Jahr.
Sie haben eine feste Laufzeit: Das angelegte Kapital wird nicht vor Ende der Laufzeit ausgezahlt.
(Allerdings kann man seine Schatzbriefe an andere weiterverkaufen.)
Bundesschatzbriefe werden in zwei Typen herausgegeben:

Typ A:
Laufzeit 6 Jahre
jährliche Auszahlung der Zinsen

Typ B:
Laufzeit 7 Jahre
Zinsen und Zinseszinsen werden erst nach Ablauf, also nach 7 Jahren, ausgezahlt.

ZUSAMMENFASSUNG

Begriffe	bei der Prozentrechnung	bei der Zinsrechnung
Das Ganze (100%)	Grundwert G	Kapital K
der Anteil am Ganzen	Prozentsatz $p\%$ $1\% = \frac{1}{100} = 0{,}01$	Zinssatz $p\%$ $1\% = \frac{1}{100} = 0{,}01$
die Größe des Anteils	Prozentwert W	Jahreszinsen Z

Grundaufgaben der Prozent- und Zinsrechnung	Formel in der Prozentrechnung	Formel in der Zinsrechnung
Gesucht ist die Größe des Anteils (W, Z).	$W = G \cdot \frac{p}{100}$	$Z = K \cdot \frac{p}{100}$
Gesucht ist das Ganze (G, K).	$G = W \cdot \frac{100}{p}$	$K = Z \cdot \frac{100}{p}$
Gesucht ist der Anteil ($p\%$).	$p\% = \frac{p}{100} = \frac{W}{G}$	$p\% = \frac{p}{100} = \frac{Z}{K}$

Prozentwert und Prozentsatz (Zinsen und Zinssatz) sind bei gegebenem Grundwert (Kapital) zueinander proportional. Man kann die Grundaufgaben deshalb auch mithilfe des Dreisatzes oder über das Aufstellen einer Verhältnisgleichung lösen.

Zinsen in Abhängigkeit von der Zeit

Die Höhe der Zinsen ist von der Zeitdauer abhängig, in der das Kapital angelegt wird.
Für einen Monat gibt es $\frac{1}{12}$ der Jahreszinsen, für einen Tag gibt es $\frac{1}{360}$ der Jahreszinsen.

Bei Konten werden in bestimmten Zeitabständen (häufig zu jedem Jahresbeginn, manchmal auch in kürzeren Abständen) die Zinsen für die zurückliegende Zeit berechnet und dem Kapital hinzugefügt. Lässt man die Zinsen auf dem Konto, so werden diese mit verzinst. Man spricht von „Zinseszinsen".
Wird ein Kapital K_0 jährlich mit $p\%$ Zinsen verzinst, so wächst das Kapital

nach einem Jahr auf $\quad K_1 = K_0 + K_0 \cdot \frac{p}{100} = K_0 \cdot \left(1 + \frac{p}{100}\right)$

nach zwei Jahren auf $\quad K_2 = K_1 + K_1 \cdot \frac{p}{100} = K_1 \cdot \left(1 + \frac{p}{100}\right) \quad$ usw.

$1 + \frac{p}{100}$ nennt man den Zinsfaktor.

Angabe sehr kleiner Anteile

Sehr kleine Anteile von Größen werden in Promille, d. h. in Tausendstel (Zeichen: ‰) angegeben. Das Ganze wird dabei nicht in 100, sondern in 1 000 Teile geteilt.
Für noch viel kleinere Anteile gibt es weitere Abkürzungen, die vor allem in Wissenschaft und Technik verwendet werden (siehe Seite 141).

Stochastik

Wer kennt es nicht, das gute alte Mensch-Ärger-Dich-Nicht-Spiel, und wer kennt nicht die klugen Sprüche wie „Gleich werf' ich dich raus", oder „Jetzt eine 1 und ich habe gewonnnen."
Aber wie groß ist denn nun die Chance, dass der Spieler mit den roten Steinen beim nächsten Wurf tatsächlich den blauen Stein rauswirft?
Und wie groß ist die Wahrscheinlichkeit, dass der letzte gelbe Stein beim nächsten Wurf ins Ziel kann?

Ereignisse

1

Arbeitet in Gruppen. Fertigt zwei Glücksräder an (wie die in der Randspalte).
a) Jedes Glücksrad soll 50-mal gedreht werden. Schätzt vorher für jedes Glücksrad, wie oft die einzelnen Farben erscheinen werden.
b) Ermittelt für jedes Glücksrad die Häufigkeit des Auftretens der einzelnen Farben.

Farbe	gelb	rot	grün	blau
absolute Häufigkeit				
relative Häufigkeit (in Prozent)				

c) Vergleicht die erhaltenen Anzahlen mit eurer Schätzung.
d) Philipp und Alexander haben folgenden relativen Häufigkeiten erhalten. Wer hat wohl welches Glücksrad gedreht?

	gelb	rot	grün	blau
Philipp	28 %	48 %	11 %	13 %
Alexander	27 %	20 %	30 %	23 %

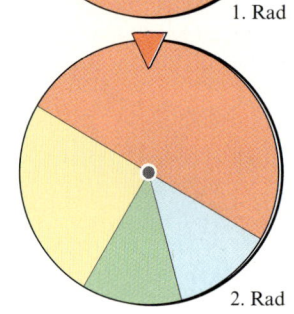

1. Rad

2. Rad

2

Du kennst die Situation beim Mensch-Ärger-Dich-Nicht-Spiel: Du stehst mit dem letzten Stein ein Feld vor dem Ziel und würfelst einfach keine Eins.
a) Gib einen Schätzwert an, wie häufig die Eins beim Würfeln auftreten wird.
b) In Partnerarbeit zu lösen: Werft 100-mal einen Spielwürfel. Notiert jeweils, welche Zahl gefallen ist. Fertigt dazu eine Tabelle an, in die ihr die absolute und die relative Häufigkeit jeder Augenzahl eintragen könnt.
c) Vergleicht eure Ergebnisse mit denen eurer Mitschüler. Was stellt ihr fest?
d) Addiert von allen Paaren die absoluten Häufigkeiten, mit der die 1 aufgetreten ist. Wie viele Würfe wurden insgesamt ausgeführt?
Mit welcher relativen Häufigkeit (in Prozent) ist die 1 insgesamt aufgetreten?
e) Welche Chance besteht in der oben genannten Situation, dass beim nächsten Wurf eine 1 fällt?

ERINNERE DICH

Die absolute Häufigkeit gibt an, wie oft ein Ergebnis beobachtet wurde.
Die relative Häufigkeit ist der Quotient aus absoluter Häufigkeit eines Ergebnisses und Gesamtzahl der Beobachtungen.

3

Rita wettet, bei 100 Würfen mit einer Streichholzschachtel mindestens 5 Landungen auf einer der beiden kleinsten Seitenflächen zu erreichen.
a) Arbeitet in Gruppen:
Führt Ritas Versuch mit einer vollen und mit einer leeren Streichholzschachtel durch. Notiert jeweils die Ergebnisse.
b) Hat Rita eine gute Chance?
Sollte sie mit einer leeren oder einer vollen Schachtel werfen?
c) Nach 50 Würfen hat Rita erst 2 Landungen auf der kleinen Seite erreicht.
Wie schätzt du ihre Chance ein, ihre Wette noch zu gewinnen?

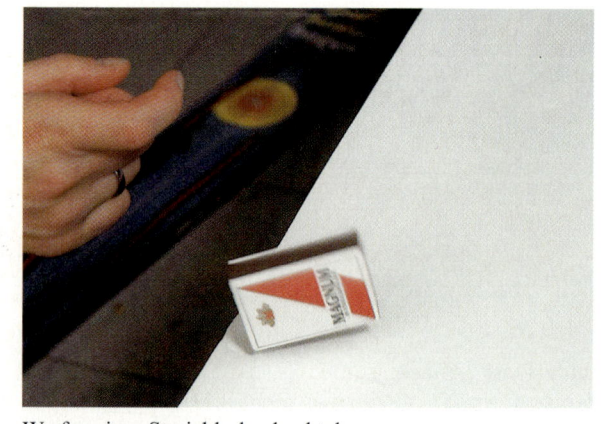

Werfen einer Streichholzschachtel

Ereignisse

Das Drehen eines Glücksrades, das Werfen eines Würfels und das Werfen der Streichholzschachtel in den Aufgaben 1 bis 3 sind Zufallsexperimente.

> Ein **Zufallsexperiment** ist durch folgende Eigenschaften gekennzeichnet:
>
> • Es können verschiedene Ergebnisse auftreten, von denen vor Ausführung des Experiments nicht mit Sicherheit vorausgesagt werden kann, welches eintreten wird.
> • Es können nicht zwei Ergebnisse gleichzeitig auftreten.
> • Das Experiment ist beliebig oft wiederholbar.
>
> Alle möglichen Ergebnisse eines Zufallsexperimentes zusammen bilden die **Ergebnismenge Ω** (Ω griechischer Buchstabe Omega).

HINWEIS
Von einem „Zufallsexperiment" spricht man nur, wenn man festgelegt hat, welche Ergebnisse man erfassen will, und man sich über die Ergebnismenge im Klaren ist.
Lässt man noch offen, welche zufälligen Ergebnisse erfasst werden sollen, spricht man von einem „Zufallsversuch".
Beispielsweise könnte man bei der Geburt eines Kindes erfassen:
– das Geschlecht,
– das Geburtsgewicht,
– die Körperlänge u. a.
Ein Zufallsexperiment wäre dann die Ermittlung des Geschlechts mit Ω = {weiblich; männlich} oder des Geburtsgewichts mit z. B.
Ω = {bis 2000 g; 2001 g bis 2500 g; 2501 g bis 3000 g; 3001 g bis 3500 g; 3501 g bis 4000 g; 4001 g bis 4500g; mehr als 4500 g}.

4
Gib jeweils eine Ergebnismenge der Zufallsexperimente in den Aufgaben 1 bis 3 an.

5^L
Gib zu den folgenden Vorgängen jeweils eine oder mehrere Ergebnismengen an.
a) Ermitteln des Geburtsmonats einer zufällig gewählten Person
b) Ziehen eines Loses
c) Spielen eines Schachspieles
d) Austragen eines Tennismatches
e) Verschenken eines Ringes
f) Werfen eines weißen und eines gelben Würfels

6
Entscheide, ob Zufallsexperimente vorliegen. Gib dann eine Ergebnismenge an.
a) Ziehen der ersten Kugel beim Lotto 6 aus 49
b) Ziehen einer Karte eines Skatspieles
c) Ermitteln der Masse einer Stahlkugel bei bekanntem Volumen
d) Ermitteln der Summe zweier vorgegebener Zahlen
e) Ermitteln der Blutgruppe eines zufällig ausgewählten Menschen

7
Gib zu jedem Stichpunkt ein Zufallsexperiment an, falls das möglich ist.
a) Los bei einer Tombola links im Bild
b) Los bei einer Losbude rechts im Bild
c) Zeitpunkt des Sonnenaufganges am 1. März nächsten Jahres
d) Anzahl der Sonnentage in nächsten Jahr
e) Masse eines Apfels

8
Gib selbst ausgedachte Zufallsexperimente mit einer dazugehörigen Ergebnismenge an.

9

Stelle zwei Glücksräder her und ordne sie wie im Bild nebeneinander an.
Markiere eine feste Stelle zwischen ihnen. Setze beide Räder in Bewegung und lies die beiden Zahlen ab, bei denen die Glücksräder an der Markierung stehen bleiben. 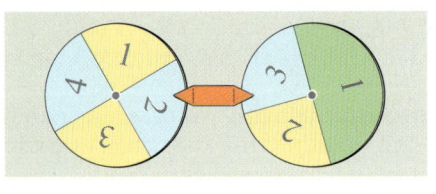
Als Ergebnis des Versuches erhältst du jeweils ein Paar zweier Zahlen, wobei die Zahl am linken Rad vorn steht.

a) Vervollständige die Ergebnismenge Ω = {11; 12; 13; 21; 22; ...}
b) Doreen und Saskia wollen zum nächsten Schulfest ein Glücksspiel mit den beiden Glücksrädern durchführen. Sie überlegen, in welchen Fällen das Spiel für die Mitspieler als gewonnen gewertet werden soll.
Sie wollen nicht einfach einzelne Ergebnisse auswählen. Sie haben die folgenden Ideen für Gewinnsituationen:
A – Beide Zahlen sind gleich.
B – Die vordere Zahl ist kleiner als die hintere.
C – Die Summe der beiden Zahlen ist kleiner als 5.
D – Es tritt mindestens eine Primzahl auf.
E – Beide Zahlen sind gerade.
F – Die zweistellige Zahl ist ungerade.
Bilde Mengen *A* bis *F* entsprechend nebenstehendem Beispiel.

c) Die folgende Abbildung zeigt die Ergebnismenge als Mengendiagramm. Diejenigen Ergebnisse, die zu der Gewinnsituation *A* bzw. *D* führen, sind jeweils als Teilmengen zusammengefasst.
Zeichne Mengendarstellungen für die Gewinnsituationen *B* und *C*.
Überlege, ob es Ergebnisse gibt, die zu beiden Gewinnsituationen *B* und *C*, zu genau einer der beiden oder zu keiner der beiden Gewinnsituationen gehören.

BEACHTE
Die Glücksräder und die Ergebnisse der Aufgabenteile 9 a) und b) werden später noch einmal benötigt.

BEISPIEL
A enthält alle Ergebnisse, die der Gewinnsituation *A* „Beide Zahlen sind gleich" entsprechen, also *A* = {11; 22; 33}.
D enthält alle Ergebnisse, die der Gewinnsituation *D* „Es tritt mindestens eine Primzahl auf" entsprechen, also
D = {12; 13; 21; 22; 23; 31; 32; 33; 42; 43}.

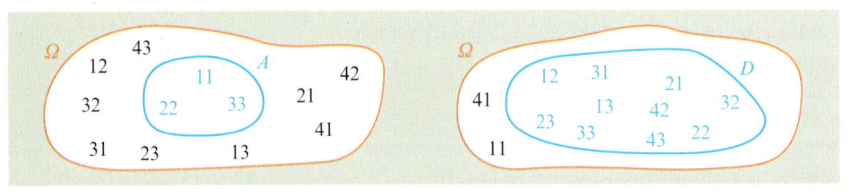

Oft interessieren bei einem Zufallsexperiment alle Ergebnisse, bei denen ein bestimmtes **Ereignis** eintritt.

Ein Ereignis beschreibt man entweder in Worten oder man gibt es durch die Menge aller zugehörigen Ergebnisse des Zufallsexperiments an.
Ein Ereignis ist eine Teilmenge der Ergebnismenge.

Ein Ergebnis kann zu mehreren verschiedenen Ereignissen gehören.

BEISPIEL
Bei Aufgabe 9 b) ist das Ereignis *A* so beschrieben: „Beide Zahlen sind gleich."
Angabe des Ereignisses *A* als Menge: *A* = {11; 22; 33}.
A ist eine Teilmenge der Ergebnismenge Ω ($A \subset \Omega$).
Die Ergebnisse 22 und 33 gehören auch zum Ereignis *D* – „Es tritt mindestens eine Primzahl auf."

ANREGUNG
Lege für Aufgabe 9 selbst Ereignisse fest und nenne die zugehörigen Ergebnisse.

Ereignisse

10

Für das Zufallsexperiment in Aufgabe 9 können auch die beiden folgenden Ereignisse betrachtet werden.
S – Die zweistellige Zahl ist kleiner als 44.
U – Die zweistellige Zahl ist größer als 44.
Bei welchen Ergebnissen tritt das Ereignis S ein, bei welchen Ergebnissen das Ereignis U?

> Ein Ereignis, das bei jedem Ergebnis eintritt, heißt **sicheres Ereignis**.
> Ein Ereignis, das bei keinem Ergebnis eintritt, heißt **unmögliches Ereignis**.

11

a) Lege für das Werfen *eines* Würfels selbst 5 Ereignisse wie in Aufgabe 9 b) fest.
b) Gib jeweils an, bei welchen Ergebnissen das Ereignis eintritt.
c) Gib ein sicheres und ein unmögliches Ereignis an.

12L

In einer Urne befinden sich 4 gelbe (g), 3 rote (r), 2 blaue (b) und 1 weiße (w) Kugel (s. Bild). Ohne Hinsehen sollen aus der Urne in einem Zug 2 Kugeln genommen werden.
a) Bei welchen Ergebnissen treten die folgenden Ereignisse ein?
   A – Beide Kugeln haben die gleiche Farbe.
   B – Beide Kugeln haben verschiedene Farben.
   C – Mindestens eine Kugel ist blau.
   D – Genau eine Kugel ist rot.
   E – Höchstens eine Kugel ist weiß.
   F – Beide Kugeln sind weiß.
b) Nenne weitere Ereignisse und die jeweils zugehörigen Ergebnisse.

13

Stefans Oma backt leidenschaftlich gern Kuchen und Torten. Deshalb darf sich ihr Enkel Stefan zum Geburtstag drei Kuchen oder Torten wünschen.
Zur Auswahl stehen Pflaumenkuchen (p), Streuselkuchen (s) und Butterkuchen (b) sowie als Torten Frankfurter Kranz (f) und Mokkatorte (m).
Obwohl es Stefan schwer fällt, muss er sich für drei der Backwaren entscheiden. Und natürlich wählt er keine davon doppelt, denn dann wäre ja der Verzicht noch größer.
a) Nenne vier mögliche Ergebnisse.
b) Schreibe die Ergebnismenge auf. Verwende dazu die kleinen Buchstaben aus den Klammern – z. B.:
   Ω = {psb; psf; ...}.
c) Bei welchen Ergebnissen treten die folgenden Ereignisse ein?
   A – 3 Kuchen
   B – mindestens eine Torte
   C – nur Torten
   D – höchstens eine Torte
   E – mindestens zwei Kuchen
   F – mindestens ein Kuchen

> **INFORMATION**
> Vergleicht man bei den Aufgaben 12 und 13 die Ereignisse A und B, so stellt man fest:
> 1. Gehört ein Ergebnis zu A, dann gehört es nicht zu B.
> 2. Gehört ein Ergebnis zu B, dann gehört es nicht zu A.
> 3. Jedes Ergebnis des Zufallsversuchs gehört entweder zu A oder zu B.
> Man nennt A das Gegenereignis zu B und B das Gegenereignis zu A.

Eines der bekanntesten Glücksspiele ist das Roulette.
Nach dem Drehen der Roulettescheibe wird eine Kugel entgegen der Drehrichtung auf die Scheibe geworfen. Die Roulettekugel fällt dann in genau eines der Felder 0 bis 36.
Vor dem Drehen können die Spieler Spielmarken auf den Roulettespielplan setzen. Dazu gibt es verschiedene Möglichkeiten.
Es kann zum Beispiel gesetzt werden auf
– Rot oder Schwarz,
– Gerade oder Ungerade,
– 1. Hälfte (1 bis 18) oder 2. Hälfte,
– 1. Dutzend (1–12) oder 2. Dutzend oder 3. Dutzend,
– eine Längsreihe mit 12 Zahlen,
– zwei Querreihen mit 6 Zahlen,
– vier benachbarte Zahlen, deren Felder in einem Punkt zusammentreffen,
– eine Querreihe mit drei Zahlen,
– zwei benachbarte Zahlen,
– eine einzelne Zahl (auch die 0).
Ein Spieler hat gewonnen, wenn er ein eintreffendes Ereignis richtig vorhergesagt hat.

Roulettetisch

Spielplan

INFORMATION

Die Bezeichnungen beim Roulette sind französisch und bedeuten:
Manque: 1. Hälfte
Passe: 2. Hälfte
Pair: gerade
Impair: ungerade
12^P: 1. Dutzend
12^M: 2. Dutzend
12^D: 3. Dutzend

Die Gewinnhöhe hängt beim Roulette von der Chance des Eintretens der gesetzten Zahlen ab, z. B.
- richtige Zahl – 36facher Einsatz
- richtige Farbe – doppelter Einsatz
- richtiges Dutzend – dreifacher Einsatz

14

Die Ergebnismenge beim Roulette ist $\Omega = \{0; 1; 2; \ldots; 34; 35; 36\}$.
Bleibt die Kugel z. B. auf der 25 stehen, so haben unter anderem die Spieler gewonnen, die folgende Ereignisse vorhergesagt haben:

A – Rot gewinnt.
B – Ungerade Zahl gewinnt.
C – Das dritte Dutzend gewinnt.
D – Die Zahl 25 gewinnt.
E – Die Querreihe (25, 26, 27) gewinnt.
F – Viererblock (22, 23, 25, 26) gewinnt.

a) Gibt es eine weitere Zahl, bei der die Ereignisse A bis F alle gleichzeitig eintreten?
b) Gibt es eine weitere Zahl, bei der die Ereignisse A, B, C, E und F alle gleichzeitig eintreten?
c) Gibt es eine weitere Zahl, bei der vier der Ereignisse A bis F alle gleichzeitig eintreten?

15

Für die Durchführung eines Roulettespieles legen wir folgende Bezeichnungen für bestimmte Ereignisse fest:

A – Rot
B – Gerade (ohne 0)
C – Mittleres Dutzend
D – 1. Hälfte (1 bis 18)
E – Viererblock (14, 15, 17, 18)
F – Querreihe (19, 20, 21)

a) Welche Ergebnisse gehören zum Ereignis C?
b) Welche Ergebnisse gehören sowohl zum Ereignis B als auch zum Ereignis C?
c) Welche Ergebnisse gehören zu den Ereignissen A und B und C?
d) Gibt es Zahlen, die zu allen Ereignissen von A bis E gehören?
e) Gibt es Zahlen, die zu allen Ereignissen von A bis F gehören?

16

a) Nenne für das Roulettespiel ein sicheres Ereignis.
b) Nenne für das Roulettespiel ein unmögliches Ereignis.

Wahrscheinlichkeiten

1

Reißzwecken fallen auf den Rücken oder auf die Seite.
Wirf 20-mal jeweils 10 Reißzwecken. Zähle jedesmal die Anzahl von Rücken (R) und Seite (S). Trage die Ergebnisse in eine Tabelle nach unten stehendem Muster ein und berechne dann jeweils die relative Häufigkeit von Rücken ($h(R)$) und Seite ($h(S)$).
Stelle die relativen Häufigkeiten von Rücken und Seite in Abhängigkeit von der Anzahl n der Versuchsdurchführungen grafisch dar.

Geworfene Reißzwecken

BEISPIEL
für die Berechnung von $h(R)$ nach dem 2. Wurf (siehe Beispielwerte in der Tabelle):

Nach 2 Würfen wurde insgesamt 9-mal Rücken ermittelt (3-mal im ersten und 6-mal im zweiten Wurf).
Insgesamt wurden 20 Reißzwecken geworfen.
$h(R) = \frac{9}{20} = 0{,}45$

n-ter Wurf	R	S	Summe R	Summe S	$h(R)$	$h(S)$
1	3	7	3	7	0,3	0,7
2	6	4	9	11	0,45	0,55
...						
20						

2

Wir betrachten noch einmal den Versuch mit den beiden Glücksrädern aus Aufgabe 9 auf Seite 156 und die bei 9 b) untersuchten Ereignisse A bis F.

a) Führe diesen Versuch insgesamt 25-mal aus. Notiere jeweils die erhaltene zweistellige Zahl. Erstelle dann für deine 25 Versuchsausgänge eine Strichliste, aus der ersichtlich wird, wie oft die Ereignisse A bis F eingetreten sind.
Beachte, dass eine Zahl zu mehreren Ereignissen gehören kann.

b) Berechne die relative Häufigkeit der Ereignisse A bis F bei deiner Versuchsdurchführung. Nutze dazu deine Strichliste.

c) Arbeitet in Gruppen. Legt eine Tabelle nach unten stehendem Muster an.
Füllt die Zeile „absolute Häufigkeit von A" der Tabelle schrittweise aus: Tragt erst die von einem Gruppenmitglied ermittelte absolute Häufigkeit des Ereignisses A ein. Addiert dann die von einem zweiten Mitglied ermittelte absolute Häufigkeit hinzu usw. Berechnet dann die relativen Häufigkeiten.

BEACHTE
bei Aufgabe 2 b):
Die Summe der relativen Häufigkeiten der einzelnen Ereignisse ist größer als 1, weil einige Ergebnisse zu mehreren Ereignissen gehören.

Anzahl der Versuche	25	50	75	100	125	...
absolute Häufigkeit von A						
relative Häufigkeit von A						

3

a) Stelle die Ergebnisse aus Aufgabe 2 c) in einem Koordinatensystem nach nebenstehendem Muster dar (n-Achse verlängern!). Trage zu jeder Anzahl n die entsprechende relative Häufigkeit h ab. Verbinde die Punkte zu einem Graphen.

b) Beschreibe den Verlauf des gezeichneten Graphen.

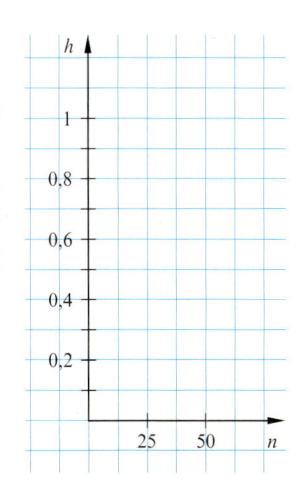

4

Bei einem Zufallsexperiment sollte untersucht werden, wie groß die Chance ist, dass beim Werfen von zwei Münzen zweimal „Kopf" fällt. Aus diesem Grunde haben zwanzig Personen jeweils 10-mal zwei Münzen geworfen und beobachtet, ob zweimal Kopf, zweimal Zahl oder Kopf und Zahl zu sehen war.
Wie oft die einzelnen Ergebnisse auftraten, zeigt die folgende Übersicht.

HINWEIS
Man bezeichnet in der Wahrscheinlichkeitsrechnung die Bildseite einer Münze i. Allg. mit „Kopf" oder „Wappen". Konkrete Münzen können natürlich ganz andere Bilder zeigen.

Person	1	2	3	4	5	6	7	8	9	10
zweimal Kopf	1	5	3	2	1	3	1	2	4	2
Kopf und Zahl	5	4	4	6	3	5	3	4	5	4
zweimal Zahl	4	1	3	2	6	2	6	4	1	4

Person	11	12	13	14	15	16	17	18	19	20
zweimal Kopf	1	3	2	5	1	4	2	1	2	2
Kopf und Zahl	8	6	5	4	8	5	6	6	6	7
zweimal Zahl	1	1	3	1	1	1	2	3	2	1

a) Mit welcher relativen Häufigkeit trat bei den einzelnen Personen das Ergebnis „zweimal Kopf" auf? Mit welcher mittleren relativen Häufigkeit dieses Ergebnisses kann man also rechnen?

b) Die Anzahlen für das Auftreten des Ergebnisses „zweimal Kopf" werden nun nacheinander aufsummiert und dabei wird jeweils die zugehörige relative Häufigkeit berechnet.
Übertrage und vervollständige dazu die folgende Tabelle.

Personen	1	1–2	1–3	1–4	1–5	…	1–18	1–19	1–20
absolute Häufigkeit	1	6	9	11					
relative Häudfigkeit	0,10	0,30	0,30	0,28					

c) Die relativen Häufigkeiten für das Eintreten des Ergebnisses „zweimal Kopf" aus Teilaufgabe b) sollen nun in Abhängigkeit von der Anzahl der Versuchsdurchführungen grafisch dargestellt werden. (1 Person entspricht 10 Würfen.)
Übertrage dazu das dargestellte Koordinatensystem und vervollständige die entsprechende Grafik. Fällt dir etwas auf?

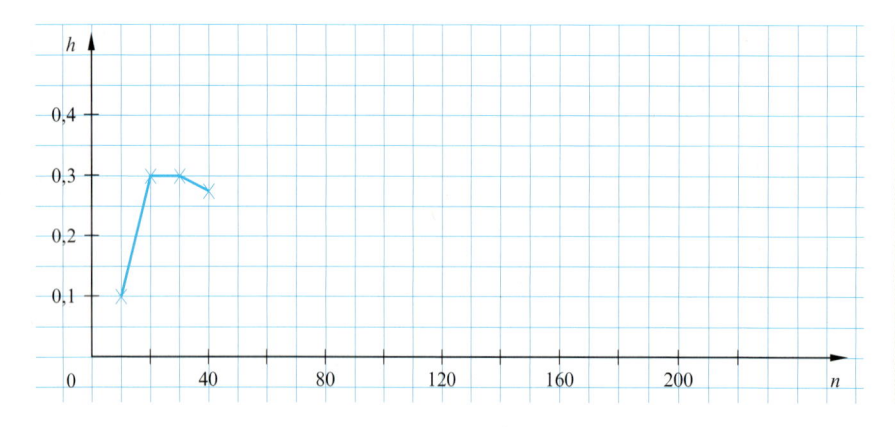

ANREGUNG
für die ganze Klasse:
Führt den Versuch ebenfalls durch und erstellt die entsprechenden Tabellen und grafischen Darstellungen.
Vergleicht eure Ergebnisse mit den auf dieser Seite dargestellten.

Wahrscheinlichkeiten

5

Julia und Markus haben festgestellt, dass auf vielen Rummelplätzen Würfelspiele angeboten werden. Meistens sind die Zahlen 1 oder 6 die Glücksbringer.
Sie wollen überprüfen, warum das so ist und führen deshalb ein einfaches Zufallsexperiment mit einem Spielwürfel durch.
Folgende Ereignisse wollen sie dabei beobachten:
A – Es wird eine 6 geworfen.
B – Es wird eine 1 oder eine 6 geworfen.
C – Es wird weder eine 1 noch eine 6 geworfen.
Sie werfen den Würfel insgesamt 30-mal und notieren nach jeweils 5 Würfen die relative Häufigkeit der einzelnen Ereignisse (siehe unten stehende Tabelle).

n	$h(A)$	$h(B)$	$h(C)$
5	0,40	0,40	0,60
10	0,20	0,35	0,70
15	0,18	0,33	0,73
20	0,15	0,30	0,70
25	0,20	0,32	0,68
30	0,23	0,30	0,67

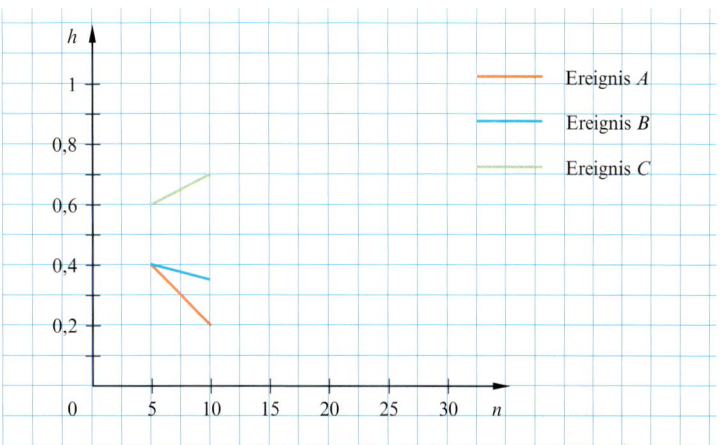

a) Erfinde eine Versuchsserie, die zu den ersten in der Tabelle dargestellten relativen Häufigkeiten von Julia und Markus passt.
b) Stelle die Ergebnisse von Julia und Markus mit drei verschiedenen Farben in einem Koordinatensystem grafisch dar.
   Übertrage dazu die oben stehende Darstellung ins Heft und vervollständige sie.
c) Führe das Zufallsexperiment selbst aus. Es ist insgesamt 100-mal zu würfeln. Bei jedem Versuch ist festzustellen, welches der Ereignisse A, B oder C eingetroffen ist.
d) Berechne nach jeweils 5 Würfen die relative Häufigkeit des Eintretens der Ereignisse A, B und C. Fertige dazu eine Tabelle an.
e) Stelle die berechneten relativen Häufigkeiten mit drei verschiedenen Farben in einem Koordinatensystem grafisch dar.
f) Welche Ähnlichkeiten und Unterschiede gibt es zwischen der Darstellung zu deinem Versuch und dem von Julia und Markus?

TIPP

Führt die Zufallsexperiment zu den Aufgaben 5c) und 6 in Gruppen arbeitsteilig aus.

6

Wirf eine Münze 100-mal und beobachte, ob Zahl (Z) oder Kopf (K) fällt.
Berechne nach jeweils 5 Würfen die relative Häufigkeit von Z. Stelle die relativen Häufigkeiten in Abhängigkeit von der Anzahl der Versuchsdurchführungen dar.
Vergleiche die grafische Darstellung mit denen aus Aufgabe 3, 4 und 5.

Anzahl der Würfe	5	10	15	20	25	30	35	40	45	50	55	...	100
relative Häufigkeit													

In den Aufgaben 1 bis 6 wurden Zufallsexperimente oft durchgeführt und die relative Häufigkeit eines Ereignisses bei größer werdender Versuchszahl beobachtet. Stets konnten wir beobachten, dass sich die relative Häufigkeit eines Ereignisses bei einer kleinen Anzahl von Versuchsdurchführungen noch stark änderte. Diese Schwankungen wurden kleiner, wenn die Versuchszahl größer wurde.

> Bei einer sehr hohen Anzahl von Beobachtungen stabilisiert sich die relative Häufigkeit eines beobachteten Ereignisses. Je größer die Anzahl der Beobachtungen desto geringfügiger sind die Abweichungen von einer festen Zahl.
>
> Diese Zahl gibt an, wie groß die Chance für das Eintreten des Ereignisses ist, sie beschreibt die **Wahrscheinlichkeit** des Ereignisses.
>
> Die relative Häufigkeit eines Ereignisses bei einer großen Zahl von Beobachtungen eines Zufallsexperimentes ist damit ein Näherungswert für die Wahrscheinlichkeit dieses Ereignisses.

INFORMATION
Für die Wahrscheinlichkeit eines Ereignisses A schreibt man $P(A)$. Der Buchstabe P stammt von dem englischen Wort *probability* für Wahrscheinlichkeit.

7

Wie groß ist jeweils die Wahrscheinlichkeit der folgenden Ereignisse? Berücksichtige die Ergebnisse der Aufgaben 4, 5 und 6.
A – Mit dem Würfel eine 6 zu werfen.
B – Mit dem Würfel eine 1 oder eine 6 zu werfen.
C – Mit dem Würfel weder eine 1 noch eine 6 zu werfen.
D – Beim einmaligen Wurf einer Münze Zahl zu werfen.
E – Beim einmaligen Wurf zweier Münzen zweimal Kopf zu werfen.

Es ist nicht immer erforderlich, einen Versuch sehr oft zu wiederholen, um die Wahrscheinlichkeit eines bestimmten Ereignisses über die relative Häufigkeit abzuschätzen. Mitunter kann man auch schon vor der Durchführung des Versuches aus den Versuchsbedingungen die Wahrscheinlichkeit bestimmter Ereignisse ablesen. Beispielsweise wissen wir, dass eine Münze genau zwei Seiten hat, die i. Allg. etwa mit gleicher Häufigkeit fallen werden, wenn man die Münze wirft, d. h. jede Seite der Münze wird mit einer Wahrscheinlichkeit von 0,5 nach einem Wurf oben liegen.

8

René und Katja haben sich auf dem Weg nach Schöndorf verlaufen. Sie sind schon viel herumgeirrt, sodass sie nicht einmal mehr wissen, welchen Ausgangspunkt der Weg hat, auf dem sie gerade gehen.
Endlich finden sie eine Wegkreuzung mit einem Wegweiser. Der ist aber leider abgebrochen. Es bleibt ihnen nichts anderes übrig, sie müssen sich zufällig für eine der 5 Richtungen entscheiden.
a) Wie groß ist nach deiner Meinung die Wahrscheinlichkeit, dass sie in Schöndorf ankommen?
b) Wie groß ist die Wahrscheinlichkeit, dass sie schon nach 6 Kilometern in Schöndorf ankommen?

NACHGEDACHT
Was machen René und Katja wohl, wenn sie wissen, aus welcher Richtung der Weg kommt, auf dem sie gerade gehen?

Wahrscheinlichkeiten

9

Zu Anicas Klasse gehören 30 Mädchen und Jungen.
Zur Weihnachtsfeier in Anicas Klasse sollen Julklappgeschenke verteilt werden. Das bedeutet, jeder zieht verdeckt einen der 30 Namen und für die zum Namen gehörende Person muss ein kleines Geschenk besorgt werden.
Anica darf in diesem Jahr als erste das Los ziehen, für wen sie ein Julklappgeschenk besorgen soll. Mit vier Mädchen und zwei Jungen ist Anica oft zusammen, nur bei denen wüsste sie sofort ein passendes Geschenk.
Wie groß ist deiner Meinung nach die Wahrscheinlichkeit dafür, dass Anica ein Los zieht, bei dem sie es leicht hat, ein Geschenk zu finden? Begründe deine Antwort.

INFORMATION
Julklapp ist ein schwedischer Brauch und bezeichnet ein (meistens scherzhaft verpacktes) kleines Weihnachtsgeschenk, das am Julfest von unbekanntem Geber in die Stube geworfen wird.

10

Friederike hat 20 eigene CD's und zwar 4 mit klassischer Musik, die die Eltern sehr mögen, 10 mit Pop und Rock, die die Eltern auch gerne hören und 6 mit „neumodischer" Musik, bei denen die Eltern immer rufen, dass Friederike die Anlage leiser stellen soll. Friederike greift wahllos eine CD heraus. Wie groß ist wohl die Wahrscheinlichkeit, dass sie keinen Ärger mit den Eltern bekommt?

Bei einigen Zufallsexperimenten sind alle Ergebnisse gleich wahrscheinlich. Diese Zufallsexperimente heißen nach dem französischen Mathematiker Pierre Simon de Laplace auch **Laplace-Experimente**.
Bei solchen Zufallsexperimenten lässt sich die Wahrscheinlichkeit eines Ereignisses A recht einfach berechnen: Es wird zunächst ermittelt, wie viele Ergebnisse es insgesamt gibt. Dann wird bestimmt, bei wie vielen Ergebnissen das Ereignis A eintritt, wie viele Ergebnisse also günstig sind für A.
Für die Wahrscheinlichkeit von A gilt:

$$P(A) = \frac{\text{Anzahl der für das Ereignis } A \text{ günstigen Ergebnisse}}{\text{Anzahl der möglichen Ergebnisse}}$$

Pierre Simon de Laplace
1749–1827

BEISPIEL
Gesucht ist die Wahrscheinlichkeit dafür, dass eine zufällig aus einem gut gemischten Skatspiel gezogene Karte ein Ass ist (Ereignis A).

Es gibt insgesamt 32 Karten, von denen jede mit gleicher Wahrscheinlichkeit gezogen werden kann. Es gibt also 32 mögliche Ergebnisse, die alle gleich wahrscheinlich sind.

Bei vier Ergebnissen (Karoass, Herzass, Pikass und Kreuzass) tritt das interessierende Ereignis „gezogene Karte ist ein Ass" ein. Man sagt, diese vier Ergebnisse sind für das Ereignis günstig.

Für die Wahrscheinlichkeit des Ereignisses A gilt somit: $P(A) = \frac{4}{32} = \frac{1}{8}$.

Wenn man den Versuch sehr oft durchführen würde, dann wäre damit zu rechnen, dass man in durchschnittlich einem Achtel aller Fälle ein Ass ziehen würde.

11 L

Entscheide, ob Zufallsexperimente vorliegen, bei denen alle Ergebnisse gleich wahrscheinlich sind. Begründe deine Entscheidung.

Experiment	Ergebnisse
Münze werfen	Kopf; Zahl
Glücksrad 1 drehen	1; 2; 3
Glücksrad 2 drehen	1; 2; 3
Ermitteln der ersten Lottozahl	1; 2; …; 48; 49
Hersteller eines vorbeifahrenden Autos ermitteln	alle Autofirmen

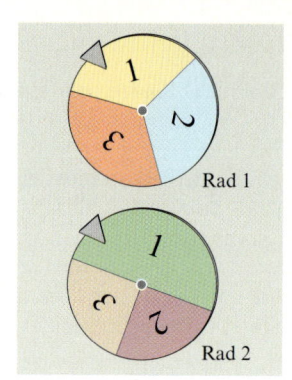

12

Entscheide, bei welcher der beiden vorgegebenen Ergebnismengen alle möglichen Ergebnisse die gleiche Wahrscheinlichkeit aufweisen. Begründe.
a) Ziehen einer Karte aus einem gut gemischten Skatspiel.
   Ω_1 = {Karo; Herz; Pik; Kreuz} Ω_2 = {Ass; nicht Ass}
b) Werfen eines Würfels.
   Ω_1 = {Eins; nicht Eins} Ω_2 = {Eins; Zwei; Drei; Vier; Fünf; Sechs}
c) Aus der Urne (s. Randspalte) wird wahllos eine Kugel gezogen.
   Ω_1 = {gelbe Kugel; rote Kugel} Ω_2 = {Kugel 1; 2; 3; 4; 5}

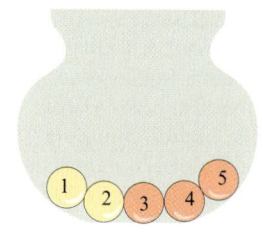

13 L

Aus einem Skatspiel wird ohne hinzusehen eine Karte gezogen (siehe Beispiel auf der vorigen Seite).
Berechne die Wahrscheinlichkeit der folgenden Ereignisse.
A – Es wird eine Pikkarte gezogen.
B – Es wird eine 7 gezogen.
C – Es wird eine rote Karte gezogen.
D – Es wird eine Zahl gezogen.
E – Es wird eine schwarze Karte, aber kein Bube gezogen.

ANREGUNG
Die Fragen auf Seite 153 kannst du jetzt beantworten. Begründe deine Antworten.

14

Berechne die Wahrscheinlichkeiten der Ereignisse A bis F aus den Aufgaben 14 und 15 auf Seite 158.

15

Anne geht in die 7. Klasse und nimmt das erste Mal am Tischtennisturnier der 7. und 8. Klassen teil. Insgesamt starten 32 Mädchen und Jungen. Aus den 7. Klassen sind es 7 Mädchen und 8 Jungen, aus der 8. Klasse 9 Mädchen und 8 Jungen. Für die erste Runde werden 16 Paarungen ausgelost.
a) Wie groß ist die Wahrscheinlichkeit für die folgenden Ereignisse?
   A – Anne muss gegen einen Jungen spielen.
   B – Anne muss gegen eine Schülerin oder gegen einen Schüler aus der 8. Klasse spielen.
   C – Anne muss gegen eine Schülerin aus ihrer Klassenstufe spielen.
b) Die ersten 6 Paarungen wurden schon gezogen. Anne war noch nicht dabei.
   Es gab dabei folgende Ansetzungen:
   J8 – M8   J7 – J7   J7 – J8   M7 – M7   M7 – M8   J8 – J8
   Wie groß ist jetzt die Wahrscheinlichkeit der Ereignisse A, B und C aus a)?

Wahrscheinlichkeiten

16

In zwei von fünf Wagen eines Zuges befindet sich jeweils ein Schwarzfahrer.
a) Die Kontrolleure schaffen es nur, zwei der fünf Wagen, die sie wahllos herausgreifen, zu kontrollieren. Notiere eine Ergebnismenge mit gleich wahrscheinlichen Ergebnissen.
Wie viele Möglichkeiten gibt es, von fünf Wagen zwei auszuwählen?
b) Bei wie vielen Ergebnissen werden beide Schwarzfahrer und bei wie vielen Ergebnissen wird mindestens ein Schwarzfahrer erwischt?
Wie groß ist die Wahrscheinlichkeit, dass die Kontrolleure beide Schwarzfahrer erwischen, wie groß ist sie, mindestens einen Schwarzfahrer zu erwischen?

HINWEISE

Es wird angenommen: Wenn ein Schwarzfahrer im kontrollierten Wagen ist, wird er auch erwischt.

Orientiere dich bei deinen Überlegungen am Bild.

Wird die Aufgabe 16 so abgeändert, dass in 6 von 15 Wagen eines langen Zuges Schwarzfahrer sitzen, so kann man wieder alle möglichen Ergebnisse (Auswahl von 2 Wagen) aufzählen. Dies ist aber sehr langwierig und umständlich.
Am Beispiel der Aufgabe 16 wird im Folgenden ein Lösungsweg demonstriert, den man auch bei großen Anzahlen gehen kann.

BEISPIEL

Die Kontrolle von 2 zufällig ausgewählten Wagen kann bei Aufgabe 16 zu folgenden vier Ergebnissen führen:
1. 1. Wagen ein Schwarzfahrer; 2. Wagen ein Schwarzfahrer
2. 1. Wagen ein Schwarzfahrer; 2. Wagen kein Schwarzfahrer
3. 1. Wagen kein Schwarzfahrer; 2. Wagen ein Schwarzfahrer
4. 1. Wagen kein Schwarzfahrer; 2. Wagen kein Schwarzfahrer

Diese 4 Ergebnisse sind **nicht** alle gleich wahrscheinlich. Man kann sich ihre Wahrscheinlichkeit aber überlegen. Das wird am 1. Ergebnis gezeigt:

Die Wahrscheinlichkeit, dass im ersten ausgewählten Wagen ein Schwarzfahrer ist, beträgt $\frac{2}{5}$. Die Wahrscheinlichkeit, dass dann auch noch im zweiten ausgewählten Wagen ein Schwarzfahrer ist, beträgt $\frac{1}{4}$. (Es stehen nur noch 4 Wagen zur Auswahl, in denen sich nur noch ein Schwarzfahrer befindet.)
Auf lange Sicht, würde also in $\frac{2}{5}$ der Fälle im ersten ausgewählten Wagen ein Schwarzfahrer erwischt werden. In $\frac{1}{4}$ der Fälle, bei denen bereits im ersten Wagen ein Schwarzfahrer erwischt wurde, wird auch noch der zweite Schwarzfahrer erwischt. Insgesamt werden also in $\frac{1}{4}$ von $\frac{2}{5}$ Fällen beide Schwarzfahrer erwischt.
Somit ist die Wahrscheinlichkeit des 1. Ergebnisses $\frac{1}{4} \cdot \frac{2}{5} = \frac{1}{10} = 0{,}1$.

BEACHTE

Bei Aufgabe 16 war die Ergebnismenge so zu wählen, dass das Zufallsexperiment ein Laplace-Experiment ist.
Bei der Wahl der Ergebnismenge im Beispiel ist das Zufallsexperiment kein Laplace-Experiment.

17L

a) Berechne die Wahrscheinlichkeit der anderen drei möglichen Ergebnisse aus dem Beispiel.

b) Abschließend müssen wir nun noch die Wahrscheinlichkeit des Ereignisses „mindestens ein Schwarzfahrer wird erwischt" ermitteln.
Überlege, welche der vier genannten Ergebnisse des gesamten Zufallsexperimentes zu diesem Ereignis gehören.
Wie groß ist die Wahrscheinlichkeit dieser Ergebnisse?
Wie groß ist also die Wahrscheinlichkeit des genannten Ereignisses?

18

In 6 von 15 Wagen eines Zuges befindet sich jeweils ein Schwarzfahrer. Es werden zwei zufällig ausgewählte Wagen kontrolliert.
Wie groß ist die Wahrscheinlichkeit, dass zwei Schwarzfahrer erwischt werden, wie groß, dass mindestens ein Schwarzfahrer erwischt wird?

19

In jeder von zwei Urnen befindet sich ein rote, eine blaue und eine weiße Kugel. Aus jeder der beiden Urnen wird blind eine Kugel herausgegriffen.

a) Gib eine Menge gleich wahrscheinlicher Ergebnisse an.
b) Wie groß ist die Wahrscheinlichkeit, dass beide Kugeln die gleiche Farbe haben?
c) Wie groß ist die Wahrscheinlichkeit, dass eine rote und eine blaue Kugel gezogen werden?

20

Im Märchenland wurde die schöne Prinzessin von einem Drachen entführt. Er gab sein Wort, dass er sie freilassen wird, wenn sie mit geschlossenen Augen aus der Schale mit 4 roten und 2 weißen Kugeln nacheinander zwei Kugeln der gleichen Farbe ziehen würde. Die Prinzessin darf selbst entscheiden, ob sie die erste gezogene Kugel wieder zurücklegen will. Was würdest du ihr raten?
Nutze für deine Überlegungen das folgende Bild und orientiere dich am Beispiel auf der vorigen Seite.

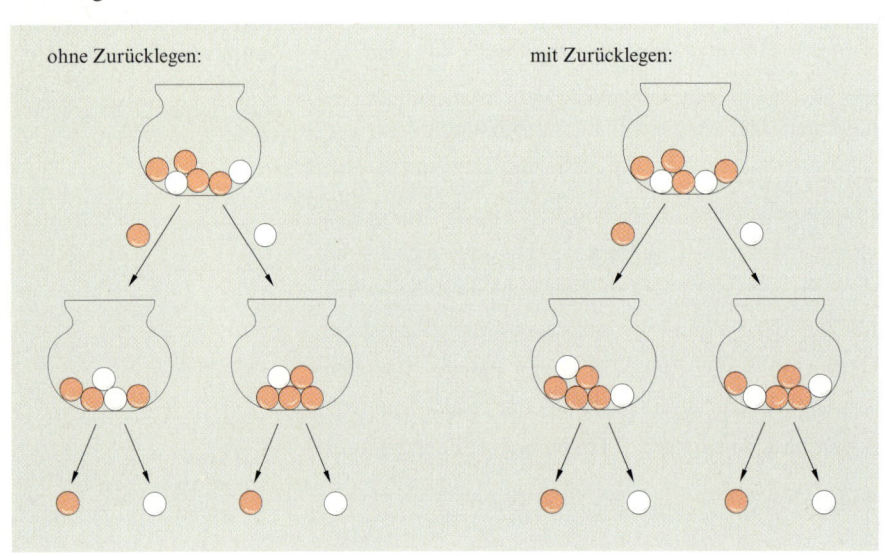

Wahrscheinlichkeiten

Selbst große Gelehrte können einmal irren.
Schon vor mehreren Jahrhunderten haben sich große Mathematiker mit Problemen aus der Wahrscheinlichkeitsrechnung beschäftigt. Vor allem war die Frage nach den Chancen in Glücksspielen Ausgangspunkt entsprechender Überlegungen.
Mit der folgenden Aufgabe befasste sich zum Beispiel der große Gelehrte Gottfried Wilhelm Leibniz. Leibniz hat sich unter anderem auf dem Gebiet der Mathematik große Verdienste erworben. Dennoch unterlief ihm bei der Lösung des Problems aus Aufgabe 21 ein Fehler.

21

Ein weißer und ein gelber Würfel werden geworfen. Es soll festgestellt werden, ob die Augensumme 11 und die Augensumme 12 mit gleicher oder mit unterschiedlicher Wahrscheinlichkeit auftreten.

a) Führt in einer Gruppe den Zufallsversuch insgesamt 500-mal aus. Ermittelt die relative Häufigkeit der Ereignisse
   A – Die Augensumme beträgt 11,
   B – Die Augensumme beträgt 12.

b) Die Wahrscheinlichkeiten der Ereignisse A und B sollen berechnet werden. Dazu ist von einer Ergebnismenge auszugehen, in der alle Ergebnisse gleich wahrscheinlich sind. Welche der folgenden Ergebnismengen ist dafür geeignet?

Ω_1 – Es wird die Augensumme beobachtet.
$\Omega_1 = \{2; 3; 4; 5; 6; 7; 8; 9; 10; 11; 12\}$

Ω_2 – Es wird festgestellt, welche beiden Zahlen gefallen sind, ohne dass die Farbe berücksichtigt wird.
$\Omega_2 = \{(1; 1); (1; 2); (1; 3); (1; 4); (1; 5); (1; 6);$
$(2; 2); (2; 3); (2; 4); (2; 5); (2; 6);$
$(3; 3); (3; 4); (3; 5); (3; 6);$
$(4; 4); (4; 5); (4; 6);$
$(5; 5); (5; 6);$
$(6; 6)\}$

Ω_3 – Es wird festgestellt, welche beiden Zahlen gefallen sind, wobei die Farbe berücksichtigt wird. Zunächst wird die Augenzahl des weißen, dann die des gelben Würfels notiert.
$\Omega_3 = \{(1; 1); (1; 2); (1; 3); (1; 4); (1; 5); (1; 6);$
$(2; 1); (2; 2); (2; 3); (2; 4); (2; 5); (2; 6);$
$(3; 1); (3; 2); (3; 3); (3; 4); (3; 5); (3; 6);$
$(4; 1); (4; 2); (4; 3); (4; 4); (4; 5); (4; 6);$
$(5; 1); (5; 2); (5; 3); (5; 4); (5; 5); (5; 6);$
$(6; 1); (6; 2); (6; 3); (6; 4); (6; 5); (6; 6)\}$

c) Berechne mithilfe derjenigen Ergebnismenge, bei der alle Ergebnisse gleich wahrscheinlich sind, die Wahrscheinlichkeit der Ereignisse A und B.

Gottfried Wilhelm Leibniz (1646–1716)

NACHGEDACHT

Leibniz behauptete, dass die Augensummen 11 und 12 beim Werfen zweier Würfel mit gleicher Wahrscheinlichkeit auftreten. Kannst du dir vorstellen, welcher Fehler ihm unterlaufen ist?

Analogiebetrachtungen zur Berechnung von Zinseszinsen

1

Erinnere dich an die „Schwarzfahreraufgabe" von Seite 165. Die im Beispiel erläuterte Lösung könnte man sich so in einem Pfaddiagramm veranschaulichen:

$$1 \xrightarrow{\cdot \frac{2}{5}} \frac{2}{5} \xrightarrow{\cdot \frac{1}{4}} \frac{1}{10}$$
$$\quad\quad\text{1. Wagen ein Schwarzfahrer} \quad\quad \text{2. Wagen ein Schwarzfahrer}$$

a) Erläutere die Darstellung.
b) Stelle für die drei anderen Fälle aus dem Beispiel ebensolche Diagramme auf.

2

Ein Kapital von 4 000,00 € wird 5 Jahre mit einem Zinssatz von 5 % fest angelegt. Nach jeweils einem Jahr werden die Zinsen gut geschrieben und dann mit verzinst.
a) Mit welchem Zinsfaktor wächst das Kapital von Jahr zu Jahr?
b) Zeichne ein Pfaddiagramm für die Verzinsung in den 5 Jahren. Wie sind die Pfade zu den Kapitalzwischenständen zu beschriften? Wie hoch ist das Kapital nach 5 Jahren?
c) Ein Anfangskapital K_0 wird n Jahre lang zu p % mit Zinseszinsen verzinst. Begründe, dass man das Endkapital K nach der Formel $K = K_0 \cdot q^n$ berechnen kann.

> **HINWEIS**
> Siehe das Beispiel auf Seite 151.
> Bei einem Zinssatz p % gilt für den Zinsfaktor q:
> $q = 1 + \frac{p}{100}$.

3

Katja bringt ihr Kapital von 500 € zur Bank und vereinbart, dass die Zinsen jährlich gutgeschrieben und mit verzinst werden. Das Kapital soll 5 Jahre lang mit 4 % verzinst werden.
Katja möchte die zu erwartenden Zinsen berechnen und entwickelt dafür das folgende Pfaddiagramm:

$$500 \xrightarrow{\cdot 0{,}04} \text{1. Jahr} \xrightarrow{\cdot 0{,}04} \text{2. Jahr} \xrightarrow{\cdot 0{,}04} \text{3. Jahr} \xrightarrow{\cdot 0{,}04} \text{4. Jahr} \xrightarrow{\cdot 0{,}04} \text{5. Jahr}$$

a) Erkläre, weshalb entsprechend dem Diagramm „Anteile von Anteilen" berechnet werden. Welche Bedeutung hat die Zahl am Ende des Gesamtpfades? Begründe, dass das Diagramm ungeeignet ist, die insgesamt anfallenden Zinsen zu berechnen.
b) Berechne die in 5 Jahren insgesamt anfallenden Zinsen.

4

Auf einer Geburtstagsparty sind drei Urnen aufgestellt. Den Hauptgewinn gibt es für drei bunte Kugeln (also keine schwarze Kugel dabei). Jeder zieht der Reihe nach aus jeder der drei Urnen.
a) Wie groß ist die Wahrscheinlichkeit für eine rote (eine blaue, eine gelbe) Kugel?
b) Wie groß ist die Wahrscheinlichkeit, dass eine rote und eine blaue Kugel gezogen werden?
c) Wie groß ist die Wahrscheinlichkeit für einen Hauptgewinn?

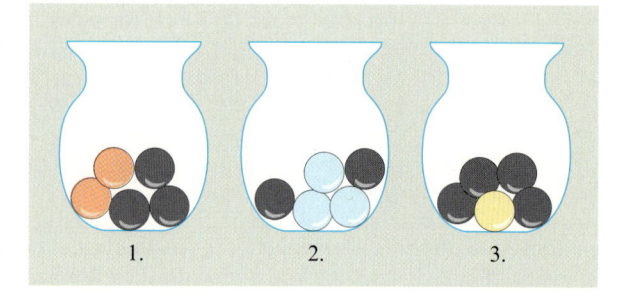

Analogiebetrachtungen zur Berechnung von Zinseszinsen

5

In Pekunien wird ein Kapital K auf folgende Weise verzinst:
Im ersten Jahr mit einem Zinssatz von 40%, im zweiten Jahr mit einem Zinssatz von 60% und im dritten Jahr mit einem Zinssatz von 20%.
a) Wie groß sind die Zinsen nach einem Jahr?
b) Wie groß sind die Zinsen am Ende des zweiten Jahres für die Zinsen des ersten Jahres?
c) Wie groß sind die Zinsen am Ende des dritten Jahres für die in b) berechneten Zinsen?

6

a) Zeichne für die Aufgaben 4 und 5 geeignete Diagramme (siehe Aufgaben 1 und 3) und vergleiche.
b) Was entspricht in Aufgabe 5 dem Ziehen einer roten Kugel in Aufgabe 4?
c) Was entspricht in Aufgabe 5 dem Ziehen einer roten und einer blauen Kugel in Aufgabe 4?
d) Was entspricht in Aufgabe 5 dem Ziehen eines Hauptgewinns in Aufgabe 4?

> Ist ein Anteil von einem Anteil zu berechnen, so werden die Anteile miteinander multipliziert.
>
> Anteile von Anteilen sind z. B. zu berechnen
> – bei der Berechnung der Zinsen von Zinsen und
> – bei der Berechnung der Wahrscheinlichkeit eines Ergebnisses eines Zufallsexperiments, das in mehreren Schritten durchgeführt wird (man multipliziert die Wahrscheinlichkeiten bei den einzelnen Schritten).

7

a) Wie groß sind beim Mensch-Ärger-Dich-Nicht-Spiel die Wahrscheinlichkeiten, dass du nicht einsetzen kannst, weil du dreimal keine 6 würfelst, und dass du dreimal hintereinander eine 6 würfelst?
b) Wie groß ist bei dem Zufallsexperiment aus Aufgabe 4 die Wahrscheinlichkeit, dass drei schwarze Kugeln gezogen werden?

8

a) Berechne die Gesamtzinsen für Aufgabe 5 bei einem Anfangskapital von 3 500 „Pekus".
b) Berechne das Endkapital für ein Anfangskapital von 3 500 € und den realistischen Zinssätzen von 4%, 6% bzw. 2%.
c) Gib eine Formel an für das Endkapital K nach drei Jahren bei einem Anfangskapital K_0 und Zinssätzen wie in b).

9

Ein Kapital wird zu 4% für zwei Jahre mit Zinseszinsen verzinst. Nach den zwei Jahren ist das Kapital auf 4 867,20 € angewachsen. Wie groß war das Anfangskapital?

> **ERINNERE DICH**
>
> Bleibt der Zinssatz über die Jahre hinweg gleich (p %), dann wächst ein Anfangskapital K_0 in n Jahren auf $K = K_0 \cdot q^n$. Dabei ist $q = 1 + \frac{p}{100}$.

Simulation von Zufallsexperimenten

1

Zu vergleichen sind die Gewinnchancen zweier Spiele.
Spiel 1: Aus einer Urne mit 9 weißen und einer schwarzen Kugel wird 7-mal eine Kugel gezogen und wieder zurückgelegt. / Gewinn bei 7-mal „weiß"
Spiel 2: 5-mal Werfen einer Münze / Gewinn bei mindestens 3-mal „Kopf"

a) Hast du eine begründete Vermutung, bei welchem Spiel die Gewinnchancen größer sind?
b) Bildet Zweiergruppen und spielt das Spiel 1 in jeder Gruppe 20-mal. (Als „Kugeln" könnt ihr z. B. auch Legosteine benutzen und als „Urne" eine Socke.) Berechnet aus den relativen Häufigkeiten einen Wert für die Wahrscheinlichkeit des Gewinn-Ereignisses.

Ein Zufallsexperiment, das aufwändig oder langwierig ist, kann man auch **simulieren,** d.h. nachspielen, ohne wirklich das Experiment auszuführen.
Eine Möglichkeit zur Simulation bilden **Zufallsziffern.** Zufallsziffern nehmen die Werte von 0 bis 9 jeweils mit der Wahrscheinlichkeit 0,1 an.

> **BEISPIEL**
> Mithilfe von Zufallsziffern soll das Werfen einer Münze simuliert werden, wobei die Ergebnisse „Kopf" und „Zahl" interessieren.
> Wir wissen, „Kopf" und „Zahl" haben beide die Wahrscheinlichkeit 0,5.
> Wir wissen außerdem, jede der Ziffern 0 bis 9 tritt in der Zufallszifferntabelle mit der Wahrscheinlichkeit 0,1 auf.
> Wir ordnen dem Ergebnis „Kopf" die geraden Ziffern und dem Ergebnis „Zahl" die ungeraden Ziffern zu. Damit erreichen wir, dass das Ergebnis „Kopf" beim Münzwurf die gleiche Wahrscheinlichkeit besitzt, wie das Ereignis „gerade Zahl" in der Zufallszifferntabelle, nämlich jeweils 0,5.
> Als Ergebnis eines 5-maligen Münzwurfes kann man einen Block von 5 Ziffern der Tabelle auf Seite 171 ansehen.
> Wir wählen einen beliebigen Startpunkt, z. B. 4. Spalte, 3. Zeile.
> Dort beginnend lauten die aufeinanderfolgenden Ziffern: 7 5 0 4 7.
> Die Simulation liefert also hier als Ergebnis für einen 5-maligen Münzwurf: „Z Z K K Z".

> **HINWEIS**
> Auf Seite 171 findest du eine Zufallszifferntabelle (s. BEISPIEL).
> Die Aufteilung in Fünfergruppen dient dabei ausschließlich der Übersichtlichkeit.

2

Simuliert in Zweiergruppen jeweils 30-mal das Spiel 2 aus Aufgabe 1.
Mit welcher relativen Häufigkeit konnte das Spiel gewonnen werden?

3

a) Wie kann man mithilfe der Zufallszifferntabelle das Spiel 1 aus Aufgabe 1 simulieren?
b) Simuliert in Zweiergruppen je 30-mal das Spiel 1 und ermittelt aus der relativen Häufigkeit des Gewinns eine Gewinnwahrscheinlichkeit.
c) Vergleicht die Ergebnisse der Aufgaben 2 und 3 und überprüft eure Vermutung bei Aufgabe 1.

Simulation von Zufallsexperimenten 171

BEISPIEL für eine Zufallszifferntabelle

40653	82715	29835	27852	32191	66069	77855	15735
20388	02169	45693	90569	04706	88181	96842	04303
57375	04758	13200	06366	26794	95048	96876	80669
29285	35386	06306	17756	01889	54896	29949	98441
83962	35849	08903	05793	96942	67330	86909	12329
32548	10974	46523	20927	02553	56011	73696	42544
54328	24074	02349	65756	96906	12472	63225	78525
11018	41785	41171	30721	67419	01523	62544	85123
20674	21872	47476	71046	59731	53044	38860	55625
30622	48336	80949	37558	59607	86281	78195	32886
61262	61917	67009	02129	90245	78149	75928	56698
59155	17681	27377	53521	95852	27875	23509	08221
05896	67580	83757	16462	58523	59268	46692	65717
54556	34184	37696	49685	02091	44328	69638	24757
56880	00664	92270	95370	45386	46823	39271	56819

INFORMATION
Die nebenstehende Zufallszifferntabelle wurde mit einem Computer erzeugt.
Der Befehl zur Erzeugung einer Zufallszahl im Computer wird oft mit **RND** oder **Random** bezeichnet.

random (engl.) zufällig

Mehr dazu, wie ein Computer Zufallszahlen erzeugt, findest du in der Aufgabe 8.

4

a) Schätze die Wahrscheinlichkeit dafür, dass mindestens zwei der 30 Schüler einer Schulklasse am gleichen Tag Geburtstag haben.
b) Simuliere 3-mal die Verteilung der Geburtstage von 30 Personen auf 365 Tage (Schaltjahre werden nicht berücksichtigt) mithilfe der Zufallsziffern aus dem Beispiel oben.
c) Vergleicht in der Klasse alle ermittelten Geburtstagsverteilungen und berechnet die relative Häufigkeit für das Zusammentreffen von mindestens zwei Geburtstagen bei 30 Personen.

HINWEIS
zu Aufgabe 4
Jeder Geburtstag kann als eine Zahl zwischen 001 und 365 angesehen werden.
Jeweils 3 aufeinanderfolgende Ziffern stellen eine Zufallszahl dar.
Die Zufallszahlen 000 und 366 bis 999 werden einfach ausgelassen.

5

a) Wie kann man überprüfen, ob es sich bei einer Folge von Ziffern um eine Zufallsziffernfolge handelt? Beachte, dass bei einer Zufallsziffernfolge alle Ziffern die gleiche Chance für ihr Auftreten haben müssen.
b) Überprüfe, ob die Zufallszifferntabelle im Beispiel oben tatsächlich eine Zufallsziffernfolge darstellt.
c) Überprüfe die Ergebnisse der letzten Lottoziehungen auf ihre Zufallszahleneigenschaft.

6

Es soll überprüft werden, ob die folgenden zwei Ziffernfolgen Zufallsziffernfolgen darstellen.
Folge 1: 0100110001110000111100000111110000000111111100
Folge 2: 01001110101101010101101010101000011101100110111110000110100
a) Ermittle jeweils die relativen Häufigkeiten der Ziffern 0 und 1.
b) Teile die Ziffernfolgen in Zweiergrüppchen. Ermittle jeweils die relativen Häufigkeiten der Ziffernpaare 00, 01, 10 und 11.
c) Teile die Ziffernfolgen in Dreiergrüppchen. Ermittle jeweils die relativen Häufigkeiten der Zahlentripel 000, 001, ..., 111.
d) Welche der beiden Folgen ist eine Zufallsziffernfolge? Begründe deine Wahl.

7

Stellt zwei gleich aussehende Zufallsgeräte her (z. B. Würfel oder Glücksrad), von denen eins „gezinkt" ist, und lasst sie von Mitschülern auf ihre Eignung als Zufallszahlenlieferanten testen.

8

Jeder Computer besitzt einen Zufallszahlengenerator, mit dem er Zufallszahlen erzeugen kann. Allerdings können Computer keine echten Zufallszahlen erzeugen; sie berechnen so genannte **Pseudozufallszahlen.** Das sind Zahlen, die zwar nach einem festgelegten Berechnungsverfahren gebildet werden, die aber eine höchst unübersichtliche Verteilung besitzen und alle Tests bestehen, mit denen Statistiker sie auf einen inneren Zusammenhang hin überprüfen.
Ein Verfahren zur Erzeugung von (Pseudo-)Zufallszahlen sieht z. B. so aus:
Es wird eine Anfangszahl gewählt, „seed" genannt. Das seed wird mit einer Konstanten multipliziert und die letzten acht Stellen des Produkts bilden die erste Zufallszahl. Die zweite Zufallszahl wird nach demselben Verfahren aus der ersten Zufallszahl und der Konstanten gebildet.
Berechne die ersten 15 Zufallszahlen für: seed 23 456 712, Konstante 13.

BEACHTE
Vom Computer erzeugte Reihen von Zufallszahlen haben nur endliche Länge, dann wiederholen sich die Zahlen; allerdings kann man mit dem Computer inzwischen eine Reihe von Zufallszahlen der Länge 10^{250} berechnen.
seed (engl.) Samenkorn

9

Ein Bäcker stellt aus 5 kg Teig mit 150 Rosinen als Ausgangsmaterial Rosinenbrötchen her. Er formt 100 Brötchen zu je 50 g.
Führe eine Simulation für die Verteilung der 150 Rosinen auf die 100 Brötchen durch: Wähle dazu für die 100 Brötchen alle zweistelligen Zufallszahlen von 00 bis 99. Verteile nun die 150 Rosinen, indem du 150 aufeinanderfolgende zweistellige Zufallszahlen ermittelst.

a) Ermittle die Wahrscheinlichkeit dafür, dass ein zufällig gewähltes Brötchen mindestens eine Rosine enthält.

b) Ermittle die Wahrscheinlichkeit dafür, dass ein zufällig gewähltes Brötchen zwei (drei) Rosinen enthält.

c) Maria zeichnet zur Bearbeitung der Aufgaben a) und b) eine Strichlistentabelle (s. Abbildung). Erläutere die Tabelle.

00	10	20	30	40	50 |	60	70 |||||	80	90
01	11 |	21 |	31	41 |	51	61	71	81	91
02	12	22	32	42	52	62	72 |	82	92
03 |	13	23	33	43 |	53	63	73	83 |	93
04	14	24 ||	34	44	54	64	74	84	94
05 |	15	25	35	45 ||	55	65	75	85	95 |
06	16	26	36 |	46	56	66	76	86 |	96
07	17	27	37 |	47	57	67 |||	77	87	97
08 |	18	28	38 |	48	58	68	78 ||	88	98
09	19	29	39	49	59	69	79	89	99

INFORMATION
Die Methode der statistischen Simulation heißt auch **Monte-Carlo-Methode.** Die Bezeichnung rührt daher, dass einerseits die Stadt Monte Carlo im Fürstentum Monaco weltberühmt ist durch ihre Spielcasinos und andererseits das Roulette, das im Wappen auftaucht, ein Zufallszahlengenerator ist.

10

Eine Familie hat zwei Kinder; eines davon ist ein Junge. Wie groß ist die Wahrscheinlichkeit, dass es in der Familie auch ein Mädchen gibt?
Schätze zunächst die Wahrscheinlichkeit, führe dann eine Simulation durch.

11

Acht Jäger treffen bei der Entenjagd auf zehn Enten. Jeder wählt zufällig eine Ente aus und schießt auf sie. Da sie gute Schützen sind, treffen sie alle.

a) Ermittle durch eine Simulation mit der Zufallsziffferntabelle, wie viele Enten wahrscheinlich überleben werden.

b) Kann man dieses Problem auch mit Spielkarten simulieren?

Simulation von Zufallsexperimenten

12

Es wird mit einem Glücksrad gespielt (siehe Abbildung).
a) Wie viele Versuche sind im Mittel notwendig, bis beim Drehen des Glücksrades eine Fünf auftritt?
b) Wie viele Versuche sind im Mittel notwendig, bis beim Drehen des Glücksrades eine Doppel-Fünf auftritt?
c) Wie viele Versuche sind im Mittel notwendig, bis beim Drehen des Glücksrades ein „Pasch" (d. h. zwei gleiche Zahlen nacheinander) auftritt?

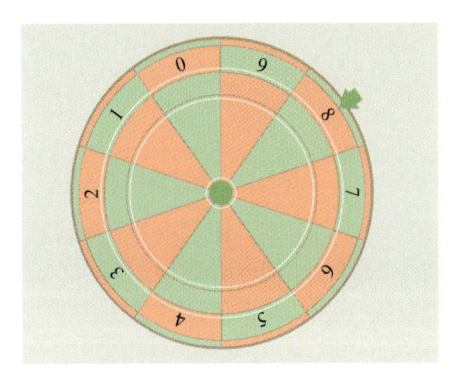

13

Ein Zufallsgenerator erzeugt zweistellige Zufallszahlen. Schätze die Wahrscheinlichkeit für das jeweilige Ereignis und führe dann eine Simulation durch.
a) Genau eine der beiden Ziffern ist 0.
b) Mindestens eine Ziffer ist 0.
c) Beide Ziffern sind kleiner als 3.
d) Die erste Ziffer ist kleiner als die zweite.
e) Mindestens eine Ziffer ist größer als 5.
f) Höchstens eine Ziffer ist größer als 8.

AUFGABEN ZUR WIEDERHOLUNG

1. Gib die Anteile der gefärbten Flächen
   a) als Bruch und   b) in Prozent an.

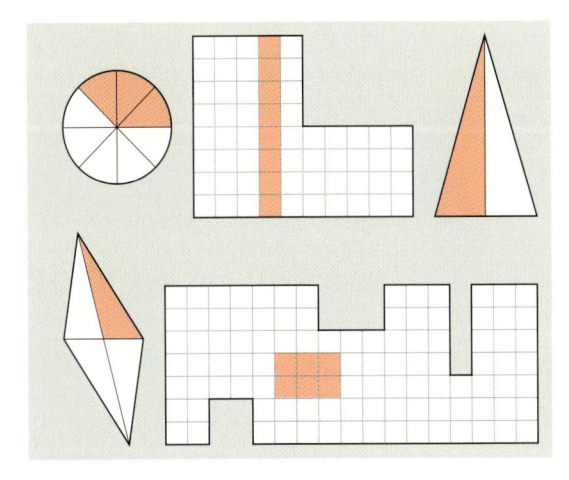

2. „Bequeme" Prozentsätze
   a) 20% von 24 kg
   b) 50% von 720
   c) 10% von 17 t
   d) 40% von 300 Eiern
   e) 60% von 80 min
   f) 75% von 1 t
   g) 80% von 500 m
   h) 25% von 100 °C

3. Wie viel Prozent ...
   a) eines Straußeneis (1,5 kg) wiegt ein Hühnerei (60 g)?
   b) eines Blauwales (150 t) wiegt ein Hering (500 g)?
   c) einer Wassermelone (3 kg) wiegt ein Apfel (200 g)?

4. Miss die Größe der dargestellten Winkel.

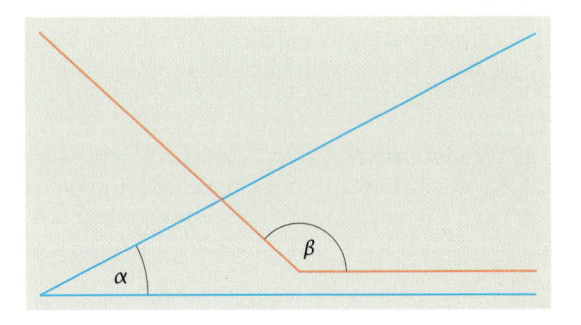

5. Zeichne einen Winkel von 140°. Zeichne dann Winkel mit 10%, 25%, 75%, 60%, 150% und 200% der Größe des Winkels von 140°.

ZUSAMMENFASSUNG

Begriffe	Beispiel
Ein **Zufallsexperiment** hat mehrere mögliche Ergebnisse, von denen man nicht voraussagen kann, welches eintritt. Alle möglichen Ergebnisse eines Zufallsexperiments bilden die **Ergebnismenge Ω**.	Wird die Augenzahl beim Wurf eines Würfels ermittelt, so ist die Ergebnismenge $\Omega = \{1; 2; 3; 4; 5; 6\}$.
Ein **Ereignis** umfasst i. Allg. mehrere mögliche Ergebnisse eines Zufallsexperiments, ist also eine Teilmenge der Ergebnismenge.	Das Ereignis A „Es wird eine Primzahl gewürfelt", ist $A = \{2; 3; 5\}$. Das Ereignis B „Es wird eine durch 5 teilbare Zahl gewürfelt", ist $B = \{5\}$.
Die **absolute Häufigkeit** eines Ergebnisses/Ereignisses ist die Anzahl der Beobachtungen des Ergebnisses/Ereignisses. Die **relative Häufigkeit** eines Ergebnisses/Ereignisses ist der Quotient aus der absoluten Häufigkeit eines Ergebnisses/Ereignisses und der Gesamtzahl der Beobachtungen.	Wurde bei 100 Würfen eines Würfels 54-mal das obige Ereignis A beobachtet, so ist dessen relative Häufigkeit: $h(A) = \frac{54}{100} = 0{,}54$
Die **Wahrscheinlichkeit eines Ereignisses** beschreibt die Chance des Eintretens dieses Ereignisses. Wird ein Zufallsversuch sehr oft durchgeführt, dann stabilisiert sich die relative Häufigkeit eines Ereignisses. Der damit erhaltene Wert ist ein guter Näherungswert für die Wahrscheinlichkeit des Ereignisses.	Ein noch grober Näherungswert für das Würfeln einer Primzahl ist $P(A) \approx 0{,}54$.
Sind für ein Zufallsexperiment alle Ergebnisse der Ergebnismenge gleich wahrscheinlich, so nennt man dieses Experiment **Laplace-Experiment**. In diesem Fall kann die Wahrscheinlichkeit des Ereignisses A berechnet werden: $P(A) = \frac{\text{Anzahl der für das Ereignis } A \text{ günstigen Ergebnisse}}{\text{Anzahl der möglichen Ergebnisse}}$	$P(A) = \frac{3}{6} = \frac{1}{2} = 0{,}5$
Das Nachspielen eines Zufallsexperiments mit Zufallsgeräten heißt **Simulation**. Simulation mithilfe von Zufallszahlen nennt man auch **Monte-Carlo-Methode**.	Beispiele für Zufallsgeräte: Würfel Münzen Zufallsziffern

Zufallszahlen bestehen aus Zufallsziffern. **Zufallsziffern** sind Zufallsgrößen, die die Werte 0; 1; ...; 9 jeweils mit der Wahrscheinlichkeit 0,1 annehmen. Zufallszahlen liegen meist in Tabellenform vor. **Pseudozufallszahlen** sind Zahlen, die zwar nach einem festgelegten Rechenverfahren gebildet werden (meist mithilfe eines Computers), deren Ziffern aber dennoch dem oben genannten Kriterium für Zufallsziffern genügen.	Beispiel für die Berechnung von Pseudozufallszahlen:
	• Anfangszahl (seed): 23456712
	• 23456712 · **13** = 304937256
	  1. Zufallszahl: 04937256
	• 04937256 · **13** = 64184328
	  2. Zufallszahl: 64184328
	• 64184328 · **13** usw.
	• Zufallsziffern: 04937 25664 18432 8...

Kongruenz

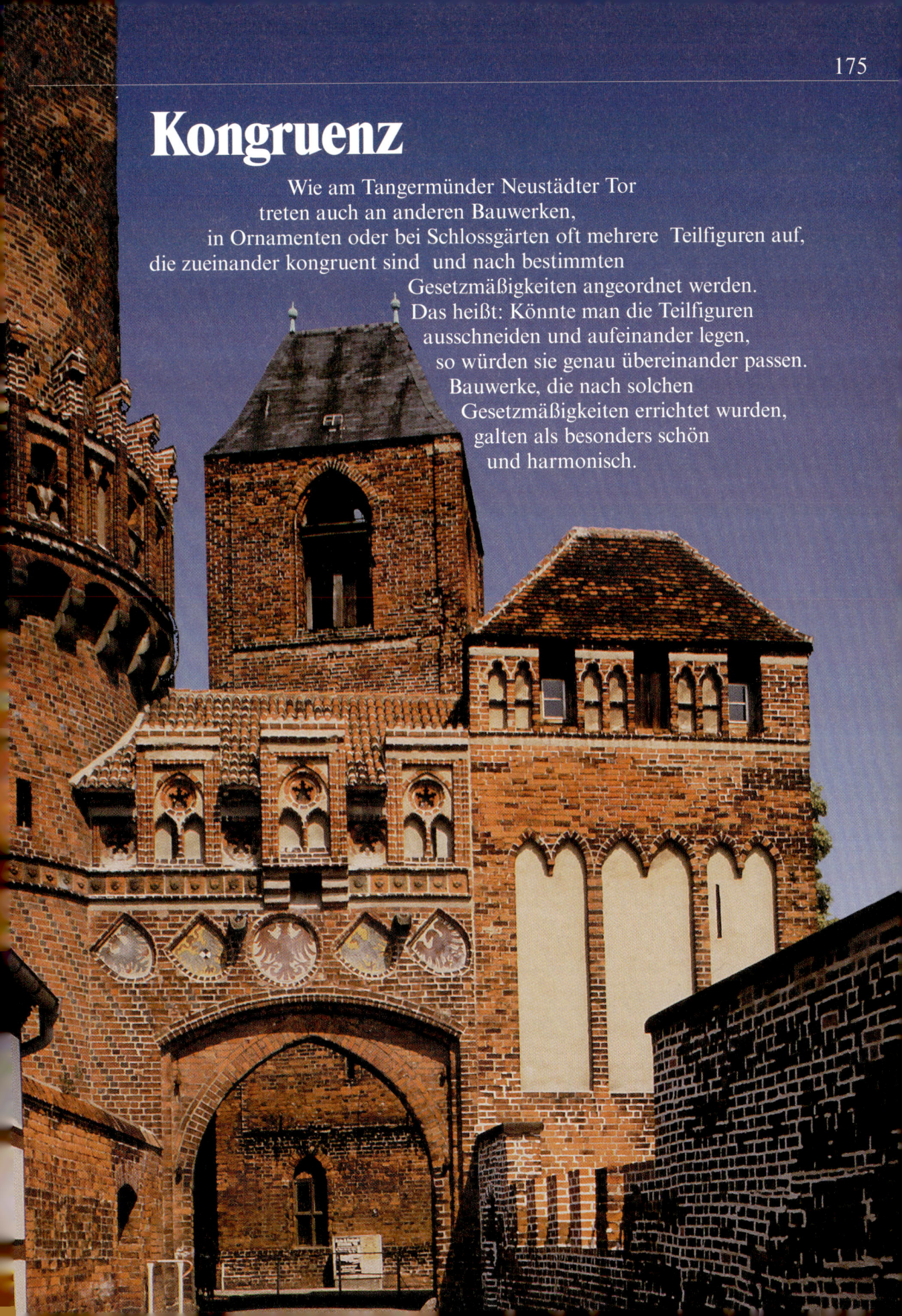

Wie am Tangermünder Neustädter Tor
treten auch an anderen Bauwerken,
in Ornamenten oder bei Schlossgärten oft mehrere Teilfiguren auf,
die zueinander kongruent sind und nach bestimmten
Gesetzmäßigkeiten angeordnet werden.
Das heißt: Könnte man die Teilfiguren
ausschneiden und aufeinander legen,
so würden sie genau übereinander passen.
Bauwerke, die nach solchen
Gesetzmäßigkeiten errichtet wurden,
galten als besonders schön
und harmonisch.

Zueinander kongruente Figuren

1

B 1

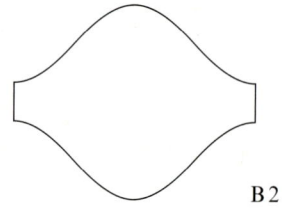

B 2

a) Übertrage das Muster im Bild 1 vergrößert in dein Heft. Nutze dazu eine Schablone mit der Figur aus Bild 2 (erst auf Transparentpapier und dann auf Pappe übertragen).
b) Wieso ist es möglich, das ganze Muster mithilfe nur einer Figur zu übertragen?

2

Eine Terrasse (6 m lang und 3 m breit) soll mit rechteckigen Platten (60 cm lang und 30 cm breit) ausgelegt werden.
Für die ganze Klasse: Entwerft interessante Muster, wie die Platten verlegt werden können. Dabei sollen 30 cm im Original 1 cm in der Zeichnung entsprechen. Vergleicht eure Muster.
Beachtet, dass nur vollständige Platten verwendet werden sollen.

In den beiden vorangegangenen Aufgaben wurde eine Figur aus mehreren Teilfiguren mit gleicher Größe und Form zusammengesetzt.

> Figuren A und B heißen **zueinander kongruent,** wenn sie in Größe und Form übereinstimmen.
> Zur Abkürzung schreibt man: $A \cong B$. (Lies: A kongruent B.)

kongruent (lat.) übereinstimmend, passend, sich deckend

BEISPIELE für zueinander kongruente Figuren

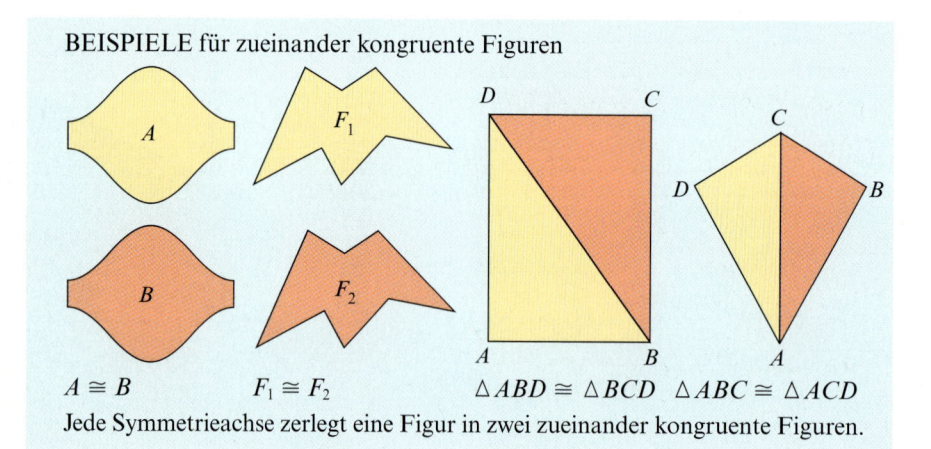

$A \cong B$ $F_1 \cong F_2$ $\triangle ABD \cong \triangle BCD$ $\triangle ABC \cong \triangle ACD$

Jede Symmetrieachse zerlegt eine Figur in zwei zueinander kongruente Figuren.

Zueinander kongruente Figuren

3

Überlege, wie du im Bild herausfinden kannst, ob einige der vier Figuren zueinander kongruent sind.
Untersuche dann, welche der Figuren zueinander kongruent sind.

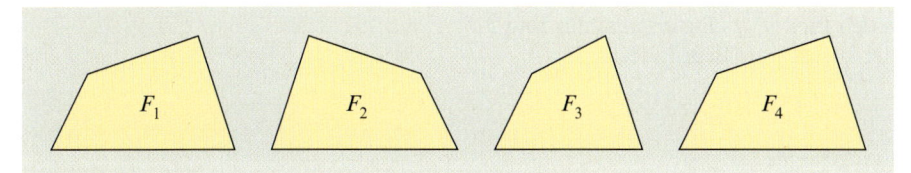

Wenn Figuren zueinander kongruent sind, dann können sie passend übereinander gelegt werden. Man nennt sie deshalb auch **deckungsgleich**. Manchmal muss man dabei eine der ausgeschnittenen oder abgepausten Figuren umdrehen (die Vorder- und Rückseite vertauschen).

4

Findest du im Bild zueinander kongruente Figuren?
Zeichne dazu die Figuren auf Transparentpapier nach und überprüfe.

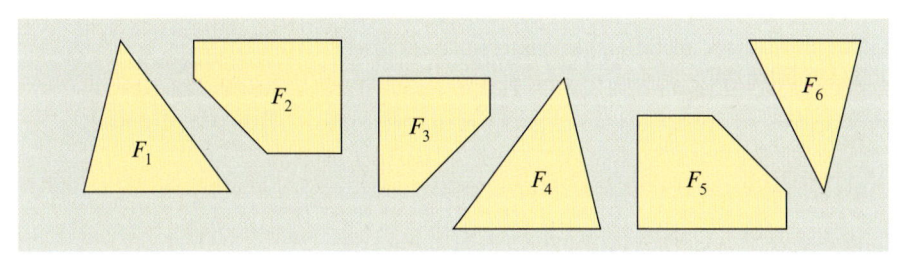

Das Ausschneiden oder Abpausen von Figuren und anschließende Übereinanderlegen ist zumeist umständlich. Mitunter ist diese Methode auch zu ungenau um entscheiden zu können, ob zwei Figuren zueinander kongruent sind. Deshalb suchen wir weitere Möglichkeiten, die es gestatten festzustellen, ob Figuren zueinander kongruent sind.

5

Im Bild sind die Figuren F und F' Original und Bild
a) bei einer Verschiebung, b) bei einer Spiegelung, c) bei einer Drehung.
Begründe mit den Eigenschaften dieser Abbildungen, dass gilt: $F \cong F'$.

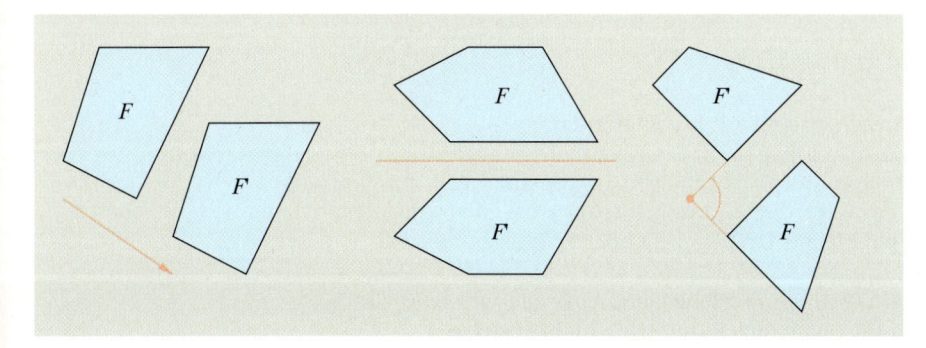

ZUM KNOBELN

Die Figur

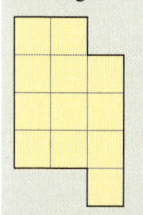

lässt sich in zwei zueinander kongruente Teile zerschneiden:

Übertrage die folgenden Figuren auf kariertes Papier. Zerschneide die Figur dann in zwei zueinander kongruente Teile.

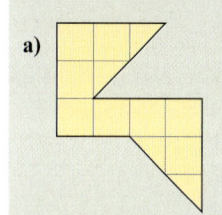

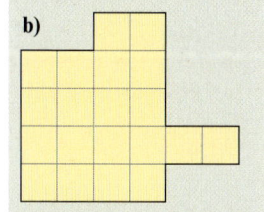

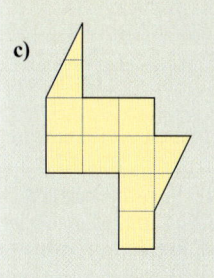

a)

b)

c)

6

Übertrage aus dem Bild die Figur F, die Gerade s, den Punkt D und den Pfeil $\overrightarrow{PQ}$ in dein Heft.
Konstruiere zunächst das Bild F′ der Figur F bei einer Spiegelung an der Geraden s.
Drehe anschließend die Figur F′ 90° um den Punkt D und bezeichne das Bild mit F″. Danach verschiebe F″ um den Pfeil $\overrightarrow{PQ}$. Du erhältst das Bild F‴.
Welche Figuren sind zueinander kongruent? Begründe es.

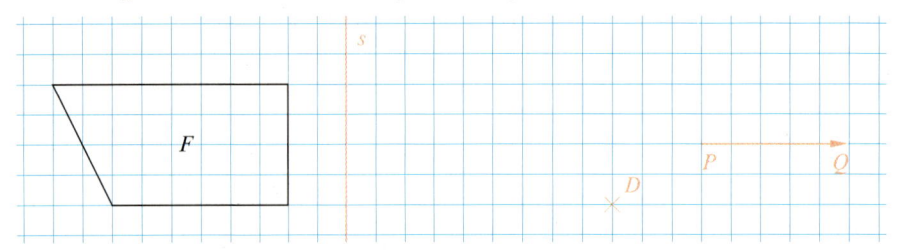

ZUM KNOBELN
Wie viele Figuren

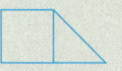

findest du in folgendem Quadrat?

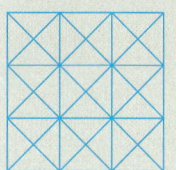

Nachweis, dass zwei Figuren zueinander kongruent sind

Um nachzuweisen, dass die Figuren F_1 und F_2 kongruent sind, zeigt man, dass es eine Verschiebung, Drehung oder Spiegelung gibt, die die Figur F_1 auf die Figur F_2 abbildet.

Manchmal ist es notwendig, mehrere dieser Abbildungen hintereinander auszuführen, wenn man F_1 auf F_2 abbilden will.

INFORMATION
Spiegelungen, Verschiebungen, Drehungen und deren Hintereinanderausführungen werden auch **Kongruenzabbildungen** oder **Bewegungen** genannt.

7

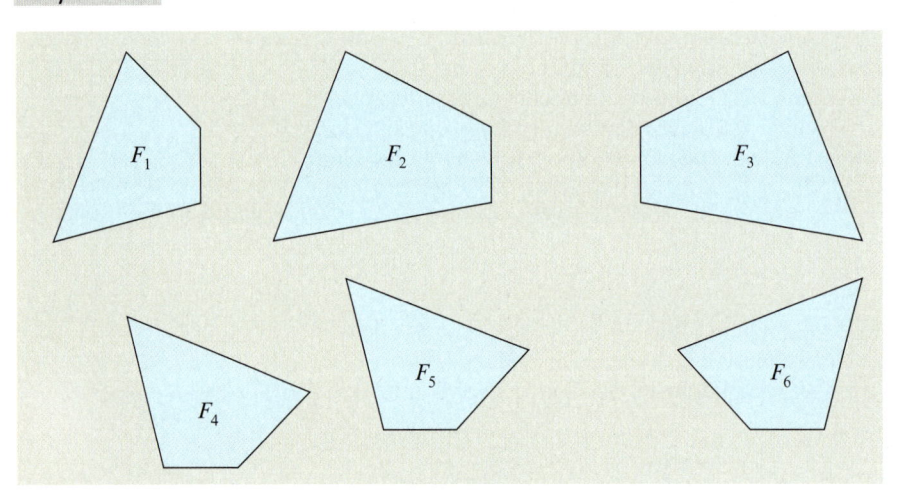

Im Bild siehst du mehrere Paare zueinander konkruenter Figuren.
a) Übertrage das Bild auf Transparentpapier.
b) Gib Verschiebungen, Drehungen oder Spiegelungen an, die eine Figur auf eine andere abbilden. Zeichne dazu auf dem Transparentpapier die entsprechenden Verschiebungspfeile, Drehpunkte mit Drehwinkeln oder Spiegelgeraden ein.

Aus den gemeinsamen Eigenschaften von Verschiebung, Drehung und Spiegelung lassen sich Schlussfolgerungen für zueinander kongruente Figuren ziehen.

Zueinander kongruente Figuren

> Wenn zwei Figuren zueinander kongruent sind, dann sind einander entsprechende Seiten gleich lang und einander entsprechende Winkel gleich groß.

8

Es gilt auch umgekehrt:
Wenn in zwei Figuren stets einander entsprechende Strecken gleich lang und einander entsprechende Winkel gleich groß sind, dann sind die Figuren zueinander kongruent.
Begründe das.

9

Die Figuren in der Randspalte sind zueinander kongruent.
a) Welche Seite der Figur 2 entspricht der Seite $\overline{AB}$? Welcher Winkel der Figur 2 entspricht dem Winkel $\sphericalangle CBA$?
b) Gib Abbildungen an, durch die Figur 1 auf Figur 2 abgebildet werden kann.

10^L

Welche der Aussagen sind wahr? Begründe.
a) Alle gleichseitigen Dreiecke sind zueinander kongruent.
b) Alle Quadrate mit gleicher Seitenlänge sind zueinander kongruent.
c) Alle Geraden sind zueinander kongruent.
d) Alle Rechtecke mit gleichem Flächeninhalt sind zueinander kongruent.
e) Alle Kreise mit gleichem Radius sind zueinander kongruent.

11

Konstruiere mit dem Zirkel Figuren entsprechend den Beispielen im folgenden Bild. Überlege dann, welche Teilfiguren zueinander kongruent sind.

12

Welche Begrenzungsflächen der Körper im Bild sind zueinander kongruent?

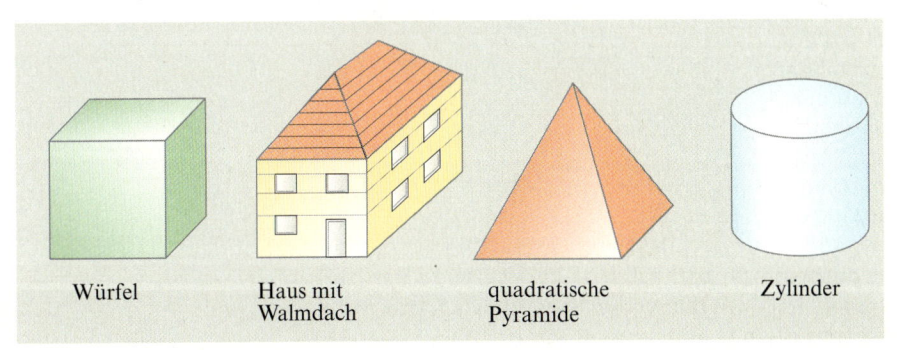

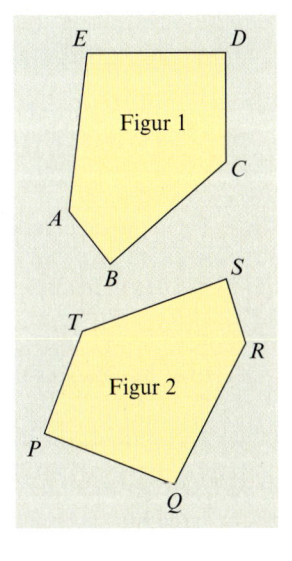

Würfel   Haus mit Walmdach   quadratische Pyramide   Zylinder

Kongruenzsätze für Dreiecke

1

Auftrag für die ganze Klasse
a) Alle basteln aus Holzstäbchen oder Trinkhalmen und Knetmasse ein Dreieck und ein Viereck mit den Seitenlängen:
5 cm, 7 cm, 10 cm (Dreieck) bzw.
5 cm, 7 cm, 10 cm, 12 cm (Viereck).
Vergleicht eure Dreiecke und Vierecke miteinander. Was stellt ihr fest?
b) Alle zeichnen ein Dreieck mit Innenwinkeln von 50°, 60° und 70°. Vergleicht eure Dreiecke. Was stellt ihr fest?

Wir wissen schon:
Wenn Figuren zueinander kongruent sind, dann sind einander entsprechende Strecken gleich lang und einander entsprechende Winkel gleich groß.
Für Dreiecke gilt demnach:

> Wenn Dreiecke kongruent sind, dann stimmen sie in den drei Seiten und in den drei Innenwinkeln überein.
> Auch die Umkehrung dieses Satzes ist wahr.

HINWEIS
Die drei Seiten und die drei Innenwinkel eines Dreiecks nennt man auch **Bestimmungsstücke** oder kurz **Stücke** des Dreiecks.

In Aufgabe 1 waren für die Dreiecke jeweils drei Stücke vorgegeben, die Seitenlängen bzw. die Innenwinkel.
Die Dreiecke in Aufgabe 1 a) sind alle zueinander kongruent. Man sagt dann: Das Dreieck ist **eindeutig konstruierbar**.
In Aufgabe 1 b) sind dagegen die gezeichneten Dreiecke nicht alle zueinander kongruent.

Im Folgenden werden wir untersuchen, in welchen Stücken Dreiecke übereinstimmen müssen, damit die Dreiecke zueinander kongruent sind.
Wir überprüfen zuerst, ob Dreiecke immer zueinander kongruent sind, wenn sie in den drei Seitenlängen übereinstimmen.

BEACHTE
„Das Dreieck ist eindeutig konstruierbar" bedeutet: Wenn ein Dreieck mit den gegebenen Stücken konstruierbar ist, dann gibt es dafür (bis auf kongruente Lagen) nur eine Lösung.

2

Zeichne wie im Bild zwei Dreiecke ABC und DEF mit den Seitenlängen 4 cm, 6 cm und 8 cm.
a) Gib eine Kongruenzabbildung an, die den Punkt A auf den Punkt D abbildet. Das neue Dreieck ist $DB'C'$.
b) Gib nun eine Kongruenzabbildung an, die den Punkt D nicht verändert und den Punkt B' auf F abbildet. Das entstehende Dreieck ist DFC''.
c) Gib jetzt eine Kongruenzabbildung an, die D und F nicht verändert und C'' auf E abbildet.
d) Die drei Abbildungen zusammen bilden ABC auf DEF ab. Begründe, dass sich solche Abbildungen stets finden lassen, wenn die Dreiecke in den Seitenlängen übereinstimmen.

Kongruenzsätze für Dreiecke

Kongruenzsatz sss
Wenn zwei Dreiecke in den drei Seiten übereinstimmen, dann sind sie zueinander kongruent.

3

Zeichne in ein Koordinatensystem die Dreiecke $\triangle ABC$ mit $A(1|1)$, $B(4|1)$, $C(1,5|3)$ und $\triangle DEF$ mit $D(8|3,5)$, $E(8|0,5)$, $F(10|1)$.
Zeige, dass die beiden Dreiecke zueinander kongruent sind, indem du eine geeignete Kongruenzabbildung angibst, durch die $\triangle ABC$ auf $\triangle DEF$ abgebildet wird.

Nach dem Kongruenzsatz sss ist ein Dreieck aus drei Seitenlängen eindeutig konstruierbar.

TIPP
Überlege zuerst, welche Seiten gleich lang sind und welche Punkte aufeinander abgebildet werden müssen.

BEISPIEL

Konstruktion eines Dreiecks mit den Seitenlängen: $a = 3,5$ cm; $b = 2,5$ cm; $c = 3,0$ cm.

Planfigur skizzieren und darin die gegebenen Stücke kennzeichnen (im Bild rot)

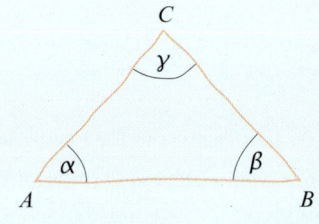

Konstruktion:

| Strecke $\overline{AB}$ von 3 cm Länge zeichnen | Um A einen Kreis mit dem Radius 2,5 cm zeichnen | Um B einen Kreis mit dem Radius 3,5 cm zeichnen | Schnittpunkte mit C und C' bezeichnen und Dreiecke zeichnen |

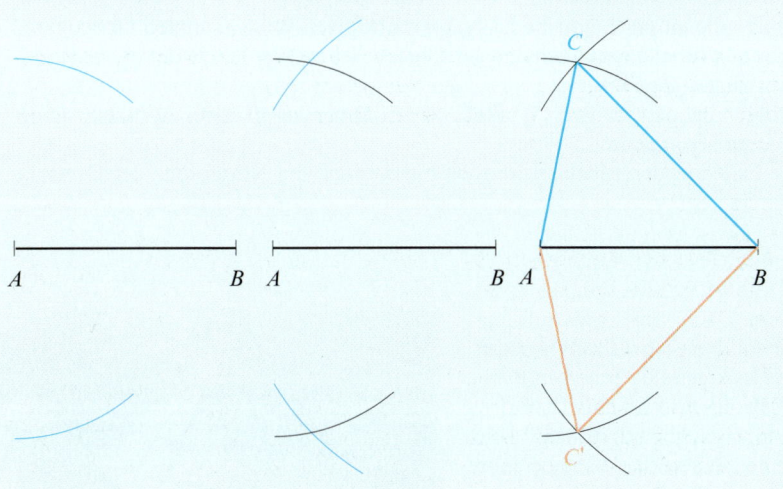

4

a) Begründe, warum im Beispiel die Schnittpunkte beider Kreise tatsächlich für den dritten Eckpunkt des Dreiecks infrage kommen.
b) Es entstehen zwei Dreiecke, die die gegebenen Seitenlängen besitzen. Wieso ist das Dreieck eindeutig konstruierbar?

5

Konstruiere jeweils das Dreieck *ABC* aus den angegebenen Stücken.
Welche der Dreiecke sind spitzwinklig, welche rechtwinklig und welche stumpfwinklig?

a) $a = 3$ cm; $b = 4$ cm; $c = 5$ cm
b) $a = 2$ cm; $b = 5$ cm; $c = 6$ cm
c) $a = 5$ cm; $b = 7$ cm; $c = 5$ cm
d) $a = 5,5$ cm; $b = 6,3$ cm; $c = 7,1$ cm
e) $a = 45$ mm; $b = 36$ mm; $c = 62$ mm
f) $a = 8,4$ cm; $b = 6,7$ cm; $c = 5,4$ cm

BEACHTE
Dass ein Dreieck aus drei Seiten eindeutig konstruierbar ist, wird in der Technik genutzt: Zu einem Dreieck verbundene Streben ergeben eine stabile Konstruktion.

Nenne Beispiele für das Ausnutzen der Stabilität von Dreiecken.

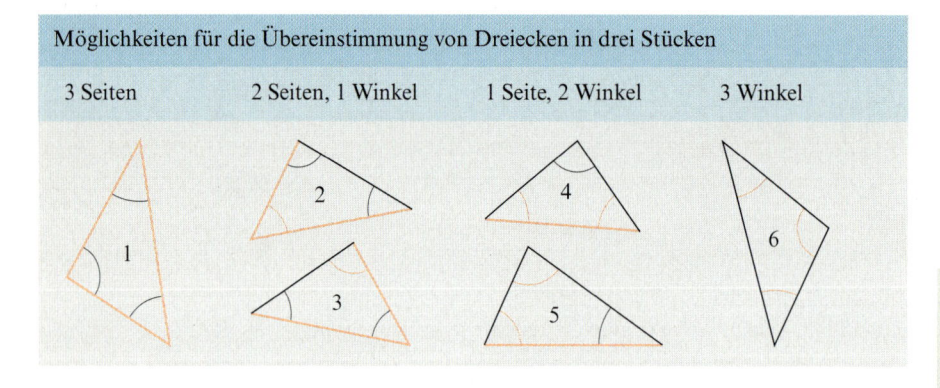

Aus der Übereinstimmung in den drei Seiten folgt die Kongruenz von Dreiecken.
Aus der Übereinstimmung in den drei Innenwinkeln folgt dagegen nicht die Kongruenz von Dreiecken.
Wir wollen herausfinden: Gibt es weitere Fälle, in denen aus der Übereinstimmung in drei Stücken die Kongruenz von Dreiecken folgt?

Möglichkeiten für die Übereinstimmung von Dreiecken in drei Stücken			
3 Seiten	2 Seiten, 1 Winkel	1 Seite, 2 Winkel	3 Winkel
1	2, 3	4, 5	6

6

a) Beschreibe die unterschiedliche Lage des markierten Winkels in den Dreiecken 2 bis 5 aus der Tabelle bezüglich der markierten Seiten. Verwende die in der Randspalte erklärten Begriffe.
b) Was folgt für den dritten Winkel, wenn Dreiecke in zwei Winkeln übereinstimmen? Begründe.
c) Welche Fälle aus der Tabelle sind noch hinsichtlich der Kongruenz der Dreiecke zu untersuchen?

HINWEIS
Für die Lage eines Innenwinkels bezüglich einer Dreiecksseite gibt es zwei Möglichkeiten:
Anliegender Winkel
Die Seite liegt auf einem Schenkel des Winkels.
Gegenüberliegender Winkel
Die Seite liegt nicht auf einem Schenkel.

7

a) Auf dem Dach eines Einkaufszentrums befinden sich Glaspyramiden. Die rechteckigen Glasscheiben haben die Maße 40 cm × 80 cm. Eine dreieckige Glasscheibe erhält man, wenn man eine rechteckige Scheibe längs einer Diagonalen zerschneidet.
Ermittle die Länge der längsten Seite der dreieckigen Glasscheibe mithilfe einer maßstabgerechten Zeichnung.
b) Das Dreieck in a) kann eindeutig konstruiert werden. Welche Stücke des Dreiecks sind gegeben? Welcher der Fälle aus der Tabelle liegt vor?

Dach eines Einkaufszentrums

Kongruenzsätze für Dreiecke

Kongruenzsatz sws
Wenn zwei Dreiecke in zwei Seiten und dem eingeschlossenen Winkel übereinstimmen, dann sind sie zueinander kongruent.

Auch dieser Kongruenzsatz erlaubt die eindeutige Konstruktion eines Dreiecks aus drei Stücken.

BEISPIEL

Gegeben: $c = 4$ cm, $b = 3$ cm, $\alpha = 40°$

Planfigur: Konstruktion:

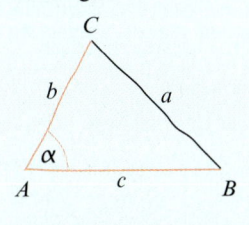

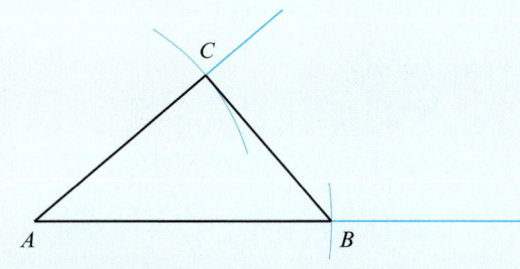

Beispiel für eine Konstruktionsbeschreibung:

Ich zeichne den Winkel α mit dem Scheitel A.
Von A aus trage ich auf einem Schenkel des Winkels die Strecke b ab und erhalte den Punkt C.
Auf dem anderen Schenkel des Winkels α trage ich von A aus die Strecke c ab und erhalte den Punkt B.

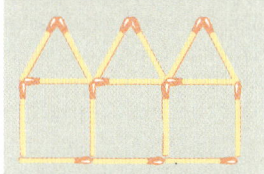

ZUM KNOBELN

Lege 2 Hölzchen so um, dass 5 zueinander kongruente Dreiecke und 2 zueinander kongruente Quadrate entstehen.

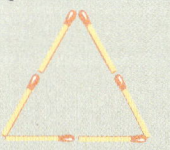

Füge 3 Hölzchen so hinzu, dass vier zueinander kongruente Dreiecke entstehen.

8

Gibt es bei der Konstruktion im Beispiel ein zweites mögliches Dreieck, das zu dem gezeichneten kongruent ist?
Wenn ja, zeichne es und gib eine Kongruenzabbildung an, die das erste auf das zweite Dreieck abbildet. Wenn nein, begründe, warum das im Falle sws nicht möglich ist.

9^L

Konstruiere das Dreieck ABC aus gegebenen Stücken.
Miss die Länge der nicht gegebenen Seite.

a) $a = 4,5$ cm; $b = 3,6$ cm; $\gamma = 70°$
b) $a = 6,3$ cm; $c = 3,9$ cm; $\beta = 95°$
c) $b = c = 7,2$ cm; $\alpha = 60°$
d) $b = 4,8$ cm; $c = 6,1$ cm; $\alpha = 100°$
e) $a = 5,2$ cm; $b = 3,1$ cm; $\gamma = 115°$
f) $b = c = 62$ mm; $\alpha = 45°$
g) $a = 4,2$ cm; $c = 3,9$ cm; $\beta = 135°$
h) $a = c = 55$ mm; $\beta = 60°$

10

a) Vom Dreieck ABC sind gegeben: $a = 6$ cm; $b = 5$ cm; $\alpha = 45°$.
Fertige eine Planfigur an und versuche das Dreieck zu konstruieren.
b) Wiederhole die Konstruktion für die folgenden Längen von a (b und α wie bei a)): $a = 3$ cm und $a = 4$ cm.
Was stellst du fest?

TIPP
Zeichne zuerst den Winkel α.

Wenn für ein Dreieck zwei Seiten gegeben sind und ein Winkel, der einer dieser Seiten gegenüberliegt, dann kann die Konstruktion eindeutig ausführbar sein; sie kann aber auch auf nicht kongruente Lösungen führen. Bei ungeeigneten Maßen lässt sich nicht einmal ein Dreieck zeichnen.

Die Randspalte veranschaulicht: Die Konstruktion ist sicher dann eindeutig ausführbar, wenn der gegebene Winkel der größeren Seite gegenüberliegt.

BEACHTE
die Möglichkeiten, wenn a, b und α gegeben sind. (Auswahl)

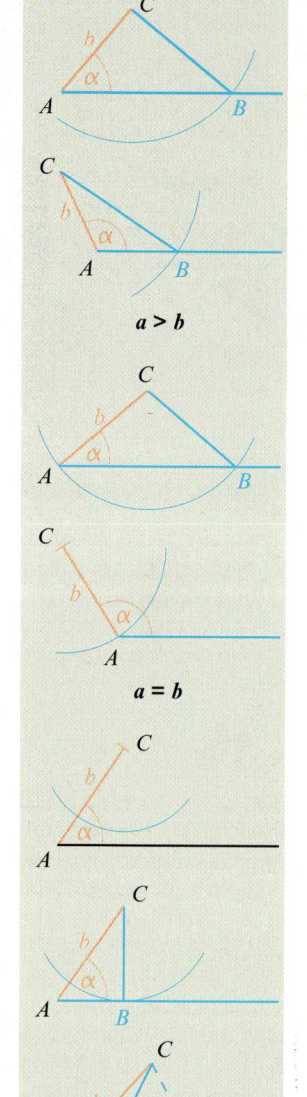

> **Kongruenzsatz SsW**
> Wenn zwei Dreiecke in zwei Seiten und dem der größeren Seite gegenüberliegenden Winkel übereinstimmen, dann sind sie zueinander kongruent.

11

Welche der Dreiecke sind mit Sicherheit eindeutig konstruierbar?
Führe diese Konstruktionen aus.
Gib bei c) auch eine Konstruktionsbeschreibung an.

a) $a = 5{,}2$ cm; $b = 4{,}5$ cm; $\alpha = 65°$
b) $a = 4{,}8$ cm; $c = 6{,}2$ cm; $\alpha = 48°$
c) $b = 7{,}1$ cm; $c = 46$ mm; $\beta = 42°$
d) $a = 2{,}9$ cm; $b = 4{,}6$ cm; $\beta = 72°$
e) $a = 8{,}2$ cm; $c = 3{,}8$ cm; $\alpha = 125°$
f) $b = 42$ mm; $c = 5{,}5$ cm; $\gamma = 82°$
g) $a = b = 7$ cm; $\beta = 65°$
h) $b = c = 5{,}7$ cm; $\gamma = 97°$

$a > b$

$a = b$

12

Eine Rechteckseite ist 4 cm lang, die Diagonale ist 5 cm lang.
a) Konstruiere das Rechteck. Miss die Länge der anderen Seite.
b) Begründe, warum die Konstruktion eindeutig ausführbar ist.

13

a) Herr Kaiser will sich eine Finnhütte bauen. Sie soll 6 Meter breit sein und einen Neigungswinkel von 60° haben.
Wie hoch wird seine Hütte?
b) Begründe, dass die Dreieckskonstruktion eindeutig ausführbar ist.

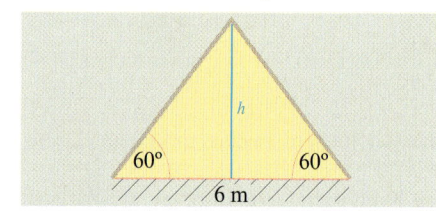

> **Kongruenzsatz wsw**
> Wenn Dreiecke in einer Seite und den beiden anliegenden Winkeln übereinstimmen, dann sind sie zueinander kongruent.

$a < b$

14

a) Fertige für die Dreieckskonstruktion nach dem Kongruenzsatz wsw eine Konstruktionsbeschreibung an.
b) Prüfe und erläutere wie bei Konstruktionen nach dem Kongruenzsatz sws, ob auch bei a) mehrere zueinander kongruente Dreiecke möglich sind oder nicht.

TIPP
Skizziere eine Planfigur.

15

Begründe: Wenn zwei Dreiecke in einer Seite, einem anliegenden und dem gegenüberliegenden Winkel übereinstimmen, dann stimmen sie auch in dem anderen anliegenden Winkel überein.

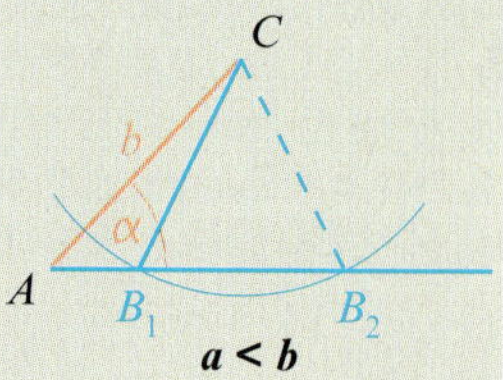

Kongruenzsätze für Dreiecke

16

Konstruiere Dreiecke ABC mit den folgenden Stücken.

a) $a = 7{,}0$ cm; $\beta = 60°$; $\gamma = 55°$
b) $b = 3{,}5$ cm; $\alpha = 95°$; $\beta = 30°$
c) $c = 4{,}7$ cm; $\alpha = 45°$; $\beta = 60°$
d) $c = 3{,}2$ cm; $\alpha = 20°$; $\gamma = 100°$
e) $b = 5{,}1$ cm; $\beta = 65°$; $\gamma = 62°$
f) $b = 63$ mm; $\alpha = 58°$; $\gamma = 42°$
g) $c = 61$ mm; $\beta = 90°$; $\gamma = 40°$
h) $a = 46$ mm; $\alpha = 74°$; $\gamma = 65°$

17

Ein Lehrer schreibt die folgende Aufgabe an die Tafel und sagt: „Die Aufgabe ist in einer Minute zu erledigen." Ist das zu schaffen?

> Zeichne alle Dreiecke, die eindeutig zu konstruieren sind.
> Gib jeweils den entsprechenden Kongruenzsatz an.
> a) $a = 9$ cm
> $b = 6$ cm
> $c = 2$ cm
> b) $a = 6$ cm
> $b = 5$ cm
> $\beta = 95°$
> c) $c = 8$ cm
> $\alpha = 95°$
> $\beta = 86°$

Wenn sich aus gegebenen Stücken ein Dreieck konstruieren lässt, dann kannst du nach den Kongruenzsätzen entscheiden, ob die Konstruktion eindeutig ist.
Ob aber ein Dreieck mit den gegeben Stücken überhaupt möglich ist, darüber sagen die Kongruenzsätze nichts. Dazu musst du andere Sätze über Dreiecke in deine Überlegungen einbeziehen.
Beachte insbesondere, ob die gegebenen Stücke nicht im Widerspruch zu folgenden Sätzen stehen: Innenwinkelsatz für Dreiecke (s. Seite 51), Dreiecksungleichungen (s. Seite 57), Seiten-Winkel-Beziehung im Dreieck (s. Seite 58).

18^L

Welche Dreiecke sind mit Sicherheit eindeutig zu konstruieren? Führe die Konstruktionen aus. Aus welchen Angaben ist keine ausführbare oder keine eindeutige Konstruktion eines Dreiecks möglich. Begründe.

a) $\alpha = 70°$; $\beta = 53°$; $c = 4{,}7$ cm
b) $a = 8{,}0$ cm; $b = 6{,}0$ cm; $\beta = 72°$
c) $a = 4{,}1$ cm; $b = 5{,}1$ cm; $c = 3{,}7$ cm
d) $c = 7{,}2$ cm; $b = 4{,}9$ cm; $\gamma = 112°$
e) $a = 2{,}0$ cm; $b = 4{,}1$ cm; $c = 2{,}0$ cm
f) $b = c = 5{,}1$ cm; $\gamma = 57°$
g) $\alpha = 72°$; $\beta = 47°$; $a = 4{,}8$ cm
h) $\alpha = 76°$; $\beta = 105°$; $c = 8{,}2$ cm
i) $\beta = 58°$; $\gamma = 87°$; $c = 43$ mm
j) $a = b = 6{,}2$ cm; $\gamma = 75°$
k) $a = 3{,}8$ cm; $b = 47$ mm; $\gamma = 90°$
l) $\alpha = 72°$; $\beta = 65°$; $\gamma = 43°$
m) $a = 7$ cm; $b = 6$ cm; $c = 2$ cm
n) $\alpha = 41°$; $\beta = 82°$; $\gamma = 34°$

19

Der Dachstuhl von Herrn Briese ist 6 Meter breit und 8 Meter lang. Die Dachsparren sind 5 Meter lang. Davon steht 1 Meter über die Hauskante hinaus. Wie groß ist der Neigungswinkel des Daches?
Herr Briese ist 1,70 Meter groß. Welchen Inhalt hat die Dachbodenfläche, auf der er aufrecht gehen kann?

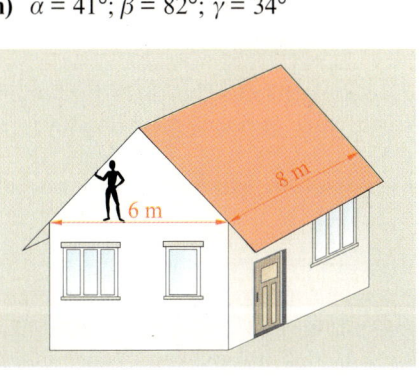

ANREGUNG
Fällt dir bei den folgenden Figuren etwas auf?

Der niederländische Grafiker M. C. Escher (1898–1972) hat ganz „verrückte" Gebäude und Landschaften gezeichnet, die es in Wirklichkeit nicht geben kann. Aber auch tolle Bilder aus kongruenten Figuren gibt es von ihm.
Sieh dich einmal danach in einer Buchhandlung oder Bibliothek um.

Anwenden der Kongruenzsätze

Bei der Landvermessung wird ein Theodolit verwendet. Dieses Gerät ist horizontal und vertikal drehbar. Durch ein Fernrohr werden die Punkte angepeilt, die vermessen werden sollen. An den in beiden Richtungen angebrachten Skalen kann man die Winkel zu den anvisierten Punkten ablesen.

Für eigene Messungen kannst du leicht Geräte herstellen, die Winkelmessungen in horizontaler bzw. in vertikaler Richtung ermöglichen (s. Aufgabe 1).

Historischer Theodolit

1

a) Nimm eine Holzlatte von mindestens 50 cm Länge und befestige in der Mitte ein Geodreieck und einen Gegenstand an einem Faden wie im Bildteil a.
   Wie liest du den Höhenwinkel am Geodreieck ab (s. Bildteil b)?
b) Übertrage die Winkeleinteilung auf eine Pappscheibe. Befestige sie beweglich mitten auf einer Holzlatte, auf der du an beiden Enden Schrauben mit ringförmigen Köpfen anbringst (s. Bildteil c).
   Erläutere, wie du den horizontalen Winkel messen kannst. (Hinweis: Jemand anderes sollte bei der Messung die Pappscheibe festhalten.)

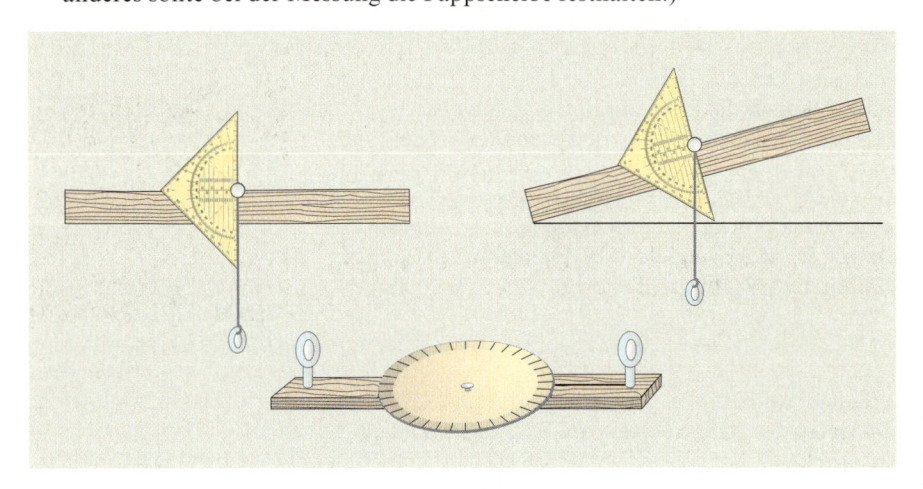

Bei den folgenden Messungen erhaltet ihr die gesuchten Maße aus einer maßstabgerechten Zeichnung.

2

Arbeitet in Gruppen.
a) Ermittelt durch geeignete Messungen die Höhe des Schulgebäudes bis zur Dachrinne.
b) Wie lässt sich die Breite des Schulgebäudes aus 20 m Entfernung mithilfe von Messungen bestimmen? Wählt einen geeigneten Abstand auf eurem Schulhof und führt die Messungen aus.
c) Vergleicht eure Ergebnisse und informiert euch über die tatsächlichen Maße des Schulgebäudes.

3

Begründe, dass bei der Höhenermittlung in Aufgabe 2a) eine Längen- und eine Winkelmessung genügt. Erläutere: Ist das in Aufgabe 2b) auch möglich?

ANREGUNG
Auch mit dem abgebildeten Aufbau lässt sich der Höhenwinkel ermitteln.

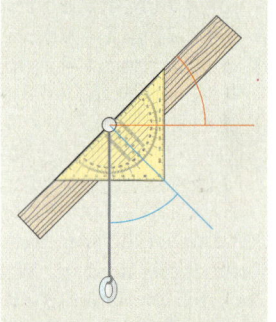

Begründe, dass der Winkel zwischen Mittellinie des Geodreiecks und Lot mit dem Höhenwinkel übereinstimmt.

Anwenden der Kongruenzsätze

4

Vermiss die Giebelseite des Schulgebäudes oder deines Wohnhauses und fertige eine maßstabgerechte Zeichnung an. Ermittle die Höhe des Hauses und die Länge der Dachschrägen.

5

Stellt euch zu zweit im Abstand von 10 m auf.
a) Einer misst den Höhenwinkel zum höchsten Punkt des Kopfes. Wiederholt die Messung für die Abstände 9 m, 8 m, …, 1 m. Tragt die gemessenen Werte in ein Koordinatensystem ein.
b) Tauscht jetzt die Rollen. Wiederholt den Versuch aus a), indem ihr die Winkel messt, unter dem jeweils die Fußspitzen erscheinen.
c) Liegen die Messpunkte im Koordinatensystem auf einer Geraden? Erläutere, wenn Abweichungen von einer Geraden auftreten, ob dafür Ungenauigkeiten bei den Messungen oder beim Zeichnen die Ursache sein können.

HINWEIS
Führt die Winkelmessung aus Augenhöhe aus.

6

An den Ufermauern des Rheins sind auf beiden Seiten in Abständen von 100 m weiße Striche angebracht. Um die Rheinbreite zu bestimmen, kann man von einem der Striche aus den Winkel messen, unter dem die 100-m-Strecke vom gegenüberliegenden Strich bis zum nächsten erscheint.
a) Der gemessene Winkel beträgt 24°. Wie breit ist der Rhein an dieser Stelle?
b) Unter welchen Winkeln erscheinen die Striche, die von der gegenüberliegenden Markierung aus 200 m, 300 m, 400 m entfernt sind? Trage alle vier Ergebnisse in ein Koordinatensystem ein.
c) Bei der beschriebenen Flussbreitenbestimmung kann es zu falschen Ergebnissen kommen. Suche nach Voraussetzungen, die erfüllt sein müssen, damit man die Breite richtig erhält.

Rhein bei Koblenz

7

Eine Klasse führt Vermessungen durch.
a) Gruppe 1: Es soll die Höhe eines Baumes ermittelt werden (s. Bild 1). Mithilfe eines Meterstabes und seines Schattens wird der Einfallswinkel der Sonne gemessen. Dann misst die Gruppe die Schattenlänge des Baumes (9 m) und des Meterstabs (60 cm).
b) Gruppe 2: Es ist die Höhe einer Kirchturmspitze zu ermitteln.
Sascha geht wie im Bild 2 vor.
Mareike wendet ein, dass sich die Kirchturmspitze nicht am Rand der Kirche befindet und deshalb Saschas Berechnung zu einem ungenauen Ergebnis führt. Sie geht wie im Bild 3 vor.
Wie hoch ist die Kirchturmspitze und um wie viel Meter weicht der von Sascha ermittelte Wert ab?

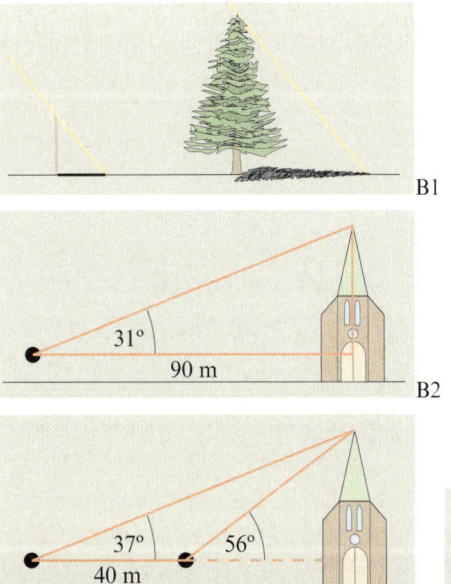

BEACHTE
die Augenhöhe: jeweils etwa 1,5 m.

8

Weitere Vermessungsaufgaben für eine Klasse:
a) Gruppe 3: Es ist der Abstand zwischen den Kastanien beiderseits eines Sees zu ermitteln (s. linkes Bild).
Die Schülerinnen und Schüler stecken von der Kastanie auf ihrer Seeseite eine Strecke $\overline{AB}$ von 100 m ab. Von den Endpunkten der Strecke peilen sie über den See hinweg die Kastanie auf der gegenüber liegenden Seite an.
b) Gruppe 4 soll die Breite eines Flusses ermitteln ohne eine maßstabgerechte Zeichnung anzufertigen (s. rechtes Bild). Dazu soll der Punkt A so abgesteckt werden, dass die Strecke $\overline{AC}$ gleich der Flussbreite $\overline{CD}$ ist.
Wie findet man den Punkt A?
Begründe, dass dann die Dreiecke ABC und CBD zueinander kongruent sind.

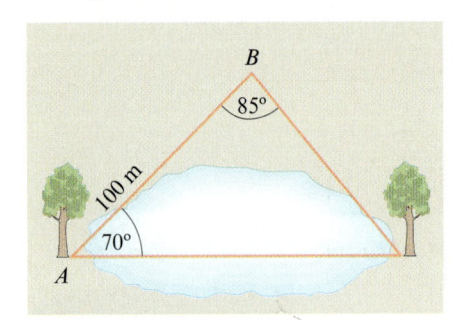

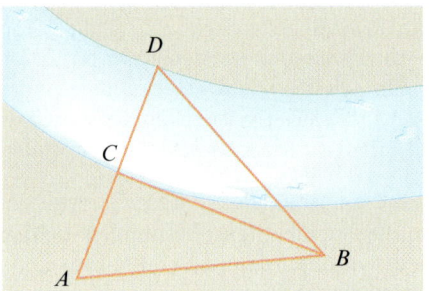

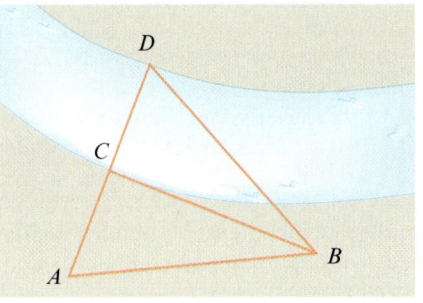

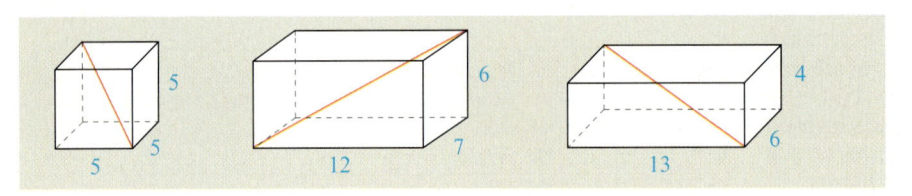

BASTELN

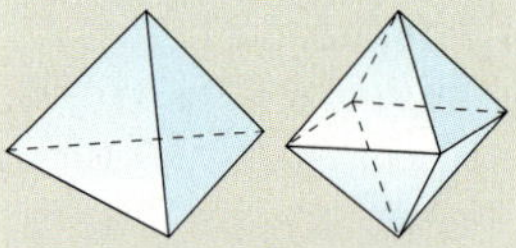

Das Bild zeigt ein Tetraeder und ein Oktaeder.
Ihre Netze (Bild unten) bestehen aus 4 bzw. 8 zueinander kongruenten gleichseitigen Dreiecken. Vergrößere deren Netze auf eine Seitenlänge von 5 cm. Fertige die Körper an.

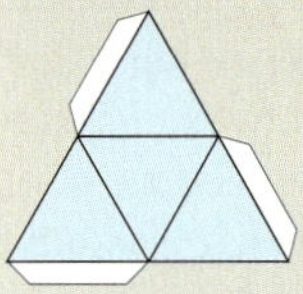

9

Das Satteldach des Hauses von Familie Braunert muss neu gedeckt werden. Herr Braunert weiß, dass das Haus 12 m lang und 8,50 m breit ist. Die Dachhöhe schätzt er auf 2,80 m. Die Kosten pro Quadratmeter Dachfläche betragen ungefähr 45 €. Um die Gesamtkosten abzuschätzen, fertigt er eine maßstabgerechte Zeichnung des Daches an. Ermittle die Kosten, mit denen Familie Braunert rechnen muss.

10^L

Konstruiere die gekennzeichneten Flächen in ihrer wahren Größe (Maßangaben in cm). Welche Maße haben sie?

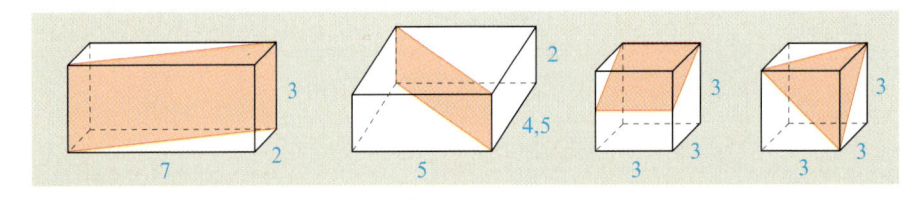

11^L

Ermittle durch Konstruktion die Länge der Raumdiagonalen (Maßangaben in cm).

Anwenden der Kongruenzsätze

12

Nebenstehendes Bild zeigt eine Halle mit so genanntem Sheddach.
a) Gibt es ein Bauwerk mit Sheddach in deiner Stadt? (Manchmal ist eine Schräge auch etwas abgerundet.) Warum werden Hallen mit dieser Dachform gebaut?
b) Eine Sheddachhalle hat Giebeldreiecke von 4,40 m Breite und 1,60 m Höhe. Der kleinere Neigungswinkel des Daches beträgt 27°. Zeichne ein Giebeldreieck der Halle. Beschreibe die Konstruktion. Hinweis: Zeichne zuerst eine Planfigur.

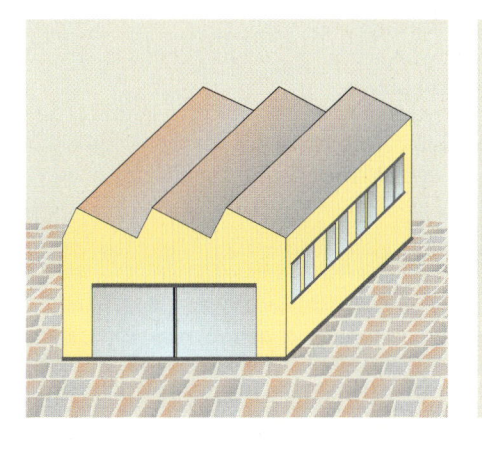

INFORMATION
Industriebauten und Bahnhöfe habe manchmal teilweise verglaste Dächer. Dabei erweist sich die Verschmutzung der Glasscheiben als ein Problem. Je flacher das Dach ist, desto schneller verschmutzen die Scheiben.

Nicht immer sind zur Konstruktion eines Dreiecks ausschließlich dessen Seitenlängen oder Winkel bekannt. Es können z. B. auch Längen von Höhen, Seitenhalbierenden, Winkelhalbierenden (innerhalb des Dreiecks) oder die Radien von Um- bzw. Inkreis gegeben sein.
In solchen Fällen kann man mithilfe der Planfigur versuchen, **Teildreiecke** zu finden, die sich aus den gegebenen Stücken konstruieren lassen und aus denen sich schließlich das gesuchte Dreieck ergibt.

13

Christiane, Gisela und Dörte haben zu den folgenden Konstruktionsaufgaben Planfiguren gezeichnet. Führe die Konstruktionen aus.

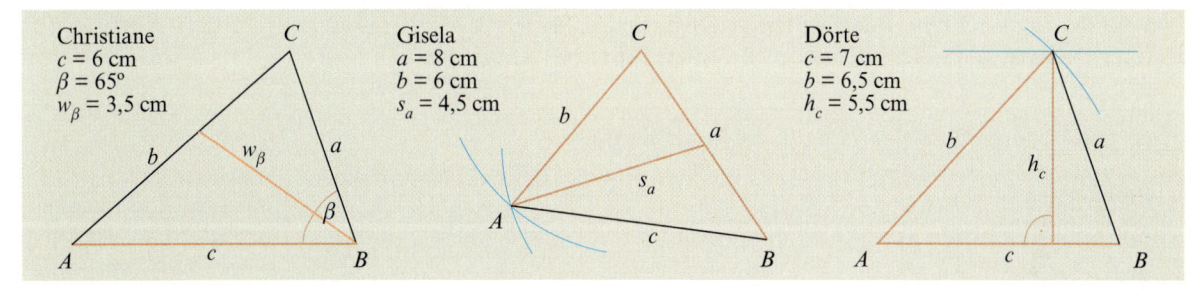

Christiane: $c = 6$ cm; $\beta = 65°$; $w_\beta = 3{,}5$ cm

Gisela: $a = 8$ cm; $b = 6$ cm; $s_a = 4{,}5$ cm

Dörte: $c = 7$ cm; $b = 6{,}5$ cm; $h_c = 5{,}5$ cm

14

Konstruiere Dreiecke ABC aus folgenden Angaben. Entscheide und begründe, ob die Konstruktion eindeutig ist.

a) $c = 6{,}1$ cm; $\alpha = 48°$; $w_a = 5{,}0$ cm
b) $\alpha = 48°$; $\beta = 32°$; $h_b = 50$ mm
c) $a = 58$ mm; $b = 5{,}3$ cm; $h_a = 4{,}5$ cm
d) $a = 4{,}9$ cm; $c = 6{,}0$ cm; $s_a = 4{,}1$ cm
e) $a = 6{,}2$ cm; $b = 4{,}3$ cm; $s_b = 5{,}3$ cm
f) $a = 6{,}8$ cm; $\gamma = 75°$; $w_\gamma = 5{,}2$ cm

ERINNERE DICH
w_a ist die Strecke, die auf der Winkelhalbierenden von α innerhalb des Dreiecks liegt. Oft nennt man auch sie selbst Winkelhalbierende des Dreieckswinkels.

15

Fertige eine Planfigur an und beschreibe die Konstruktion des Dreiecks. Entscheide und begründe, ob die Konstruktion eindeutig ist.
Hinweis: ϱ bezeichnet den Radius des Inkreises eines Dreiecks.

a) $c = 50$ mm; $h_c = 30$ mm; $s_c = 50$ mm
b) $\alpha = 66°$; $w_a = 42$ mm; $h_c = 5$ cm
c) $\gamma = 100°$; $b = 5{,}1$ cm; $\varrho = 1{,}8$ cm
d) $\beta = 80°$; $h_a = 6{,}4$ cm; $\varrho = 2{,}4$ cm.

16

Aus $\beta = 40°$, $b = 5$ cm, $h_c = 3{,}4$ cm soll ein Dreieck konstruiert werden. Andrea und Mark lesen ihre Konstruktionsbeschreibungen vor.
Führe die Konstruktionen nach den Beschreibungen von Andrea und Mark aus. Was meinst du dazu?

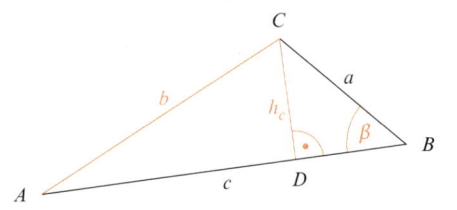

Andrea: „Ich konstruiere zuerst das Teildreieck ADC. Ich zeichne die Strecke $h_c = \overline{DC}$ und trage in D an h_c einen rechten Winkel an. Um C zeichne ich einen Kreis mit Radius b, der den freien Schenkel des Winkels in A schneidet. Nun verlängere ich $\overline{AD}$ über D hinaus und trage in C den Winkel $\sphericalangle DCB = 90° - \beta$ an. Als Schnittpunkt ergibt sich B."

Mark: „Ich zeichne zuerst den Winkel β mit dem Scheitelpunkt B. Die Parallele zu einem der Schenkel im Abstand h_c schneidet den anderen Schenkel in C. Um C zeichne ich einen Kreis mit Radius b, der den freien Schenkel von β in zwei Punkten A_1 und A_2 schneidet. Es entstehen zwei zueinander nicht kongruente Dreiecke."

17

Sind die Dreiecke kongruent? Begründe.

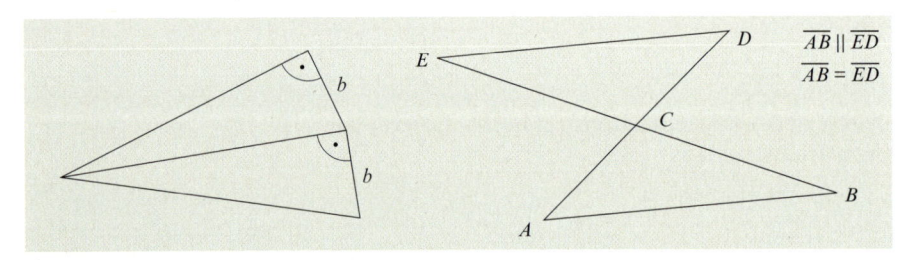

$\overline{AB} \parallel \overline{ED}$
$\overline{AB} = \overline{ED}$

BEISPIEL für einen Beweis mithilfe der Kongruenzsätze

Zu beweisen ist:
Wenn ein Dreieck gleichschenklig ist, dann ist es achsensymmetrisch.

Vorüberlegung:
Als Symmetrieachse kommt nur eine Winkelhalbierende in Betracht.
Die Winkelhalbierende muss dann zu einer Seite senkrecht sein und sie in ihrem Mittelpunkt schneiden.

Voraussetzung: Im Dreieck ABC ist $a = b$.

Behauptung: $w_\gamma \perp c$ und $\overline{AD} = \overline{BD}$.

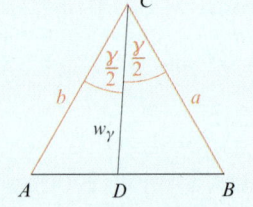

Beweis:
Die Dreiecke ADC und DBC stimmen in zwei Seitenlängen ($a = b$, $\overline{DC}$ gemeinsame Seite) und dem eingeschlossenen Winkel $\left(\frac{\gamma}{2}\right)$ überein.
Sie sind also nach sws kongruent. Deshalb sind auch $\overline{AD}$ und $\overline{BD}$ gleich lang und für die Winkel gilt $\sphericalangle CDA = \sphericalangle BDC = \frac{1}{2} \cdot \sphericalangle BDA = 90°$.

HINWEISE
Wir wissen bereits:
Wenn ein Dreieck achsensymmetrisch ist, dann ist es gleichschenklig.
Wir wissen aber noch nicht, ob auch die Umkehrung gilt.

In der Skizze wurde D nicht als Mittelpunkt von $\overline{AB}$ gezeichnet. So vermeidet man, dass beim Beweisen bereits die Behauptung verwendet wird.

Anwenden der Kongruenzsätze

18

Zum Beweis des Satzes aus dem Beispiel kannst du auch eine andere Vorüberlegung verwenden: Als Symmetrieachse kommt nur eine Seitenhalbierende in Betracht. Formuliere einen Beweis mithilfe der Kongruenzsätze. Welchen Satz verwendest du dabei?

19

Schreibe alle Eigenschaften auf, die du jetzt über gleichseitige Dreiecke weißt oder vermutest. Verwende Formulierungen in Wenn-Dann-Form. Gib an, wenn du meinst, eine Eigenschaft sei noch nicht bewiesen. Vergleicht eure Ergebnisse.

> **Beweisen mithilfe der Kongruenzsätze**
> Mithilfe der Kongruenzsätze lassen sich Aussagen über die Gleichheit von Winkeln und Strecken beweisen.
> Dazu sucht man zwei Dreiecke, in denen die betrachteten Winkel oder Strecken einander entsprechen. Dann versucht man zu beweisen, dass die beiden Dreiecke zueinander kongruent sind.

20

Beweise (siehe die entsprechenden Bilder):
a) In jedem Rechteck sind die Diagonalen gleich lang.
b) In jedem Rechteck schneiden die Diagonalen einander in ihren Mittelpunkten.
c) Die Sehnen $\overline{AD}$ und $\overline{BC}$ zwischen den Kreisdurchmessern sind gleich lang.

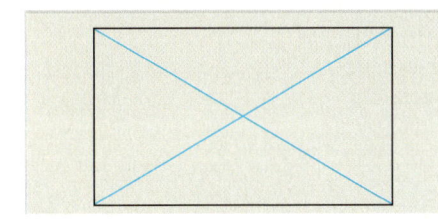

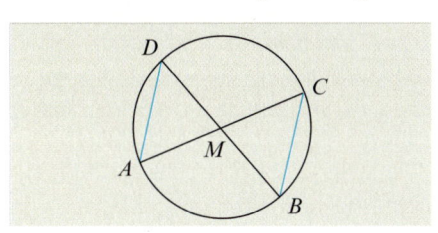

TIPP
Bezeichne in der Beweisfigur die interessierenden Punkte (falls nicht vorgegeben).

Beachte: Beweise mithilfe der Kongruenzsätze können manchmal sehr umständlich aussehen. Sie sind leichter verständlich, wenn du sie nicht zu formal aufschreibst. Formuliere möglichst ganze Sätze. Greife auch auf andere (schon bewiesene) Sätze zurück, um die Beweise übersichtlich zu gestalten.

21

Beweise die folgenden Sätze:
a) In jedem Parallelogramm sind die gegenüberliegenden Winkel gleich groß.
   Anregung: Zerlege das Parallelogramm geeignet in zwei Dreiecke.
b) Das Mittendreieck zerlegt ein Dreieck in vier kongruente Teildreiecke.

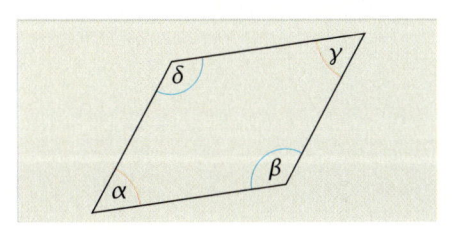

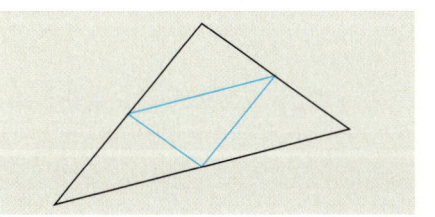

INFORMATION
Wenn man die Mittelpunkte der Seiten eines Dreiecks verbindet, dann entsteht das **Mittendreieck**.

22

Das Bild zeigt die Konstruktion der Mittelsenkrechten mit Zirkel und Lineal. Es soll bewiesen werden, dass die so konstruierte Gerade PQ tatsächlich die Mittelsenkrechte von $\overline{AB}$ ist.

a) Vervollständige den Beweis im Heft.

> **Voraussetzung aufgrund der Konstruktionsvorschrift:**
> $\overline{AP} = \overline{BP} = \overline{AQ} = \overline{BQ}$
>
> **Behauptung:** $\overline{AM} = \overline{MB}$ und $\overline{PQ} \perp \overline{AB}$
>
> **Beweis:**
> $\triangle ABP \cong \triangle AQB$ ($\overline{AP} = \overline{AQ}$, $\overline{BP} = \overline{BQ}$ nach Voraussetzung, gemeinsame Seite $\overline{AB}$; Kongruenzsatz sss)
> Deshalb sind jeweils die beiden Winkel bei A und bei B gleich groß.
> $\triangle AQP \cong$ ___   (_____ ; ___)
> Deshalb sind jeweils _____ und es ist $\sphericalangle QAP = $ ___ .
> $\triangle AMP \cong$ ___   (_____ ; ___)
> Daher ist auch $\overline{AM} = \overline{MB}$ und $\sphericalangle PMA = \sphericalangle BMP = 90°$.

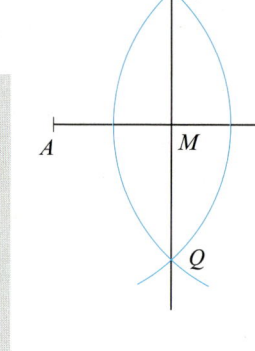

b) Vergleiche mit dem folgenden Beweis.

> **Voraussetzung aufgrund der Konstruktionsvorschrift:**
> $\overline{AP} = \overline{BP} = \overline{AQ} = \overline{BQ}$
>
> **Behauptung:** $\overline{AM} = \overline{MB}$ und $\overline{PQ} \perp \overline{AB}$
>
> **Beweis:**
> Die Dreiecke ABP, AQB, APQ und BPQ sind gleichschenklig (nach Voraussetzung) und paarweise zueinander kongruent (eine weitere Seite gemeinsam; sss). Deshalb wird $\triangle ABP$ durch Spiegelung an AB auf $\triangle AQB$ abgebildet, $\triangle AQP$ wird durch Spiegelung an PQ auf $\triangle BPQ$ abgebildet. Die beiden Spiegelachsen sind senkrecht zueinander, und $\overline{AM}$ wird auf $\overline{MB}$ abgebildet. Also ist $\overline{AM} = \overline{MB}$.

23

Beweise die folgenden Sätze. Überlege dir sorgfältig die Voraussetzungen.

a) Wenn P ein Punkt auf der Mittelsenkrechten der Strecke $\overline{AB}$ ist, dann hat er von A und B denselben Abstand.

b) Wenn P ein Punkt auf der Winkelhalbierenden eines Winkels ist, dann hat er von beiden Schenkeln des Winkels denselben Abstand (s. Bild links).

c) Das rechte Bild zeigt die Konstruktion der Winkelhalbierenden mit Zirkel und Lineal. Weise nach: $\triangle SAP \cong \triangle SPB$.
Begründe, dass der Strahl $\overrightarrow{SP}$ deshalb die Winkelhalbierende sein muss.

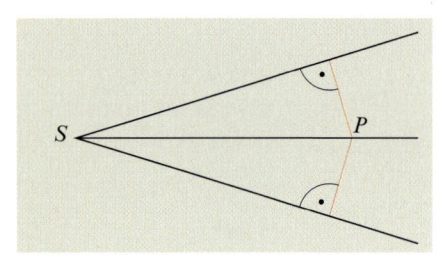

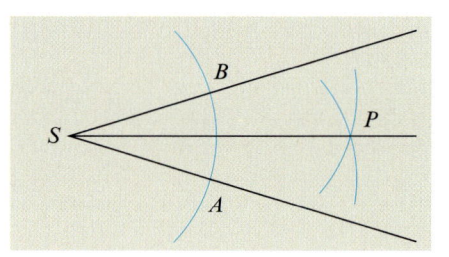

Anwenden der Kongruenzsätze

24

Nebenstehend siehst du noch einmal das Radarbild des Hamburger Hafens. Ob sich Schiffe auf Kollisionskurs befinden, erkennt man erst, wenn man die Radarbilder in zeitlichen Abständen vergleicht. Auf einem Radarbildschirm erkennt man, dass sich die Kurse zweier Schiffe A und B kreuzen.

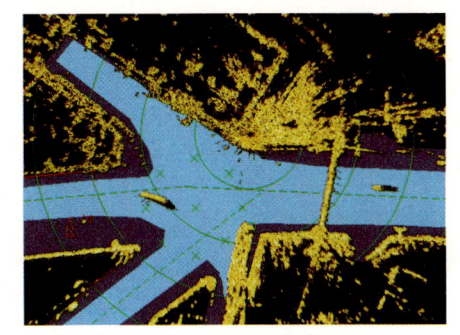

a) Untersuche und begründe, ob eine Kollisionsgefahr besteht, wenn im Abstand von einer Minute per Radar die folgenden Polarkoordinaten ermittelt werden:
$A_1 (820\ m \mid 205°)$; $A_2 (530\ m \mid 221°)$; $B_1 (470\ m \mid 238°)$; $B_2 (450\ m \mid 206°)$.

b) Wir nehmen an: Die beide Schiffe sind in der einen Minute gradlinig mit konstanter Geschwindigkeit gefahren.
Ermittle ihre Geschwindigkeiten in Knoten.

Radarbild des Hamburger Hafens

HINWEISE

Erläuterungen zu Polarkoordinaten findest du auf Seite 16.

Mit A_1 und A_2 sind die Positionen des Schiffes A im Abstand von einer Minute bezeichnet.

Legt ein Schiff in einer Stunde eine Seemeile (1852 m) zurück, so hat es eine Geschwindigkeit von 1 Knoten.

25

Sven und Ralf wollen die Länge einer Autobahnbrücke bestimmen, die hoch über ein Tal führt.
Sie messen von zwei Stellen eines Weges, die 80 m voneinander entfernt sind, die Winkel:
$\alpha = 119°$; $\alpha_1 = 51°$; $\beta = 42°$; $\beta_1 = 111°$.
Konstruiere die Figur.
Wie lang ist die Brücke?

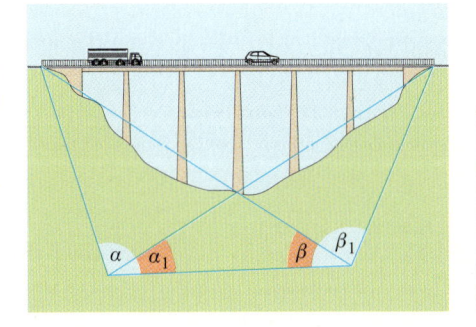

INFORMATION

Das in Aufgabe 25 beschriebene Verfahren wird in der Landvermessung als **Vorwärtseinschneiden** bezeichnet.

26

Der Rahmen eines Herrenfahrrades ist als Viereck mit angefügtem Dreieck gestaltet.
a) Miss ein Herrenfahrrad aus und zeichne den Rahmen maßstabgerecht in dein Heft. (Du kannst die Maße auch dem Bild entnehmen. Verdreifache dann die Längen für deine Zeichnung.)
b) Wie viele Maße brauchst du mindestens? Begründe.

Fahrradrahmen

27

a) Veronika behauptet: „Wenn ich von einem Viereck zwei Seiten und zwei Winkel kenne, dann kann ich es eindeutig zeichnen." Was meinst du dazu?
b) Oliver meint: „Um ein Viereck eindeutig zu zeichnen, muss man fünf Stücke kennen."
Lena entgegnet: „Das kann nicht sein. Aus einer Seite und den vier Winkeln kann ich verschiedene Vierecke zeichnen."
Simon antwortet: „Das ist doch klar. Wenn ich ein Viereck durch eine Diagonale in zwei Dreiecke zerlege, dann wissen wir aus den Kongruenzsätzen, dass für jedes Dreieck drei Stücke gegeben sein müssen. Also brauche ich für ein Viereck sechs Maße."
Diskutiert untereinander über die Ansichten von Oliver, Lena und Simon. Hat einer von ihnen Recht?

28

Die Segel einer Brigg sind dreieckig, trapezförmig oder unregelmäßige Vierecke.
a) Wie viele Angaben brauchst du um
   (1) ein symmetrisches Trapez,
   (2) ein beliebiges Trapez,
   (3) ein unregelmäßiges Viereck
   zu zeichnen? Begründe.
b) Schätze die Größe so vieler Winkel und Längen, wie du für eines der obersten Segel und für das hintere untere Segel benötigst, und zeichne sie vergrößert in dein Heft.

29

a) Begründe: Zwei Vierecke sind kongruent zueinander, wenn sie in zwei aneinander stoßenden Seiten, dem eingeschlossenen Winkel und den anliegenden Winkeln übereinstimmen. (wswsw)
b) Wie liegen im Viereck im Falle wswws die Seiten und Winkel zueinander? Prüfe, ob dieser Satz für Vierecke gilt.
c) Formuliere einen weiteren Kongruenzsatz für Vierecke. Erläutere deiner Tischnachbarin bzw. deinem Tischnachbarn, warum er gelten muss.

TIPP

Zerlege die Vierecke in Dreiecke. Sind die Dreiecke durch die Angaben eindeutig bestimmt?

ZUSAMMENFASSUNG

Zueinander kongruente Figuren

Zwei Figuren F_1 und F_2 heißen zueinander kongruent, wenn sie in Größe und Form übereinstimmen. Man schreibt dann $F_1 \cong F_2$ und spricht „F_1 kongruent F_2".

Wenn zwei Figuren zueinander kongruent sind, dann sind einander entsprechende Strecken gleich lang und einander entsprechende Winkel gleich groß.

Um nachzuweisen, dass die Figuren F_1 und F_2 zueinander kongruent sind, zeigt man, dass es eine Verschiebung, Drehung oder Spiegelung gibt, die die Figur F_1 auf die Figur F_2 abbildet.
Manchmal ist es notwendig, mehrere dieser Abbildungen hintereinander auszuführen, wenn man F_1 auf F_2 abbilden will.

Kongruenzsätze für Dreiecke

Zwei Dreiecke sind bereits dann kongruent zueinander, wenn sie in folgenden drei Stücken übereinstimmen:
- drei Seiten (sss)
- zwei Seiten und dem eingeschlossenen Winkel (sws)
- zwei Seiten und dem der größeren Seite gegenüberliegenden Winkel (SsW)
- einer Seite und den beiden anliegenden Winkeln (wsw)

Dreiecke, von denen drei Stücke entsprechend den Kongruenzsätzen gegeben sind, lassen sich eindeutig konstruieren. (Das gilt allerdings nur, wenn die drei gegebenen Stücke nicht im Widerspruch zu den Sätzen über Dreiecke stehen.)

Übungen und Anwendungen

Was es bei einer Renovierung alles zu bedenken gibt! Wie soll das Zimmer oder die Wohnung künftig aussehen? Welche Farben und Tapeten müssen gekauft werden? Was kostet das alles? Wird es nicht zu teuer? Wie viel Farbe und Kleber, wie viele Rollen Tapete und welche Hilfsmittel müssen besorgt werden? Weißt du, wie man die Anzahl der benötigten Tapetenrollen ermittelt? Die Mathematik hilft viele praktische Fragen zu beantworten.

Aus der Zahlenkiste

1

Übertrage die Tabelle in dein Heft und kennzeichne, ob die aufgeführten Zahlen zum jeweiligen Zahlenbereich gehören (∈) oder nicht (∉).

	Natürliche Zahlen	Nichtnegative Zahlen	Ganze Zahlen	Rationale Zahlen
-5				
$\frac{41}{3}$				
$9{,}4$				
720				
$0{,}\overline{3}$				
$-\frac{8}{7}$				
$\frac{10}{5}$				
0				

ERINNERE DICH

an die Symbole für die Zahlenbereiche. Verwende sie beim Übertragen der Tabelle ins Heft.

2

Du kannst dem Wetterfrosch sicher helfen.
Am Morgen waren es -9 °C. Bis zum Mittag stieg die Temperatur um 11 Grad an. Der Nachmittag war sonnig und die Quecksilbersäule stieg um weitere 8 Grad. Welche Temperatur zeigt das Thermometer um 21.00 Uhr an, wenn es sich bis dahin wieder um 12 Grad abgekühlt hat?

3

Übertrage die Tabelle ins Heft und berechne die Terme.

a	b	c	$\frac{1}{a}$	$b^2 - 2c$	$a - b + c$	$|a| - |b| + |c|$	$b : |c|$
3	-5	$\frac{1}{2}$					
$0{,}6$	0	-8					
0	$\frac{1}{4}$	$\frac{3}{2}$					
-9	10	0					
14	-14	$1{,}4$					

4

Gib wenn möglich alle rationalen Zahlen an, die die jeweilige Gleichung erfüllen.
a) $|x| = 3$
b) $|x| = -4$
c) $|b| = -b$
d) $-|x| = -2$
e) $|a| = a$
f) $c^2 = 9$

Aus der Zahlenkiste

5

Welche ganzen Zahlen liegen jeweils auf der Zahlengeraden zwischen den beiden Zahlen?
a) zwischen -4 und $+2$
b) zwischen $|-4|$ und 2,
c) zwischen $-2{,}3$ und $|-2{,}3|$
d) zwischen $|-7|$ und $|7|$

TIPP
Bei den Aufgaben 5 bis 7 hilft es dir vielleicht, wenn du eine Zahlengerade zeichnest.

6

Gib vier rationale Zahlen an,
a) deren Betrag kleiner als 1 ist,
b) deren entgegengesetzte Zahl größer als 13 ist,
c) deren Kehrwert größer als 3 ist.

7

Gesucht sind alle rationalen Zahlen, deren Betrag kleiner als 3 oder gleich 3 ist.
a) Kennzeichne auf der Zahlengeraden den Bereich, in dem alle diese Zahlen liegen.
b) Gib vier Beispiele für diese Zahlen an.

8

So ein Pech! Endlich war Ulrike mit ihren Hausaufgaben fertig, da fällt doch der Farbtopf um und ausgerechnet auf die Matheaufgaben. Kannst du ihr helfen? Übertrage in dein Heft und vervollständige den Lösungsweg.

a) $\quad 2(4x - 1) - 3x = 3 + 2x + 4$
$\quad\quad 8x - 3x = 2x$

$\quad\quad\quad\quad x = 3$

b) $\quad 4 + \dfrac{x}{3} = \dfrac{7}{2} + \dfrac{x}{6}$

$\quad\quad 24 + x$

c) $\quad \left(\dfrac{x}{6} + 8\right) 5 = (6x + 63) : 3 + 5$

$\quad\quad \dfrac{5}{6}x + 40 = 2x + 5$

$\quad\quad \dfrac{5}{6}x + 40 = 2x$

$\quad\quad\quad\quad\quad 14$

$\quad\quad 14 \cdot \dfrac{}{7}$

$\quad\quad\quad\quad x = 12$

Spielereien

1

0 gewinnt – mit Partner(in) zu spielen
Die Startzahl ist 100. Es wird abwechselnd gewürfelt. Vor jedem Wurf wird angesagt, welche Rechenoperation mit der Augenzahl ausgeführt werden soll. Ausgehend von der Startzahl wird dann entsprechend der angesagten Rechenoperation mit der gewürfelten Augenzahl gerechnet. Wer zuerst 0 erreicht, hat gewonnen.

2

Vierecke erraten – mit Partner(in) zu spielen
Für dieses Spiel braucht ihr Stäbchen oder Streichhölzer und eine Unterlage.
Setzt euch Rücken an Rücken.
Der/die Erste beschreibt ein Viereck ohne den Namen zu nennen.
Der/die Zweite legt das Viereck entsprechend der Beschreibung.
Dann kontrolliert der/die Erste und ihr wechselt.

3

Heute wechselhaft – mit Partner(in) zu spielen
Sicher kennt ihr die Begriffe „Hoch" und „Tief" aus Wetterberichten. In der Meteorologie, der wissenschaftlichen Wetterkunde, wird ein Gebiet hohen Luftdrucks als Hoch und ein Gebiet geringen Luftdrucks als Tief bezeichnet. Gemessen wird der Luftdruck mit einem Barometer.
In diesem Spiel geht es nicht um das Wetter, sondern um Rechenfertigkeiten. Setzt euren Spielstein oder Chip auf das STARTfeld und würfelt abwechselnd.
Mit der gewürfelten Zahl wird der Wert des jeweiligen Terms berechnet.
Ist das Ergebnis größer oder gleich 10, so darf man zwei Felder weiter. Wenn das Ergebnis kleiner als 10 ist, muss man ein Feld zurück.
Kommt man auf ein TIEFfeld, so muss man beim nächsten Würfeln der Augenzahl entsprechend viele Felder zurück.
Beim HOCHfeld darf man beim nächsten Würfeln der Augenzahl entsprechend viele Felder vorrücken.
Wer als erster das Ziel überschreitet, hat gewonnen.

ZIEL
$2 \cdot (2 + x)$
$18 - 3 \cdot x$
$-4 + 60 : x$
TIEF
$6 \cdot x - 4$
TIEF
$15 - (3 + x)$
HOCH
$36 - 6 \cdot x$
$2 \cdot (x + 5) - 7$
$(7 - x) \cdot 3 - 3$
$3 \cdot (7 - x)$
$-11 + 2 \cdot x + 16$
$5 + 3 \cdot (6 - x)$
START: $30 - 30 : x$

Spielfeld (verkleinerte Darstellung)

Barometer

Spielereien

4

Bei einem Spiel wird ein Würfel in Form eines Tetraeders verwendet. Auf dessen vier Seiten stehen die Zahlen 1, 2, 3 und 4.
Die Zahl auf der Standfläche ist die geworfene Augenzahl – im Bild die 1.
Bei 50 Würfen ergaben sich die folgenden Augenzahlen:
3 3 4 1 2   1 1 1 4 3   2 2 4 2 4   3 4 2 2 4   4 3 1 2 2
2 1 1 3 3   1 4 1 3 3   4 2 1 4 2   2 2 3 2 3   4 2 3 3 2

a) Fertige für die geworfenen Augenzahlen eine Strichliste an.
b) Gib für jede geworfene Augenzahl die absolute Häufigkeit an.
c) Berechne die relativen Häufigkeiten der Augenzahlen in Prozent und veranschauliche sie in einem Kreisdiagramm.
d) Wie weit stimmen die Ergebnisse des Würfelexperiments mit deinen Erwartungen überein? Hättest du vielleicht andere Ergebnisse erwartet?

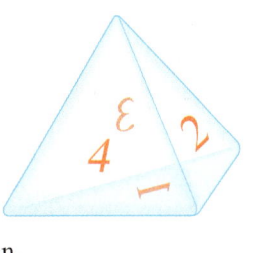

ERINNERE DICH
Welche Eigenschaften hat ein Tetraeder?
(Siehe Seite 188.)

5

Hannes und Felix treffen sich zu einem Tennismatch. Sie legen fest, dass derjenige gewinnt, der zuerst drei von fünf Sätzen für sich entschieden hat.
Hannes gewinnt nach fünf Sätzen.
Gib alle Möglichkeiten für den Ausgang der fünf Sätze an. Wie viele Möglichkeiten gibt es?
(Es ist jeweils nur zu unterscheiden, ob Hannes oder ob Felix gewonnen hat.)

TIPP
Kennzeichne einen Sieg von Hannes mit H, einen Sieg von Felix mit F.

6

Die drei Glücksräder im nebenstehenden Bild werden gedreht. An jedem Glücksrad wird eine Farbe angezeigt.
Wie viele Farbkombinationen sind möglich,
a) wenn man unberücksichtigt lässt, an welchem Rad eine Farbe angezeigt wird,
b) wenn man unterscheidet, an welchem Rad eine Farbe angezeigt wird?

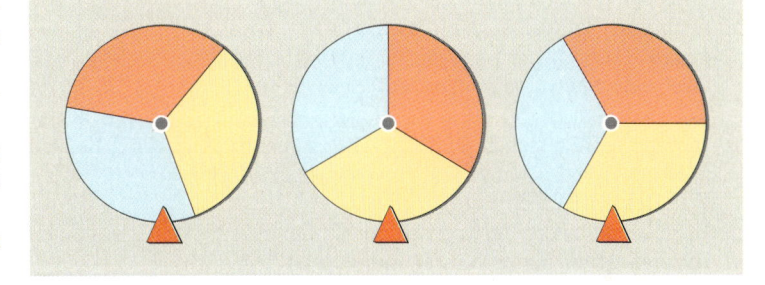

7

Lena und Moritz spielen mit einem gelben und einem roten Würfel. Sie würfeln nacheinander mit beiden Würfeln. Lena schlägt vor, dass sie einen Punkt erhält, wenn die Augensumme 5 ist. Moritz bekommt einen Punkt, wenn die Augensumme 10 ist.
a) Wer hat die größere Gewinnchance? Begründe deine Entscheidung.
b) Bei welchen Augensummen hätten Lena und Moritz die gleichen Gewinnchancen?
c) Welche Augensumme würdest du wählen, um zu gewinnen?

8

Mit einer Münze wurde bereits 9-mal hintereinander „Kopf" geworfen. Hättest du eine sehr hohe Gewinnchance, wenn du wettest, dass beim 10. Wurf „Zahl" erscheint? Begründe.

Rätselhaftes

1

a) Die Summe aus einer Zahl und dem Fünffachen dieser Zahl beträgt 24. Wie heißt diese Zahl?
b) Die Summe aus der Hälfte einer Zahl und der Zahl 17 ist gleich dem Dreifachen dieser Zahl vermindert um 8. Ermittle die Zahl.
c) Die Differenz aus dem dritten Teil einer Zahl und dem Dreifachen dieser Zahl beträgt – 6. Wie heißt die Zahl?
d) Ich bin ein Produkt und bestehe zum einen aus der Summe meiner Lieblingszahl und der Zahl 5 und zum anderen aus dem 25fachen meiner Lieblingszahl. Welchen Wert erhältst du für mich? Meine Lieblingszahl ist –1.
e) Wie groß ist der Quotient aus dem 6fachen von 100 und der Differenz aus 20 und 10?
f) Moritz multipliziert eine von null verschiedene rationale Zahl mit der entgegengesetzten Zahl ihres Kehrwertes.
Welche Zahl erhält er?
g) Felix fand in einem alten Mathematikbuch den unter GEREIMTES zitierten Vers. Welche Zahl erfüllt die Bedingungen?

> **GEREIMTES**
> Eine Zahl hab ich gewählt,
> 107 dazugezählt,
> dann durch 100 dividiert
> und mit 4 multipliziert,
> und zuletzt ist mir geblieben
> als Resultat
> die Primzahl 7.

2

a) Auf einer Telegrafenleitung sitzen Schwalben.
Wenn es doppelt so viele wären, wie da sind und noch die Hälfte dazu, noch ein Viertel dazu und schließlich noch eine Schwalbe, dann wären es genau 100.
Wie viele Schwalben sitzen auf der Telegrafenleitung?
b) In einer Mühle stehen 10 Säcke. Auf jedem Sack liegen 2 Katzen, jede von diesen Katzen hat 5 Junge. Daneben steht der Müller.
Wie viele Füße zählst du?
c) Knabbermax verputzt von den vorhandenen n Nüssen erst mal ein Drittel, dann von den verbliebenen Nüssen den vierten Teil.
Stelle einen Term zur Berechnung der jetzt noch vorhandenen Nüsse in Abhängigkeit der Ausgangsanzahl n ($n \in \mathbb{N}$) auf. Vereinfache den Term so weit wie möglich. Wie viele Nüsse bleiben übrig, wenn $n = 180$ war?
d) Lisa bezahlte für ein Buch 8 € und dazu noch die Hälfte des Preises.
Wie viel kostete das Buch?
e) Katrin zählt nach ihrem Einkauf das übrig gebliebene Geld, es sind 1,61 €. Sie hat 10 Münzen. Es sind Ein-, Fünf-, Zehn- und Fünfzigcentmünzen, von jeder Sorte mindestens eine Münze. Wie viele Münzen von jeder Sorte hat Katrin?

3

Erkläre folgendes Zahlenkunststück:
Aufforderung an eine Person: „Denke dir eine beliebige Zahl aus. Subtrahiere von der gedachten Zahl 1 und verdopple die Differenz. Addiere die gedachte Zahl hinzu und nenne mir das Ergebnis."
Du addierst zum genannten Ergebnis die Zahl 2 und teilst dann die Summe durch 3.
Dein Ergebnis nennst du als „erratene" Zahl.

Legen, Schneiden, Zeichnen und Messen

1

Zum Legen eines gleichseitigen Dreiecks brauchst du drei Streichhölzer; für sechs gleichseitige, zueinander kongruente Dreiecke genügen aber zwölf, statt 18 Streichhölzer. Probiere es mal.
Nun lege vier Streichhölzer so um, dass drei gleichseitige Dreiecke entstehen, von denen zwei zueinander kongruent sind.

2

In der nebenstehenden Zeichnung siehst du, wie man ein gleichseitiges Dreieck in vier zueinander kongruente Dreiecke zerlegen kann.
a) Zeichne ein solches Dreieck mit der Zerlegung und schneide es aus.
b) Schneide das obere Dreieck ab. Wie heißt die Figur, die von den übrigen drei Dreiecken gebildet wird?
c) Versuche, die bei b) entstandene Figur wieder in vier zueinander kongruente Teile zu zerschneiden.
Wie heißen diese zueinander kongruenten Figuren? Überprüfe die Kongruenz.

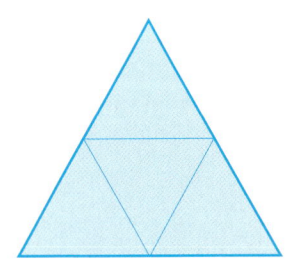

3

Zeichne ein Quadrat mit einer Seitenlänge von 10 cm.
Zerschneide es entsprechend der Skizze und nummeriere die Teile.
Lege aus den Teilen (bzw. auch aus einem Teil) die folgenden Figuren und notiere dir die Nummer(n). Versuche möglichst viele solche Figuren zu legen.
Quadrat, Rechteck, Parallelogramm, Trapez, Raute (Rhombus)
Vergleiche mit deinem Nachbarn. Hast du alle Möglichkeiten gefunden?

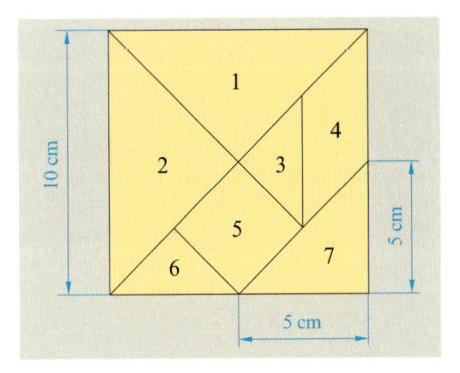

ERINNERE DICH

Die zerschnittene Figur ist ein TANGRAM, ein altes chinesisches Legespiel.
Man kann daraus über 300 verschiedene Figuren legen.

4

a) Es soll die Höhe eines Kirchturms ermittelt werden. In der nebenstehenden Zeichnung kannst du sehen, wie es geht.
Beschreibe den Lösungsweg.
Fertige eine maßstabgerechte Zeichnung an und ermittle daraus die Höhe des Kirchturmes.
b) Partnerarbeit: Sucht euch auf dem Schulgelände einen Gegenstand, von dem ihr die Höhe bestimmen möchtet (Baum, Lampe, Basketballkorb o. ä.).
Vermesst ein Dreieck mit eurem Gegenstand ähnlich wie im Bild.
Skizziert das Dreieck und tragt die von euch ermittelten Maße ein.
Fertigt von diesem Dreieck eine maßstabgerechte Zeichnung an und ermittelt daraus die Höhe eures Gegenstandes.
Vielleicht gibt es an Eurer Schule Unterlagen über die Höhen bestimmter Objekte. Dann könnt ihr überprüfen, wie genau ihr gearbeitet habt.

TIPP

Für die Winkelermittlung eignet sich dein Zirkel, den du dann auf das Geodreieck legen kannst.

Auto und Reisen

1

Ein Autohaus hat in einem Quartal 476 Autos verkauft – Neu- und Gebrauchtwagen. An Neuwagen wurden die in der Tabelle stehenden Anzahlen verkauft.

Typ	Anzahl der verkauften Autos
Opel „Astra"	114
VW „Golf"	118
Renault „Twingo"	97
VW „Beetle"	41

WUSSTEST DU SCHON?

Mit „Quartal" meint man einen Zeitraum von einem Vierteljahr.

a) Wie viel Prozent der verkauften Autos entfallen auf Neuwagen der einzelnen Typen und auf die Gebrauchtwagen?
b) Stelle die prozentualen Anteile in einem Kreisdiagramm dar.
c) Angenommen, die Verkaufsbilanz bleibt für weitere zwei Quartale durchschnittlich so und sinkt im vierten Quartal um 6%. Wie viele Autos werden dann in einem Jahr verkauft?

2

Für Geschwindigkeitskontrollen innerhalb von Ortschaften wurden zwei Messstellen A und B eingerichtet. Die Messstelle A durchfuhren 1342 Kraftfahrzeuge, davon 201 Lkw und 14 Busse. Der Rest waren Pkw.
Die zulässige Höchstgeschwindigkeit wurde von 181 Fahrern aller Fahrzeugarten überschritten. Von ihnen müssen 24 mit einem Fahrverbot rechnen.
An der Messstelle B wurde die Geschwindigkeit von 986 Fahrzeugen gemessen. Davon verhielten sich 162 ordnungswidrig.

a) Veranschauliche die Anzahlen aller genannten Fahrzeugarten für die Messstelle A in einem Kreisdiagramm.
b) Wie viel Prozent der Fahrzeugführer fuhren ordnungsgemäß an der Messstelle A vorbei?
c) Vergleiche die Anteile der Ordnungswidrigkeiten an den beiden Messstellen.

Geschwindigkeitskontrolle mit Lasermessgerät

3

Eine wesentliche Ursache für Verkehrsunfälle ist Alkoholmissbrauch.
Der Blutalkoholgehalt wird in Promille angegeben und hängt vom getrunkenen Alkohol, von der Körpermasse, und vom Geschlecht ab (zur Berechnung des Blutalkoholgehalts s. INFORMATION).

a) Herr Müller, ein stattlicher Mann von 80 kg, hat bei einem Gaststättenbesuch zwei große Bier (je 0,5 l) getrunken.
Der Alkoholgehalt von Bier beträgt 5%, 1 ml Alkohol wiegt 0,8 g.
Wie hoch ist der Blutalkoholgehalt bei Herrn Müller wenn man zusätzlich berücksichtigt, dass etwa 20% des getrunkenen Alkohols nicht im Blut messbar sind?
b) Wie lange dauert es, bis der Alkohol in Herrn Müllers Blut vollständig abgebaut ist, wenn je Stunde 0,15‰ abgebaut werden?
c) Wie viel Wein kann Frau Müller trinken, bis sich bei ihr der gleiche Blutalkoholgehalt wie bei ihrem Mann zeigt? Frau Müller wiegt 64 kg, Wein hat einen Alkoholgehalt von etwa 10%.

INFORMATION

Der Blutalkoholgehalt lässt sich auch ohne Untersuchung des Blutes näherungsweise berechnen.
m_{Alk} sei die Masse des reinen konsumierten Alkohols,
m_K die Körpermasse.
Der Blutalkoholgehalt wird ungefähr durch den Quotienten

$$\frac{m_{Alk}}{0{,}6 \cdot m_K}$$ (bei Frauen)

bzw.

$$\frac{m_{Alk}}{0{,}7 \cdot m_K}$$ (bei Männern)

angegeben.

Auto und Reisen

4

Viele Autofahrer halten den geforderten Sicherheitsabstand nicht ein. Der aber kann entscheidend sein, wenn man plötzlich bremsen muss. Den Bremsweg eines Fahrzeugs (in m) kann man für normale Straßenverhältnisse annähernd so berechnen:
Man dividiert das Quadrat von einem Zehntel der Geschwindigkeit (in km/h) durch zwei.

a) Berechne mithilfe der „Faustformel" den Bremsweg für ein Fahrzeug mit einer Geschwindigkeit von 80 km/h.
b) Wie hoch war die Geschwindigkeit bei einem Bremsweg von 72 Metern?

INFORMATION
Bei nasser Fahrbahn geht man von einem etwa doppelt so langen Bremsweg wie bei trockener Straße aus.

5

Familie Eifrig – Mutter, Vater, der 10-jährige Hannes und die 13-jährige Tina – macht Urlaubspläne. Entscheidend für die Wahl des Urlaubsziels sind die Finanzen, denn es stehen noch einige größere Ausgaben bevor und Reserven müssen schließlich auch noch bleiben.

a) Berechne den aktuellen Kontostand der Familie Eifrig.

Kontoauszug

Kontonummer: 2759392111		**Spezialbank**	
Beleg	Buchungsdatum	Text	Betrag in EUR
341	25.04	BAR	324,28 S
511		UEBERW	197,30 S
615	27.04	REISEK	65,24 H
745		SCHECK	279,80 S
		HABEN Alter Kontostand	6287,63 H
		HABEN Neuer Kontostand	
Datum 30.04	Auszug-Nr. 4	Blatt 1	

b) Frau Eifrig hat eifrig gespart und kann die Familie mit einem Urlaubszuschuss überraschen. Sie hatte am 1.12. des letzten Jahres 300 € auf ein Sparbuch mit 2,6 % Zinsen eingezahlt. Am 1.02. diesen Jahres zahlte sie weitere 200 € ein. Mit welchem Betrag kann Frau Eifrig ihre Familie am 30.04. überraschen?

c) Wohin soll die Reise gehen? Ungarn oder Österreich stehen zur Wahl. Beide Angebote werden verglichen. Dazu berechnet Tina jeweils die Gesamtkosten und die Kosten pro Tag. Beinahe hätte sie die Zuschläge für die beiden Zimmer am Millstätter See vergessen. Welches Angebot ist preiswerter?

Österreich – Millstätter See
5 Tage Millst. See
Sonderpreis 99,–
einm. Zimmerzuschlag EUR: 15,–

Ungarn – Balaton
6 Tage Ungarn
Exklusivreise 149,–
♥ **20 % Kinderermäßigung**
erhält ein Kind bis einschließlich 14 Jahre auf alle unsere Reisen, wenn zwei vollzahlende Erwachsene mitreisen. Die Unterbringung erfolgt dabei im Doppelzimmer mit Zustellbett.

Die zwei Probleme der Welternährung

Jährlich am 16. Oktober wird in mehr als 150 Ländern der Welternährungstag begangen. Er wurde ins Leben gerufen, um die Menschen daran zu erinnern, dass es in vielen Ländern der Welt noch nicht gelingt, alle Menschen ausreichend mit Nahrung zu versorgen. Er soll anregen, nach Lösungen für dieses Problem zu suchen.

Während in einem Teil der Welt täglich Menschen verhungern, erkranken bei uns und in vielen anderen Industrieländern Menschen an „zu guter" Ernährung und sterben sogar daran.

Ist dir bewusst, dass beide Probleme miteinander zu tun haben?

Hungernde Flüchtlinge in Zaire (Afrika)

1

Diskutiert in der Klasse oder in Gruppen über die Ursachen der beiden Probleme.
Seht ihr Lösungen für das Hungerproblem?
Nutzt bei eurer Argumentation auch die folgenden Kreisdiagramme, in denen so genannte entwickelte Länder und Entwicklungsländer hinsichtlich dreier Aspekte verglichen werden. Ermittelt aus den Kreisdiagrammen die jeweiligen Anteile.

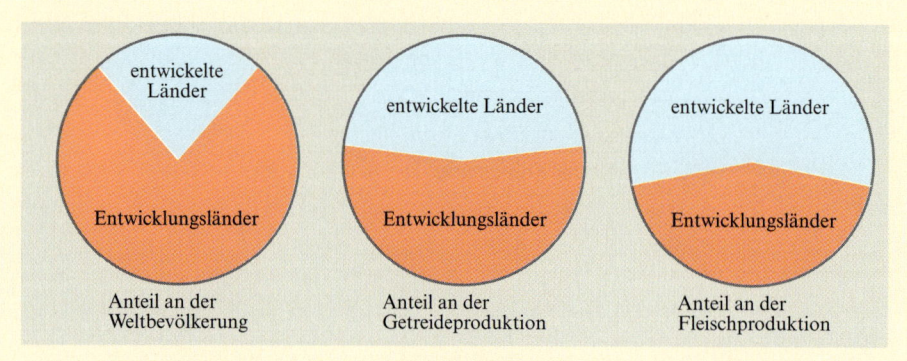

Anteil an der Weltbevölkerung — Anteil an der Getreideproduktion — Anteil an der Fleischproduktion

Von der Hungersnot sind gesellschaftlich Schwache, vor allem auch Kinder besonders betroffen. So ist insbesondere bei Kindern unter 5 Jahren aufgrund chronischer Unterernährung ein Untergewicht festzustellen.
Die Tabelle zeigt dir, wie viele Kinder Afrikas unter 5 Jahren untergewichtig waren bzw. es im Jahre 2005 vermutlich sein werden. Außerdem kannst du den Anteil der untergewichtigen Kinder an allen Kindern Afrikas unter 5 Jahren erkennen.

In Afrika an Untergewicht leidende Kinder unter 5 Jahren

Jahr	absolute Zahl in Millionen	Anteil
1975	19,7	26 %
1990	27,4	24 %
2005	36,5	22 %

2

a) Hast du eine Erklärung, warum trotz ständig steigender Zahl der an Untergewicht leidenden Kindern unter 5 Jahren deren prozentualer Anteil sinkt?
b) Berechne die Anzahlen aller Kinder Afrikas unter 5 Jahren für die Jahre 1975, 1990 und 2005.
c) Setze die Anzahl aller Kinder Afrikas unter 5 Jahren im Jahre 1975 gleich 100 Prozent. Auf wie viel Prozent ist die Anzahl aller Kinder unter 5 Jahre bis 1990 gestiegen und auf wie viel Prozent wird sie voraussichtlich bis 2005 steigen?

Die zwei Probleme Welternährung

Zusammensetzung der Nahrung – Ideal und Wirklichkeit

Der tägliche Energiebedarf eines erwachsenen Menschen beträgt etwa 10 000 kJ (Kilojoule). Das folgende Diagramm zeigt, wie eine gesunde Ernährung zusammengesetzt sein sollte. Die angegebenen Anteile beziehen sich immer auf den Beitrag des jeweiligen Nahrungsbestandteils zur täglichen Energieaufnahme (100% ≙ 10 000 kJ).

| 1 | 2 | 3 | 4 | 5 | 6 | 7 |

1 Getreide/-produkte, Kartoffeln
2 Obst
3 Fisch, Fleisch, Eier
4 Gemüse, Hülsenfrüchte
5 Milch/Milchprodukte
6 Fette, Öle
7 Getränke

Tatsächliche Zusammensetzung der Nahrung im Weltdurchschnitt, wobei die tägliche Energieaufnahme 11 300 kJ (≙ 100%) beträgt.

Bestandteil	Anteil
Getreide/-produkte, Kartoffeln	56%
Obst	4%
Fisch, Fleisch, Eier	10%
Zucker, Sirup, Honig	9%
Gemüse, Hülsenfrüchte	4%
Milch/Milchprodukte	4%
Fette, Öle	10%
andere	3%

Tatsächliche Zusammensetzung der Nahrung in Industriestaaten, wobei die tägliche Energieaufnahme 14 650 kJ (≙ 100%) beträgt.

Bestandteil	Anteil
Getreide/-produkte, Kartoffeln	29%
Fleisch	17%
Zucker, Sirup, Honig	13%
Milch/Milchprodukte	11%
tierische Fette und Öle	8%
pflanzliche Fette und Öle	8%
Alkohol	5%
andere	9%

3

Veranschauliche auch die Zusammensetzung der Nahrung im Weltdurchschnitt und in Industriestaaten in jeweils 10 cm langen Streifendiagrammen.
Vergleiche. Was stellst du fest? Dürfte es nach diesen Angaben überhaupt Hunger auf der Welt geben? Warum spricht man in den Industrieländern mitunter vom „Mangel durch Überfluss"?

4

Oft hört man angesichts der verfügbaren Nahrung: „Kein Mensch auf der Welt müsste hungern."
Argumentiert in Gruppen zu dieser Auffassung. Unterlegt eure Meinung mit Fakten. Vielleicht hilft euch dabei auch folgende Information: 1994 lebten auf der Erde etwa 5,7 Milliarden Menschen, die insgesamt 1,9 Milliarden Tonnen Getreide produzierten. Getreide enthält pro Kilogramm ca. 12 500 kJ Energie.

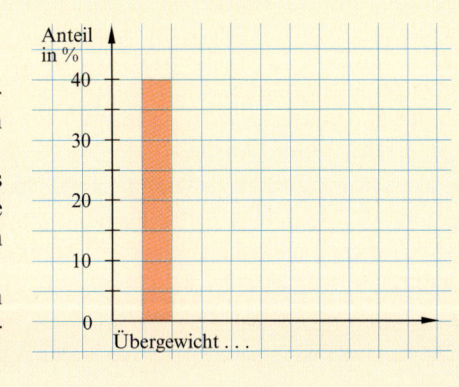

Prozentuale Häufigkeiten von ernährungsbedingten Krankheiten in Deutschland (bezogen auf die Gesamtbevölkerung)

Krankheit	Anteil
Übergewicht	40%
Verdauungsprobleme	30%
Bluthochdruck	15%
erhöhte Blutfettwerte	15%
Gallensteine	10%
Gicht	7%
Zuckerkrankheit	4%

5

Nicht nur Unter-, sondern auch Überernährung führt zu gesundheitlichen Problemen.
Die Tabelle in der Randspalte belegt das am Beispiel Deutschlands. Stelle die Werte aus der Tabelle auch in einem Diagramm dar (s. Bild).
Erkennst du Zusammenhänge zu den oben dargestellten Ernährungsgewohnheiten in Industrieländern?

Rund ums Haus

1

Endlich hat Familie Meier ein Grundstück für den geplanten Hausbau gefunden. Es hat einen Flächeninhalt von 809 m² und die Form eines Parallelogramms mit den Maßen $a = 45$ m, $b = 20$ m und $\alpha = 64°$. Es liegt mit der längeren Seite an der Wohngebietsstraße.

a) Fertige eine maßstabgerechte Zeichnung vom Grundstück an.
b) Wie hoch ist der Kaufpreis, wenn 1 m² Boden 55 € kostet und zusätzlich eine Maklergebühr von 4 % gezahlt werden muss?
c) Das Haus, das Familie Meier bauen lassen möchte, ist laut Bauzeichnung 8,50 m breit und 9,30 m lang.
   Im Bebauungsplan ist festgelegt, dass der Abstand zu jedem Nachbarn mindestens 3,00 m betragen muss und das Haus 5,00 m von der Straße entfernt und mit einer Grundseite parallel zu ihr stehen muss.
   Trage in die maßstabgerechte Zeichnung des Grundstücks das Haus ein und überlege dabei, wo das Haus am günstigsten stehen sollte.
d) Für das Haus soll eine Baugrube von 80 cm Tiefe ausgehoben werden. Ein Lkw fasst maximal 9 m³ Erde. Wie viele Fuhren sind zum Abfahren der ausgehobenen Erde mindestens nötig?

2

Familie Pfiffig möchte sich eine neue Kücheneinrichtung anschaffen. Dafür sind höchstens 8 400 € vorgesehen. In Beratungsgesprächen unterbreitet der Händler folgendes Kreditangebot:
Anzahlung von 30 %, Restzahlung in 36 Raten zu je 196 €.
Familie Pfiffig könnte aber auch einen Bankkredit von 7 500 € erhalten, rückzahlbar durch 48 Monatsraten zu je 175 €.

a) Wie viel müsste Familie Pfiffig bei jedem Kreditangebot bezahlen?
b) Beim Kauf mit sofortiger Bezahlung gewährt der Händler 3 % Preisnachlass. Wie viel Geld könnte gegenüber dem Kauf mit Händlerkredit gespart werden? Wozu rätst du der Familie Pfiffig?

3

Zum Ausbau eines Dachbodens wird eine 2,30 m hohe trapezförmige Trennwand eingezogen. Sie misst unten 8,00 m und oben 2,00 m. In der Mitte der Wand ist eine 2,00 m hohe und 0,75 m breite Tür vorgesehen. Beide Seiten der Wand sollen mit Raufasertapete tapeziert und dann zweimal weiß gestrichen werden.

a) Die Farbe gibt es in Dosen, deren Inhalt für 4 bis 5 m² reicht, in kleinen Eimern für 20 bis 25 m² und in großen Eimern für 40 bis 50 m². Was würdest du an Farbe einkaufen?
b) Auf einer 53 cm breiten Rolle der ausgewählten Raufasertapete sind 17 m. Diskutiert in der Gruppe oder in der Klasse über folgenden Vorschlag zur Berechnung der Anzahl der benötigten Tapetenrollen:

Man berechnet den Flächeninhalt der zu tapezierenden Wandfläche. Den Flächeninhalt dividiert man durch 0,53 m und erhält die benötigte Tapetenlänge. Dann dividiert man die benötigte Tapetenlänge durch 17 m und rundet den erhaltenen Wert auf eine natürliche Zahl auf. Das ist die benötigte Anzahl.

Wie viele Rollen würdet ihr kaufen? Begründet.
Vergleicht mit dem Ergebnis, das man nach dem Vorschlag erhalten würde.

TIP
Zur Berechnung des Flächeninhalts eines symmetrischen Trapezes:

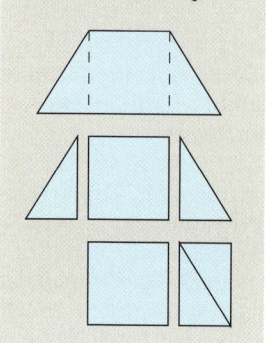

Rund ums Haus

4

In einem Haushalt werden durchschnittlich pro Kopf und Tag 150 l Wasser verbraucht, u. a. 59 l für Körperpflege und Duschen, 42 l für die Toilettenspülung, 4 l für Kochen und Trinken.
a) Überlege, wofür weiterhin Wasser verbraucht wird und wie viel?
b) Berechne jeweils den prozentualen Anteil der einzelnen Positionen am Wasserverbrauch.
c) Wie viel Liter Wasser verbraucht ein Vier-Personen-Haushalt durchschnittlich im Jahr?
d) Durch eine Spartaste im Toilettenspülkasten kann man den Wasserverbrauch für die Toilettenspülung um 20% senken. Wie viel Liter Wasser können im Vergleich zu Aufgabe c) dadurch jährlich eingespart werden?

5

Bei Glasermeister Bruch richtet sich der Preis rechteckiger Fensterscheiben nach ihrem Flächeninhalt. Bei davon abweichenden Scheibenformen muss der Verschnitt mit bezahlt werden.
Was würden die folgenden Scheiben mindestens kosten, wenn 1 Quadratmeter Glas 110,00 € kostet?
a) eine rechteckige Scheibe mit Kantenlängen von 65 cm und 1,10 m
b) eine runde Glasscheibe mit einem Durchmesser von 85 cm
c) zwei Scheiben in Form rechtwinkliger Dreiecke mit jeweils Kantenlängen von 30 cm, 40 cm und 50 cm

6

Bei der Züchtung einer neuen Zimmerpflanze wurde für deren Lebensdauer folgende Daten ermittelt:

Lebensdauer in Monaten	17	18	19	20	21	22	23	24
Häufigkeit	21	36	24	12	5	0	1	1

a) Stelle den Zusammenhang *Lebensdauer → Häufigkeit* in einem Diagramm dar.
b) Berechne die durchschnittliche Lebensdauer einer Pflanze dieser Art.
c) Welche Differenz besteht zwischen der geringsten und der längsten Lebensdauer (Spannweite)?
d) Was kannst du aufgrund der vorliegenden Daten über die Lebensdauer der neu gezüchteten Zimmerpflanze aussagen?

7

Hannes und Ulrike vertreiben sich die Zeit mit dem Lösen von Knobelaufgaben.
In einer Zeitschrift finden sie folgende Aufgabe:
„Beim Werfen einer leeren Streichholzschachtel, auf deren Seitenflächen die Augenzahlen 1 bis 6 eingetragen sind, ergab sich die folgende Häufigkeitstabelle. Skizziere ein Netz der Schachtel und trage die Augenzahlen 1 bis 6 ein."

Augenzahl oben liegenden Fläche	1	2	3	4	5	6
Häufigkeit	86	169	249	79	167	250

a) Wie könnten Ulrike und Hannes vorgehen? Findest auch du eine Lösung?
b) Welche Verteilung könnte sich bei gleicher Wurfanzahl beim Werfen eines Spielwürfels ergeben?

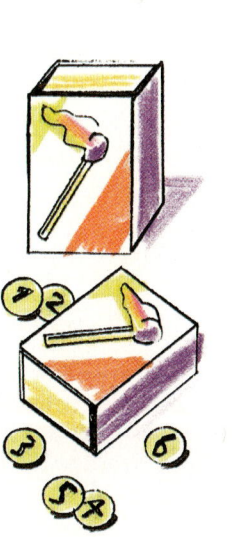

Wie wär's mit einem Klassenfest?

Das haben sich Steffi und Ines aus der Klasse 7 b auch gefragt und fanden die Idee prima.

1

Gleich am nächsten Tag machten sie in der Pause eine Umfrage mit folgendem Ergebnis:
Von den übrigen 24 Schülern der Klasse begrüßten 79,17 % Steffis und Ines Vorschlag, 8,33 % hatten keine Lust und der Rest enthielt sich der Stimme.
Wie viele Schüler der ganzen Klasse waren für ein Klassenfest und wie viele enthielten sich der Stimme?

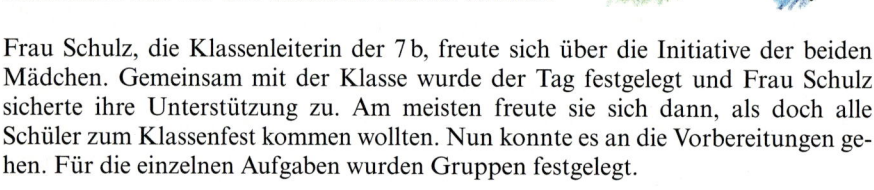

Frau Schulz, die Klassenleiterin der 7 b, freute sich über die Initiative der beiden Mädchen. Gemeinsam mit der Klasse wurde der Tag festgelegt und Frau Schulz sicherte ihre Unterstützung zu. Am meisten freute sie sich dann, als doch alle Schüler zum Klassenfest kommen wollten. Nun konnte es an die Vorbereitungen gehen. Für die einzelnen Aufgaben wurden Gruppen festgelegt.

2

Lisas Gruppe übernimmt die Planung für das Essen. Es soll Bratwürste geben.
a) Wie viele Bratwürste müssen gekauft werden, wenn für jeden 2 Bratwürste und als Reserve 10 % mehr gerechnet werden?
b) Lisa weiß, dass es im Supermarkt Achterpackungen zu je 4,50 € gibt und einzelne Bratwürste 65 Cent kosten.
Holger meint das Angebot im Fleischgeschäft wäre günstiger, wo sie 50 Bratwürste für 28 € bekämen und die einzelne 70 Cent kostet.
Wo würdest du die Bratwürste kaufen?
c) Weiterhin plant die Gruppe für Ketchup und Senf 4 € und für Brot 5 €.
Grillkohle und Geschirr sind in der Schule ausreichend vorhanden.
Welchen Preis sollte Lutz auf dem Preisschild für eine Bratwurst einsetzen, wenn er auf volle 10 Cent aufrundet?

3

Mario und noch drei Jungen kümmern sich um die Getränke. Dazu hatten sie ihre Mitschüler befragt und eine Liste aufgestellt, die versehentlich zerrissen ist.

Getränk	Strichliste	Anzahl	Einzelpreis	Gesamtpr
Cola	|||| |||| |||| |||| |||| ||	27		
Fanta	|||| |||| ||||		1	
Sprite	|||| |||| |||			

a) Übertrage die Tabelle in dein Heft und vervollständige sie.
b) Als besondere Überraschung will Oliver einen Orangenflip mixen. Das Rezept (s. Randspalte) ist für drei Gläser angegeben. Oliver plant die Zutaten für 20 Gläser. Berechne die Zutaten für 20 Gläser Orangenflip.

Orangenflip

Für drei Gläser:
¾ l Orangensaft
½ l Buttermilch
1 Teel. Zitronensaft
200 g Zucker

Wie wär's mit einem Klassenfest?

4

Moritz und Ingo wollen eine Tombola veranstalten und haben dazu ein Glücksrad gebaut (s. Bild 1). Sie wollen ihr Glücksrad testen und drehen es 300-mal.
Stelle für jede Farbe eine Vermutung an, in etwa wie viel Prozent der Fälle das Rad auf dieser Farbe stehen bleibt. Begründe deine Vermutung.

B 1

5

Frau Schulz schlägt vor, für die Ausgestaltung des Raumes lustige Masken zu basteln. Übertrage das Bild 2 in dein Heft und spiegele die Figur an der Geraden g.
Welchen Maßstab würdest du zur Herstellung einer solchen Maske wählen?

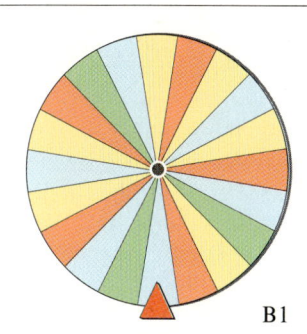

6

Antje und Markus bereiten ein Quiz vor. Einige Fragen und Aufgaben haben sie schon gesammelt.
a) Eine Schnecke beginnt am Anfang eines Tages vom Erdboden aus eine 10 m hohe Mauer emporzukriechen. In der folgenden Zeit kriecht sie während der ersten 12 Stunden eines jeden Tages genau 5 m nach oben und gleitet während der restlichen 12 Sunden des gleichen Tages jeweils um genau 4 m nach unten.
Nach wie viel Stunden hat sie erstmals die gesamte Mauerhöhe erreicht?
b) Von 11 Streichhölzern werden abwechselnd durch zwei Spieler 1, 2 oder 3 Streichhölzer weggenommen. Wer das letzte nimmt, hat verloren.
Wie muss man spielen, um zu gewinnen?
c) Fünf Personen sollen fünf Eier teilen, aber so, dass jeder eins bekommt und noch ein Ei in der Schüssel bleibt.
d) Zwei Väter und zwei Söhne gingen gemeinsam auf die Jagd. Sie schossen nur 6 Hasen und doch brachte jeder von ihnen zwei Tiere nach Hause.
Wie war das möglich?

B 2

7

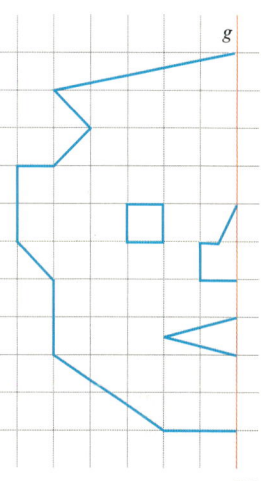

Als Paul zu Hause in seinem Knobelbuch blättert, das er zum Geburtstag bekam, hat er einen tollen Einfall. Er will auf dem Klassenfest kleine Kunststücke vorführen. Zunächst probiert er die Tricks aus – sie klappen. Versuche für die Kunststücke eine Erklärung zu finden und probiere es doch auch einmal.
a) Die „gedachte" Zahl erraten
Denke dir eine Zahl zwischen 1 und 20 aus. Multipliziere die Zahl mit ihrem Nachfolger. Subtrahiere vom Produkt den Vorgänger der gedachten Zahl. Nenne mir dein Ergebnis und ich errate die gedachte Zahl.
b) Postkartentrick
Ich kann mich zwar nicht unsichtbar machen, aber wenn du mir eine Schere gibst, kann ich durch eine Postkarte kriechen.
c) Streichholztricks
Aus 4 mache ich 1 000 und aus 12 mache ich 2.
d) Das „schwebende" Wasser (Bild 3)
Ich fülle ein Glas bis zum Rand mit Wasser, bedecke es mit einem angefeuchteten, festen Blatt Papier und drehe das Glas um. Dabei drücke ich das Papier an. Dann lasse ich das Papier los – das Wasser läuft nicht aus (vorsichtshalber probiere ich den Trick über einem Waschbecken).
e) Der tanzende Ball (Bild 4)
Ich nehme einen kleinen Glastrichter und halte einen Tischtennisball hinein. Wenn ich anfange in das Trichterröhrchen zu blasen, fliegt der Ball nicht etwa weg, sondern bleibt im Trichter und tänzelt.

B 3

B 4

Das Wetter heute: Vorwiegend freundlich

Die Entwicklung von Thermometern hat eine lange Geschichte. Vermutlich haben die Griechen Philon und Heron aus Alexandria nach der Zeitenwende als erste mit einfachen Messgeräten Temperaturunterschiede nachgewiesen. Sie nutzten die Erfahrung, dass sich das Volumen der Luft mit der Temperatur ändert.

Mit diesen Geräten, den Thermoskopen, konnte man nur jeweils zwei Temperaturen miteinander vergleichen. Das reichte natürlich nicht aus und mehrere Forscher bauten später Thermometer, deren Skalen nach „festen Punkten", den so genannten Fixpunkten, geeicht wurden (s. auch Seite 28).

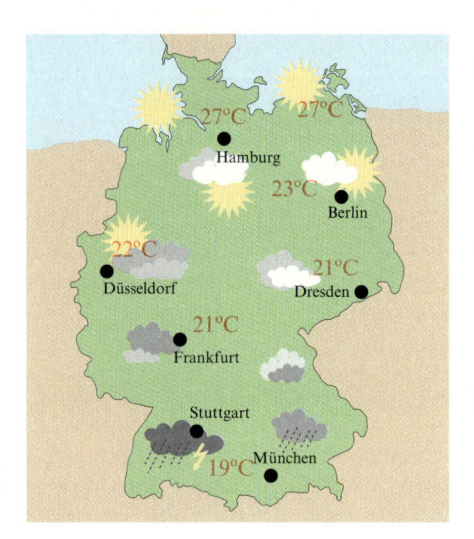

ANREGUNG

Auf Seite 28 findest du in der Aufgabe 15 Hinweise zum Umrechnen zwischen Temperaturangaben in Grad Celsius und in Grad Fahrenheit. Erstelle aus nebenstehender Wetterkarte eine Wetterkarte für amerikanische Touristen (also mit Temperaturangaben in Grad Fahrenheit).

In der Wissenschaft benutzt man die Kelvin-Temperaturskala (nach Lord Kelvin). 0 Kelvin (0 K) ist die niedrigste Temperatur, die überhaupt nur möglich ist.
0 K entspricht einer Temperatur von rund −273,15 °C.
Da die Celsius- und die Kelvinskala in gleiche Schritte eingeteilt sind, entspricht 0 °C rund 273,15 K.
Rechne die Temperaturangaben in der Aufgabe 1 in Kelvin um.

1

An 10 aufeinander folgenden Tagen wurde jeweils um 9.00 Uhr die Lufttemperatur gemessen. Es wurden folgende Werte ermittelt:

Datum	12.5.	13.5.	14.5.	15.5.	16.5.	17.5.	18.5.	19.5.	20.5.	21.5.
Lufttemperatur	9 °C	10 °C	6 °C	8 °C	10 °C	12 °C	13 °C	11 °C	9 °C	8 °C

a) Wann war es am wärmsten, wann am kältesten?
Berechne die Differenz zwischen dem größten und dem kleinsten Wert (Spannweite).
b) Wie groß war die Durchschnittstemperatur (Mittelwert) an diesen 10 Tagen zur angegebenen Messzeit?
c) Fertige zu den Messwerten eine Häufigkeitstabelle an und bestimme jeweils die absolute und relative Häufigkeit.
d) Zeichne ein Streckendiagramm, in dem man für jeden Tag die gemessene Temperatur gut ablesen kann.

2

In Wüstengebieten kann es zu erheblichen Temperaturschwankungen kommen. In der nebenstehenden Darstellung ist der Verlauf der Lufttemperatur an einem Ort nahe eines Wüstengebiets für 18 Stunden aufgezeichnet.

a) Schreibe die Temperaturwerte zu allen vollen Stunden auf.
b) Wann wurde die höchste und wann die niedrigste Temperatur gemessen? Ermittle die Differenz zwischen beiden Temperaturen (die Spannweite).
c) Berechne die Durchschnittstemperatur für die 18 Stunden.

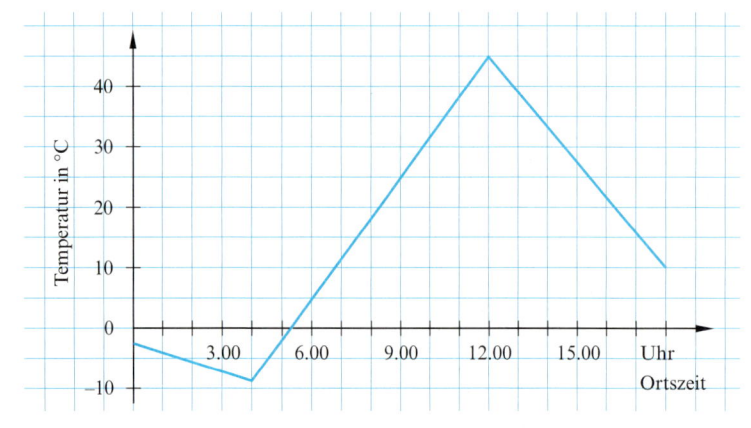

Das Wetter heute: Vorwiegend freundlich

3

a) An 5 aufeinander folgenden Tagen wurde jeweils um 20.00 Uhr die Temperatur abgelesen und daraus eine Durchschnittstemperatur von –4 °C berechnet. Welche Temperaturen könnten in den folgenden Fällen an den einzelnen Tagen abgelesen worden sein?
Fall 1: Alle Temperaturen liegen unter 0 °C.
Fall 2: Höchstens drei Temperaturen liegen unter 0 °C.
Fall 3: Die größte Abweichung von der Durchschnittstemperatur beträgt 2 Grad.
b) Miss selber an 5 aufeinander folgenden Tagen zur gleichen Zeit die Temperatur und berechne den Durchschnitt.

4

Herr Meier arbeitet beim Wetterdienst und hat die 365 Tagesvorhersagen des Vorjahres geprüft. Dabei stellte er fest, dass 294-mal die Tagestemperatur richtig vorhergesagt wurde, 269-mal der Niederschlag und 283-mal die Bewölkung.
Berechne jeweils den prozentualen Anteil richtiger Vorhersagen.

5

Das Thermometer zeigt 28 °C an, da kann nur noch ein Eis helfen. Am Eisstand „Cool" gibt es 5 verschiedene Eissorten.
Wer die Wahl hat, hat die Qual. Unter wie vielen Möglichkeiten kann man wählen, wenn man 3 Kugeln Eis verschiedener Sorten zu einer Portion zusammenstellen lassen möchte?

6

In Unfallstatistiken findet man immer wieder als eine Unfallursache „nicht angepasste Geschwindigkeit". Das betrifft nicht nur Kraftfahrer, sondern auch Radfahrer.
a) Was verstehst du bei Radfahrern unter „nicht angepasste Geschwindigkeit"? Hast du so etwas selbst schon erlebt oder getan?
b) 1998 hatten immerhin fast 6% der rund 49 500 insgesamt von Fahrradfahrern verursachten Unfälle ihre Ursache in nicht angepasster Geschwindigkeit.
Was vermutest du: Wird bei Radfahrern im Alter zwischen 6 und 14 Jahren der Anteil der durch nicht angepasste Geschwindigkeit verursachten Unfälle höher oder niedriger sein?
Überprüfe deine Vermutung an folgenden Zahlen von 1998: 6- bis 14-jährige Radfahrer verursachten 11 169 Unfälle und 619 davon durch nicht angepasste Geschwindigkeit. 14 von ihnen überschritten dabei sogar die zulässige Höchstgeschwindigkeit!

> **ANREGUNG**
> Diskutiert in der Klasse, was nach eurer Erfahrung die häufigsten Fehlverhalten von Radfahrern sind.

7

Lisa und Antje können sich nicht einigen was sie bei diesem Regenwetter machen sollen. Lisa ist für einen Kinobesuch, Antje möchte lieber mit ihrer Freundin am Computer spielen. Antje will durch Würfeln mit zwei Würfeln eine Entscheidung herbeiführen und schlägt vor ins Kino zu gehen, wenn die Augensumme ungerade ist. Bei gerader Augensumme wird am Computer gespielt.
Lisa protestiert. Sie meint, die Regel ist ungerecht, denn mit zwei Würfeln kann man 6 geradzahlige Augensummen und nur 5 ungeradzahlige würfeln.
Was meinst du zu Lisas Einwand? Begründe.

Ausgewählte Lösungen

KAPITEL „RATIONALE ZAHLEN"

S. 9:   **14 a)** $11,6 \notin \mathbb{N}$, $11,6 \in \mathbb{Q}_0^+$, $11,6 \notin \mathbb{Z}$, $11,6 \in \mathbb{Q}$ **b)** $-13 \notin \mathbb{N}$, $-13 \notin \mathbb{Q}_0^+$, $-13 \in \mathbb{Z}$, $-13 \in \mathbb{Q}$
  e) $-0,\overline{3} \notin \mathbb{N}$, $-0,\overline{3} \notin \mathbb{Q}_0^+$, $-0,\overline{3} \notin \mathbb{Z}$, $-0,\overline{3} \in \mathbb{Q}$

  15 a) z. B. 1,2   **b)** z. B. -3 **c)** z. B. 6   **d)** z. B. $-7,5$
  e) Es gibt keine solche Zahl, denn jede natürliche Zahl wäre auch eine Bruchzahl.

S. 20:   **8 a)** -3 **b)** -10 **c)** 3 **d)** -4

  14 a) $\frac{1}{2}$ **b)** $-\frac{1}{4}$ **c)** $-\frac{10}{11}$ **d)** $-\frac{1}{7}$ **i)** -2 **j)** -7

S. 21:   **16 a)** $-93\,722$ **b)** $-48\,424$ **c)** $1\,028$ **d)** $-23,21$
  17 a) $x = 9$ **b)** $x = -5$ **c)** $x = -10$ **d)** $x = 6$

S. 22:   **20 a)** -1 **b)** -5 **c)** -6 **d)** -1 **e)** 5 **f)** 8

S. 23:   **26 a)** $-292,9$ **b)** $6\,207$ **c)** $-10\,746$ **d)** $-9\,615$ **e)** $0,142$ **f)** $-2,784$
  29 a) $x = 13$ **b)** $x = -62$ **c)** $x = -65$ **d)** $x = 0$

S. 27:   **4 a)** -36 **b)** 30 **c)** -150 **i)** 3 **j)** $\frac{2}{3}$ **k)** $-0,6$
  9 a) -40 **b)** 15 **c)** 112 **d)** $-1\,200$

S. 28:   **12 a)** 25 **b)** 1 **e)** -8 **f)** 1 **j)** $0,0001$ **k)** $0,0001$

  13 a) $\frac{1}{7}$ **b)** $\frac{1}{7}$ **c)** $-\frac{2}{5}$

  15 a) T_F sei der Zahlenwert der in Grad Fahrenheit gemessenen Temperatur, T_C der Zahlenwert der in Grad Celsius gemessenen Temperatur.
  1. Umrechnung von T_F auf den Gefrierpunkt des Wassers (0 °C bzw. 32 °F): $T_F - 32$.
  2. Wir wissen: 100 °C = 212 °F. In diesem Falle ist $T_C = 100$ und $T_F - 32 = 180$.
  Folglich gilt: $T_C : (T_F - 32) = 100 : 180$ bzw. $T_C = \frac{100}{180}(T_F - 32) = \frac{5}{9}(T_F - 32)$.
  b) $T_F = \frac{9}{5} T_C + 32$
  d) 55 °C, 40 °C, 15 °C, -5 °C, -20 °C, -35 °C
  e) 140 °F, 122 °F, 77 °F, 50 °F, 14 °F, -49 °F

S. 29:   **19 a)** -60 **b)** -30 **c)** 20 **d)** 2 **e)** -100 **f)** 6

S. 31:   **28 a)** $-6,5$ **b)** 280 **c)** $-0,15$ **d)** -16 **e)** $-2\,619,047\,619$

S. 32:   **2 a)** <   **b)** <   **c)** >   **d)** <   **e)** <   **f)** <
  3 a) $a < b$ **b)** $a > b$ **e)** $a < b$ **g)** $a > b$

S. 33:   **7 a)** <   **b)** <   **c)** <   **d)** <   **e)** >   **f)** <, wenn $a < b$, und >, wenn $a > b$

S. 34:   **3 a)** -36 **b)** 37 **c)** -20 **d)** 68
  4 a) -24 **b)** 2 **g)** -6 **h)** -4

S. 35:   **7 a)** 11 **d)** $0,4$ **g)** 0

S. 36:   **11 a)** $23,068\,050\,75$ **b)** $179,5$ **c)** $-0,4357$ **d)** 194 **e)** $90,4$ **f)** $12,9605$

  13 a) $1,6$ **c)** -15 **d)** -2 **g)** $-\frac{58}{21}$

KAPITEL „WINKELSÄTZE UND EIGENSCHAFTEN VON VIELECKEN"

S. 43:   **14 a)** Wenn zwei Winkel einen gemeinsamen Scheitelpunkt haben, dann sind sie Nebenwinkel. (falsch)
  b) Wenn $x + y$ eine gerade Zahl ist, dann sind die Zahlen x und y gerade. (falsch)
  c) Wenn die Zahl $x \cdot x$ gerade ist, dann ist auch die Zahl x gerade. (wahr)
  d) Wenn eine Zahl x durch 9 teilbar ist, dann ist die Quersumme von x durch 9 teilbar. (wahr)
  e) Wenn ein Viereck ein Rechteck ist, dann ist es ein Quadrat. (falsch)

S. 47:   **7 a)** blau = rot = 110°; grün = 70°   **b)** rot = 120°; blau = 70°

S. 53: **8 a)** 75° **b)** 48° **c)** 105°
11 a) $\alpha = 180° - \beta - \gamma = 180° - 70° - (70° - 15°) = 180° - 70° - 55° = 55°$
b) $\gamma = 180° - \alpha - \beta = 180° - 70° - 70° = 40°$

S. 54: **12 a)** grün = 90°; gelb = 50°; blau = 40°; rot = 50°
b) grün = 80°; gelb = 40°; blau = 60°; rot = 40°

S. 55: **15 a)** $\alpha_1 = 135°$; $\beta_1 = 100°$; $\gamma = 55°$; $\gamma_1 = 125°$

S. 58: **6 a)** 4 cm < c < 18 cm, z. B. c = 8 cm   **b)** 5,5 m < a < 10,5 m, z. B. a = 7 m

S. 63: **5 a)** $M(4,9 | 3)$ **b)** $M(5,4 | 4,6)$

S. 64: **9 a)** $W(4,5 | 3,9)$ **b)** $W(5,8 | 4,2)$

S. 66: **17 a)** $S(4,7 | 3,7)$ **b)** $S(5,7 | 4,3)$

KAPITEL „ZUORDNUNGEN"

S. 81: **6 a)** $y = 3x$ **b)** $y = 0,5x$ **c)** $y = 8 - x$ **d)** $y = 8 - 0,5x$

S. 86: **4** Bei **a), b)** und **f)** liegt Proportionalität vor. Die Beziehung **e)** ist unter idealisierenden Annahmen ebenfalls proportional. Die Zuordnungen in **c), d)** und **g)** sind nicht proportional.

S. 87: **8** Proportionalität bei **a), c), e), g), h)**; keine Proportionalität bei **b)** und **d)**

S. 91: **3 a)** 2,97 €   **b)** 6 €   **c)** 129 kcal

S. 98: **5 a), c), e)** und **f)** sind antiproportional, **b)** und **d)** sind nicht antiproportional.

S. 100: **4** $y = \dfrac{10}{x}$

S. 102: **2 a)** 4 (6; 10; 12) Kipper brauchen 60 (40; 24; 20) Stunden   **b)** 15 Kipper

S. 105: **6 a)** 0,8 kg ↔ 2,72 €   1,2 kg ↔ 4,08 €   2 kg ↔ 6,80 €   3 kg ↔ 10,20 €

S. 106: **10 a)** 24 Stunden (3 Arbeitstage)   **b)** 16 Helfer (1,5 Arbeitstage = 12 Stunden)

KAPITEL „PROZENTRECHNUNG"

S. 115: **6 b)** $\dfrac{7}{10} = \dfrac{70}{100} = 70\,\%$; $\dfrac{1}{50} = \dfrac{2}{100} = 2\,\%$; $\dfrac{2}{5} = \dfrac{40}{100} = 40\,\%$;   50 %;   75 %;   100 %;
Bei $\dfrac{1}{3}$ rechnet man besser so: $\dfrac{1}{3}$ entspricht $\dfrac{100}{3}\,\% = 33\dfrac{1}{3}\,\% \approx 33,3\,\%$; 80 %; 110 %

7 a) 6 %; 10 %; 21 %; 90 %; 50 %; 10,0 %; 100 %; 42 %; 0,1 %

S. 119: **4 a)** 4,5 €   **b)** 3,2 km   **c)** 459 kg   **d)** 62 cm

S. 122: **13 a)** 25 %   **b)** $13\dfrac{1}{3}\,\% \approx 13,3\,\%$ **c)** 80 %   **d)** 20 %   **e)** ≈ 11,1 %

S. 128: **4 a)** 495 €   **b)** 810 €   **c)** 1161 €

S. 129: **7** Preiserhöhungen: Einzelfahrschein E 18,75 %; Einzelfahrschein K 12 %; Sammelkarte 4 Fahrten ≈ 8,3 %; Wochenendticket 20 %. Beim Wochenendticket war die Preiserhöhung am höchsten, bei der Sammelkarte am niedrigsten.

S. 130: **12 a)** 199,75 €   **b)** 110,25 €   **c)** 18,22 €   **d)** 654,15 €   **e)** 3 997,00 €

S. 131: **13 a)** 33,93 €   **b)** 49,66 €   **c)** 26,07 €   **d)** 149,66 €   **e)** 621,38 €
15 a) Bei Barzahlung muss man 10 948 € bezahlen.

S. 132: **20 a)** 25 %   **b)** 20 %   **c)** 30 %
23 a) Der Beitrag wurde um 26 % heraufgesetzt.
b) Wenn 40 % des vollen Betragssatzes 278,70 € sind, dann entsprechen 60 % einem Beitrag von 418,05 €. Gegenüber dem Vorjahr würde sich der Beitrag um 139,35 € erhöhen.
c) Ein Anfänger müsste in diesem Jahr 1567,69 € Beitrag zahlen.

S. 140: **3 a)** 27 ‰   **b)** 7,5 ‰   **c)** 0,5 ‰   **d)** 30 ‰
e) 981,00 ‰   **f)** 4 ‰   **g)** 0,35 ‰   **h)** 50,02 ‰
4 a) 0,009   **b)** 0,001 12   **c)** 0,052   **d)** 0,001 25
e) 0,000 75   **f)** 5,050   **g)** 0,200   **h)** 0,000 000 01
5 a) 1,25 ‰   **b)** 5 ‰   **c)** 4,67 ‰   **d)** 0,475 ‰   **e)** 0,0272 ‰
f) 1,65 ‰   **g)** 0,1 ‰   **h)** 0,05 ‰   **i)** 0,0727 ‰

S. 141: **8 a)** 1 250 ppm **b)** 5 000 ppm **c)** 4 670 ppm **d)** 475 ppm **e)** 27,2 ppm
f) 1 650 ppm **g)** 100 ppm **h)** 50 ppm **i)** 72,7 ppm

S. 145: **5 a)** Jahreszinsen bei einer Kündigungsfrist von 3 Monaten: 8 €, von 1 Jahr: 10 €, von 3 Jahren: 16 €, von 4 Jahren: 18 €.
b) Kontostand nach 4 Jahren bei einer Kündigungsfrist von 3 Monaten: 432,97 €, von 1 Jahr: 441,53 €, von 3 Jahren: 467,95 €, von 4 Jahren: 477,01 €.

S. 147: **16 a)** Herr Peters muss 112,50 € Zinsen zahlen.
b) Frau Neitzel erhält 105,00 € Zinsen.
c) Familie Sorge muss 1,08 € Zinsen zahlen, wenn das Konto nach 10 Tagen ausgeglichen ist, 0,54 € bei Ausgleich nach 5 Tagen und 2,69 € bei Ausgleich nach 25 Tagen.
(Beachte: Die Bank rechnet das Jahr mit 360 Tagen. Die Bank rundet bei ihren Einnahmen grundsätzlich auf und bei ihren Zahlungen grundsätzlich ab.)

S. 148: **17 a)** 6,75 € **b)** 10,50 € **c)** 16,33 € **g)** 0,68 € **h)** 3,11 € **i)** 1,56 €
18 a) Jahreszinsen wären 4 · 90 € = 360 €. Aus $K = \frac{100}{p} Z$ ergibt sich ein Guthaben von 12 000 €.
b) Jahreszinsen: $\frac{12}{7} \cdot 428,75 € = 735 €$; Guthaben: 21 000 €
f) Jahreszinsen: $\frac{360}{175} \cdot 229,07 € = 471,23 €$; Guthaben: 6 499,72 €

S. 150: **27 a)** Jahreszinsen wären 39,20 €. Ist t die Anzahl Tage, in denen 20 € Zinsen anfallen, so gilt: 20 € : 39,20 € = t : 360. Die Lösung ist 184 Tage.

S. 151: **28 a)** Das Guthaben ist bis zum 18. Geburtstag auf 205,29 € angewachsen. (Beachte: Je nach Rundung der Zwischenergebnisse kann es geringfügige Abweichungen geben.)
b) Nach 18 Jahren hätte sich das Guthaben etwas mehr als verdoppelt.

KAPITEL „STOCHASTIK"

S. 155: **5 b)** Zum Beispiel Ω = {Gewinn; Niete} oder Ω = {Niete; Freilos; einfacher Gewinn; Hauptgewinn} oder Ω = {Niete; 1 Punkt; 2 Punkte; 3 Punkte; 4 Punkte} oder Ω = {Nr. 001; Nr. 002; …; Nr. 300}
e) Zum Beispiel Ω = {Ring passt; Ring passt nicht} oder Ω = {Ring gefällt; Ring gefällt nicht} oder Ω = {Ring wird angenommen; Ring wird abgelehnt}
f) Zum Beispiel Ω = {w1/g1; w1/g2; …; w2/g1; w2/g2; …; w6/g6} oder Ω = {w ungerade/g ungerade; w ungerade/g gerade; w gerade/g ungerade; w gerade/gerade}

S. 157: **12 a)** A = {gg; rr; bb} B = {gr; gb; gw; rb; rw; bw} C = {gb; rb; bb; bw}
D = {gr; rb; rw} E = {gg; gr; gb; gw; rr; rb; rw; bb; bw} F = { }

S. 164: **11** Gleich wahrscheinlich sind die Ergebnisse bei folgenden Zufallsexperimenten: Münze werfen; Glücksrad 1 drehen; Ermitteln der ersten Lottozahl.
13 $P(A) = \frac{8}{32} = \frac{1}{4}$ $P(B) = \frac{4}{32} = \frac{1}{8}$ $P(C) = \frac{16}{32} = \frac{1}{2}$
$P(D) = \frac{16}{32} = \frac{1}{2}$ (Karten 7, 8, 9, 10) $P(E) = \frac{14}{32} = \frac{7}{16}$

S. 166: **17 a)** 2. Ergebnis: 0,3   3. Ergebnis: 0,3   4. Ergebnis: 0,3
b) Das Ereignis „mindestens ein Schwarzfahrer wird erwischt" tritt bei den ersten drei Ergebnissen ein. Damit hat das Ereignis eine Wahrscheinlichkeit von 0,1 + 0,3 + 0,3 = 0,7.

KAPITEL „KONGRUENZ"

S. 179: **10 a)** falsch **b)** wahr **c)** wahr **d)** falsch **e)** wahr
S. 183: **9 a)** c = 4,7 cm **b)** b = 7,7 cm
S. 185: **18** Eindeutig zu konstruieren sind die Dreiecke aus a), c), d), f), g), i), j), k), m).
S. 188: **10 a)** Rechteck mit den Seitenlängen 7,3 cm und 3 cm
11 a) Diagonalenlänge 8,7 cm

Register

A

absolute Häufigkeit 174
Addition rationaler Zahlen 19
   mit Taschenrechner 21
antiproportionale Zuordnung 97
Assoziativgesetz
   der Addition 25
   der Multiplikation 26
Ausklammern 34
Ausmultiplizieren 34
Außenwinkel 54
Außenwinkelsatz für Dreiecke 54

B

Behauptung 42
Betrag 12
Beweis 44
   mithilfe der Kongruenzsätze 190
Beweisansatz 52
Beweisidee 52
Beweismethode 52

D

deckungsgleich 177
Definition 71
dicht liegen 15
Distributivgesetz 34
Division rationaler Zahlen 29
Drachenviereck 73
Dreieckskonstruktionen 181, 183, 189
Dreiecksungleichung 57
Dreisatz bei
   antiproportionalen Zuordnungen 102, 103
   proportionalen Zuordnungen 90, 91

E

eindeutig konstruierbar 180
entgegengesetzte Zahlen (zueinander) 8
Ereignis 156
–, sicheres 157
–, unmögliches 157
Ergebnismenge 155
Eulersche Gerade 68

G

ganze Zahlen 9
Gegenbeispiel 44
Gegenzahl 8
gleichschenkliges Dreieck;
   Eigenschaften 62, 67
Grad Celsius 28
Grad Fahrenheit 28
grafische Darstellung
   antiproportionaler Zuordnungen 100
   proportionaler Zuordnungen 88
Grundaufgaben der Prozentrechnung 118, 120, 121
Grundwert 118

H

Höhe 65

I

indirekt proportional 97
Inkreis 64
Inkreismittelpunkt 64
Innenwinkelsatz für Dreiecke 51

J

Jahreszinsen 144

K

Kapital 144
Kehrwerttaste 31
Kommutativ-Gesetz
   der Addition 25
   der Multiplikation 26
kongruent (zueinander) 176
Kongruenz; Nachweis der 178
Kongruenzsätze für Dreiecke 181, 183, 184
Kreisdiagramm 127

L

Laplace-Experiment 163

M

Mittendreieck 191
Monotoniegesetz
   der Addition 32
   der Multiplikation 33
Monte-Carlo-Methode 172
Multiplikation rationaler Zahlen 26

N

Nebenwinkel 41
Nebenwinkelsatz 41
negative Zahlen 7

O

Oktaeder 188

P
Parallelogramm 74
Parkettieren 77
Pfeildiagramm 81
Polarkoordinaten 16
positive Zahlen 7
Produktgleichung 106
Promille 140
proportionale Zuordnung 86
Proportionalitätsfaktor 86
Prozent 115
Prozentsatz 118
Prozentwert 118
Pseudozufallszahlen 172

Q
Quadrant 10
Quadrat 72
Quotientengleichheit 86

R
Rabatt 131
Radar 16
rationale Zahlen 9
Raute 72
Rechteck 72
relative Häufigkeit 174
Rhombus 72
Roulette 158

S
Satz 42
Scheitelwinkel 41
Scheitelwinkelsatz 41
Schwerpunkt 66
seed 172
Seitenhalbierende 66
Seiten-Winkel-Beziehung im Dreieck 58
Simulation von Zufallsexperimenten 170
Skonto 131
Streifendiagramm 126
Stufenwinkel 46
Stufenwinkelsatz 46
–, Umkehrung 48
Subtraktion rationaler Zahlen 22

T
Tangram 201
Taschenrechner
–, Eingabe negativer Zahlen 21
–, Kehrwerttaste 31
–, Vorrangautomatik 35
–, Vorzeichenwechseltaste 31
Tetraeder 188
Trapez 74
–, gleichschenkliges 73
–, symmetrisches 73

U
Übersetzung 95
umgekehrt proportional 97
Umkehrung eines Satzes 43
Umkreis 63
Umkreismittelpunkt 63

V
Verhältnis 104
Verhältnisgleichung 104
Vierecke; Einteilung 72, 73, 78
Voraussetzung 42
Vorrangautomatik 35
Vorwärtseinschneiden 193
Vorzeichenwechseltaste 31

W
Wahrscheinlichkeit 162
Wechselwinkel 46
Wechselwinkelsatz 47
–, Umkehrung 48
Wenn-Dann-Form 42
Widerspruchsbeweis 49
Winkelsummensatz für Vierecke 55

Z
Zinseszinsen 150
Zinsfaktor 151, 152
Zinssatz 144
zueinander entgegengesetzte Zahlen 8
Zufallsexperiment 155
Zufallsziffern 170
Zufallsifferntabelle 171
Zuordnung 81
–, antiproportionale 97
–, proportionale 86

Bildnachweis
Ahrens + Sieberz, Siegburg: 137/1. AKG Berlin: 94/1, 94/3, 163/2. Banse, S., Berlin: 158/1. Beuster, B., Wittenberg: 61/1, 61/2. Birnbaum, Dr. P., Berlin: 182/2. Deutsche Bahn (H.-J. Kirsche), Berlin: 70/1. Döring, V., Hohen Neuendorf: 40/2, 40/3, 56/2, 56/3, 62/1, 62/2, 72/3, 74/1, 79/1, 96/1, 110/2, 111/1, 111/2, 153/1, 154/2, 159/1, 193/3, 195/1, 198/2, hinteres Vorsatz/2. Hamburger Hafen: 16/3, 193/1. Helga Lade Fotoagentur, Berlin: 124/1 (Man), 139/1 (Kirchner). Holiday Park GmbH, Hassloch/Pfalz: 113/1. JAMSTEC, Yokusuka (Japan): 5/1. Klaeber, W., Rangsdorf: 82/4, 109/2. König, H., Menden: 134/1. Krull, P., Bielefeld: 187/4. Lang, H., Bremerhaven: 16/1. LAUBAG (Rauhut), Senftenberg: 118/1. Mauritius, Berlin: 16/2 (Nakamura), 60/1 (Man/Krinninger), 60/2 (Schmied), 93/4 (Superstock), 202/2 (Starfoto), 204/1 (Sipa Image). Okapia, Berlin: 142/1 (Craig Potton Stockshots), 142/2 (Cyril Ruoso), 142/3 (Gunther). Photo Deutsches Museum, München: 44/1, 186/2. Südwestverlag GmbH & Co., München: 39/1. Superbild, Berlin: 48/3 (E. Bach), 175/1 (G. Graefenhain), hinteres Vorsatz/1 (T. Peschel). Trek Bicycle GmbH, Langen: 94/2, 94/4. VWV-Archiv, Berlin: 80/2, 167/2. Welke, F., Berlin: Titelfoto.
Das Bild 40/1 wurde mit freundlicher Genehmigung des Thomas Bradler Verlages, Reuchlinstr. 10–11 H1F, 10553 Berlin, abgedruckt.

Kleine Taschenrechnerkunde

▶ Wissenschaftlicher Taschenrechner

▶ Grafikfähiger Taschenrechner

1	**AC**		löscht alles (auch Speicher)
2	**CE/E**		1 x drücken: löscht Zahl in der Anzeige 2 x drücken: löscht die ganze Rechnung
3	**=** ; **EXE**		zeigt Ergebnis an
4	**+/−**		wechselt Vorzeichen
5	**(−)**		setzt Minuszeichen vor die Zahl
6	**1/x** ; **x⁻¹**		berechnet den Kehrwert
7	**2nd** **x²** ;		
	√x **√** ;		berechnet Wurzel
8	**x²**		berechnet Quadrat

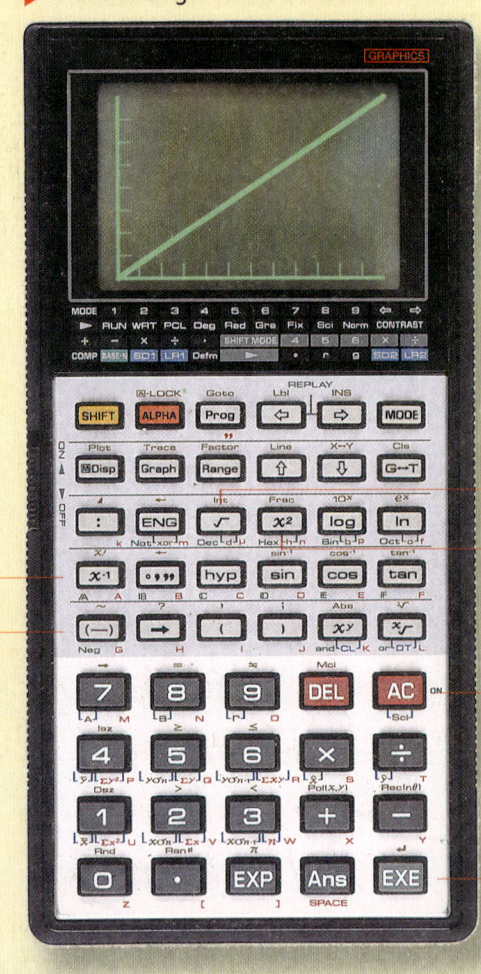